2015

༄༅།། དཀར་མཛེས་ཁུལ་གྱི་ལོ་རྒྱུས་མེ་ལོང་།

甘孜州年鉴

GANZI PREFECTURE YEARBOOK

甘孜藏族自治州人民政府 主办
甘孜州年鉴编纂委员会 编

方志出版社
Publishing House of Local Records

图书在版编目（CIP）数据

甘孜州年鉴. 2015 / 甘孜州年鉴编纂委员会编. —北京：方志出版社，2016.3

ISBN 978-7-5144-1961-0

Ⅰ. ①甘…　Ⅱ. ①甘…　Ⅲ. ①甘孜藏族自治州-2015-年鉴　Ⅳ. ①Z527.12

中国版本图书馆 CIP 数据核字（2016）第 046272 号

甘孜州年鉴（2015）

编　　者：甘孜州年鉴编纂委员会

责任编辑：罗　滔

出 版 人：冀祥德

出 版 者：方志出版社

地址　北京市朝阳区潘家园东里 9 号（国家方志馆四层）

邮编　100021

网址　http://www. fzph.org

发　　行：方志出版社发行中心

（010）67110500

经　　销：各地新华书店

印　　刷：成都勤德印务有限公司

开　　本：889×1194　　1/16

印　　张：16

字　　数：400 千

版　　次：2016 年 3 月第 1 版　　2016 年 3 月第 1 次印刷

印　　数：0001~1000 册

ISBN 978-7-5144-1961-0　　定价：198. 00 元

LING DAO SHI CHA 领导视察

6月8日，中共中央政治局委员、中央书记处书记、中宣部部长刘奇葆（右四），全国政协副主席、国家民委主任王正伟（右二）到北京民族文化宫，参观“圣洁甘孜走进北京”展览 （陈杨 摄）

5月21日～24日，省委书记王东明到甘孜州调研 （州报社提供）

7月22日～24日，州委书记胡昌升到道孚、石渠、甘孜县看望慰问僧人　（陈杨　摄）

3月25~27日，州人大常委会主任李康（右二）到雅江县开展“同心同向”工作　（州报社提供）

5月21~23日，州长益西达瓦（右二）到丹巴县调研　（秦松　摄）

7月6日，州政协主席易凡（左四）到炉霍县开展群众工作　（冯光福 摄）

ZHONG YAO HUO DONG 重要活动

2月25日，甘孜藏族自治州第十一届人民代表大会第三次会议在康定剧场召开

2月24日，政协第十二届甘孜州委员会第三次会议在康定召开

2月16日，全州群众路线教育实践活动动员部署大会在康定召开

9月19日，甘孜州工会第九次代表大会在康定召开

4月26日，全省藏区旅游工作会议在甘孜州泸定县召开　（秦松　摄）

6月5日，“全国民族自治州成就展——圣洁甘孜·走进北京·四川甘孜藏区文化旅游宣传周”系列活动启动仪式在北京民族文化宫举行

3月11日，甘孜州首个生态日启动仪式在康定情歌广场举行 （王明阳　摄）

8月3日，新华社首个摄影创作基地落户甘孜州康定县瓦泽乡营官村

10月6日，雅砻江两河口水电站开工仪式在雅江县举行 （秦松 摄）

甘孜供电公司职工正在进行杆塔检查 （杨林 摄）

8月22日，甘孜州代表参加第二届中国民族医药博览会

9月13～21日，巴塘天籁童声合唱团到台湾开展文化交流活动

8月17日～21日“圣洁甘孜、美丽家园——快乐成长、放飞梦想”甘孜州青少年夏令营活动在稻城举行 （程智勇摄）

10月26日，甘孜州康北儿童福利院落成典礼现场 （州民政局提供）

6月28日，“我的大学梦”甘孜州爱心助学行动启动仪式在康定举行 （张浩 摄）

“爱军精武标兵”降巴克珠与军分区官兵畅谈荣誉

民兵帮助百姓春耕生产　（军分区提供）

民警风采

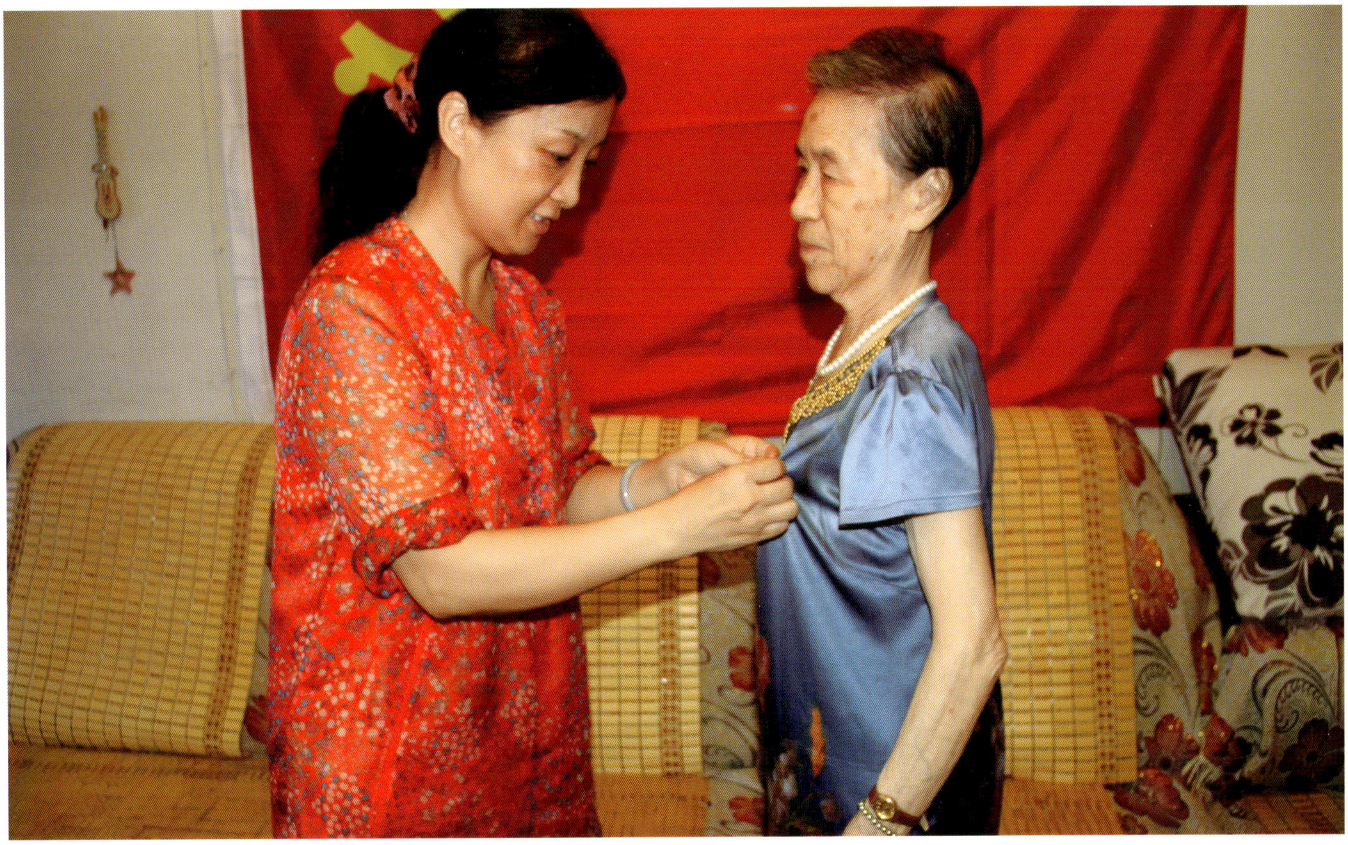

为87岁老人举行特殊入党仪式 （州直工委提供）

4月15日，在福建莆田市举办的“首届中国宗教泥塑技艺大赛”中，甘孜州德格竹庆民间雕塑艺人国萨阿穷等力压群雄，夺得本届大赛特别金奖

4月20日，雅康高速公路开工仪式在雅安市天全县举行

正在建设的雅康高速青衣江特大桥

正在建设的雅康高速二郎山隧道入口

正在建设的雅康高速泸定大渡河特大桥，隧道口和桥墩、重力锚

正在建设的雅康高速与京昆高速互通立交桥

12月4日，州委、州政府向康定"11·22"地震灾区暨高海拔地区发放御寒物资　（州民政局提供）

工作人员在地震灾区进行环境消毒

军分区官兵在"11·22"地震震中塔公镇保障藏区学生热食

甘孜州颁发首张“先照后证”营业执照 （工商局提供）

9月25日，农行甘孜分行在康定折多塘乡开展金融知识宣传活动 （吴怀钰 摄）

和谐甘孜

康定大河沟农业园区

炉霍宜木乡虾拉沱村大地景观休闲农业——“神鹿”

编辑说明

一、《甘孜州年鉴》是由州人民政府主办，甘孜州地方志办公室负责编纂的地方综合性资料工具书。本年鉴从2000年开始，逐年编纂、出版。

二、《甘孜州年鉴（2015）》以马列主义、毛泽东思想、邓小平理论、“三个代表”重要思想和科学发展观为指导，全面、系统地记载2014年1月1日—12月31日甘孜州政治、经济、文化、社会发展情况，为党政决策提供参考依据，为社会各界了解和研究甘孜州提供翔实的资料和最新的信息，并为编修《甘孜州志》积累资料。

三、《甘孜州年鉴（2015）》采用分类编辑法，卷首设特载、专文、甘孜概况、大事记，卷中设州委、州人大常委会、州政府、州政协、州纪委、社会团体、法治、军事、经济管理、财政·税务、金融·保险、商贸·旅游业、农业、工业、城乡建设·环境保护、交通、邮政·通信、科学·教育、文化体育·新闻出版、卫生、民族·宗教、社会生活、县·景区管理局、人物·荣誉、索引29个类目，全书采用类目—分目—条目三级结构层次，以条目为主，图表为辅的编辑风格，收录彩色图片39张。条目标题用【】标明。

四、“人物·荣誉”收录2014年度州、县党政军企事业单位领导名录，“逝世人物”收录2014年逝世的、有影响的甘孜州籍领导和干部，先进人物和集体排列按国家级、省级、州级为序。

五、《甘孜州年鉴（2015）》全书共40万字左右。年鉴中所用统计数据受来源和统计口径等因素影响有差异，使用时请以州统计局提供的统计资料为准。

六、本年鉴中所有“上年”均指“2013年”，“州”均指“甘孜藏族自治州”。

七、《甘孜州年鉴（2015）》卷首总目设中、藏文，卷末索引采用主题分析索引法，按主题词首字汉语拼音字母顺序排列。

八、《甘孜州年鉴》在编辑出版中，得到了州、县各部门的支持，在此深表感谢。因编纂水平有限，错漏之处敬请各位读者、专家及领导指正，以便提高质量。

《甘孜州年鉴》编纂委员会

主　　任：汪　洋　葛　宁

副 主 任：邓　薇　牛麦青云

委　　员：（按姓氏笔画排列）

王成康　刘启蓉　杨正勇　拥　措　洛绒土登

郭秀英　格　绒

《甘孜州年鉴》编辑部

主　　编：刘启蓉

副 主 编：韩广富　孙义英

执行编辑：朱英全　泽朗初　吴东强　廖才蓉

编　　辑：喻元伟　罗　萍　陈朝伟　李艳萍　徐　霞

雷小红　舒大花　郭寿康　李佳憬

藏　　文：拥　措　汪青志玛

特约撰稿人

（以姓氏笔画为序）

王　昆　王学东　王　洪　王振进　王　鑫　扎西娜珍　尹　洪　田振晓　宁　力　冯天清
冯　颖　朱春雨　朱艳秋　向帮勇　向科先　刘玉瑶　刘晓冬　刘康勇　刘清勇　刘煊华
苏开秀　杜小飞　杨立骅　杨克勇　杨　佳　杨建美　杨绍林　杨剑锋　杨艳琼　杨　碧
李　三　李　飞　李永奎　李明玉　李春芳　李　映　李　毅　肖达喜　肖先洪　肖　荣
肖　勇　吴怀钰　佘和平　汪　涛　张云海　张红艺　张莉娟　陈攀峰　青　松　易　娟
岳敦鹏　金　珠　周　杰　庞红卫　郑　芳　郑　科　建　康　赵　江　赵玲燕　赵　静
荆林庆　段慧超　洪　彬　洛松次仁　贺　毅　晏　燕　徐　艳　益西志玛　黄世才
黄礼霞　龚薪友　领　前　董碧霞　敬向峰　蒋　平　童红英　廖移海　魏鑫旻

总　目

༄༅། །སྤྱིའི་དཀར་ཆག

དཀར་ཆག
目　录

དམིགས་བསལ་དུ་འགོད་པ
特　载

ཆེད་དོན་རྩོམ་ཡིག
专　文

དཀར་མཛེས་ཀྱི་གནས་ཚུལ་མདོར་བསྡུས
甘孜概貌

དོན་ཆེན་ཟིན་ཐོ
大事记

ཀྲུང་གུང་དཀར་མཛེས་ཁུལ་ཨུ་ཡོན་ལྷན་ཁང་།
中共甘孜州委员会

དཀར་མཛེས་ཁུལ་དམངས་ཆེན་རྒྱུན་ཨུ་ལྷན་ཁང་།
甘孜州人大常委会

དཀར་མཛེས་ཁུལ་མི་དམངས་སྲིད་གཞུང་།

甘孜州人民政府

སྲིད་གྲོས་དཀར་མཛེས་ཁུལ་ཨུ་ཡོན་ལྷན་ཁང་།

政协甘孜州委员会

དཀར་མཛེས་ཁུལ་སྒྲིག་ཁྲིམས་ཞིབ་བཤེར་ཨུ་ཡོན་ལྷན་ཁང་།

中共甘孜州纪律检查委员会

སྤྱི་ཚོགས་ཚོགས་པ།

社会团体

ཁྲིམས་ལུགས།

法　治

དམག་དོན།
军　事

དཔལ་འབྱོར་དོ་དམ།
经济管理

ནོར་སྲིད་དང་ཁྲལ་དོན།
财政 · 税务

དངུལ་ཆ་དང་ཉེན་འགོག་འགན་ལེན།
金融 · 保险

༄༅།།ཚོང་ལས་ཉོ་ཚོང་ཡུལ་སྐོར་ལས་རིགས།
商贸 · 旅游业

ཞིང་ལས།

农　业

བཟོ་ལས།

工　业

གྲོང་ཁྱེར་འཛུགས་སྐྲུན་དང་ཁོར་ཡུག་སྲུང་སྐྱོང་།

城乡建设 · 环境保护

འགྲིམ་འགྲུལ།

交　通

སྤྲགས་སྲིད་དང་འཕྲིན་སྐྱེལ།
邮政·通信

ཚན་རིག་དང་སློབ་གསོ།
科学·教育

རིག་གནས་ལུས་རྩལ་དང་གསར་འགྱུར་དཔེ་སྐྲུན།
文化体育·新闻出版

འཕྲོད་བསྟེན།
卫　生

མི་རིགས་དང་ཆོས་ལུགས།
民族·宗教

སྤྱི་ཚོགས་འཚོ་བ།
社会生活

༄།།རྫོང་ལྗོངས་ཁུལ་བདག་གཉེར་ཅུས།
县·景区管理局

མི་སྣ་མཚན་སྙན།
人物·荣誉

དཀར་ཆག
索　引

དམིགས་བསལ་དུ་འགོད་པ

特　载

在州委十届六次全委（扩大）会议第一次会议上的讲话

中共甘孜州委书记　胡昌升

（2014 年 12 月 29 日）

同志们：

受州委常委会委托，我向全委会报告工作。

即将过去的 2014 年，在维稳形势复杂多变、经济下行压力巨大、自然灾害频发的情况下，特别是面对“11・22”康定重大地震灾害，我们紧紧依靠全委会同志，团结带领广大干部群众共克时艰、化危为机，较好完成了州委十届五次全会确定的目标任务，全州发展态势向好、民生持续改善、社会大局平稳、干部奋发有为、群众安居乐业。

这一年，州委常委会与全州人民携手致力于教育实践活动、“两个建设年”和抗震救灾，走过了极不平凡的历程。

我们以党的群众路线教育实践活动为契机，紧紧围绕为民务实清廉主题，州委常委会模范带头，坚持精学细学拧紧思想“总开关”，开门开放征求意见，严格把好党内生活，干部谈心谈话全覆盖，整改落实兑现承诺，全州 4800 多个党组织 7.2 万名党员思想受到触动、灵魂受到洗礼、作风得到转变。狠刹“舌尖上的浪费、车轮上的腐败”，“三公”经费减少 1.4 亿元、下降 30%，查处“四风”案件 186 件 155 人，群众总体评价满意率达到 99.4%。

我们以法治甘孜建设年为载体，全面落实依法治省《纲要》，运用法治思维推进主动创稳。采取开办专栏、媒体宣传、“法律七进”、以会学法等形式，紧扣反分裂斗争、和谐甘孜建设和经济社会发展组织全民学法。着力提高依法执政水平和依法行政能力，应对突发事件、规范藏传佛教事务等自治法规和规范性文件完善落地，司法公开稳妥推进，依法治州“十大专项行动”初战告捷。法治风尚逐步形成，法治良序正在建立，依法治州进程不断加快。

我们以基层党建工作年为抓手，以党建促发展、促稳定、促和谐。不断延伸拓展党的基层组织覆盖面，服务型党组织面达50%，摸排整顿297个村（社区）后进党组织，堡垒建设工程有力推进。开展干部培训301期1.7万人次，并注重在基层一线锤炼干部和对口支援地挂职锻炼干部，能力提升工程成效明显。组织近2万名党员到村（社区）党支部报到，组建1300多支党员服务队驻村入户排忧解难，广大党员活跃在发展民生稳定最前沿，先锋示范工程凝心聚力。党委书记认真落实第一责任人职责，坚持工作重心下沉，县委书记基本走遍辖区所属村，乡镇党委书记普遍走访辖区百姓家，党在藏区执政基础不断夯实。我们众志成城抗击“11·22”康定重大地震，第一时间启动Ⅰ级应急响应，争分夺秒抢险救灾；第一时间全力救治伤员，危重病人全部转危为安；第一时间妥善安置受灾群众，确保安全温暖过冬；第一时间维护社会秩序，未发生一起刑事案件；第一时间恢复交通、电力、通信等基础设施，抢险救灾运转顺畅；第一时间防治次生灾害，组织力量排危除险；第一时间查灾核灾，开展安全应急评估；第一时间组织公职人员到震区开展结对认亲、同心同向、爱心帮扶、共建共创，充分发挥了群众工作全覆盖的特殊作用；第一时间引导舆论，凝聚释放抗震救灾的正能量，确保了抗震救灾组织指挥有力、救援及时有效、救灾科学有序，赢得了各方赞誉。这一年，州委常委会与全州人民统筹推进发展、民生、稳定等各项工作，为决胜全面小康奠定了坚实基础。

我们加力经济发展持续向好。围绕“三化联动”发展路径和“一优先二有序三加快”产业发展思路，立足优势、加长短板，力促科学发展、加快发展。发展指标平稳增长。预计，2014年实现地区生产总值213亿元，增长4.5%；全社会固定资产投资465亿元，增长14.3%；地方公共财政收入25亿元，增长13%；社会消费品零售总额64亿元，增长12%；城镇居民可支配收入23346元，增长9%；农牧民人均纯收入6305元，增长16%。发展底色更加鲜明。坚持走经济与环境相协调的文明发展之路，编制完成《甘孜州生态文明建设规划》，涉及重点项目82个、总投资1330亿元，落实国家生态功能区转移支付资金6.8亿元，生态基础性工作扎实推进。深入实施退牧还草、退耕还林和天然林保护，草原植被及森林覆盖率逐年提高，生态保护与建设有力有效。确立“3·11”生态日，组织召开全州第一个生态文明发展大会，开展首个生态日活动，创建生态乡镇、生态村和生态家园，节能减排工作深入推进，生态意识不断增强。发展条件空前改善。交通三年集中攻坚大决战投资突破百亿，建成国省干线公路15条2100公里，雀儿山隧道、九江路等工程加快推进，雅康高速公路全面开工，格萨尔机场、川藏铁路雅康段前期工作实现突破。落实规划新增国省干线19条4200公里，为实现县县有国道目标打下基础，国省干道公路路况预计全省排名第6位，较上年提升14位。强力推进电网建设，“川藏联网”工程建成投运，“电力天路”工程进入集中投产期，建成500千伏变电站3座、220千伏和110千伏变电站19座、35千伏变电站57座，实现全州18个县与主网联网，地方电网基本形成；无电地区电力建设加快推进，解决了16万群众的用电难题。争取国家水利项目投资突破10亿元，洛须、白松茨巫水利主体工程基本完成，顺河堰、巴楚河水利工程开工建设，全州地质灾害隐患监测预警体系基本建成。“8·9”丹巴特大泥石流群众成功避险，创造了人员“零伤亡”的奇迹，李克强总理、张高丽副总理分别作出“推广成功经验”和“为全国地灾防治添了一个经典案例”的重要批示。发展联动格局初步形成。以旅游全域化统领经济社会发展，积极打造中国全域旅游先行区，编制全域旅游发展规划，实施全域旅游“十大工程”，亚丁、海螺沟AAAAA级景区和泸定桥、甲居藏寨AAAA级景区加快创建。预计全年接待游客800万人次，实现旅游收入80亿元，同比增27%。以新型城镇化搭载发展，城市新区建设、城镇功能配套、城乡旅游风貌改造、美丽幸福新村打造进展顺利，8个乡获准撤乡建镇，4个省级百镇试点镇建设有序推进，城镇化率达到28.38%。以农牧业现代化支撑发展，现代农业产业基地、无公害畜产品生产基地、特色林业产业基地初具规模，农业生产实现“七连增”。产业培育有序推进，新增水电装机70万千瓦，原矿生产能力达550万吨，中藏药业和民族文化产业基地建设、产品研发、市场拓展迈出实质性步伐，藏药突破性获得国药准字号。发展活力明显增强。积极稳妥推进各领域改革，制定改革方案，分解落实14个方面200多项改革任务，取消和调整行政审批项目43项，工商登记制度改革暨“先照后证”试点工作全面启动，完成农村信用社以“州为单位统一法人”改革，县级公立医院全面取消药品加成，农村土地确权颁证试点顺利推进。加力深化开放合作，落实招商引资优惠政策，优化开放发展环境，鼓励全民创业就业，支持民营企业发展壮大。着力打造“圣洁甘孜”品牌，开展大众评选“最康巴特色名店”，搭建第十五届西博会和“知名企业四川行”参展平台，举办“圣洁甘孜走进北京”“知名企业甘孜行”“海外知名华人媒体甘孜行”等重大活动。借力省内对口援建市区县扩大开放合作，与清华大学和省扶贫移民局、中国铁塔四川分公司、玉树州签订了战略合作协议，开放合作领域进一步拓宽。对口援建取得突破。成都等省内援藏市累计确定援建项目407个，到位援藏资金4.5亿元，并全方位帮助培养州县干部1300多名；浙江对我州“东西扶贫协作”援建项目落实帮扶资金7400万元；广东对口支援我州已初步确定援建资金3.69亿元，在援建领域、援建机制、援建资金等方面都取得重大突破。

我们巩固群众工作做实提升。坚持久久为功，用心做实“六大活动”，群众工作全覆盖逐步实现常态化。做实“结对认亲”。量化走亲访亲，2万多个小分队走访结对亲戚220多万人次，宣讲政策法规近20万场次，解决困难诉求1万多个，化解矛盾纠纷2600多起，服务群众生产10多万人次，农牧区村村能看见干部走访亲戚的身影，农牧民家里常常能听到干部亲戚的声音，危难中能得到干部亲戚的真情帮扶，党心民心在结对认亲中凝结得更紧。做实“同心同向”。实施法宣橱窗进寺、僧尼培训办班、关爱政策惠僧行动，与僧尼交心恳谈及政策法规宣讲3500多场次，寺庙“五通工程”建设投入上亿元，僧尼低保、医保、养老保险覆盖面进一步扩大，5000多名领导干部和州县人大代表、政协委员入寺访僧动之以情、晓之以理、明之以法，党委政府与寺庙、干部与僧尼在同心同向中建立互信空间、共创和谐氛围。做实“爱心帮扶”。累计募集爱心慈善基金1.3亿元，万名志愿者辗转各领域服务不同群体，“心愿快车”“爱心助学”等覆盖青少年近3万名，孤儿、五保户、“三无”老人和残疾人都有领导干部结对帮扶，千名重大疾病患者得到及时救助，弱势群体在爱心帮扶中得到贴心关爱。做实“宣传教育”。深化典型宣讲和主题宣讲，66场“群众宣讲团和谐乡村行”深受群众欢迎，送科技、卫生、文艺、法律进乡入村覆盖群众40多万人次，开展服刑人员现身说法、“一月一读报日”活动3万多场，党的声音在宣传教育中入脑入心。做实“共建共创”。从机关选派党员干部驻村蹲点指导党建和担任村（社区）党支部负责人，设立党员服务岗2万多个，发展农牧民党员2500多名，全面完成村级组织换届，贫困党员致富、闲散青年就业稳步增长，农牧区基层党组织在共建共创中增强凝聚力、向心力。做实“幸福工程”。投入60亿元解决群众住房、饮水、行路、上学、看病、就业等困难问题，银行卡助农服务点村覆盖率达80%以上，农村劳动力转移输出近万人，免费筛查包虫病人群20多万人并免费治疗1万多人，农牧民群众幸福指数不断提升。

我们狠抓民生改善落地见效。突出民生取向，社会事业加速发展。教育发展铺就希望路。11个教育园区、22个片区寄宿制学校、35个乡镇幼儿园和州高级中学加快建设，各项教育惠民政策全面落实，教育信息化建设全面推进，大力实施“石渠教育发展三年行动计划”，定向招录培养紧缺专业人才上千名，藏区一流人民满意教育迈出坚定步伐。科技创新支撑产业化。着力提高科教兴州战略意识，一手抓研发，一手抓转化，科技项目实现历史性突破，36个项目获省立项，科技改善民生卓有成效。医疗卫生惠及千万家。大力实施“健康甘孜2020”行动，着力推进医疗卫生“五大体系”建设，大病医疗保险住院报销比例达到65%以上，11项基本公共卫生服务增量提质，州医院第二医疗区即将投入使用，县级医疗机构标准化建设基本完成，乡镇卫生院标准化建设全面启动，医疗卫生条件明显改善。文化惠民引领新风尚。完善文化公共服务设施，建成一批县级图书馆、文化馆、综合档案馆，完成州民族体育馆主体工程，启动县级全民健身活动中心、农牧民培训演艺中心和康巴文化研究院建设，启动石渠、色达、甘孜、道孚4县广播电视节目农牧区无线覆盖工程，成功申办2018年全省少数民族运动会，广泛开展群众性文体活动，凝聚了人民群众向善向美的精神追求。社会保障增强幸福感。新增城镇就业、再就业近万人，完成危房改造1万多户、棚户区改造5000多户、公租房2800多套，全面启动异地就医即时结算，医保、低保、救助等社会保障实现应保尽保。精准扶贫托起致富梦。大力实施整村推进、连片开发、易地扶贫搬迁、彝家新寨项目，改善2.65万贫困人口的生产生活条件，新建饮水工程392处，解决9万多人饮水安全，选送农牧民参加“千名藏区群众职业培训行动”，百姓生活一年比一年好。灾后重建开启新生活。大力推进“4·20”芦山和“8·31”得荣地震灾后重建，重建和维修加固城乡住房3万多户。启动“11·22”康定地震灾后重建规划编制。

我们推动主动创稳守土尽责。以反分维稳为主线，以依法治州为抓手，以寺庙管理为重点，加力深化主动创稳。反分裂斗争毫不松劲。坚持维稳例会制度，打击处理了一批违法犯罪行为。寺庙治理情理法并举。用心用情开展寺庙群众工作广覆盖，全面落实领导联系寺庙和联户联僧制度，累计保障救助困难僧尼1.5万人。广泛开展教育引导，支持州佛协和宗教界人士广泛开展“爱国守法感恩团结”和“五热爱、两遵守、三负责”宣讲活动，组建23个藏汉双语联合宣讲团入寺开展法制宣传上百场、覆盖僧尼上万人，举办培训班培训宗教界人士近万人。平安甘孜建设扎实推进。强化源头治理防范，深化“大调解”工作体系，常态排查化解水电开发、矿山开发、土地征用、拆迁补偿、移民安置等领域矛盾纠纷5424起，主动下访、回访解决群众信访问题932个。强化网格化管理，建立四级网格服务管理体系，划分网格1641个，配备网格员1635名，初步形成“人在格中走，事在网中办”的基层服务管理格局。实施“红袖套”工程，组建群防群治队伍2575支、9万多人，逐步构建起纵横覆盖的群防群治网络。强化突出问题综合整治，深化社会治安常态治理、重点区域综合整治、打黑除恶、缉枪治爆等专项工作。强化安全生产责任，全年未发生重大安全生产事故。

我们强化管党治吏从严从实。坚持“党要管党、从严治党”，着力提升党的建设科学化水平。重机制管根本。扎紧制度笼子，制定实施党员干部“八个一律不准”“八个严守”规定，建立完善村级组织运行规则，严格落实县乡村三级党组织书记党建述职制度，强化用制度管人、按制度办事的刚性约束。抓党风促清廉。用前所未有的担当正风肃纪，层层传导落实党风廉政建设“两个责任”压力，分解落实惩防体系任务，加强风险防控警示教育，创建廉政文化示范点，保持惩治腐败高压态势，查处腐败案件280件，给予党纪政纪处分276人，党风廉政建设社会满意率达83%。开展“庸懒散浮拖”问题专项整治，查处问题75件，给予党纪政纪处分75人。建队伍强保障。鲜明用人导向，落实“五个面对、五个敢于”甘孜好干部标准，坚持在复杂环境、反分维稳、基层一线、群众工作中考察识别干部，把158名干部调整充实到重要岗位。全面推进“优秀年轻干部人才递进培养计划”，遴选培养近千名年轻优秀干部。大力培育人才，实施“百千万康巴英才工程”，评选高端人才20名、优秀中端人才153名、优秀基层基础人才2135名，培训各类人才近2万人次。讲政治聚合力。加强民主政治建设，支持人大、政协和司法机关依照法律和章程履行职责，意识形态、党管武装、统一战线、老干部等工作不断加强，工会、共青团、妇联等群团组织桥梁纽带作用充分发挥，全州上下凝心聚力开创了发展新局面。

这一年，州委常委会与全州人民懂感恩、知不足、求奋进，建设美丽生态和谐幸福新甘孜还需超常付出。

我们在守望相助中永远感恩铭记：成绩来自于中央和省委的特殊关爱，来自于州委全体委员的知责担当，来自于州四套班子的同甘共苦，来自于军政军民的和衷共济，来自于对口援藏的无私帮助，来自于社会各界的关心支持，来自于全州公职人员的辛勤付出，来自于全州各族群众的坚韧奋进。在此，我真诚地向大家道一声辛苦！说一声感谢！

我们在克难奋进中积累工作经验：建设美丽生态和谐幸福新甘孜，只有把和善安州时刻放在心上，坚定不移施治本之策，常态推进群众工作全覆盖，才能书写党群干群关系新篇章；只有把生态立州、产业强州抓紧攥牢，坚定不移走强州之路，用“三化联动”统筹经济建设，才能加快科学发展、底部突围；只有把科教工作放在优先发展的战略地位，坚定不移务科教之实，保持创新驱动定力，才能为科教兴州提供强有力的支撑；只有把群众利益高高举过头顶，坚定不移尽为民之责，持续改善和保障民生，才能提升人民群众幸福指数；只有把依法治州这根弦绷紧绷实，坚定不移行长远之举，加力主动创稳，才能实现甘孜长治久安；只有把忧党忧国忧民的使命内化于心、外践于行，坚定不移筑固本之基，从严治党治吏，才能不断夯实党在藏区的执政基础。

我们在反思反省中清醒认识不足：在发展上，受宏观经济形势影响，资源环境约束趋紧，全州经济下行压力加大，矿产持续跌价，水电外部市场需求下降，旅游、特色农牧、中藏药产业培育缓慢，一些主要经济指标没有实现预期增速，基础差、底子薄、发展滞后的困局依然没有发生根本性改变。在民生上，服务半径大，自然灾害多发频发，农牧业生产基础薄弱，群众增收缺乏有效载体，农牧区看病、就医、上学、住房、行路等困难还大量存在，农牧民生产生活条件差、贫困面大、增收致富难的困局依然没有发生根本性改变。在稳定上，反分裂斗争具有长期性、复杂性、艰巨性，人民内部矛盾日趋复杂，局部地区突发事件易发高发，意识形态领域建设薄弱，乡村沉淀大量疑难杂症，特殊矛盾尖锐复杂、法治缺失、乡村治理散乱无力的困局依然没有发生根本性改变。在党建上，一些党组织书记履职不到位，没有真抓真管真投入，特别是农牧区基层党组织缺乏凝聚力、公职人员“庸懒散浮拖”、优秀人才难引难留等问题突出，诸多工作执行落实不到位，党风廉政建设任重道远，基层组织战斗力不强、干部执行不力、腐败案件易发的困局依然没有发生根本性改变。这些都迫切要求我们必须在今后的工作中深刻反思、切实解决。

报告完毕，请同志们对常委会工作提出宝贵意见。

政府工作报告

——在甘孜藏族自治州第十一届人民代表大会第四次会议上

甘孜藏族自治州人民政府州长　益西达瓦

（2015年1月23日）

各位代表：

我代表州人民政府向大会报告工作，请予审议，并请州政协委员提出意见。

2014年工作回顾

去年，是我州经济发展最为困难、自然灾害最为频繁的一年。在省委、省政府和州委的坚强领导下，在州人大、州政协的监督支持下，我们团结带领全州各族干部群众，负重前行，攻坚克难，扎实做好各方面工作，经济实现较快发展，民计民生持续改善，社会保持总体稳定。全州实现地区生产总值206.81亿元，增长4.20%；完成全社会固定资产投资465.72亿元，增长14.40%；地方公共财政收入27.55亿元，增长24.52%；社会消费品零售总额64.48亿元，增长12.40%；城镇居民人均可支配收入23303元，增长8.8%；农牧民人均纯收入6307元，增长16%。

一年来，我们主要做了以下工作：

第一，坚持优先发展全域旅游，产业培育取得新进展。

全域旅游打开新局面。投资40.83亿元，实施旅游“十大工程”，建设重点项目16个。制定幸福美丽示范新村旅游导则，实施乡村旅游“提升行动”；稻城、乡城乡村旅游示范县和海螺沟创建AAAAA级景区实施方案通过省级评审，海螺沟创国家级、稻城亚丁创省级生态旅游示范区全面启动；评选首批“最康巴—特色名店”57家。新增重庆、西安、泸州至亚丁3条航线，亚丁机场开航一年来，游客达18万人次。全州接待游客800万人次，实现旅游综合收入80亿元，分别增长25.60%和24.90%。全域旅游更加深入人心，旅游业正成为我州经济发展的“助推器”、群众增收的“摇钱树”。

能源开发走出新路子。积极探索“全力支持大型、全面参与中型、全域规范小型”的水电开发新思路，完成水电投资174亿元，新增装机70万千瓦，年末总装机达620万千瓦。全省单体投资最大的两河口水电站核准开工；组建电力开发公司，自主、入股开发水电，力争走出“开发一方资源、发展一方经济、富裕一方百姓”的新路子；清理规范小水电站465座。甘孜火古龙、色达洛若5万千瓦光伏电站获省备案。

矿产开发迈出新步伐。完成投资4亿元，里伍铜业、鑫源矿业扩规等项目加快推进，甘孜呷拉金矿废渣废石回收利用项目基本竣工。勘查重点矿产50宗，新增探明金属量65万吨。拍卖出让矿权4宗，规范探矿权14宗、采矿权6宗，依法灭失探矿权32宗。征收矿产资源补偿费1810万元。初步实现了“做大做强一批，加快建设一批，勘查储备一批，关闭暂停一批”的目标。

特色农业实现新发展。落实强农惠农政策，完成农作物播面 132.14 万亩，粮、油、菜总产量分别达 24.22 万吨、1.26 万吨、20.93 万吨，农业生产实现“七连增”，农业科技贡献率达到 52%；各类牲畜存栏 403.29 万头（只、匹），出栏率、商品率分别达到 23.50%和 16%；水利工程完成投资 10.21 亿元，新增有效灌面 1.12 万亩、节水灌面 2.90 万亩；林业经济效益日益显现，实现产值 28.54 亿元。登记认证“三品一标”农产品 11 个，无公害农产品基地 14 万亩；出台支持农产品加工企业发展意见，“酒、肉、茶、菌、果、蔬、水、药”八类产品开发取得实效，向工商总局申报“圣洁甘孜”农产品区域公用品牌，在成都等地建成“圣洁甘孜”营销专柜，我州优质特色产品正受到广大消费者的热捧。

民族文化产业得到新提升。康定情歌文化园区建设加快推进，积极培育康东多元文化、康南香巴拉文化和康北格萨尔文化三大产业区；编制完成红色文化资源保护与开发规划；炉霍唐卡、新龙药泥面具和德格麦宿、白玉河坡手工艺品等开发工作全面启动，精心储备《康定情歌》《高原风》等精品剧目；加大文化产品宣传营销力度，向工商总局申报“圣洁甘孜”文化旅游区域公用商标，文化产业发展迈出坚实步伐。

中藏医药业取得新突破。摸清全州地产中藏药材品种，对 15 个独有品种开展驯化、繁育工作；实施中藏药材种植推进方案，种植面积达 2 万亩；泸定中藏药产业园一期工程竣工，色达金马药业饮片厂、海螺沟“中国南派藏医药传承创新基地”和德格麦宿中藏药产业园建设加快推进；然降多吉胶囊获得全省首个藏药新药国药准字；州内 337 个藏药制剂品种纳入医保报销；州藏医院成立 30 年来，年收入首次过千万元。

第二，坚定不移抓投资，基础建设再上新台阶。

交通建设实现历史性跨越。交通投资再破百亿，三年集中攻坚任务基本完成，建成三级以上路面 2700 余公里。雅康高速州内段全线开工，格萨尔机场场址获批，川藏铁路雅康段前期工作实现突破。建成通乡油路 399.50 公里、通村公路 1499.60 公里，新增农村客运班线 32 条、客运站（点）683 个。全州国省干道路况进入全省前十，百万甘孜儿女的“畅通梦”即将实现。

电力建设加快推进。完成投资 100 亿元，“电力天路”等项目顺利实施，“川藏联网”工程提前半年建成投运；康定 500 千伏扩建、新都桥 500 千伏，雅江、茨巫 220 千伏和康定新城、乡城等 17 个 110 千伏输变电工程竣工投运，18 个县实现与主网联网；乡城 500 千伏扩建、溪古 500 千伏输变电工程加快推进，长河坝、黄金坪 500 千伏送出工程开工建设。“远村点亮”全面完成，227 个乡、1672 个村的 26.80 万无电农牧民与全国人民同享温暖与光明。

城乡面貌焕然一新。坚持建好县城，修编完成州域城镇体系规划和 17 个县城市总体规划，投入 3.72 亿元实施城市新区建设项目 15 个，改造棚户区 5076 户、建设公租房 2854 套；康定等县城市美化亮化工程加快推进，理塘等县城市供排水工程顺利实施，全州市政基础设施有效提升。坚持做大集镇，改造小城镇危旧房 1118 户；投入 1.34 亿元完善姑咱、马尼干戈、香格里拉、八美 4 个省级“百镇试点”镇市政设施，13 个乡获准撤乡建镇。坚持做美村寨，成功创建 45 个省级“美丽乡村”示范村，19 个州级幸福美丽新村试点建设全面启动，打造新村聚居点 235 个，建成藏区新居 1.11 万户。全州城镇化率达到 27%。

通信覆盖越来越广。完成投资 4.53 亿元，“智慧甘孜”“光网甘孜”“无线城市”建设加快推进。新建光缆 3340 公里、基站 665 个，新增有线宽带接入端口 2.60 万线，出口带宽达 80G，国省干线和主要旅游景区通信网络实现连续覆盖。

生态底色更加鲜明。编制完成《甘孜州生态文明建设规划》，落实国家生态功能区转移支付资金6.80亿元，生态保护与建设工程加快推进，草原植被、森林覆盖率分别达到78%、33.04%。开展首个“生态日”活动。严守耕地保护“红线”，整治土地2.72万亩，新增耕地1300亩。环保“三同时”制度执行率和建设项目环评率达到100%；节能减排成效明显，各项污染物排放控制在省限定指标内。蓝天白云、青山绿水的生态底色更加鲜明。

第三，努力提升群众幸福指数，民生改善取得新成效。

群众工作加力深化。在做好“结对认亲”“同心同向”“爱心帮扶”“宣传教育”“共建共创”工作的同时，将群众工作全覆盖与改善民生紧密结合，在财政十分困难的情况下，我们加大民生投入，全年民生支出139亿元，占财政支出的48.02%，增长11%，有力保障了幸福工程“十大行动”的全面开展。

社会保障力度增强。全州城镇新增就业7307人，回州“9+3”毕业生就业率达到95%以上，城镇登记失业率4.14%。农村低保标准由每年1700元提高到2267元，城乡低保实现应保尽保；在全省民族地区率先实施医疗保险制度城乡统筹，异地就医即时结算全面启动；在全省率先出台大病医疗保险规定，大病参保达90.50万人，大病救助3万人次、支出5088万元；为7600名失能和高龄老人提供居家养老服务，康北儿童福利院投入使用，城乡“三无”“五保”对象和孤儿集中供养实现全覆盖，爱心慈善基金累计超1.30亿元。安排州级价调基金近5000万元支持“菜篮子”工程建设。社会保障“安全网”越织越密，群众幸福感不断增强。

教育事业加快发展。大力实施“教育十年行动计划”“免费学前教育计划”“石渠教育三年行动计划”“村小关爱行动计划”，全面启动教育信息化工程，建成教育城域网，开办康巴网校，60%的学校实现电子白板“班班通”。新建35所乡中心幼儿园、22所片区寄宿制学校，州高级中学开工建设。教育助学惠民政策全面落实，兑现各类补助金4.58亿元。乡城县义务教育均衡发展通过省级督导评估验收。教师队伍建设进一步加强，各项激励政策全面兑现。教学质量持续提升，全州本专科录取4678人，录取率92.40%。创“藏区一流、人民满意”教育取得阶段性成果。

群众看病更加方便。大力实施“卫生十年行动计划”和“健康甘孜2020”发展意见。城乡居民基本医保参保率达到99.13%，住院费用实际报销比例达到65%，免费治疗包虫病患者1.36万人，健康档案建档率达到92%；州医院第二医疗区即将竣工，36个县级综合医院和中藏医院标准化建设基本完成，开工建设120个标准化乡（镇）卫生院和225个村卫生室；卫生信息化建设一期工程和远程会诊、教学系统建设基本完成；引进藏医高端人才6名，招录本土藏医成人本科人才48名。兑现计划生育“三项惠民制度”资金1809万元，免费孕前优生健康检查2830人，农村孕产妇住院分娩率达到81.58%，人口自然增长率6.18‰。

文化建设稳步推进。建成县“两馆”12个，启动石渠、色达、甘孜、道孚4县州县广电节目农牧区无线覆盖工程；开工建设州民族体育馆、州农牧民演艺培训中心和14个县级全民健身中心，建成农民体育健身工程739个；开展“送文化下乡”活动近千场；康巴文化研究院“四大工程”全面启动；成功申办2018年第十五届全省民族运动会。

人才科技工作扎实有效。深入实施“百千万康巴英才工程”，刚性引进高端人才7名，培训各类人才2万余名，评选“康巴英才”2308名；依托8所本科学校，订单定向培养本土人才721名。36个科技项目获省立项，到位资金2040万元，增长139%；申请专利49件，实施专利项目11个，新增产值5910万元。

扶贫移民工作成效明显。完成 1360 个贫困村、19.91 万扶贫对象立卡建档工作；实施整村推进 63 个、连片开发项目 4 个、彝家新寨（村）17 个、索改桥 23 座，易地扶贫搬迁 9850 人，2.65 万群众生产生活条件得到改善。大渡河、雅砻江流域水电移民工作取得新进展，投入移民资金 27 亿元，安置移民 1996 人，兑现后扶政策和惠民补助资金 1202 万元。

抗震救灾取得阶段成果。“11·22”康定地震发生后，我们第一时间启动应急预案、第一时间赶赴现场救灾、第一时间安置受灾群众、第一时间查灾核灾、第一时间引导舆论，组织各方力量众志成城、科学救灾，实现了“把损失控制在最小范围”的目标。国家、省、州、县紧急调拨救灾资金 1.10 亿元，累计发放价值 3800 万元的救灾物资，转移安置受灾群众 17156 人，下拨过渡安置补助金 6000 万元，确保灾民安全温暖过冬，灾后恢复重建规划编制全面启动。白玉、得荣地震和“4·20”芦山地震受影响的泸定、康定灾后恢复重建加快推进，完成投资 5.71 亿元。

第四，坚持改革开放不动摇，经济发展注入新动力。

重大改革持续深化。启动实施新一轮政府机构改革，工商、质监、食药监系统行政管理体制调整全面完成；工商登记制度改革全面启动，实施“先照后证”试点，全年新增市场主体 6716 个；深化财税体制改革，强化预算绩效管理，盘活存量资金 7.74 亿元；深化金融体制改革，出台金融机构支持地方经济发展考评奖励办法，完成农村信用社“以州为单位统一法人”改革；深化投资体制改革，修订投资项目审批、核准、备案目录，制定中介机构动态管理办法，清理政府投资项目中介机构 221 家；深化农业农村改革，政策性农业、森林保险覆盖面进一步扩大，农村土地确权登记试点和经营权流转进展顺利，石渠色须镇草原畜牧业发展新模式试点受到牧民欢迎；事业单位分类改革全面完成；推进县级公立医院改革，全面取消药品加成，基层医疗机构全面实施基本药物制度；深化国有企业改革，启动独立供电区改革，6 个县完成资产移交工作。

开放合作不断深入。围绕优势资源包装项目、拓展市场、“叫卖甘孜”，积极参加第十五届西博会、深圳文博会等活动，成功举办“圣洁甘孜走进北京”“知名企业进甘孜”等活动，建立电子招商项目库，实施招商引资项目 161 个，到位资金 127.60 亿元，创历史新高；省内“7 20”结对帮扶到位资金 4.50 亿元，浙江扶贫协作到位资金 7400 万元，主动对接广东对口支援工作。甘眉工业园区完成投资 11.40 亿元，入库税金 1504 万元，留州电量收益 5640 万元。全州上下市场氛围、产品意识、品牌意识进一步提升。

区域发展协调推进。深入分析东南北区域资源禀赋、发展条件，先后召开区域经济推进会，出台了区域经济发展意见。围绕环贡嘎山两小时旅游经济圈，推进东部 4 县率先发展；围绕环亚丁两小时旅游经济圈，推进南部 6 县加快发展；围绕康北康巴文化旅游区，推进北部 8 县追赶发展。区域联动、集约经营、协同发展的意识进一步增强。

第五，时时不忘特殊矛盾，社会治理增添新举措。

社会管理能力不断提升。旗帜鲜明开展反分裂斗争，加强和创新社会管理，全力推进“法治甘孜”建设。开展依法治州“十大专项行动”，强力推进“一标三实”信息采集，网格化管理服务更加规范有序，平安甘孜创建扎实推进。全年综合整治治安乱点 125 处，查处治安案件 758 起，破获刑事案件 722 起，追回各类逃犯 213 名，收缴各类枪支 680 余支、子弹 2.63 万发；成功调解各类矛盾纠纷 5043 件，信访积案化解率达到 100%；深入开展“法律七进”活动，群众法治意识明显增强。第九届村（居）民委员会换届选举工作全面完成。

民族宗教工作更加规范。全面启动了全国民族团结进步示范州创建活动，命名了第一批创建示范单位；表彰了全州第四次民族团结模范集体和个人（户）。藏文社会用字进一步规范。依法管理宗教事务，出台《〈甘孜藏族自治州藏传佛教事务条例〉实施细则》，大力开展藏传佛教“五二三”主题学教活动；积极创建和谐寺院，表彰进步宗教团体4个、爱国守法宗教场所100个、教职人员2000人；落实资金2.20亿元解决寺庙困难问题887个。

安全生产形势逐步好转。全面落实安全生产“党政同责、一岗双责”，健全安全防控机制。以“六打六治”专项行动为载体，强化安全生产监管，全年未发生重特大安全生产事故。防灾减灾、应急预警机制进一步完善，成功预警丹巴东谷特大泥石流灾害，提前转移1500多名群众，实现零伤亡，受到国家领导人充分肯定。防震减灾工作获得国家通报表彰。质量安全得到保障，食品药品安全监管进一步加强。

此外，国防动员、人民防空、双拥优抚、地方志、档案、保密、气象、红十字、妇女儿童、残疾人等工作取得新成绩。

各位代表：过去一年，我们在统筹抓好“发展、民生、稳定”三件大事的同时，切实加强政府自身建设。一是切实转变工作作风。深入开展群众路线教育实践活动，查摆政府班子问题48项，并逐一落实责任，全面进行整改，州政府文、会分别下降10%、20%，“三公”经费下降30%，全面完成办公用房清理改造；实施“系统抓、抓系统”工作新举措，出台推进本届政府2014—2016年重点工作1个意见8个方案（简称“1+8”文件），打通“最后一公里”、开动“政府直通车”；严格落实中央八项规定精神，深入推进正风肃纪，加大监察审计力度，全年政纪处分165人，查处主要问题资金21.45亿元，审减投资额1.16亿元。二是着力建设法治政府。严格遵守和执行各项法律法规，自觉接受人大的法律监督和工作监督、政协的民主监督，定期向州人大报告、向州政协通报工作，积极回应人大代表、政协委员对社会热点问题的关注，办理州人大代表建议115件、州政协委员提案167件，首次对220件分组讨论建议进行了梳理、办理、回复。推进政府信息公开，开通政务微博、微信等平台。三是努力提高行政效能。开展第七次第三、第四批州级行政审批项目清理，取消和调整43项，保留168项；州本级政务服务按时办结率和群众满意率100%；整合政务服务、建设工程招投标、政府采购等平台，组建州政务服务和公共资源交易服务中心。政府各部门执行力不断增强、办事效率不断提高。

各位代表：回顾一年的工作，我们深切体会到：只有以干为先，说了就算，定了就干，干就干好，不漂浮、不作秀、不忽悠，才能推动各项事业健康发展；只有以情感染，深爱甘孜大地、热爱甘孜人民，带着感情干事，充满激情创业，才能凝聚起甘孜发展的强大合力；只有以身作则，要求别人做的，自己带头做，要求别人不能做的，自己带头不做，才能让百万甘孜父老乡亲放心；只有以创促稳，主动作为，综合施策，标本兼治，依法治州，才能实现社会长治久安。

各位代表：成绩的取得，凝聚着上级党委政府的关心和厚爱，彰显着全州各族干部群众的拼搏和付出，饱含着社会各界的支持和帮助。在此，我代表州人民政府，向各位代表和委员，并通过你们向全州各族人民、驻州解放军、武警官兵、政法干警、工商联、各人民团体、各界朋友和所有纳税人，表示由衷的谢意！

各位代表：在总结成绩的同时，我们也清醒地看到不少困难和问题：一是靠投资拉动的增长方式，“一枝独秀”的产业模式，内生动力不足的发展现状，在新常态下问题更加凸显。二是高寒、偏远、落后、“先天不足”的现实州情，贫困人口多、贫困程度深的民生现状，同步建设小康的任务极为艰巨。三是反分维稳形势依然严峻，社会建设和管理任务繁重，发展环境仍需优化。四是“四风”的顽疾，“庸懒散浮拖”的现象，少数干部“不愿、不会、不敢”抓发展的问题，都给政府工作造成不良影响。面对这些问题，我们将在今后的工作中努力解决，还请大家理解、支持和监督。

2015年工作安排

各位代表：今年是实施“十二五”规划的收官之年，是承接“十三五”规划的奠基之年，是全面深化改革的攻坚之年，是落实政府“1+8”文件的关键之年。面对全国全省经济社会发展大势，我们必须准确把握政治新常态，践行群众路线，切实转变作风；必须准确把握经济新常态，调结构转方式，提升发展质量；必须准确把握社会新常态，突出依法行政，重抓乡村治理；必须准确把握文化新常态，弘扬民族文化，唱响时代旋律；必须准确把握生态新常态，保护生态环境，发展生态经济。今年，政府工作的总体要求是：以党的十八大和十八届三中、四中全会精神为指引，贯彻落实州委十届六次全委（扩大）会议精神，坚持“统筹联动、稳中求进、加快发展”工作基调，以全域旅游统领经济社会发展，以民生改善凝聚民心民力，以灾后重建塑造美好家园，以依法治州促进稳定和谐，推动经济社会持续健康发展。

今年，全州经济社会发展主要预期目标为：地区生产总值增长7.50%，全社会固定资产投资增长2%，社会消费品零售总额增长12%，地方公共财政预算收入增长7.50%，城镇居民人均可支配收入增长9%，农牧民人均纯收入增长15%。新常态下，特别是在以交通电网等“十二五”藏区政策红利减少、内生动力不足的情况下，尽管部分目标较往年有所降低，但依然是自加压力、跳起摸高的目标，其中地区生产总值比去年实际增速高出3.3个百分点。实现这些目标，需要我们付出更加艰辛的努力。为此，我们要积极认识新常态、适应新常态，突出抓好八个方面工作：

一、加快推进产业发展

坚持把旅游作为调结构转方式的主要抓手，努力培育壮大特色优势产业，全力转变发展方式，提升经济发展质量。

突出全域旅游带动，提高服务业发展水平。按照“提升东部、突破南部、推进北部”的工作思路，坚守规划、人口、土地、建设、生态“五条红线”，编制完成《全域旅游发展规划》《环甘孜格萨尔机场旅游圈区域发展规划》。大力实施旅游“十大工程”，开展全域旅游“八进”活动。以海螺沟创AAAAA级景区为重点，加快木格措、亚丁、甲居藏寨等景区提档升级，启动丹巴中路等一批新景区开发；加快发展红色旅游。围绕“圣洁甘孜”旅游品牌，狠抓震后旅游市场提振营销，争取开通康定至昆明、西安、杭州、广州的4条旅游航线。力争接待游客1000万人次、旅游综合收入超100亿元。推动文旅深度融合，加快甘孜噶玛博绣民族民间手工艺创意园区、亚丁非遗产品一条街建设；推动康定、丹巴、海螺沟、亚丁商演基地建设，支持精品剧目打造，探索商演路径；支持《命定》《酥油灯》等电影拍摄工作，积极策划影视基地建设。探索体旅结合发展路子，启动以海螺沟为中心的户外登山基地建设，举办“穿越贡嘎”户外活动，打造国际A级精品赛事。

突出能源矿产驱动，做大做强工业经济。全力支持大型电站建设，竣工投产洞松、黄金坪电站，力争核准硬梁包、苏洼龙电站，加快叶巴滩、拉哇、丹巴等6座电站前期工作；力争《雅砻江上游水电规划》获批。全面参与中型电站建设，入股并力争开工古瓦等7座电站。全域规范小水电站建设，妥善解决水电开发遗留问题。全年新增水电装机100万千瓦。搭建新能源公开、公正、公平开发的平台，加快开发太阳能，竣工甘孜火古龙5万千瓦太阳能发电项目。高度重视电力营销，用好留存电量政策。实现里伍、呷村扩规，加快里伍上市步伐；强力推进甲基卡锂辉矿项目建设，加快泸定50万吨超精细石膏材料厂二期工程等项目建设；力争探明矿产资源金属量50万吨；原矿处理550万吨，实现产值23亿元。继续抓好甘眉工业园区建设，力争实现产值1亿元；加快推进康泸产业集中区、九龙湾坝等工业园区建设。加大桑吉卓玛、青藏谷地等成长型企业的扶持力度，力争在“新三板”挂牌。加快然降多吉落地生产，狠抓制剂室建设，促进藏医药产业健康快速发展。

突出现代农牧业拉动，不断壮大基础产业。坚持“2423”农牧业发展思路，依托特色优势资源，以“酒、肉、茶、菌、果、蔬、水、药”八类产品为龙头，在“建基地、育企业、出产品、跑市场、创品牌”上下足功夫，促进全州现代农业加快发展。强化基地建设，力争现代农业产业基地达90万亩，建设核桃、花椒、俄色茶等基地4.70万亩；大力培育引进企业，扶持龙头企业3家，新增农民专业合作社50个、家庭农场5户、种粮大户2000户；抓好品牌打造，再认证一批“三品一标”产品，实施“圣洁甘孜”特色农产品品牌发展战略。总结并推广石渠色须镇草原畜牧业发展新模式试点经验；加强牲畜疫病防控，年末各类牲畜存栏403万头（只、匹）；采取强有力措施，加大出栏出售力度，出栏率、商品率分别达到22.50%、16%。加强农业科技应用推广，提高农业科技贡献率；提升农机装备水平，主要农作物耕、种、收机械化率达到39%；优先推进“两熟”地区水利设施建设，提升农业综合生产能力。突出农旅互动，努力实现“新村围绕旅游建、产业围绕旅游转、产品围绕游客变”的目标。

二、强化基础设施建设

把改善基础设施作为破解发展瓶颈、增强发展后劲的突破口，进一步改善群众生产生活条件。

不断改善群众出行条件。巩固“老甘推”，推进“新甘推”，完成交通投资80亿元，力争100亿元。全力以赴做好雅康高速公路建设协调工作，开工建设甘孜格萨尔机场试验段，力争开工建设川藏铁路雅康段；完工俄岗路、九江路等13个项目680公里，新开工亚丁机场至格聂山、竹巴笼至二龙桥等11条公路；实施农村公路三年集中攻坚，改造提升通乡油路300公里、通村公路1050公里，索改桥46座，建成农村公路安保设施600公里；建设县级客运站5个，建成乡（镇）客运站60个。力争完成康定新都桥、炉霍、德格、理塘4个治超检测站建设。紧扣全域旅游，抓好公路养护站点建设，管养美化国省干线，重点打造景观大道。

加快推进水利设施建设。投入7.44亿元，千方百计解决农村新出现的49.60万名群众饮水不安全问题；投入6000万元，推进泸定顺河堰、巴塘巴楚河等水利工程建设；启动建设稻城、新龙等9县川西藏区小流域水土流失综合治理项目。

大力推进电力通信建设。投入20亿元，加快实施“电力天路”、无电地区电力建设新增项目和农网改造升级工程，切实缓解边远地区群众缺电问题；完成长河坝电站500千伏等3个输变电项目；统筹抓好表后入户工程，确保群众安全用电。投入6亿元，新建通信光缆2360公里、基站1025个，解决国省干道、旅游景区景点信号盲区；新增30个自然村通电话、545个行政村通宽带，出口总带宽达到82G。

三、统筹推进城乡发展

坚持规划引领，优化布局、完善功能，按照“建好县城、做大集镇、做美村寨”的思路，努力做到望得见山、看得见水、记得住乡愁。

努力完善城镇功能。严格执行《州域城镇体系规划》，强化城乡规划委员会职能。加大力度推进康定撤县设市。投入1.2亿元，开建公租房2028套、改造城镇危旧房棚户区2967户，实施城市道路、桥梁等重点基础设施建设项目3个；抓好磨西、丹巴等城镇风貌改造。投入2.10亿元，加快建设雅江、理塘城市供水工程和丹巴、甘孜等14个县污水处理厂，积极探索污水处理管理运行新模式。强力推进石渠、色达城市供暖工程建设。投入8000万元，着力实施香格里拉、马尼干戈等7个省级“百镇试点”镇和新都桥、瓦卡等4个州级示范镇建设，力争撤乡建镇7个，提升宜居能力、承载能力和辐射能力。

加快推进新村建设。遵循“业兴、家富、人和、村美”的原则，转变“就新村抓新村”观念，树立为旅游、为市场、为发展、为增收“四为”理念，结合全域旅游和灾后恢复重建，投入3.49亿元，建设幸福美丽新村20个、藏区新居7448户；打造新村聚居点207个。注重建、管、养并重，进一步完善村级组织活动室功能。全力抓好牧民定居行动计划后续相关工作。

四、加强生态文明建设

牢固树立“决不允许有裸露大地”的理念，以最严厉的措施，保护好“蓝色星球上最后一片净土”，让甘孜的山更绿、水更清、天更蓝。

加强生态建设。启动实施《甘孜州生态文明建设规划》，制定《甘孜州生态保护条例》；积极申报国家第二批生态文明先行示范区、生态保护与建设示范区；加快推进川西藏区生态保护与建设工程；全面开展自然保护区清理核查和规范管理工作；实施新一轮退耕还林3.86万亩，抓好天然林资源保护二期和退牧还草工程，兑现草原生态奖补资金4.97亿元、集体公益林生态效益补偿资金2.84亿元；落实《甘孜州森林草原防火责任追究办法》，完成集中整治，严控森林草原火灾；严格落实“每挖必复，谁开挖谁恢复”制度，抓好交通建设、矿产开发等生态恢复；大力开展水土流失治理、鼠虫害防治等工作；严格执行节约集约用地制度，加强耕地保护，确保占补平衡。

切实保护环境。严控“两高一低”项目，加强企业能耗监测，降低主要污染物排放；严守水资源开发利用、用水效率控制、水功能区限制纳污“三条红线”；强化建筑节能和机动车环保达标监管；深入开展城乡环境综合治理，推进生活垃圾无害化处理，加强对城乡建筑垃圾、工程渣土处置的管理，严格医疗垃圾处置管理，继续清理规范河道采砂采石等滥采乱挖行为，不断提升城乡环境质量。

五、持续保障改善民生

统筹推进各项社会事业，努力提供更加均衡的基本公共服务，织好保障民生安全网，让群众共享改革发展成果。

大力发展教育科技事业。紧扣“藏区一流、人民满意”教育目标，坚持“规模适度、结构优化、拴心留人、提质增效”原则，突出寄宿制教育、双语教育、远程教育及文化育人办学特色，着力提高教育教学质量。投资4亿元，改造中小学（幼儿园）60所；整合资金1亿元，推进数字甘孜教育工程；启动免费义务教育向高中阶段延伸，完成康定、泸定、丹巴、九龙、炉霍五县义务教育均衡发展省级督导评估。抓实百千万康巴英才工程，定向培养紧缺专业人才600名。大力支持科技创新，建立健全产学研合作机制，继续抓好与清华等国内知名院校的合作交流。

全力推进卫生计生事业。继续实施“卫生十年行动计划”和“健康甘孜2020”发展意见。确保总投资2.80亿元的州医院第二医疗区竣工使用，实现“再造一个州医院”目标；投资1.70亿元，建设标准化乡（镇）卫生院50所、村卫生室200个；强力推进卫生信息化建设工程，免费定向培养藏医药本科生50名；启动州医院三级甲等、州藏医院三级乙等创建工作，扎实开展技术大练兵、设备使用大提升、健康管理全覆盖“三大行动”，着力提高州、县、乡医疗机构医技人员素质和管理服务水平。落实卫生计生惠民政策，提高计划生育公共服务覆盖面，人口自然增长率控制在7.5‰以内。

有力提升文化体育事业。投资4.73亿元，实施州民族博物馆布展、康巴文化研究院雕版印刷博物馆、州民族体育馆、州县广电节目农牧区无线覆盖等12个文体项目；举办红军长征到甘孜80周年纪念等活动。全面完成县级“两馆”、省级示范乡镇综合文化站建设；加强文化遗产传承保护，完成国有馆藏文物普查；大力开展“送文化下乡”和公益电影免费放映活动。

不断完善社会保障体系。新增城镇就业7000人，城镇登记失业率控制在4.20%以内；进一步提高保险覆盖率，加强基金征管工作，“五险”参保达到159.30万人次；扩大异地就医即时结算联网覆盖面，积极开展城乡医疗救助、基本医疗保险和大病医疗保险报销同步结算“一站式”服务；加强城乡低保对象动态管理，实现应保尽保、应退尽退。加快福利机构建设，努力为失能老人和高龄老人提供居家养老服务。用好用活价调基金，全力保证市场主副食品和大宗蔬菜供应。切实保障低收入群体基本生活。

切实抓好扶贫移民工作。全面落实“户建卡、村造册、乡立簿、县归档”要求，针对扶贫对象逐一制定精准扶贫措施；投入8.20亿元实施整村推进、连片开发、民族新村、彝家新寨、扶贫搬迁等重点项目，改善2万名贫困人口生产生活条件。基本完成大岗山、泸定、黄金坪、长河坝电站移民安置，积极推进章古河坝、姑咱移民安置点基础设施建设，加快推进两河口电站移民安置点示范项目建设，编制完成丹巴、牙根二级电站移民安置规划；认真落实水电资源开发惠民补助政策，及时兑现补助金。

六、加力深化改革开放

继续深化重点领域改革，不断扩大对外开放成果，为经济社会发展注入新活力。

全面深化改革。深入实施新一轮政府机构改革；贯彻新《预算法》，建立跨年度预算平衡机制、结转结余资金定期清理机制，逐步完善政府预算体系，推进“营改增”工作；力争完成草原确权承包，加快推进土地确权登记和土地经营权流转；抓好工商登记“先照后证”试点改革和后续市场监管；深化医药卫生体制改革，推进县级公立医院综合改革；全面整顿州国资公司，完善国有企业法人治理结构，启动实施康定机场集团、州文旅公司、州担保公司等国企改革；推进户籍制度改革，在理塘县试点居住证制度。

提高开放水平。加强与周边地区的交流合作，促进厅（院校）州合作协议落地见效，深化省内“7+20”结对帮扶，巩固东西扶贫协作成果，全面开展广东对口支援工作。包装充实电子招商项目库，开展“甘孜企业到广东·广东企业进甘孜”活动，突破土地、用电等要素瓶颈制约，实施一对一跟踪服务，力争新开工招商项目37个。建立电商配送网络，构筑现代流通体系，促进“最康巴”品牌外销，进一步扩大内需，拓展消费新领域。

促进外向发展。强化多点多极支撑，落实区域经济发展实施方案。支持东部率先发展，加强与攀西地区的交流合作，积极融入成都经济区；推进南部加快发展，加强与滇西北、藏东的交流合作，积极融入大香格里拉生态旅游圈；引导北部追赶发展，加强与青海南部地区交流合作，积极融入“三江源”生态经济区。大力发展县域经济，促进县县互动、强强联合，实施品牌战略，提高联动发展资质，提升外向发展水平。

七、科学抓好灾后恢复重建

坚持政府支持、社会帮助、群众互助、生产自救相结合，务实推进“11·22”康定地震灾后恢复重建，引导灾区群众用自己勤劳的双手重建幸福美丽和谐新家园。今年3月前做好重建项目准备，4月全面启动重建工作，确保两年完成农房重建、三年全面完成重建任务。优先重建城乡居民住房，并将城镇住房重建与棚户区改造、集镇打造相结合，将农牧区住房重建与新农村建设、旅游全域化相结合，将新村风貌改造纳入灾后重建项目、将寺庙僧尼住房纳入恢复重建范围，今年完成70%房屋维修加固、40%房屋重建；强力推进学校、医院等公共服务设施重建；构建“大应急”体系，提升应急指挥和救援能力；加快受损公路、垃圾处理、供排水等基础设施恢复重建；推进损毁农田水利、畜牧生产等产业设施恢复重建；全面做好地质灾害隐患排查和新增地质灾害隐患点监测治理工作；加强灾区人文关怀，实施心理抚慰，强化感恩教育。统筹推进得荣地震、丹巴东谷泥石流、“4·20”芦山地震受影响的泸定、康定等灾后恢复重建，力争早日完工。

八、全力维护社会和谐稳定

着眼长治久安，注重治本固基，积极主动创稳，深入推进法治甘孜建设，筑起群众安居乐业、社会安定有序的坚固屏障。

深入推进依法治州战略。牢牢把握反分维稳主动权，坚决捍卫祖国统一和民族团结。深入开展依法治州“十大专项行动”，加强社会治安综合治理，严密防范和依法惩治各类违法犯罪行为；加强行政区域界限管理，推进和谐边界建设；全面推进乡村治理，不断巩固执政基础；以提高全民法治自觉为主线，全面完成“六五”普法工作；高度重视信访工作，畅通群众诉求渠道，加大矛盾纠纷排查化解力度；强化社区矫正工作，切实抓好刑满释放人员等特殊群体管理服务；进一步完善法律援助制度，努力健全法律服务体系；强化市场监管，维护公平竞争的市场秩序。

扎实做好民族宗教工作。以加快创建全国民族团结进步示范州为抓手，做好《甘孜州民族团结进步条例》草案拟定、《甘孜州藏族语言文字使用条例》修订工作；进一步加强僧尼教育引导，深化同心同向、藏传佛教“五二三”主题学教等活动，开展宗教领域非法活动专项整治，不断规范寺庙人员、场所、活动管理，推进宗教事务法制化、民主化、社会化管理。

切实抓好安全生产工作。全面落实安全生产“党政同责、一岗双责”，强化政府监管和企业主体责任，抓好交通、矿山等重点领域的安全整治，推动安全生产形势持续稳定好转。进一步健全防灾减灾救灾体系，加快综合应急指挥平台、地震监测中心建设进度；抓好巴塘、炉霍防震减灾综合能力项目建设；加强重大地质灾害隐患排查整治，搞好应急演练，提高群众避险避灾能力；做好防汛抗旱工作。加强食品药品及特种设备安全监管。

各位代表：推动发展根基在群众、力量在群众，我们将认真践行群众路线，贯彻“执行落实年”要求，加强政府自身建设，以实实在在的成效取信于民。一要坚持依法行政。严格按照法定权限和程序行使权力、履行职责，自觉接受人大工作监督、法律监督和政协民主监督，高度重视司法、舆论、公众监督；加强和改进政府立法工作，提高立法质量；强化学法用法，提高依法行政意识和能力；坚持依法决策，落实重大行政决策法定程序；加强执法监督检查，做到公正文明执法；深入推进政务公开和信息公开，努力打造透明政府。二要坚持务实勤政。力戒形式主义、官僚主义、享乐主义和奢靡之风，严控“三公”经费；持续深化群众工作全覆盖，积极为基层、为群众排忧解难；提高人大代表和政协委员建议提案的办理质量；巩固庸懒散浮拖专项整治成果，进一步提高行政效率。始终保持干事创业的热情、动真碰硬的豪情、奋发有为的激情，创造出经得起历史检验的业绩。三要坚持廉洁从政。“反腐没有禁区，海拔再高、工作再累、条件再苦，都不能成为腐败的借口”。严格遵守廉政准则，全面落实党风廉政建设“两个责任”；强化行政监察和审计监督，全面完成行政权力运行平台建设，推行政府权力清单、责任清单、负面清单制度，建立重大决策终身追究制和责任倒查制，把权力关进制度的笼子；继续深化行政审批制度改革，强力推进“两集中、两到位”和并联审批工作；加强对工程建设、灾后恢复重建、政府采购等重点领域的监督，以零容忍态度惩治腐败，努力打造清正廉洁的公职人员队伍。

各位代表：顺应时代勇担当，应对挑战不畏难！让我们在省委、省政府和州委的坚强领导下，适应新常态、把握新要求，抢抓新机遇、实现新发展，为建设美丽生态和谐幸福新甘孜努力奋斗！

名词解释

1. 旅游“十大工程”：指“最后一公里”畅通工程、旅游目的地建设工程、“藏区旅游精品线路”工程、“最美景观大道”工程、旅游厕所建设工程、旅游信息化工程、“景区城市”工程、“旅游乡镇”工程、“美丽乡村”工程、“最康巴”系列工程。

2. “三品一标”：指无公害农产品、绿色食品、有机食品和农产品地理标志。

3. “两馆”：指图书馆、文化馆。

4. 康巴文化研究院“四大工程”：指数字印经院、格萨尔展览馆、《大藏经》复刻、德格雕版印刷博物馆。

5. “先照后证”：指先申领营业执照后再办理有关许可证。

6. 依法治州“十大专项行动”：指群众普法教育、取缔非法民间组织、整治非法宗教活动、遏制反宣渗透活动、实施社会治安整治、集中力量专案攻坚、整治违法改拼货车、查缴大车非法悬挂“画像”、整顿软弱涣散组织、“打源破网”专项行动。

7. “一标三实”：指标准地址和实际居住人口、实有房屋、实际经营单位。

8. “法律七进”：指进机关、进学校、进乡村、进社区、进寺庙、进企业、进单位。

9. 藏传佛教“五二三”主题学教活动：即五热爱两遵守三负责。“五热爱”指热爱中国共产党、热爱祖国、热爱民族团结、热爱人民、热爱佛教；“两遵守”指遵守法律和遵守戒律；“三负责”指对国家负责、对人民负责、对佛教负责。

10. “六打六治”专项行动：指打击矿山企业无证开采、超越批准的矿区范围采矿行为，整治图纸造假、图实不符问题；打击破坏损害油气管道行为，整治管道周边乱建乱挖乱钻问题；打击危化品非法运输行为，整治无证经营、充装、运输，非法改装、认证，违法挂靠、外包，违规装载等问题；打击无资质施工行为，整治层层转包、违法分包问题；打击客车客船非法营运行为，整治无证经营、超范围经营、挂靠经营及超速、超员、疲劳驾驶和长途客车夜间违规行驶等问题；打击“三合一”“多合一”场所违法生产经营行为，整治违规住人、消防设施缺失损坏、安全出口疏散通道堵塞封闭等问题。

11. 全域旅游“八进”活动：指全域旅游进机关、进乡镇、进村寨、进社区、进企业、进学校、进景区、进军营活动。

12. “新三板”：指主要针对中小微型企业的全国性的非上市股份有限公司股权交易平台。

13. “老甘推”：即《四川省甘孜藏族自治州2009—2012年公路建设推进方案》。

14. “新甘推”：即《四川省甘孜藏族自治州2013—2015年公路建设推进方案》。

15. “两高一低”：指高能耗、高污染、低效益。

ཆེད་དོན་རྩོམ་ཡིག

专 文

走高原特色的农牧业现代化之路

中共甘孜州委书记 胡昌升

甘孜州要走出一条具有高原特色、甘孜特点的农村牧区发展之路，就是要坚持州委、州政府生态立州、产业强州、科教兴州、依法治州、和善安州的总体发展战略不动摇，坚持三化联动发展路径不动摇，坚持“2423”高原特色现代农牧业发展思路不动摇，始终围绕“农业增效、农牧民增收”的核心目标，以深化农村改革为主题，以转变农业发展方式为主线，以幸福美丽新村建设为抓手，创新农业生产经营体制机制，加快发展高原特色现代农牧业，积极构建农村牧区发展新格局。

一、以特色产业为主导，着力提升现代农业发展水平

甘孜州作为全国主体生态功能区，发展现代农业就必须坚持“生态经济发展、绿色产业富民”的道路，做到“三个坚持”：坚持走生态之路。生态农业，就是“环境友好”的现代农业。在当今环境污染、生态恶化日益加剧的背景下，人类越来越关注生态农业。从全球看，目前全世界生态农业面积仅3700万公顷，占世界耕地面积的比例不到2%。甘孜州地处高原，15.37万平方公里的碧水蓝天、青山绿地具备了发展生态农业不可多得的先天优势，要善于研究市场、整合资源、把握机遇，打好“绿色、有机、无公害”三张牌，推动产业转型升级，走出一条绿色生态的现代农牧业发展道路。可以这么说，在当前举国上下共同呼吁“舌尖上的安全”的时候，正是甘孜州生态农畜产品进军内地大市场的最佳时机。坚持走特色之路。选准一个产业，就能带动一方发展，富裕一方百姓。甘孜州农畜产品不乏特色，康定的达杠苹果、九龙的花椒、稻城的藏猪、道孚的大葱、得荣的树椒和核桃都是公认的好东西，不论口感、还是品质都得到了大家的一致称赞。可为什么超市里、飞机上看不到我们的产品？究其原因关键还是不成规模、不成气候，初加工的多、深加工的少，包装不够、营销不够，没有摆脱“小而弱”、“零而散”的局面。面对竞争日益激烈的大市场，必须认真研究分析，扬长避短，围绕“酒、肉、茶、菌、果”五大特色产品，坚持特色与规模并重，走区域合作、抱团发展的道路，努力做大做强特色优势产业，真正用特色去占领市场。坚持走品牌之路。品牌是消费者对产品品质和特色的认可，品牌消费正在成为当今市场消费的主要趋势。就甘孜州而言，康定的青藏谷地、丹巴的甲居藏寨、炉霍的雪域俄色、白玉的察青松多在州内也算小有名气，但还称不上拳头产品，代表不了甘孜州。关键在于牌子太多、太杂、太乱，“一县多品”、重复雷同、有产品无品牌、有品牌无产品的现象十分突出。打造品牌，一定要树立一盘棋的意识，要围绕“川藏高原”“中国松茸之乡”这两块金字招牌，科技、工商、商务、农口等相关部门要认真研究品牌整合办法，各县、各企业也要主动参与、积极配合、不冒杂音，这既是一种眼光，也是一种胸怀，还是一种大局。要通过整合资源、整合优势，努力打造几个叫得响、叫得亮的大品牌，提高市场知名度和市场占有率，实现由产品经营向品牌经营转变。

二、以新村建设为重点，着力提升农牧区人居环境

2014年，州委、州政府决定整合州级专项资金1.2亿元，在国道317、318及其连接沿线集中打造19个幸福美丽新村。各县是新村建设的主体，要统筹整合项目、资金、技术等方面力量，确保如期建成。建设幸福美丽新村，关键要把握三个环节：首先，要切合旅游需要。国道317、318线被誉为中国景观大道、世界最佳精品旅游线路，每年来自各地“骑友”“驴友”络绎不绝。过去我们搞新农村建设，主要立足于改善农牧民群众的生产生活条件，旨在让他们房子住好一点、生活舒适一点。今天的幸福美丽新村建设，不能简单地理解为“穿衣戴帽”“五线下地”，不能就民生抓民生，要把改善民生与促进长效发展结合起来，认真分析旅游整体布局、旅游人群构成、游客路线走向等要素，围绕旅游市场的需求来准确定位、提炼主题、精心打造，体现不同的产业支撑，努力把19个村打造成为景区、景点和旅游目的地。其次，要注重地域特色。提起新村建设，很多人就认为是拆旧房、盖新楼、修公路，让农村和城市“接轨”。其结果就是，乡村和城市一样，造成了千村一面。美丽幸福新村建设，绝不是简单的拆旧建新，而是要体现新与旧的统一，村落与自然的和谐，历史与现代的交融。318国道雅江沿线农房风貌改造就很成功，房屋色彩搭配协调，内部设施整洁大方，既有现代元素体现，也传承了过去藏房的特点，在暗色调的大山中鲜艳夺目、富有美感、吸引眼球。各县要立足于现有的资源禀赋、生态条件和地形地貌，既要借鉴城市规划的理念和方法，又要尽量避免城市元素在新村的过多体现；既要尊重农牧民的生活习惯和传统习俗，大力弘扬民族文化传统，也要有现代元素点缀，做到与时俱进，增强生命力和竞争力。美丽乡村的美就在于建筑与山水的协调之美，在于建筑材料的本土之美，在于建筑风格的传统之美，只有尊重自然、融入自然，这种美才是城市可望而不可即的美，才是游客向往的独特之美。主要的是，新村毕竟还是农村，不是城市的复制品，要充分体现乡土气息，确保看得见山，望得见水，记得住乡愁。最后，要突出文化内涵。建设新村，文化是灵魂。中央农村工作会议强调，农村是传统文明的发源地，乡土文化的根不能断，农村不能成为荒芜的农村、留守的农村、记忆中的故园。在新村建设中，我们必须承担起保护和传承历史的责任，将孝廉、农耕、雕刻、绘画、饮食、歌舞等文化融入新村建设之中，保护和恢复好藏房前的一棵古树、藏寨边的一座小桥、乡邻间的一条小石路、村子中的一个锅庄，重新塑造文化记忆，不断提升村寨的文化底蕴，给子孙后代留下田园风光和农村牧区生活情趣，把新村建设成为延续历史文脉的载体、百姓宜居的美好家园、广大游客的快乐驿站。

三、以主体培育为关键，着力提升产业化经营水平

发展现代农业，关键要培育壮大龙头企业、农民合作社、专业大户、家庭农场等新型市场主体，形成产业化组织与农牧户之间利益共享的经营机制，推动农业产业化经营发展。要大力引进培育龙头企业。首先，要在“引”字上做文章。大家都清楚，利润最大化是企业追求的核心目标。要想把社会资金、社会资本吸引到大山深处，一靠独特的光热水土条件，二靠独具魅力的特色资源，三靠优惠的政策门槛，四靠和谐的发展环境。为此，我们必须统筹规划产业布局，走开放之路，引进市场主体，把优势产业包装成项目，通过招商引资、对口帮扶、展示展销等方式吸引企业、吸引社会资金，带动产业升级发展。其次，要在“扶”字上用力气。要加强政策扶持，落实国家各项税收优惠政策，推动金融机构提高对涉农企业的贷款比例和审贷效率，推广银担、银保合作等方式，解决企业融资难问题。要加强制度扶持，帮助企业掌握市场运作方式，引导企业建立现代企业管理制度，并针对市场变化适时调整生产经营策略，做到不拍脑袋决策，不盲目冲动投产。要加强人才扶持，根据企业的人才需求适当调整人才引进政策，培养企业需要的专业人才。特别要加大对龙头企业的政策、智力和技术扶持力度，引导企业加快技术开发和技术创新，改进加工工艺，不断提高农产品深加工水平，提升产品档次和品牌形象。最后，要在“销”字上下功夫。没有竞争力的产品，必将被市场淘汰。要认真研究市场消费趋势和市场承受程度，指导企业转变生产发展方式，在对照市场需求、对接消费群体、对味消费习惯上做文章，准确定位产品、定位价格、定位消费群体，为卖而产，为赚而卖。2013 年有的县洋葱出现滞销，可能有些人不理解，甚至怀疑、嘲笑。我认为这既不是产品的原因，也不是市场的原因，恰恰反映出我们营销理念的缺失、营销队伍的弱小，仓储物流的滞后。酒香也怕巷子深，要变“等客上门”为“主动出击”，拓展销售方式，通过展会展销、定点直销、网络销售等多种平台，努力打开市场，扩大销路，让我们甘孜的农产品走出大山，走进“北上广”，走向全国。要大力发展提升农民合作组织。农民合作社作为新兴的市场经济主体，是发展现代农业和助农增收的重要组织形式，是连接千家万户小生产与千变万化大市场的桥梁纽带，是创新农村发展体制机制的有效载体。我州农民合作社起步晚，规范运行差、管理人才缺、特色产品少、带动能力弱等问题还比较突出。成立农民合作社，不是简单的人员拼凑，不是吃大锅饭，必须要有明确职责分工，生产、管理、营销人才缺一不可，否则就可能出现“挂牌合作社”“空壳合作社”。我们提出到 2015 年农民合作社发展至 500 家，关键是要加强引导、规范管理、着力提升，发挥其“为农服务、教农学技、带农入市、助农增收”的主力军作用，增强参与市场竞争的能力、抵御市场风险的能力、带动群众增收致富的能力，努力实现由数量型向质量型、由松散型向紧密型转变。要大力培育新型农民。建设新农村、发展现代农业，核心是人。纵观德国、荷兰、韩国等农业发达国家，推进农业现代化的共同点就是培育职业农民。作为欠发达地区，我们要实现追赶跨越、跳起摸高，当务之急就是抓紧培养大量的“有文化、懂技术、会经营”新型农民。要围绕旅游全域化和高原特色现代农牧业发展，结合农牧民文化基础、产业基础和实际需求，分门别类进行培训，促进农民向农业业主转变、向产业工人转变、向三产经营者转变，让农牧民真正成为体面的职业。让农牧业真正成为有奔头的产业。

四、以体制创新为驱动，着力增强农村改革活力

就农村改革，中央和省委提出了许多突破性、开创性的新思路、新要求，各县各相关部门必须认真学习领会，及时消化吸收，切实稳妥推进。一要推进土地确权颁证。土地流转、抵押、转包、转租，确权颁证是前提。广大农牧民不富裕，一个关键原因就是土地、林地、草场等资产所有权不完整、不清晰，生产要素不能流转，不能市场化配置。去年，甘孜州开展了农村集体土地所有权、集体土地使用权、国有土地使用权确权登记颁证试点工作，有效维护了土地权利人合法权益。2014年，各县要将确权登记工作经费纳入县级财政预算，全力推进农村集体用地使用权和宅基地确权登记颁证和草原确权承包、基本草原划定工作，引导、支持农牧民依法自愿流转，实现既增加农民财产性收益，又促进适度规模经营发展的双赢目标。二要抓好产权制度改革。2013年全州农民人均纯收入构成中，农民财产性收入仅19元，占0.35%，而沿海地区或大中城市农民财产性收入已占到纯收入的1/3以上。差距巨大，同时意味着增长的空间和潜力也十分巨大。要按照中央和省委的统一部署，不抢跑、不拖延、不蛮干，以农旅互动、美丽新村建设为载体，推进农民房屋、生产要素为主的产权流转改革试点，研究探索农房、宅基地等资产以转让、合作、出租等形式进行流转，让这些资产变成商品、变成股份、变成资本，发挥更大的效益，创造更大的价值，促进农牧民增收致富。三要抓好金融支农。要加大财政支农力度，在贴息、担保、保费补助等方面给予更大的支持，发挥好财政资金“四两拨千斤”的作用，撬动社会资本、金融资本投向农村、投入农业。发展农业农村经济，光靠政府投入是远远不够的，必须借助金融的力量。成都市农商银行、内江市农村产权交易中心、仪陇县惠民村镇银行，在创新农村金融服务方面都进行了成功探索，值得我们学习借鉴。农行、信用社等金融机构要认真研究政策，特别是在农村产权抵押贷款方面，要结合农牧区实际，降低门槛，拓展服务项目，探索创新抵押方式，试点开展土地、房屋、牦牛等资产抵押融资，把这些“沉睡的资本”激活成农牧民的创业资金。要着力建设诚信社会，切实加强对农牧民的诚信教育，妥善解决牧民定居还贷问题，确保信贷资金安全。要大力发展农业保险，积极学习别人的成功经验，进一步扩大险种和覆盖面，提高参保率，降低农牧民和企业发展种养业的风险，增强农业抵御自然和市场双重风险的能力。

五、以夯实基础为支撑，着力提高农业发展能力

发展现代农牧业，基础在农田水利和草地建设，动力在科技进步，目的是脱贫致富。要加强农田水利基础建设。农田水利是农业发展的命脉。即将动工的泸定顺河堰、康定力曲河、巴塘巴楚河、炉霍易日河等一批水利工程，一定要汲取甘孜打火沟、石渠洛须等水利工程的教训，本着对历史负责、对群众负责、对长远负责的态度，做好地勘、设计、投资概算等前期工作，确保动工一个、建成一个、造福一方。条件不成熟、准备不充分的，坚决不准开工。建设中一旦出现质量问题、设计问题，要严肃追究责任，绝不姑息迁就。对于渠系配套资金问题，一方面要整合涉农项目，同时，水务、发改等相关部门也要积极向上呼吁争取，确保不成为“晒太阳”工程。要抓好草地建设项目。我州灾多、灾频，牧区面积大，推进草业建设，是保障畜牧产业健康发展的重要前提。要加快康东、康南、康北以及色达五七牧场四个示范基地建设，大力推进卧圈种草、小围栏割草地、舍饲棚圈、人工饲草地等建设。同时，对草料综合开发利用要认真研究，力争实现生态效益、基础保障、经济效益三合一。要强化科技支撑作用。科技兴，则农业强。人工种植羊肚菌，过去我们不敢想象，但现在已经试验成功；马铃薯脱毒技术，很多人未曾听闻，但现在脱毒种薯已经在部分地区得到推广；粮食实现“六连增”，既凝结了广大百姓的辛勤汗水，更离不开科技的支撑。科技为农牧业发展带来了福音，让农牧民看到了希望，科技兴农已成为大势所趋、民心所向。大家一定要相信科技、依靠科技、运用科技，借助“院州”“校州”“厅州”合作平台，深入开展“技术走基层”活动，将科研成果转化运用到生产发展上，将技术要领传授给广大群众，努力实现农牧业科技成果与农牧业现代化进程各环节的无缝对接和有效转化，切实解决好科技在农业农村运用的“最后一公里”问题。鼓励科技人员围绕特色产业发展，在龙头企业、专合组织之间进行兼职或流动，对其技术要素参与分配等实行激励；支持他们领办、创办、合办企业，抓转化、抓示范、抓推广，带增收。要加快脱贫致富步伐。全面建成小康社会，重点在农村，难点在贫困地区。我州作为全国、全省重点连片扶贫开发区之一，区位特殊、地位重要。抓好新一轮扶贫攻坚，事关“全面建成小康社会”的庄严承诺，事关党在藏区的执政根基，事关百万康巴儿女的民生福祉，必须增强做好扶贫开发的使命感和责任感，围绕“两不愁、三保障”（到2020年，稳定实现扶贫对象不愁吃、不愁穿，保障其义务教育、基本医疗和住房）的总体目标，扎实开展专项扶贫、行业扶贫、社会扶贫三位一体的综合扶贫，努力甩掉贫穷的帽子。值得提醒的是，现在国家的政策越来越好，各种惠农补贴越来越多，一些人宁愿躺在国家补贴资助下自满度日、不思进取，也不愿借助政策的力量自力更生、谋求发展。今年中央一号文件明确指出：“要探索形成农业补贴同粮食生产挂钩机制，让多生产粮食者多得补贴”。习近平总书记也提出要实施精准扶贫，变“大水漫灌”为“精确滴灌”，扶贫项目资金不搞“普惠制”。一定要让那些坐享其成的人知道，惠民政策是用来扶持发展的，而不是救济懒人的，“守株待兔”只会坐吃山空。要唤醒农民树立不等不靠、艰苦奋斗的思想自觉，激发改变现状、战胜贫困、建设家乡的信心和决心，主动参与到“五大扶贫工程”（基础扶贫、产业扶贫、新村扶贫、能力扶贫和生态扶贫）、“六到农家”（水、电、路、气、房和环境改善扶助资金）建设中，形成百万康巴儿女共建甘孜、共同脱贫、共奔小康的生动局面。

（摘自《甘孜州领导干部学习与调研文集（2014卷）》）

以人为本 多点多极
探索具有民族地区特色的新型城镇化路子

中共甘孜州委副书记、州人民政府州长 益西达瓦

按照党的十八大作出的推进新型城镇化建设的战略部署，省委十届三次全会把“实施‘两化’互动、城乡统筹发展”作为全省三大发展战略之一，强力推进新型城镇化建设。如何有效贯彻落实中央和省上的要求，如何结合民族地区旅游产业发展，走出一条具有民族地区特色的新型城镇化路子。我认为，至少应深入研究探讨以下几个方面的问题：

第一，应深入研究总结过去的城镇化工作。2003年，省委、省政府提出加快城镇化进程和实施经营城市战略，推进土地资源向土地资本转变。在省委、省政府这一战略的引领下，民族地区城市基础设施迅速改善，住房条件明显提升，城市面貌大为改观，城镇化水平大幅提高。但随着时代的发展，回顾总结经营城市时期的城镇化建设，我们感觉到这种“脱贫越温、房地产开发”的建设模式，已越来越不适应新形势新任务的需要，越来越不适应科学发展观的要求。主要表现在：一是千城一面。各县城镇建筑基本上都是四方体、四层楼、全框架、贴瓷砖。在功

能上，几乎都是一楼铺面、二楼办公、三楼四楼解决以局长为首的住房问题。二是丢掉了传统风格。照搬照套内地模式，克隆内地二、三线城市甚至是乡（镇）的做法，能体现民族特色的仅有巴酥块，没有自己的文化底蕴、没有自己的建筑风格。三是追求利润最大化。盲目拓展城市规模，以建设尽可能多的房源为目的，楼房越修越高、越来越密。四是人与自然不和谐。热衷于堆积没有生命的建筑物，大量的水泥地坪阻断了地气、阻断了雨水渗透；林立的高楼遮挡了阳光、遮挡了空气对流。

需要特别指出的是：要发展，就要总结。回顾过去的城镇化，不是对过去的简单否定，而是在过去的基础上追求新的发展。

第二，应深入研究“以人为本”的理念。新型城镇化的主要任务，是实现人的城镇化。和过去的城镇化相比，新型城镇化具有“三新”特征。一是主体新。过去的城镇化以“城”为主体，见物不见人，兴城不兴业；新型城镇化以“人”为主体，立足于让人实现市民化。二是覆盖新。过去的城镇化实行城市偏向政策，导致城乡二元结构更加突出；新型城镇化则把农村、牧区作为城镇化的主要领域，要求城乡统筹。三是内容新。过去的城镇化主要考虑城市建设和城镇化率的提高，新型城镇化则要求产城一体，让群众既“住上好房子”，又“过上好日子”。

第三，应深入研究民族地区城乡发展的实际。新型城镇化建设，应避免贪大求洋，避免盲目模仿，避免千城一面，避免形象工程，避免赶农民上楼，结合实际，有序推进。一是用地实际。以甘孜州为例，全州18个县城，其中10个县城在临江峡谷地带，拓展空间受限，建设用地非常紧张。如：雅江县城面积仅0.48平方公里，德格县城0.57平方公里，得荣县城0.63平方公里，白玉县城0.8平方公里，新龙县城0.82平方公里，泸定县城0.97平方公里，经过上一轮经营城市的开发，这些县城的建筑已经趋于饱和，无法再为新型城镇化提供土地。其余8个县城在高海拔地区，这些县城虽然有尚未开发的土地，但气温、海拔等条件决定了这些县城的非宜居性。相对而言，18个县的绝大多数乡镇建设用地相对宽裕，具有较大的发展空间。二是市场实际。甘孜州总人口112万人，其中农村人口85万人，这部分人中绝大多数在农牧区已有私建住房。城镇居民27万人，其中国家公职人员占28%，为7.7万人。城镇居民为本地人的，一般都拥有私房；为外地人的，要么在前一轮经营城市中已经购买了住房，要么不愿意在当地购置房产，希望通过安心工程、公租房、廉租房、周转房、棚户区改造等方式解决住房问题。如巴塘县外来干部职工目前在本县没有购置住房的共754人，其中仅有20%的人有购房意愿；道孚县798人中仅有5%的人有购房意愿；色达县350人中仅有3%的人有购房意愿；新龙县813人中仅有0.04%的人有购房意愿；石渠县340人中没有一个人有购房意愿。这种情况，导致房地产开发有价无市的问题越来越突出，就拿气候、交通条件相对较好、市场发育程度相对较高的康定县来说，近年来新城建设中共开发商品房6316套，出售3962套，还有2354套至今无人问津。三是就业实际。目前，甘孜州城镇职能主要还局限为区域政治中心职能，城镇居民一般都以国家公职人员和由此派生的为国家公职人员提供工作、生活服务的商贸从业人员为主。城镇业态主要集中在餐饮业和商品零售业且处于饱和状态。在这种情况下，农牧民进城的积极性不高，即使进了城，也因为城镇无法提供更多的就业岗位而不可能持续和巩固。

第四，应深入研究具有民族地区特色的新型城镇化路子。我认为，民族地区新型城镇化建设就是要坚持以人为本，努力构建县城、乡（镇）、村寨多点多极支撑，宜居宜业宜游的新型城镇体系。具体来说，要抓好“三个重点”、树立“四态理念”。抓好“三个重点”。就是要把县城建好、把乡镇做大、把村寨做美，从根本上打破“一城独大、乡镇残缺、农村差乱”的局面。一是把县城建好。按照“完善功能、彰显特色、强化管理、提升品质”的要求，紧扣“宜居、宜业、宜游”主线，坚持“拆危、限高、降密”原则改造旧城，坚持“结合实际、规模适度、配套完善”原则建设新区。完善功能就是要优化县城办公区、生活区、商贸区、文化教育区、医疗卫生区、休闲娱乐区等功能区域布局，完善城市供暖、垃圾填埋、污水处理、综合市场、公共绿地、生态绿廊、水系景观、避险场所等市政设施。彰显特色就是要“四注重、四提升”：注重塑造风貌，提升城镇整体形象；注重个性特征，提升单体建筑水平；注重色彩协调，提升建筑立面装饰美感；注重历史传承，提升城市文化品位。力求做到县县不一样、县县有亮点。强化管理就是要加强市政综合管理，建立和完善行政执法、街道社区、农牧区基层组织相结合的全民共建共管体系，大力发展物业等市场化管理组织，营造干净整洁、和谐有序、健康文明的县城环境。提升品质就是要加强棚户区危旧房改造，严格控制密度、高度、容积率等建筑经济技术指标。加强环境整治和文明卫生城市创建工作，着力提升县城品质。二是把乡镇做大。按照“完善设施、培育产业、扩大就业、塑造风貌”的要求，突出各乡镇不同的产业优势、区位优势，建设一批交通枢纽型、商贸物流型、旅游集散型、移民搬迁型、农产品加工型、牧民定居型乡镇，使之成为带动和辐射腹地及周边农牧区经济社会发展的支撑点。完善设施就是要把新型城镇化建设的重点放到乡镇，实现资金和项目下乡，逐步完善乡镇交通、能源、供排水、市场、学校、医院、污水垃圾处理等基础设施，确保农牧民群众同等享受城里的公共服务。发展产业就是要根据各乡镇的资源禀赋和现实条件，找准产业发展定位，因地制宜发展符合自身实际的特色产业。尤其是要加快培育特色文化旅游业、商贸服务业和特色农产品加工业，不断增强城镇发展活力。扩大就业就是要把乡镇作为农牧民就地、就近实现城镇化的主要基地，通过产业发展和制造商人，创造和提供更多的就业机会，吸引农牧民群众向乡镇集中并能稳定就业、安居乐业。塑造风貌就是在乡镇建设中必须要从旅游全域化出发，首先考虑乡镇的风貌特色，所有外观风貌，都要与当地的文化相匹配、都要与周边景观相协调，努力把乡镇建设成为游客服务中心和接待站。三是把村寨做美。按照“传承文化、顺应自然、整洁环境、和谐共融”的要求，坚持走多样化、差异化发展路子，突出产村相融，因地制宜地建设示范新村、扶贫新村、移民新村、旅游村寨、牧民新村。传承文化就是要传承和保护历史文化、民族文化、民俗文化、红色文化和宗教文化，深入分析、研究和提炼具有地域特征和鲜明个性的文化元素，不断提升村寨的文化底蕴。顺应自然就是要树立天人合一理念，尊重自然、珍爱自然、顺应自然、融入自然，把山水、村寨、草原、历史古迹、寺庙圣地、民族风情等自然景观和人文景观有机结合起来，修旧如旧、新修如旧，使村庄建设和自然风光浑然一体、水乳交融。整洁环境就是要深入持久开展村庄治理，促进村容村貌更加整洁、室内室外更加环保卫生，使农牧民既能保持传统生活方式，又能享受现代文明。使游客能够住进干净的原生态藏房、体验当地居民的原始文化生活、呼吸到青草和泥土的气息，享受到远离城市喧嚣、回归自然天籁的安宁。和谐共融就是要正确处理人口、资源、环境的关系，实现人与自然和谐相处、相得益彰，在此基础上有序发展乡村旅游，培养亦农、亦商、亦旅的“新民”，实现农村城镇化就地建设、农村劳动力就地转移。

树立“四态理念”。就是应注重形态、文态、生态和业态，努力建设宜居宜业宜游的新型城镇。一是把握形态。按照县城、乡（镇）、村寨三种形态，因地制宜，就地取材，突出建筑差异，充分展示美丽的天际线和独特的生态景观、大地景观，精心设计和建设每个片区、每条街道、每幢建筑的风貌。二是注重文态。突出民族、民风、民俗，充分利用建筑传承城镇文脉这一载体，在风情打造上下功夫，在色彩协调、历史传承、建筑风格等方面找准定位，做到去瓷砖、去水泥、去公园化，加水、加绿、加文化，拆危降密限高，显山露水晒太阳，努力实现景城一体、景镇一体、景村一体。三是保护生态。树立尊重自然、顺应自然、保护自然的生态文明理念，注重城市绿化，拆墙透绿、拆危透景，做到亲山、亲水、亲自然，力求自然景观与人文景观交相辉映。四是打造业态。加大造商力度，突出政策造商、产业造商、环境造商，围绕六大产业和生产生活性服务业，出台更加优惠的扶持奖励政策，营造“合法经商光荣、拉动就业有功”的氛围，引进、培育更多的市场主体，增强城市发展动力，提供更多就业岗位。

第五，应深入研究新型城镇建设的保障措施。围绕构建民族地区多点多极支撑城镇化体系，探索创新户籍制度、土地制度、就业、教育、医疗等民生体系配套制度改革。当前重点是要加快推进三项制度创新。一是改革户籍制度。民族地区农牧民享受的优惠政策远远多于城镇居民，“农转非”的情况不多，“非转农”的愿望强烈，必须探索“不脱旧衣穿新衣”、“居住证制度”等管理办法来助推新型城镇化。所谓不脱旧衣穿新衣，就是对进入城镇的农牧民，允许其继续保留在农村的土地使用权、林地使用权、草地使用权等权利，继续享受的退耕还林、退牧还草等优惠政策，使群众在保有土地收益的前提下，就地就近享受城镇文明和现代公共服务。二是促进土地流转。围绕增加群众经营性收入、劳务性收入、财产性收入、转移支付性收入，建立城乡建设用地统一市场，细化经营性基础设施用地有偿使用措施，因地制宜推进林权、土地产权制度改革，探索更加灵活的土地政策，把耕地、草地、林地统一纳入土地流转范围，允许、引导、支持农牧民采取转包、转让、转租、入股等办法自由流转土地。三是探索适合民族地区的城镇化标准。省上制定的撤乡建镇标准，特别是3000人以上的人口集中规模民族地区很难达到，应研究适合民族地区实际的城镇化建设标准体系。

（摘自《甘孜州领导干部学习与调研文集（2014卷）》）

让联系基层成为一种行为自觉

相　洛

甘孜藏区以群众工作全覆盖、“挂包帮”活动等为载体的基层联系方式，构建起一张“大联系”工作网络，实现了对乡村、学校、寺庙、重点民营企业以及老干部、优秀人才、广大农牧民群众的联系全覆盖，让联系基层成为一座沟通的桥梁、一条服务的渠道，让服务群众成为一种工作常态、一种行为自觉。

联系就是学习调研。做好基层联系工作，要端正学习态度，将学习调研贯穿于联系工作的全过程，坚持从群众中来到群众中去，潜心向基层学方法、向一线学经验、向群众学实践，熟悉和掌握基层情况，切实增强服务本领；要找准调研方向，紧扣工作大局，聚焦联系对象的需求、行业领域的现状和普遍存在的问题，围绕现实困难和特殊矛盾进行调研论证。

联系就是指导实践。做好基层联系工作，要指导决策落地，准确把握形势要求，指导联系县乡和行业部门将上级党委、政府的重大决策部署具化为落实方案和推进措施，确保政令畅通、决策落地；要善于把脉听诊，综合研判具体情况，帮助联系县乡把大势、指方向、明思路、定目标，帮助学校企业聚焦点、抓重点、破难点、推亮点，帮助专技人才搭平台、寻支持、优环境、搞服务，帮助农牧民群众和寺庙僧尼想办法、出主意、支实招、办实事，不断提高科学发展能力。

联系就是责任落地。做好基层联系工作，要强化责任意识，自觉摒弃联系工作是“课外作业”的错误思想，将其视作落实党委政府决策、塑造部门形象、维护群众利益的政治责任，不断养成勇于干事创业、自觉为民务实的行为习惯；要强化担当意识，切实履行联系职责，力促各项工作主体责任落地，做到发现问题不隐藏、正视矛盾不推诿、面对困难不回避、破解难题不退缩，坚决防止发生“为官不为”等现象。

联系就是改进作风。做好基层联系工作，要以群众期盼为导向，坚决整改“门难进”“脸难看”“事难办”等群众反映强烈的机关作风陋习，变群众登门为干部上门，变群众上访为干部下访，向懒政宣战、向惰政问责，力求服务走在前、作风改得实，切实树立各级干部为民务实清廉的良好形象；要以群众满意为目标，“大”处着想，“细”处入手，“实”处发力，倾情倾力为民解难题、办实事，以更加主动、更加务实、更加高效的工作作风和工作实绩取信于民，不断增强联系基层工作的亲和力和感染力。

联系就是凝聚民心。做好基层联系工作，要增进群众感情，躬身入农家，服务到基层，用广大干部的身板架起同心桥，用各级干部的脚板走出鱼水情，真正与群众建立起亲密无间、血浓于水的真挚感情；要增强惠民实效，借助对口联系平台，重点加大文化、教育、卫生、住房、饮水等民生基础设施建设力度，变群众呼声为群众笑声，变干部辛苦指数为群众幸福指数，真正让各族人民与党委、政府同心同德、同心同向、同心同行，并在感恩奋进中促进甘孜经济持续发展、社会和谐稳定、人民安居乐业。

（作者系州委常委、宣传部部长。原载《四川日报》2014年10月21日第6版）

དཀར་མཛེས་ཀྱི་གནས་ཚུལ་མདོར་བསྡུས།
甘孜概貌

·历史文化·

【建置沿革】　甘孜藏族自治州（简称甘孜州），远古时代就已有原始人类在这里劳动、居息和繁衍，开创石器时代的文明。

春秋战国时期，有部分北方羌人部落移徙到这里，与这里的原始先民相互融合为一体。

汉武帝时，康东（今甘孜州）即与中央政权发生联系。

隋代，迁徙到境内的羌人诸部先后归附隋朝。

唐代，介于中央政权和吐蕃之间的部落，有许多内附中央，因此设羁縻州。

宋代继之。唐宋以来，汉藏人民之间通过“茶马互市”建立起来的友好往来，始终未断，一直延续到元明清。

元时起在境内推行土司制分封当地首领担任官职，受命于朝廷。

明代沿用元制，当时的打箭炉（今康定县）成为藏汉各族人民互市的场所。

清袭明制，仍采取分封土司政策，清光绪三十二年（1906年），川滇边务大臣赵尔丰在境内实行“改土归流”政策，废除土司制度，设置道、府、州、厅、县政权组织，由清王朝派遣流官直接进行统治。

清朝被推翻后，甘孜州各地土司纷纷自行恢复，当时中央政权仍对土司采取羁縻政策。

从民国元年（1912年）起，属北洋政府设立的川边特别行政区。

1928年—1949年，属南京国民政府设立的西康省。

1949年10月1日，中华人民共和国成立。1949年12月9日，西康省和平解放；1950年11月24日建立西康省藏族自治区；1955年3月改设西康省藏族自治州，同年10月1日更名为四川省甘孜藏族自治州（这是新中国成立的第一个专区级民族自治州），辖21个县；1979年1月1日撤销义敦、乾宁、邓柯3县建制；至2014年年底，甘孜州辖18个县和1个景区管理局。

【民族文化遗存】　甘孜州历史悠久，千百年来，生活在这里的先民们创造了灿烂多彩、底蕴深厚的民族文化，作为茶马互市中心和康巴文化的发祥地，这里孕育出有宇宙歌曲美誉的《康定情歌》、东方“伊利亚特”的《岭·格萨尔史诗》、藏文化宝库——德格印经院、红色名城——泸定等不朽文化遗产。这里是附国、东女、嘉良、白狼、牦牛羌等众多部落联盟繁衍生息的地方，更是吐蕃发展经营的地方，有浓郁的吐蕃文化、氐文化（嘉绒）、党项文化（木雅）之风，还有土著文化、纳西文化、蒙古文化、中原秦晋文化的遗风；这里有新石器时代晚期文化遗存（丹巴中路遗址）和遍布15个县的石棺葬文化（春秋战国到秦汉）；500余座藏传佛教五大教派寺院遍布全州，以其各个历史时期独特的寺院建筑，珍藏的各类造像、唐卡、壁画等艺术品以及瑰丽的宗教法器、供器，昭示着宗教文化的辉煌；这里民俗文化资源丰富，有以乡城疯装、嘉绒服饰、木雅服饰等为代表的民族服饰，有国内仅存的白玉戈巴父系文化和道孚扎巴走婚习俗等独特的地域文化，以及遍布全州有浓厚藏民族风格和地域特色的民居建筑，康定“四月八”转山会、康定国际情歌节、理塘“赛马节”、炉霍“望果节”等各种民间节日令人流连忘返；这里有宝贵的红色文化资源，红军长征途经州内16个县，历时一年半之久，留下了大量革命文物；这里的民族民间艺术色彩斑斓，民间故事、谚语、民间说唱等遍布州内各县，以唐卡为代表的藏画、雕塑和民族工艺源远流长，民歌、山歌、牧歌、酒歌等浩如烟海、人人皆悉，锅庄、弦子、踢踏、热巴、藏戏等更是风格各异、绚丽多彩，被称为“歌舞的海洋”。至2014年底，全州有人类非遗代表性项目3个，国家级非遗代表性项目21个、省级非遗代表性项目56个、州级非遗代表性项目86个，国家级代表性传承人7名，省级传承人65名，州级传承人124名；有各类重点文物保护单位1165处，其中全国重点文物保护单位15处、省级文物保护单位60处、州级文物保护单位221处、县级文物保护单位869处，文物点3520多处，国有文物收藏单位5所，国有馆藏珍贵文物3000余件，寺藏文物数万件。

【旅游风景名胜】 甘孜州自然风光最美，被世界旅游组织定为“中国推向世界的自然生态旅游和康巴文化旅游目的地”，四川尚未开发的世界级旅游资源有50%集中在甘孜，有“蜀山之王”贡嘎雪山、“香格里拉”之魂稻城亚丁、情歌故乡康定、现代低海拔冰川海螺沟、中国最美乡村丹巴甲居藏寨、德格印经院和格萨尔故里为中心的康巴文化旅游区，雄奇秀美的自然景观与红军长征文化、独特的康巴文化和绚丽的民族风情有机结合、交相辉映。有国家AAAA级风景区3个：海螺沟风景区、康定情歌（木格措）风景区、稻城亚丁风景区；世界“人与生物圈”保护网络成员1处：亚丁生物圈保护区；国家级自然保护区6个：贡嘎山国家级自然保护区、亚丁国家级自然保护区、长沙贡玛国家级自然保护区、察青松多白唇鹿国家级自然保护区、海子山国家级自然保护区、格西沟国家级自然保护区；国家森林公园3个：海螺沟国家森林公园、措普沟国家森林公园、荷花海国家森林公园。

甘孜州将旅游资源优势转化为旅游经济优势，紧扣“二轴”（国道317、318线两条主轴线）、“三域”（甘孜州东路、南路、北路三个区域）、“四重点”（以稻城亚丁为核心的“香格里拉之魂”，以贡嘎山旅游环线为主体的“香格里拉之巅”，以丹巴为重点的“嘉绒文化区”，以德格为中心的“格萨尔文化中心”）空间布局，推出了包括亚丁香格里拉之魂生态游、川藏线中国人的景观大道自驾游、环贡嘎山生态文化之旅3条精品旅游线和藏寨民居之旅、雪山冰川之旅、草原暨赏花之旅、高原湖泊之旅、阳光温泉之旅、红色文化之旅、宗教文化之旅7条主题旅游线路。

【州内语言】 州内藏族使用藏语，属汉藏语系藏缅语族藏语支。主要有康方言（州内讲这种方言的可划为南路、北路、东路、牧区4个语群）、安多方言（俗称“卓格”或牛场话）、嘉绒语（分东部、西部、西北部3个方言区）、地脚话（包括木雅语、鱼通语、道孚语、扎巴语、尔苏语、纳木义语、普米语、曲域语），在外出与其他民族交流时也讲一些汉语。彝族使用彝语，属汉藏语系藏缅语族彝语支。分为北部、东部、南部、东南部、西部、中部6个方言区，其中包括5个次方言，各方言、次方言内又包含25个土语。州内回族一般使用汉语进行交流，折多山以西各地的回族还能使用藏语。羌族有语言无文字，羌语属汉藏语系藏缅语族，有南北两大方言，但只有在其内部使用，对外则依对象不同，使用汉语或嘉绒藏语。州内纳西族除少数地方保留纳西语外，其余通用藏语或汉语。

·基本地情·

【地理位置】 甘孜州地处北纬27°58′～34°20′、东经97°22′～102°29′。位于四川省西部、青藏高原东南缘，是四川盆地西缘山地向青藏高原过渡的地带，东邻阿坝州和雅安市，南接凉山州和云南迪庆州，西邻西藏昌都地区，北接青海玉树、果洛两州。全州总面积15.3万平方公里，南北长约663公里，东西宽约490公里，平均海拔3500米。地势北高南低、中部突起，最高峰为贡嘎山（海拔7556米）。

【自然资源】 甘孜州地处长江、黄河源头，生态环境优良，全州98%的土地被天然草场和森林覆盖，是长江上游重要水源涵养地和生态屏障。有草原946.67万公顷，其中可利用草地826.67万公顷，是四川西北牧区的重要组成部分。金沙江、雅砻江、大渡河由北向南纵贯州境西、中、东部，州境内总流长1739.3公里，总流域面积达15万平方公里。有大小湖泊2471个，地下水约为207亿立方米左右，水资源总量达1397.83亿立方米，水能蕴藏总量达4119.2万千瓦，占四川省的29%。境内金、银、铜、铁、钼、锂、大理石、花岗岩等矿产资源品种多、储量大，已初步探明超大型和大型矿床30余处、中型矿床40余处、小型矿床近百处。境内森林面积占全省森林总面积的20%，有大熊猫、小熊猫、金丝猴、白唇鹿等野生动物30目88科652种，属国家一级保护动物20种，二级保护动物51种。有天麻、虫草、贝母、当归、黄芪等名贵中药材，药用植物2235种。

【土特名产】 甘孜州有山有水，草场和森林资源富集，物产丰富，尤以产于天然牧场及良好生态环境中的农林土特产品最为有名。其中雅江松茸产量高、个头大、肉质细、色泽好、味道香，产量和品质居全国之首，巴塘核桃品种优良、果大壳薄、含油多，还有泸定红樱桃、炉霍雪域俄色茶、乡城藏鸡蛋、乡城藏鸡、乡城松茸、稻城藏香猪、甘孜糌粑、巴塘南区辣椒、石渠白菌、康定芫根、得荣树椒、新龙党参、道孚大葱、九龙牦牛、九龙花椒、丹巴香猪腿等农副土特产品深受国内外消费者的喜爱。

【气象】 **气候特点** 2014年全州平均气温8.9℃，比常年偏高1.0℃；年平均降水量685.3毫米，比常年平均约偏多50.0毫米；年平均日照时数2119.7小时，基本正常。暖冬特征明显，各类极端天气气候事件比常年明显偏多。光、热、水时空分布不均，但总的配置情况较好，对整个大农业生产有利。

四季气候特征 冬季（2013年12月—2014年2月），平均气温为－9.9℃～8.1℃；降水量为0.0～24.0毫米，其中1月白玉、丹巴、雅江、巴塘月降水量创常年同期最少值。

春季（3—5月）：平均气温为0.6℃～17.3℃，降水量为27.0～158.1毫米，与常年同期比较，石渠偏多6成，其中4月雅江、理塘、巴塘月降水量创常年同期最少值。

夏季（6—8月）：平均气温为8.6℃～22.2℃，其中6月理塘月平均气温创常年同期最高值；降水量为221.8～676.7毫米，其中6月色达、甘孜、新龙、炉霍、道孚、丹巴月降水量创常年同期最多值。

秋季（9—11月）：平均气温为1.0℃～17.2℃，其中11月石渠、德格、甘孜、白玉、新龙、炉霍、丹巴、理塘月平均气温创常年同期最高值；降水量为32.4～197.4毫米，其中9月石渠月降水量创常年同期最多值，10月泸定月降水量创常年同期最多值，色达、德格、炉霍、道孚月降水量创常年同期最少值。

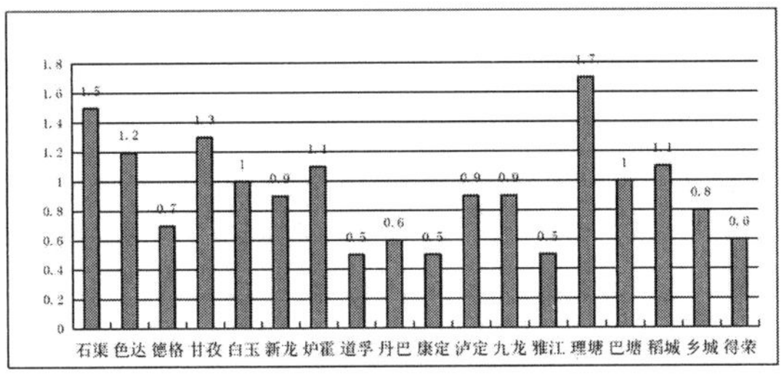

图1 甘孜州2014年度（2013年12月-2014年11月）平均气温距平图（℃）

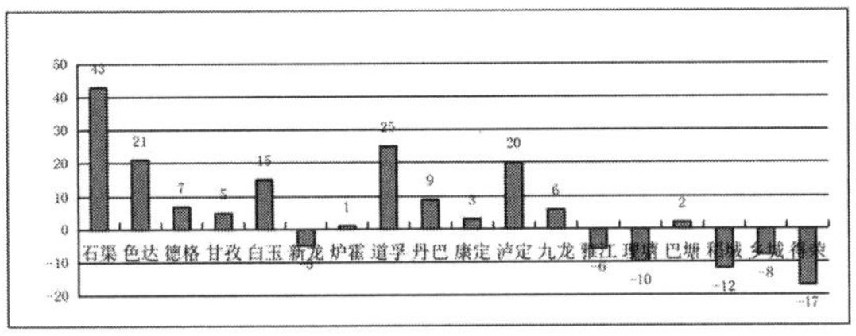

图2 甘孜州2014年度（2013年12月-2014年11月）降水距平百分率（%）

重要天气气候事件及影响 2014年，全州共出现大雪天气过程5次，分别发生在石渠、色达、九龙3县；暴雪天气过程3次，分别发生在石渠、康定2县；连阴雪天气过程3次，分别发生在石渠、色达2县；寒潮天气过程38次，各县均有发生，主要出现在冬、春两季；除石渠、色达、泸定3县外，其余各县均发生不同程度的季节性春旱，夏季共出现伏旱天气过程15次，因干旱造成19842人受灾，农作物受灾面积2856.7公顷；共出现暴雨天气40次，洪涝天气50次，因暴雨、洪涝灾害造成39347人受灾，转移安置1864人，死亡1人，农作物受灾面积1082公顷，成灾面积640.5公顷，绝收面积243.6公顷，损坏房屋2473间（其中倒塌房屋53间），公路损失5.22公里，损坏桥梁9座，直接经济损失16636.6万元；共出现冰雹天气29次，因大风、冰雹灾害造成8771人受灾，农作物受灾面积3116公顷，成灾面积2711.5顷，绝收面积818.66公顷，直接经济损失3772.255万元；共出现连阴雨天气86次，灾害造成4152人受灾，农作物受灾面积57.7公顷，成灾面积57.7公顷，绝收面积26.6公顷，农业经济损失54.4万元；因森林草原火灾造成过火面积331公顷；因泥石流及地质灾害造成13974人受灾，失踪1人，受伤1人，转移安置2620人，150人饮水困难，农作物受灾面积620公顷，成灾面积120.5公顷，绝收面积74.57公顷，损坏房屋44间（其中倒塌房屋30间），公路损失55.9公里，直接经济损失3644.06万元；康定“11·22”重大地震造成19.78万人受灾，死亡5人，受伤80人，转移安置17156人，公路损失3.35公里；年内，崩塌灾害造成2死1伤，雷击灾害造成1人死亡。

（周翠玲　蒋明泉）

·行政区划·

【概况】 2014年，甘孜州辖康定、泸定、丹巴、九龙、雅江、理塘、巴塘、色达、稻城、乡城、得荣、德格、石渠、白玉、新龙、甘孜、炉霍、道孚18个县和海螺沟景区管理局，273个乡、52个镇、2679个行政村。州人民政府驻地：康定县炉城镇光明路9号。

【乡镇调整】 年内，德格县、石渠县、道孚县、雅江县、康定县、理塘县、炉霍县、乡城县和新龙县分别对行政区划进行调整，四川省政府下文批复。其中，德格县撤销马尼干戈乡、设立马尼干戈镇，撤销竹庆乡、设立竹庆镇，撤销阿须乡、设立阿须镇；石渠县撤销温波乡、设立温波镇；雅江县撤销呷拉乡、设立呷拉镇；康定县撤销塔公乡、设立塔公镇，撤销沙德乡、设立沙德镇，撤销金汤乡、设立金汤镇；理塘县撤销甲洼乡、设立甲洼镇；炉霍县撤销朱倭乡、设立朱倭镇；乡城县撤销青德乡、设立青德镇，撤销尼斯乡、设立尼斯镇；新龙县撤销拉日马乡、设立拉日马镇。以上新设镇均辖原来撤销乡所属行政区域。道孚县将格西乡若珠村、鱼都村、热瓦村、吾斯尼村划归鲜水镇管辖。

2014 年甘孜州行政区划一览

表 1

名　称	乡	镇	社区（居委会）	村民委员会
康定县	15	6	10	234
泸定县	8	4	7	145
丹巴县	13	2	4	181
九龙县	16（民族乡 7 个）	2	2	63
雅江县	15	2	1	113
道孚县	20	2	2	158
炉霍县	14	2	4	171
甘孜县	19	3	1	219
新龙县	17	2	1	95
德格县	22	4	3	171
白玉县	15	2	2	156
石渠县	17	5	4	166
色达县	14	3	3	134
理塘县	22	2	1	214
巴塘县	16	3	1	122
乡城县	9	3	3	89
稻城县	11	3	3	121
得荣县	10	2	3	127
合计	273	52	55	2679

（州民政局）

·人口·

【概况】　至年底，全州户籍总人口 110.30 万人，比上年增加 1.11 万人，增长 1.01%。全年人口出生率为 10.52‰，人口死亡率 4.34‰，人口自然增长率 6.18‰。户籍人口中，男性 56.19 万人，性别比（女性 = 100）为 102；非农业人口 16.21 万人，农业人口 95.09 万人。全州常住人口达到 114.79 万人，比上年增长 0.9%；城镇化率为 27%，比上年提高 1.06 个百分点。

·科学发展实践·

【概况】　2014 年，是甘孜州经济发展最为困难、自然灾害最为频繁的一年。州委、州政府紧紧围绕建设美丽生态和谐幸福新甘孜的发展定位，在州人大、州政协的监督支持下，团结带领全州各族干部群众，负重前行，攻坚克难，扎实做好各方面工作，经济实现较快发展，民计民生持续改善，社会保持总体稳定。全州实现地区生产总值 206.81 亿元，增长 4.20%；完成全社会固定资产投资 465.72 亿元，增长 14.40%；地方公共财政收入 27.55 亿元，增长 24.52%；社会消费品零售总额 64.48 亿元，增长 12.40%；城镇居民人均可支配收入 23303 元，增长 8.8%；农牧民人均纯收入 6307 元，增长 16%。

【群众工作全覆盖】 坚持久久为功，用心做实“六大活动”，群众工作全覆盖逐步实现常态化。量化走亲访亲，2 万多个小分队走访结对亲戚 220 多万人次，宣讲政策法规近 20 万场次，解决困难诉求 1 万多个，化解矛盾纠纷 2600 多起，服务群众生产 10 多万人次。实施法宣橱窗进寺、僧尼培训办班、关爱政策惠僧行动，与僧尼交心恳谈及政策法规宣讲 3500 多场次，寺庙“五通工程”建设投入上亿元，僧尼低保、医保、养老保险覆盖面进一步扩大，5000 多名领导干部和州县人大代表、政协委员入寺访僧动之以情、晓之以理、明之以法，党委政府与寺庙、干部与僧尼在同心同向中建立互信空间、共创和谐氛围。累计募集爱心慈善基金 1.3 亿元，万名志愿者辗转各领域服务不同群体，“心愿快车”“爱心助学”等覆盖青少年近 3 万名，孤儿、“五保户”、“三无”老人和残疾人都有领导干部结对帮扶，千名重大疾病患者得到及时救助，弱势群体在爱心帮扶中得到贴心关爱。深化典型宣讲和主题宣讲，66 场“群众宣讲团和谐乡村行”深受群众欢迎，送科技、卫生、文艺、法律进乡入村覆盖群众 40 多万人次，开展服刑人员现身说法、“一月一读报日”活动 3 万多场。从机关选派党员干部驻村蹲点指导党建和担任村（社区）党支部负责人，设立党员服务岗 2 万多个，发展农牧民党员 2500 多名，全面完成村级组织换届，贫困党员致富、闲散青年就业稳步增长。投入 60 亿元解决群众住房、饮水、行路、上学、看病、就业等困难问题，银行卡助农服务点村覆盖率达 80% 以上，农村劳动力转移输出近万人，免费筛查包虫病人群 20 多万人并免费治疗 1 万多人，农牧民群众幸福指数不断提升。

【经济建设】 投资 40.83 亿元，实施旅游“十大工程”，建设重点项目 16 个。新增重庆、西安、泸州至亚丁 3 条航线，亚丁机场开航年内，游客达 18 万人次；全州接待游客 800 万人次，实现旅游综合收入 80 亿元，分别增长 25.60% 和 24.90%。完成水电投资 174 亿元，新增装机 70 万千瓦，年末总装机达 620 万千瓦；全省单体投资最大的两河口水电站核准开工。完成投资 4 亿元，勘查重点矿产 50 宗，新增探明金属量 65 万吨。拍卖出让矿权 4 宗，规范探矿权 14 宗、采矿权 6 宗，依法灭失探矿权 32 宗。征收矿产资源补偿费 1810 万元。完成农作物播面 132.14 万亩，粮、油、菜总产量分别达 24.22 万吨、1.26 万吨、20.93 万吨，农业生产实现“七连增”，农业科技贡献率达到 52%；各类牲畜存栏 403.29 万头（只、匹），出栏率、商品率分别达到 23.50% 和 16%；水利工程完成投资 10.21 亿元，新增有效灌面 1.12 万亩、节水灌面 2.90 万亩；林业经济效益日益显现，实现产值 28.54 亿元。登记认证“三品一标”农产品 11 个，无公害农产品基地 14 万亩；出台支持农产品加工企业发展意见，“酒、肉、茶、菌、果、蔬、水、药”八类产品开发取得实效，向工商总局申报“圣洁甘孜”农产品区域公用品牌，在成都等地建成“圣洁甘孜”营销专柜。对全州 15 个独有地产中藏药材品种开展驯化、繁育工作，实施中藏药材种植推进方案，种植面积达 2 万亩；泸定中藏药产业园一期工程竣工，色达金马药业饮片厂、海螺沟“中国南派藏医药传承创新基地”和德格麦宿中藏药产业园建设加快推进；然降多吉胶囊获得全省首个藏药新药国药准字；州内 337 个藏药制剂品种纳入医保报销；州藏医院成立 30 年来，年收入首次过千万元。建成三级以上路面 2700 余公里、通乡油路 399.50 公里、通村公路 1499.60 公里，新增农村客运班线 32 条、客运站（点）683 个。完成投资 100 亿元，“电力天路”等项目顺利实施。完成 227 个乡、1672 个村的 26.80 万无电农牧民“远村点亮”。投入 3.72 亿元实施城市新区建设项目 15 个，改造棚户区 5076

户、建设公租房2854套；改造小城镇危旧房1118户；投入1.34亿元完善姑咱、马尼干戈、香格里拉、八美4个省级“百镇试点”镇市政设施，13个乡获准撤乡建镇。完成投资4.53亿元，新建光缆3340公里、基站665个，新增有线宽带接入端口2.60万线，出口带宽达80G，国省干线和主要旅游景区通信网络实现连续覆盖。编制完成《甘孜州生态文明建设规划》，落实国家生态功能区转移支付资金6.80亿元，生态保护与建设工程加快推进，草原植被、森林覆盖率分别达到78%、33.04%。开展首个“生态日”活动。严守耕地保护“红线”，整治土地2.72万亩，新增耕地1300亩。环保“三同时”制度执行率和建设项目环评率达到100%；节能减排成效明显，各项污染物排放控制在省限定指标内。

【社会事业】 全年民生支出139亿元，占财政支出的48.02%，增长11%。全州城镇新增就业7307人，回州“9+3”毕业生就业率达到95%以上，城镇登记失业率4.14%。农村低保标准由每年1700元提高到2267元，城乡低保实现应保尽保；在全省民族地区率先实施医疗保险制度城乡统筹，异地就医即时结算全面启动；在全省率先出台大病医疗保险规定，大病参保达90.50万人，大病救助3万人次、支出5088万元；为7600名失能和高龄老人提供居家养老服务，康北儿童福利院投入使用，城乡“三无”“五保”对象和孤儿集中供养实现全覆盖，爱心慈善基金累计超1.30亿元。安排州级价调基金近5000万元支持“菜篮子”工程建设。新建35所乡中心幼儿园、22所片区寄宿制学校，州高级中学开工建设。教育助学惠民政策全面落实，兑现各类补助金4.58亿元。城乡居民基本医保参保率达到99.13%，住院费用实际报销比例达到65%，免费治疗包虫病患者1.36万人，健康档案建档率达到92%；开工建设120个标准化乡（镇）卫生院和225个村卫生室；引进藏医高端人才6名，招录本土藏医成人本科人才48名。兑现计划生育“三项惠民制度”资金1809万元，免费孕前优生健康检查2830人，农村孕产妇住院分娩率达到81.58%，人口自然增长率6.18‰。

【政治建设】 以党的群众路线教育实践活动为契机，紧紧围绕为民务实清廉主题，严格把好党内生活，干部谈心谈话全覆盖，整改落实兑现承诺，全州4800多个党组织7.2万名党员思想受到触动、灵魂受到洗礼、作风得到转变。狠刹“舌尖上的浪费、车轮上的腐败”，“三公”经费减少1.4亿元、下降30%，查处“四风”案件186件155人，群众总体评价满意率达到99.4%。查摆政府班子问题48项，并逐一落实责任，全面进行整改，州政府文、会分别下降10%、20%，全面完成办公用房清理改造；实施“系统抓、抓系统”工作新举措，出台推进本届政府2014—2016年重点工作1个意见8个方案（简称“1+8”文件），打通“最后一公里”、开动“政府直通车”；严格落实中央八项规定精神，深入推进正风肃纪，加大监察审计力度，全年政纪处分165人，查处主要问题资金21.45亿元，审减投资额1.16亿元。坚持“党要管党、从严治党”，制定实施党员干部“八个一律不准”“八个严守”规定，建立完善村级组织运行规则，严格落实县乡村三级党组织书记党建述职制度，强化用制度管人、按制度办事的刚性约束。创建廉政文化示范点，保持惩治腐败高压态势，查处腐败案件280件，给予党纪政纪处分276人，党风廉政建设社会满意率达83%。开展“庸懒散浮拖”问题专项整治，查处问题75件，给予党纪政纪处分75人。落实“五个面对、五个敢于”甘孜好干部标准，坚持在复杂环境、反分维稳、基层一线、群众工作中考察识别干部，把158名干部调整充实到重要岗位。实施“百千万康巴英才工程”，评选高端人才20名、优秀中端人才153名、优秀基层基础人才2135名，培训各类人才近2万人次。

དོན་ཆེན་ཟིན་ཐོ།
大事记

1月

2 日　按照中央和省委的要求，中共甘孜州委常委“为民务实清廉”专题民主生活会在康定召开，省委常委、政法委书记刘玉顺到会指导并作重要讲话。州委书记胡昌升主持会议，并代表州委常委班子作 2013 年度民主生活会剖析检查报告。

7 日　经国家档案局测评组综合评议，州档案馆晋升为国家一级档案馆，这是继成都、遂宁之后的省内第三家国家一级档案馆，也是全国藏区首家国家一级档案馆。

14 日　州委、州政府向云南省迪庆藏族自治州香格里拉县独克宗古城火灾受灾群众捐款 50 万元。

14—15 日　中共中央委员、武警部队司令员王建平上将到甘孜州色达、炉霍、道孚、康定、泸定等县考察驻州武警部队，慰问基层一线官兵。

22 日　州人民政府与省扶贫和移民工作局战略合作框架协议签字仪式在成都举行。根据协议，双方将在扶贫开发、水电移民以及加强扶贫移民干部队伍建设等方面进行深度合作。

25 日　省委常委、纪委书记王怀臣率省委、省政府慰问团到甘孜开展送温暖慰问活动，他希望甘孜确保藏区稳定，为加快发展营造良好环境。

26 日　《〈甘孜藏族自治州藏传佛教事务条例〉实施细则（试行）》经十一届州政府第 14 次常务会议审议通过正式施行，有效期为 2 年。

是月　甘孜州首个湿地公园——炉霍县虾拉沱省级湿地公园获省林业厅批准建立。

2月

16 日　全州群众路线教育实践活动动员部署电视电话会议在康定召开，州委书记胡昌升作动员讲话，省委第二十督导组组长杨宝黔出席会议。

是月　春节黄金周全州实现旅游接待“开门红”，共接待游客 16.53 万人次，比上年增长 20.4%；实现旅游总收入 1.636 亿元，比上年增长 75.9%。

24—26 日　政协甘孜州第十二届委员会第三次会议召开。大会听取和审议《中国人民政治协商会议甘孜州第十二届委员会常委会工作报告》和《中国人民政治协商会议甘孜州第十二届委员会常务委员会关于第十二届委员会第三次会议以来提案工作情况的报告》，通过《中国人民政治协商会议甘孜州第十二届委员会第三次会议决议》和《中国人民政治协商会议甘孜州第十二届委员会第三次会议提案审查委员会关于第十二届委员会第三次会议提案审查情况的报告》。

25—27 日　州十一届人民代表大会第三

次会议在康定召开。大会听取州人民政府州长益西达瓦作政府工作报告，通过关于甘孜州人民政府工作报告的决议、关于甘孜州2013年国民经济和社会发展计划执行情况及2014年国民经济和社会发展计划草案报告的决议、关于甘孜州2013年财政预算执行情况及2014年财政预算草案报告的决议、州政府关于调整“十二五”规划部分指标报告的决议、州人大常委会关于建设法治甘孜的决议、甘孜藏族自治州突发事件应对条例（草案）的决议。会议补选吴良军为州中级人民法院院长，补选李鹏飞为州人民检察院检察长并报请省人民检察院检察长、提请省人大常委会批准。选举罗辉为州人大常委会委员。

27日　经州工商行政管理局核准，“甘孜藏族自治州邮政局”更名为“四川省邮政公司甘孜藏族自治州分公司”。

3月

2日　省委常委、政法委书记刘玉顺到联系点康定县调研指导第二批党的群众路线教育实践活动开展情况，并代表省委向甘孜广大藏族同胞及各族各界人士致以节日问候和祝福。他强调，康定县要始终以高标准、严要求推动活动深入开展，统筹做好当前重点工作，在甘孜乃至整个藏区当好先锋，做好表率，切实发挥好示范引领作用。

3日　康定县召开领导干部大会，会议宣读了四川省委任免职决定：唐强兼任中共康定县委书记，免去段毅君中共甘孜州委常委、委员、中共康定县委书记职务。

8日　甘孜州政协原主席李鸿鸣因病医治无效在康定去世，享年84岁。

11日　甘孜州第一次环境保护大会在康定召开，同日被州委、州政府确定为甘孜“生态日”。

12日　由四川省委组织部和省委宣传部联合组织的毕世祥先进事迹表彰大会在成都金牛宾馆大礼堂举行，省委副书记柯尊平出席会议。

25日　省委常委、组织部部长范锐平率工作组到丹巴县调研指导党的群众路线教育实践活动和基层组织建设，他强调，干部要主动深入基层接地气，做到服务群众零距离。

是日　丹巴县委副书记、县长刘宾因突发心脏病（心源性猝死）经抢救无效去世，享年42岁。26日，州领导胡昌升、益西达瓦前往吊唁并看望慰问其亲属。

是月　中共四川省委印发《关于追授毕世祥同志“实践党的群众路线优秀党员领导干部”称号的决定》，号召全省广大党员干部要向毕世祥学习，各地、各部门要紧密联系实际，采取多种形式，迅速在广大党员干部中掀起学习毕世祥先进事迹的热潮。

4月

是月　四川康定金珠制药有限责任公司与州藏医院神螺藏医药研究中心合作研发的藏药新药“然降多吉胶囊”通过国家食品药品监督管理局批准（国药准字Z20140005），这是甘孜州首个取得国药准字号的藏药新药。

16—19日　省委常委、宣传部部长吴靖平到康定、道孚、炉霍、色达等县农牧区乡村和寺庙调研藏汉双语联合宣讲工作。他强调，藏汉双语联合宣讲是藏区宣传思想工作的重要抓手，要纳入藏区群众工作总体规划，州县党委书记要亲自抓，在深化、实化、细化上下功夫，用春风化雨、润物无声的方式向藏区各族群众讲清楚“国家好、民族好、大家才会好”，凝聚起爱党爱国、知法守法、从善向上、同心同向的强大正能量。

18日　四川省群众工作先进事迹报告会在康定剧场举行，省第4宣讲团6位成员先后作报告。

20日　雅安至康定高速公路开工仪式在雅安市天全县举行，省委书记、省人大常委会主任王东明宣布开工。

·资料链接·

雅康高速公路起于雅安市雨城区草坝镇，接乐（山）雅（安）高速公路，西经天全县、泸定县，止于康定城东，路线全长约135公里，设计时速80公里，双向4车道路基宽度24.5米，桥梁隧道比高达82%。项目概算总投资约231亿元人民币，平均每公里造价1.718亿元，批复工期5年。

22日　根据州长益西达瓦提名，州第十一届人大常务会第十六次会议通过，决定任命张永德为州政府副州长。

26日　四川省藏区旅游工作会在泸定县召开，副省长黄彦蓉出席会议并讲话，甘孜、阿坝、凉山以及7个对口援藏市、32个藏区县政府及省直相关部门主要负责人出席会议。会议主要任务是认真贯彻落实省委、省政府工作部署，全面落实全省旅游工作电视电话会议精神，分析藏区旅游发展新形势，在新的起点上谋划当前及今后一段时期的藏区旅游发展工作，推动全省藏区旅游实现跨越发展。

5月

5日　“五一”小长假期间，全州共接待游客11.05万人次，旅游业总收入1.09亿元。

7—8日　省委常委、省政法委书记刘玉顺到甘孜州开展党的群众路线教育实践活动督促指导工作。他强调，甘孜州要进一步深化学习教育，扎实开展“三个讨论”，坚持“五个结合”，边学边查边改，高标准高质量，确保教育实践活动取得实效。

15日　中共中央政治局委员、中央书记处书记、中宣部部长刘奇葆在出席第十届中国（深圳）国际文化产业博览会时，专程考察了甘孜州“世界康巴·圣洁甘孜”主题展馆。他希望甘孜州传承好历史文化，发挥好民间艺术“非遗”项目，走文化旅游产业融合发展之路，做大做强，更好地让当地群众受益得实惠。

19日　为期5天的第十届中国（深圳）国际文化产业博览交易会落下帷幕，甘孜州展团共签约项目8个、引进资金183万元，并荣获组委会设立的优秀组织奖和优秀展示奖。

21—24日　省委书记、省人大常委会主任王东明到甘孜州考察，调研指导四川省藏区改革、发展、民生、稳定各项工作推进和落实情况。他强调，藏区州县和省直有关部门要深入贯彻落实中央治藏兴藏大政方针，坚定贯彻落实省委关于藏区工作的系列部署，坚持标本兼治、长短结合、综合施策，统筹抓好发展、民生、稳定三件大事，推进四川藏区科学发展、加快发展，努力实现同步全面建成小康社会，努力实现藏区和谐稳定、长治久安；当前和今后一个时期，要把维护稳定作为重中之重，以高度的政治责任感履职尽责，不断开创甘孜改革发展稳定新局面。

26日　甘孜州开展全国民族团结进步示范州创建活动动员电视电话会议在康定召开，会议对全州第四次民族团结进步模范集体、模范个人（户）进行了表彰，会议明确了全州创建民族团结进步示范州的目标是：2014年起到2020年，在全州范围内通过3年创建、4年提升两个阶段，将全州100%的县、90%的乡（镇）、80%的村（社区）及党政机关、企事业单位、寺院创建为民族团结进步示范地区或示范单位，全面建成具有综合示范效应的民族团结进步示范州。

是月　由中国民族民间工艺美术家协会主办的“首届中国宗教泥塑技艺大赛”在福建莆田市举行，来自甘孜州德格竹庆民间雕塑艺人国萨阿穷现场制作的泥塑作品《释迦牟尼》荣获特别金奖，其本人还荣获“中国传统工艺美术大师（宗教雕塑）”荣誉证书。

6月

3—6日　省委常委、省委农工委主任李昌平率省直有关部门深入石渠、德格、甘孜、炉霍、道孚和康定5县调研灾后恢复重建、水利工程建设、草原畜牧业发展、新村建设等情况，他强调要坚持发展稳定民生三件大事一起抓，坚定不移推动藏区更好更快发展，把发展落实到改善民生上、落实到惠及当地上、落实到增进团结上，广泛凝聚各方力量，推动藏区改革发展、民族团结、社会进步、民生改善，促进藏区农牧民群众致富增收。

5日　“全国民族自治州成就展——圣洁甘孜·走进北京·四川甘孜藏区文化旅游宣传周”系列活动启动仪式在北京民族文化宫举行。中共中央统战部副部长斯塔、国家民委副主任丹珠昂奔出席启动仪式，省政府副省长黄彦蓉，州委书记胡昌升在启动仪式上分别致辞，州委副书记、州政府州长益西达瓦主持启动仪式。

·资料链接·

“圣洁甘孜·走进北京”系列活动由国家民委和四川省人民政府主办，中共甘孜州委、甘孜州人民政府，北京民族文化宫和四川省民宗委承办，甘孜州相关单位具体执行。系列活动从6月5—11日在北京举行，内容包括四川甘孜藏区发展成就暨旅游图片展、四川甘孜藏区精品文物及“非遗”项目展演、四川甘孜藏区民族音乐进名校、四川甘孜藏区旅游宣传推介会和四川甘孜藏区旅游摄影赏析讲座、央视《对话》栏目州长访谈、首都大学生四川甘孜藏区体验游、北大自行车协会骑游国道318线活动等。

8日　中共中央政治局委员、中央书记处书记、中宣部部长刘奇葆，全国政协副主席、国家民委主任王正伟到北京民族文化宫，参观“圣洁甘孜·走进北京”展览。刘奇葆希望甘孜立足自身实际，大力发展农牧业和文化旅游业，大力加强生态建设和环境保护，大力改善民生，努力走出藏区科学发展、跨越发展之路；对甘孜的下一步发展，他强调要坚持抓稳定不松劲、抓发展鼓干劲、抓民生用足劲，保护好民族文化和生态环境，坚决反对分裂破坏活动，推动甘孜经济跨越发展、社会和谐稳定、民族团结和睦、人民幸福安康，努力建设美丽富饶文明和谐的社会主义新甘孜。

10—11日　中国气象局党组书记、局长郑国光率有关职能司领导一行到甘孜州泸定、康定、炉霍、道孚4县检查指导气象工作，他希望继续努力做好气象监测、预报和服务工作，始终坚持把做好气象服务工作放在首位，为保障甘孜州经济社会发展，实现藏区和谐稳定和长治久安提供坚强有力的气象服务。

28日　由州委、州政府主办，州总工会承办的“我的大学梦——甘孜州爱心助学行动”启动仪式在四川民族学院举行，此次爱心助学行动将资助全州466名贫困大学生（5000元助学金/人）完成学业，资助金额233万元。

28日　重庆至稻城亚丁航线开通。

·资料链接·

从6月28日起，每周一、三、五、七，川航将执飞重庆至稻城亚丁航线。重庆至稻城航班号为3U8743，06：40从重庆江北机场起飞，抵达稻城机场时间为07：50；稻城返回重庆航班号为3U8744，起飞时间为08：35，抵达江北机场时间为09：45。

是月　中央组织部追授毕世祥“全国优秀共产党员”称号。

是月　康定县炉城镇获得省安全生产委员会“四川省安全社区”称号。

是月　道孚县安巴节，泸定县岚安锅庄，理塘县理塘锅庄和藏戏，康定县木雅藏戏，德格县藏族金属手工技艺（佐钦藏族金属锻造技艺）6个项目入选第四批省级非物质文化遗产代表性名录。

7月

1日　经州十一届人代会第三次会议通过和省十二届人大常务会第九次会议批准，州十一届人大常务委员会发布第16号公告，《甘孜藏族自治州突发事件应对条例》从即日起施行。

3—8日　省委常委、政法委书记刘玉顺到甘孜稻城、理塘、雅江、康定等县调研，他强调，要高举依法治理的旗帜，严厉打击各类违法犯罪活动，加强寺庙管理，旗帜鲜明地反对分裂破坏活动，努力实现甘孜藏区经济加快发展、政治持续稳定、社会不断进步、民生显著改善和民族团结和睦。

11 日　甘孜军分区召开宣布领导班子调整命令大会，省军区副司令员丁忠汉宣布中央军委命令，任命四川省军区副参谋长樊亮才为甘孜军分区司令员。

11—15 日　省人大常委会副主任刘道平率省人大调研组到甘孜调研，听取省、州、县三级人大代表对“两院”工作的意见建议。

17—18 日　州委常委班子党的群众路线教育实践活动专题民主生活会在康定召开。省委常委、政法委书记刘玉顺到会指导，省委督导组组长杨宝黔作点评，州委书记胡昌升主持会议。专题民主生活会收到常委同志之间相互批评意见 409 条，会议体现出会前准备充分、对照检查深刻、民主氛围浓厚、整改措施明确 4 大特点。

25 日　甘孜州与青海省玉树州在青海省玉树市签署框架合作协议。按照合作协议，甘孜与玉树将集中打造三江源头、唐蕃古道、茶马古道、金沙江流域特色文化旅游品牌，形成独具魅力的区域性无障碍旅游网络。

5—7 日　全国政协常委、提案委员会副主任、九三学社中央委员会副主席赖明率调研组到甘孜州康定、道孚、色达等县，就四川青海结合部保护与发展课题进行专题调研。

17 日　举全州之力推进群众工作全覆盖表彰暨转段大会在康定剧场召开，会议总结了两年来的群众工作，对在群众工作中涌现的先进集体和个人进行了表彰，安排部署第三阶段群众工作。

20 日　第十四次全国藏语媒体协作工作会在康定召开，中央人民广播电台、西藏日报等来自中央和 5 省藏区 29 家藏语媒体工作者参加会议。

23 日　由甘孜州选送的歌曲《格桑花》（拥西卓玛演唱）荣获“天籁之音·石海之约”宜宾兴文首届西南民歌邀请赛新民歌表演金奖。

是月　炉霍雪域俄色有限责任公司、四川康定金珠制药有限责任公司被州政府授予“甘孜州政府质量管理奖”。

8 月

2 日　以“圣洁甘孜·情歌故乡”为主题的 2014“中国康定·国际情歌节”开幕式在康定新城市政广场举行。情歌节期间，将举办“到康定过中国情人节”大型婚纱摄影旅拍、“溜溜房车上康定”之 318 房车巡游、“欢笑进部队 军民一家亲”、“相约七夕节，情定跑马山”跑马山七夕帐篷节、2014 中国康定·国际情歌节摇滚之夜、环贡嘎山营地建设及自驾游发展研讨会等系列活动。

3 日　新华社成都中国图片产业园区摄影创作基地在康定县新都桥镇瓦泽乡营官村揭牌成立。

4 日　省政协副主席、省委统战部部长崔保华在康定与甘孜宗教界代表座谈。他强调，要引导和发挥好宗教界人士、信教群众的积极作用，为实现全面建成小康社会的宏伟目标共同奋斗。

9 月

10 日　甘孜州庆祝第三十个教师节表彰暨“园丁颂”文艺晚会在康定剧场举行，州领导胡昌升、李康、益西达瓦、向秋等出席表彰会，会议对 10 名“感动甘孜教坛”优秀教师、40 名优秀校长、20 名优秀教育工作者、30 名优秀班主任、100 名优秀教师和 19 名优秀支教教师进行了表彰。

18 日　甘孜州第五届劳动模范表彰大会在康定剧场举行，会议对 5 年来在全州各条战线涌现出来的 99 名劳模进行表彰。

19 日　州总工会第九次代表大会在康定情歌剧场开幕（21 日闭幕），会议审议并通过了州总工会第八届委员会工作报告、财务工作报告和经费审查工作报告，选举产生了州总工会第九届委员会和经费审查委员会委员，州委常委许春秀当选为州总工会主席。

24 日　甘孜州青年联合会第九届委员会

第一次全会在康定召开（25 日闭会），洛绒拉珍当选为州青年联合会第九届委员会主席。

28 日　甘孜州农村信用联社股份有限公司正式挂牌开业。

30 日　圣洁甘孜·2014 藏族经典音乐作品鉴赏会在成都锦城艺术宫举行，音乐会上 24 位藏族歌手演唱了出自州内音乐人创作的 21 首藏族经典歌曲。

是月　经省政府批准，康定县撤销塔公乡，设立塔公镇，辖原塔公乡所属行政区域，镇政府驻塔公村；撤销沙德乡，设立沙德镇，辖原沙德乡所属行政区域，镇政府驻生谷村；撤销金汤乡，设立金汤镇，辖原金汤乡所属行政区域，镇政府驻河坝村。

10 月

4—8 日　由广东省委常委、省政府常务副省长徐少华带领的广东省对口支援考察调研团到甘孜州进行考察调研，副省长王宁陪同考察。

6 日　雅砻江两河口水电站开工仪式在雅江县举行。副省长王宁，国家开发投资公司总经理冯士栋，州领导胡昌升、益西达瓦等出席开工仪式。

·资料链接·

两河口水电站是雅砻江中下游的龙头水库电站，总装机规模 300 万千瓦，是雅砻江干流中游规划建设的 7 座梯级电站中装机规模最大的水电站，工程将建设世界第二高的 295 米土心墙堆石坝，建成库容达 100 亿立方米，面积超过 100 平方公里的高原平湖，两河口水电站总投资达 664 亿元，计划 2021 年年底首台机组发电，2023 年年底工程竣工。

7 日　“十一”黄金周期间，甘孜旅游接待创历史新高，全州共接待游客 84.06 万人次，比上年同期增长 45.79%；实现旅游收入 8.32 亿元。

15 日　全州党的群众路线教育实践活动总结大会在康定召开，省委第二十督导组组长、省民委党组成员、巡视员杨宝黔出席会议并讲话。

25 日　“圣洁甘孜·情歌故乡——中国甘孜首届国际摄影大展”颁奖典礼在成都举行，《敬山神》（作者：陈勇）、《央迈勇经幡》（作者：汤毅君）2 幅作品获得金质收藏奖。

29 日　全州宗教界爱国守法先进集体和个人表彰大会在康定召开。会议对 100 个爱国守法宗教场所、2000 名爱国守法宗教教职人员、4 个进步宗教团体进行了表彰，向 11 名新转世活佛颁发了证书。

11 月

3 日　甘孜州依法治州集中整治行动动员大会在康定召开，会议决定从 11 月 3 日起至 2015 年 5 月底，分 4 个阶段在全州开展“依法治州集中整治行动”。

3 日　由成都市委、市政府和州委、州政府主办的成都市民营企业甘孜行活动正式启动，仪式现场成都华建集团向雅江县红十字会捐款 100 万元。

11—14 日　省委常委、宣传部部长吴靖平到甘孜州稻城、乡城、得荣 3 县的寺庙、乡村和基层宣传思想文化单位开展“走基层”活动。他强调，要认真学习贯彻党的十八届四中全会精神，深入开展藏汉双语法治宣讲活动，加强藏区宣传思想文化工作，夯实藏区各族干部群众同心同向同行的基础。

18 日　由州委、州政府、中央电视台电影频道主办的“甘以爱人、孜求慈善”甘孜大型公益慈善晚会在康定剧场举行。

19—21 日　中央组织部副部长陈向群率工作组到甘孜州丹巴、道孚和康定 3 县，调研基层组织建设和基层政权建设。他强调，要进一步认真贯彻中央和习近平总书记对藏区的一系列要求，以高度的政治责任感履职尽责，把基层党组织建成坚强的前沿阵地和战斗堡垒，实现藏区和谐稳定、长治久安。

22 日　16 时 55 分，甘孜州康定县（北纬 30.3°，东经 101.7°）发生 6.3 地震，震源深度18公里，地震灾害导致6个县、55个乡（镇）不同程度受灾，累计造成5人遇难、80人受伤，受灾人口16.79万人，47908户群众房屋不同程度受损（其中倒塌206户、严重受损4126户、一般受损43576户）。

23—25日　副省长曲木史哈率康定“11·22”地震省抗震救灾指导小组深入地震重灾区慰问受灾干部群众，现场指导抗震救灾工作。他强调，要坚持以人为本、科学救灾、有序救灾，切实做好安置受灾群众和建筑物的安全鉴定工作，引导大家积极抗震自救。

26日　共青团甘孜州委副书记袁雅逊在前往康定塔公地震灾区查灾途中发生车祸因公殉职，年仅33岁；27日，州委追授袁雅逊为“全州抗震救灾优秀共产党员”；30日，团省委、省青联追授袁雅逊“四川青年五四奖章”；12月1日，中央政治局常委、全国政协主席俞正声签署批示，对袁雅逊因公殉职表示沉痛悼念，并委托州委书记胡昌升转达对袁雅逊父母的亲切慰问；12月15日，中共四川省委追授袁雅逊“四川省优秀共产党员”称号。

是月　德格县公安局白垭派出所副所长朱晓军荣获第五届“我最喜爱的人民警察”特别奖，被公安部、人力资源和社会保障部授予二级英模荣誉称号。

是月　甘孜州在第十五届中国西部国际博览会上共签约项目24个，投资额达到89.1亿元。

12月

2—3日　省委书记王东明深入康定地震灾区的镇村、集中安置点、学校、医院和寺庙，实地察看灾情，慰问受灾群众，研究部署灾区安全温暖过冬和灾后重建有关工作。王东明强调，要妥善安置受灾群众，确保安全温暖过冬；要科学谋划、加快推进灾后恢复重建，努力建设幸福美丽和谐新家园；要统筹做好各方面工作，推动抗震救灾有力有序开展。

8日　省委、省政府成立四川省康定“11·22”6.3级地震灾后重建领导小组。领导小组主要负责加强对灾后重建工作的领导和指导，研究制定灾后重建重大政策，统筹解决灾后重建中的重大问题和重要事项，督促灾后重建加快推进；甘孜州委、州政府和地震灾区各级党委、政府作为责任主体和实施主体，负责灾后重建具体工作。

26日　省委宣讲团在康定举行党的十八届四中全会和省委十届五次全会精神宣讲报告会，省委宣讲团成员、中国法学会理事、省法学会专职副会长、学术委员会主任朱时顺作宣讲报告，州委书记胡昌升主持报告会。

27日　中共甘孜州委十届六次全委（扩大）会议第一次会议在康定召开，州委书记胡昌升受州委常委会委托向全委会作工作报告；会议审议通过《中共甘孜州委关于全面开展乡村治理的决定》。

28日　全州党政领导班子及成员2014年度考核述职测评大会在康定召开，会议的主要任务是开展州级党政班子及成员述职和民主测评。

ཀྲུང་གུང་དཀར་མཛེས་ཁྲུལ་ཨུ་ཡོན་ལྷན་ཁང་།
中共甘孜州委员会

·重要决策·

【概况】 2014年，州委与全州人民统筹推进发展、民生、稳定等各项工作，为决胜全面小康奠定坚实基础；与全州人民携手致力于教育实践活动、“两个建设年”和抗震救灾；与全州人民懂感恩、知不足、求奋进，为建设美丽生态和谐幸福新甘孜不懈奋斗。申报藏区规划项目249个，总投资72.58亿元，争取中央、省项目资金共65亿元，是年初目标的2.7倍。全面清理2013年前已下达计划尚未开工的项目，由年初的347个减少到40个。对8县10个重点项目开展专项稽查，对10个重点项目开展专家督查，有力保障项目资金、质量安全和效益发挥。全面启动“十三五”规划编制前期工作，提出28个“十三五”规划前期重大研究课题和甘孜州“十三五”规划编制工作方案；整理上报甘孜州建议纳入国家、省“十三五”规划的重要内容，着手起草甘孜州“十三五”规划基本思路，会同相关部门研究提出“十三五”重点专项规划。《甘孜州生态文明建设规划》顺利通过国家级咨询会论证。修编完成州域城镇体系规划和17个县城市总体规划，投入3.72亿元实施城市新区建设项目15个，改造棚户区5076户、建设公租房2854套；康定等城市美化亮化工程加快推进，理塘等城市供排水工程顺利实施，全州市政基础设施有效提升。坚持做大集镇，改造小城镇危旧房1118户；投入1.34亿元完善姑咱、马尼干戈、香格里拉、八美4个省级“百镇试点”市政设施，13个乡获准撤乡建镇。坚持做美村寨，成功创建45个省级“美丽乡村”示范村，19个州级幸福美丽新村试点建设全面启动，打造新村聚居点235个，建成藏区新居1.11万户。全州城镇化率达到28.38%。“11·22”康定地震，国家、省、州、县紧急调拨救灾资金1.1亿元，累计发放价值3800万元的救灾物资，转移安置受灾群众17156人，下拨过渡安置补助金6000万元，确保灾民安全温暖过冬，灾后恢复重建规划编制全面启动。白玉、得荣地震和“4·20”芦山地震受影响的泸定、康定灾后恢复重建加快推进，重建和维修加固住房3万余户，完成投资5.71亿元。

【规范改进时政新闻报道】 出台《关于进一步改进时政新闻报道工作的规定》，甘孜日报社、州县广播电视台全面实行改版升级，严格规范编审程序、播出时间、播出时长、时政内容、广告投放，减少领导政务、会议活动，增加社会新闻、民生动态，实现宣传焦点从城镇到农村、从机关干部到基层群众、从城市广场到农村院坝“三个转变”；《甘孜日报》固定开设“走基层、转作风、改文风”栏目，刊登来自基层一线、贴近群众、真实鲜活的新闻作品，开办《和谐天地》藏文季刊，成为藏区第一张面向广大寺庙僧尼和宗教人士的藏文报刊。统筹报纸、电视传统媒体和互联网、微信、微博、手机报等新兴媒体同步呼应、相互支撑，依托《甘孜日报》和州广播电视台，打造“一次采集，N极发布”的立体传播格局，重点工作、重大会议报道通过康巴传媒网及微博、甘孜网视、四川新闻网、手机报、微甘孜广泛传播，“报刊台网”立体互动，打造强大舆论声势。

【加强基层服务型党组织建设】 开展服务型党组织争创活动，出台《关于加强基层服务型党组织建设的实施意见》，制定指导标准，明确争创目标，细化争创措施，建立管理台账，服务型党组织建设面达50%以上。

【推动地方人大工作】 进一步建立健全以人大常委会为主导的立法机制，逐步改变主要由政府部门提出建议的传统做法，推动人大及时把需要依法授权的重要改革举措上升为地方性法规，通过座谈、听证、评估，以及在报纸、网络上公布法规草案，广泛征求意见，扩大公民有序参与立法途径。2014年，颁布施行《〈甘孜藏族自治州藏传佛教事务条例〉实施细则》，依法规范藏传佛教事务；颁布施行《甘孜藏族自治州突发事件应对条例》，加快突发事件应急处置的规范化、制度化建设。支持实行立法三审制。改进立法审议制度，实行经三次人大常务委员会审议后再交付表决的三审制，切实提高立法质量，做到立法为发展保驾护航、监督为发展提供支持、执法检查为发展创造环境、视察调研为发展建言献策、人事任免为发展提供保证。

【推进人民政协工作】 着力推进协商民主广泛多层制度化发展，完善协商民主的运行机制，细化形式、程序，不断加强协商民主制度建设，建立符合实际、内容完备、配套齐全、科学管用的协商制度体系，建立相互衔接的协商机制，更好地提高协商民主的质量和效果。广泛协商，广纳群言，广集民智，有效推动协商成果转化为各项政策措施。积极探索建立乡镇（社区）政协工作站，延伸政协工作触角、服务基层政协委员、有序引导群众参政议政。实行州委点题与主动寻题相统一开展调研考察，支持政协围绕执行力建设、生态环境保护建设等中心工作广泛开展考察调研，形成调研考察报告、建议意见摘报等。州委将《关于干部执行力建设的调研报告》转化为“提高执行力，甘孜在行动”主题活动，督促相关部门研究措施落实《关于生态环境建设的调研报告》中的建议意见，高度重视四个专题协商的建议意见，要求相关部门采取措施予以落实。继续实行重点提案督办协商，运用领导领办、考察推办、调研促办等方式，畅通承办单位、提案者和政协组织三方协商渠道，提高重点提案办理质量，推动面上提案办理。全年提案全部办复，意见采纳和落实率、委员满意率创新高。

【加强和改进新时期工会、共青团、妇联工作】 出台《关于进一步加强和改进新时期工会、共青团、妇联工作的意见》，进一步加强和改进党对工青妇工作的领导，整合资源，充分发挥工人阶级主力军、团员青年生力军和妇女群众“半边天”在促进经济发展、社会和谐中的重要作用。

·重要会议·

【州委常委“为民务实清廉”专题民主生活会】 1月2日，州委常委“为民务实清廉”专题民主生活会在康定召开。省委常委、政法委书记刘玉顺到会指导并作重要讲话。州委书记胡昌升主持会议，并代表州委常委班子作2013年度民主生活会剖析检查报告。州委常委益西达瓦、刘坪、向秋、段毅君、杨凯、陈忠义、相洛、段内开、徐芝文、王春参加会议，州人大常委会主任李康、州政协主席易凡以及部分基层党员代表列席会议。会前，州委共召开座谈会341场（次）、个别走访2049人，发放征求意见表6340份，征求意见建议525条；经过梳理和归类，涉及州委常委班子的主要有11个方面80条意见建议；对州委常委班子个人主要有11条意见建议。会议对照“为民务实清廉”的要求，主动查找了在“四风”方面存在的问题：一是学用结合不够紧密，调查研究不够深入，落实成效不够明显；二是还没有完全解决群众困难，机关作风还需进一步改进；三是思想不够解放，进取意识还需进一步加强；四是厉行节约还做得不够。针对上述突出问题，会议提出了整改方向和改进措施：要以“钉钉子”精神抓问题整改，进一步明确方向，制定措施，推动工作。一要加强理论学习，推动科学发展；二要强化基础建设，加快跨越发展；三要坚持以人为本，切实改善民生；四要转变维稳方式，确保和谐稳定；五要树立担当意识，解决突出问题；六要坚持严格要求，选好用好干部；七要加强自身建设，增强整体功能。刘玉顺对民主生活会和州委班子工作给予了充分肯定，他强调：要以此次民主生活会为起点，认真研究、思考和消化民主生活会的成果，进一步强化沟通交流和谈心谈话，使常委班子在现有基础上更加团结、更加和谐，在推动全州发展稳定上发挥更大的作用；要理清工作思路，全面理解领会省委藏区工作的一系列方针政策；要保持清醒头脑，深层次研究分析当前全州稳定形势；要牢牢把握工作重点，牵住维稳这个“牛鼻子”；要狠抓生态文明建设和交通基础设施建设，统筹抓好“发展、稳定、民生”这三件大事；要加强法制建设，强化班子带队伍；要进一步加强廉政建设，树好甘孜形象。

【州委农村工作会议】 2月28日，州委农村工作会议在康定召开。会议的主要任务是贯彻落实中央、省委农村工作会议精神，认真总结2013年全州“三农”工作，安排部署2014年农村工作。会议强调，一是理性分析全州农业农村工作现状和面临的形势。甘孜要美丽生态和谐幸福，农牧区必须美丽，农牧业必须生态，农牧民必须和谐幸福，这是甘孜“三农”工作最重大的课题。破解这一重大课题，关键要推动“六个转变”，牢牢把握“四个有利条件”。二是务实走出高原特色的农牧业现代化之路。以特色产业为主导，着力提升现代农业发展水平；以新村建设为重点，着力提升农牧区人居环境；以主体培育为关键，着力提升产业化经营水平；以体制创新为驱动，着力增强农村改革活力；以夯实基础为支撑，着力提高农业发展能力。三是倾情服务美丽幸福农牧区建设。倾情帮助解决实际问题，倾情做好农牧民培训，倾情开展农牧区群众工作。

【四川省藏区旅游工作会】 4月26日，四川省藏区旅游工作会在甘孜州泸定县召开，副省长黄彦蓉出席会议并讲话，州领导胡昌升、益西达瓦、相洛、葛宁和来自甘孜、阿坝、凉山以及7个对口援藏市、32个藏区县政府及省直相关部门主要负责人出席会议。黄彦蓉强调，推进藏区旅游发展，事关维护藏区稳定、促进藏区和谐发展的大局，事关与全国同步全面建成小康社会宏伟目标的实现，藏区各州县要按照省委、省政府的决策部署，以《四川藏区旅游业发展三年行动计划（2014—2016）》为指导，重点打造大九寨、大熊猫、大草原、大香格里拉4大旅游品牌，优先实施“公路无缝对接、自驾游服务示范、特色文化旅游城镇（村寨）、服务要素提升和产业扶贫”5大工程；构建以九黄、康定、稻城亚丁、红原机场为核心，联结“机场＋精品旅游环线”的旅游交通网络和配套设施体系，重点推动藏区“旅游最后一公里”建设，打造50个特色文化旅游小镇，新建100个示范性自驾车营地，创建一批“全国自驾游示范营地”；加快旅游重大消费项目建设，力争全年旅游项目签约超过200亿元，完成旅游投资超过200亿元；未来3年，每年向国内外市场推出藏区10条旅游精品线路，将阿坝州的国际熊猫节、甘孜州的中国康定情歌节打造成省级重大旅游节庆活动，并培育成国际性旅游节庆品牌，使藏区旅游有突破性的发展。

【全州“百千万康巴英才工程”推进会】 10月29日，全州“百千万康巴英才工程”推进会在康定召开。会议的主要任务是总结过去一年“百千万康巴英才工程”工作，通报首批康巴英才入选名单，安排部署下一阶段全州人才工作，纳贤聚才，引领作为，为建设美丽生态和谐幸福新甘孜提供强有力的人才保障。会议强调，一是再反思，树牢科学的人才观。善于发挥人才作用，善于发现人才，善于培养人才，善于引进人才，善于用人才。二是再加力，做实百千万康巴英才工程。加力推进党管人才，加力培育现有人才，加力引进急需人才，加力推动人尽其才。三是再给力，为人才成长成才提供坚强保障。要有爱才之举，把爱才惜才融入日常工作中，把爱才惜才体现在求贤若渴上，把爱才惜才贯穿于关心支持上，把爱才惜才彰显在社会环境上。要有容才之量，对人才多鼓励、少埋怨，多理解、少责备。要有用才之制。要完善落实工作运行机制，服务激励机制，人才投入机制，人才考评机制。

【州委十届六次全委（扩大）会议】 12月27日，中共甘孜州委十届六次全委（扩大）会议在康定召开。胡昌升受州委常委会委托向全委会报告工作。作《中共甘孜州委2014年干部选拔任用工作报告》，审议通过《中共甘孜州委关于全面开展乡村治理的决定》，进行“一报告两评议”民主测评。会议指出，2015年工作总体要求是：坚持“生态立州、产业强州、科教兴州、依法治州、和善安州”发展战略不动摇，突出“统筹联动、稳中求进、加快发展”工作基调，以全域旅游统领经济社会发展，以民生改善凝聚党心民心，以依法治州促进稳定和谐，以灾后重建塑造美好家园，以从严治党增强落实自觉，推动全州经济社会持续健康发展。强调，一是适应新常态，着力实现经济发展新增长。坚持“三化联动”，全面统筹城乡互动发展；缓解瓶颈制约，优化提升基础设施建设；保持生态本色，有序推进特色产业发展；深化改革创新，切实增强经济发展活力；扩大开放合作，努力增加新的经济增长点。二是凝聚党心民心，着力开创团结和谐新局面。推进群众工作常态化，推进民生改善均等化，推进示范创建多元化。三是推进依法治州，着力推动主动创稳新实践。全面推进乡村治理创新，强力推进依法治州“十大专项行动”，依法加强宗教事务管理，始终保持常态维稳定力。四是狠抓灾后重建，着力建设和谐幸福新家园。全力确保受灾群众安全温暖过冬，全力确保灾后重建科学有序，全力确保灾后重建组织有力。五是坚持从严治党，着力强化执行落实新自觉。发挥领导核心作用，加强宣传思想工作，加强基层组织建设，加强干部人才队伍建设，加强党风廉政建设，狠抓执行落实。

·重要活动·

【党的群众路线教育实践活动】 2014年，甘孜州党的群众路线教育实践活动在省委第20督导组的指导下，狠抓各项工作落实。组建了强有力的活动领导小组，成立18个州委督导组，22名州级党员领导干部联系18个县83个州级部门、指导22个联系乡镇开展教育实践活动，全州共成立领导和办事机构566个，抽调工作人员1568名，各级班子成员间开展谈心谈话活动1.5万人次。州县督导组、群教办审核对照检查材料上万份次。州县乡三级领导班子制定整改措施41106项，各级领导班子成员制定个人整改措施80367项，提出制度建设计划1596项，清理制度规范性文件4926件。州法院等34个执法监管部门、窗口单位、民生重点部门在媒体上分期分批公布惠民便民措施整改项目，示范引领全州建章立制、整改落实工作走向透明阳光。在四川新闻、《四川日报》、甘孜新闻、《甘孜日报》等新闻媒体和康巴传媒网、甘孜网视等新兴媒介上刊播新闻消息850条，刊发新闻消息1050条，刊发理论调研文章20余篇，被中央群教办采用1期，省群教办采用15期，被省党的群众路线教育专栏刊用21篇。塑造了以毕世祥、菊美多吉为代表的全国性先进典型人物，全州集中开展先进典型人物巡回宣讲报告会3650场次，群众覆盖面达12万余人次。

【法治甘孜建设年活动】 2014年，甘孜州启动实施“法治甘孜建设年”。推进全民学法。结合“法律七进”活动，以寺庙僧尼、农牧民群众、青少年学生、国家公职人员为重点，狠抓全面学法，开展各类法制宣传活动1万多场次，举办藏汉双语联合进寺法制宣讲102场次，组织服刑人员“现身说法”10场次。不断丰富学法活动载体，依托媒体“传法”、讲解案例“析法”、编排节目“说法”，受教育群众达26万余人，有力增强了群众的遵法、守法、敬法、畏法意识。注重科学立法。制定三年（2014—2016年）立法规划，推进重点领域配套法规建设，《〈甘孜藏族自治州藏传佛教事务条例〉实施细则》正式实施，《甘孜藏族自治州突发事件应对条例》正式颁布，《甘孜藏族自治州藏族语言文字条例》已报省人大审批。坚持依法行政。出台8个行政决策规范制度，审议通过6个州政府规范性文件。清理审核行政权力事项5635项，取消和调整43项行政审批项目。18个县完成行政权力依法规范公开运行系统平台搭建工作，对24个州级主要行政执法部门开展依法行政突出问题承诺整改。严格公正司法。深化司法体制改革，成立案件管辖制度改革、涉诉信访改革等10余个司法改革专题小组。完善特约检察员和人民监督员制度，落实人民陪审员“倍增计划”。积极开展“法律基层行”活动，选派150名注册律师、法律服务工作者为农牧民群众提供法律援助和支持，办理法律援助案件303件。推进依法治理。开展基层示范创建活动，启动法治示范县、法治示范乡镇、和谐寺庙、依法治校示范等创建活动。推进依法治寺管僧，开展突出信访问题集中整治，依法处理信访案件775件。启动开展“依法治州十大专项行动”，着力整治影响法治甘孜建设和社会稳定的突出问题，切实构建法治甘孜良序。

【基层党建工作年活动】 州委将2014年确定为“基层党建工作年”，以“党建促发展、党建促稳定、党建促和谐、党建促群众工作深入持久开展”为主线，突出重点，全力实施“堡垒建设、能力提升、先锋示范”三大工程，固化“组织、工作、制度”三大保障，强力推进基层组织建设，全州413个一般党组织晋级为先进组织，140个机关单位后进党组织和243个村（社区）后进党组织得到转化提升。堡垒建设工程。在寺庙管理机构等重点领域新建党组织132个，在边界管理薄弱区域联建党组织57个。对297个后进村亮牌献丑，采取“联系乡镇的县级领导挂牌督办、结对共建共创机关支部专人督办”的方式进行集中整顿，下派领导干部429名，选派蹲点党员干部912人，停薪停职处理21名村干部，处置62名不合格党员。能力提升工程。在全州范围遴选93名党建经验丰富的同志建立师资库。各县举办党务干部、村干部、农牧民党员培训班164期，培训15060人次。组织村、社区“两委”干部、农牧民党员和僧尼代表到州内外发达地区考察学习110批次1757人次。先锋示范工程。培养农牧民入党积极分子6562名，发展农牧民党员2677名。各县建立“不合格”党员退出机制，诫勉谈话156名党员，党纪处分107名党员。推进“双报到”活动，深化“1+N”“N+1”党员结对帮带活动，设立党员服务岗2.05万个，组建党员服务队、突击队1336个，为民办好事解难事5812件。机关支部帮助各村拟定发展规划2147个，引领4513名贫困党员脱贫致富。组织保障。召开全州基层党建工作年推进会3次，州委书记走遍全州325个乡镇，各县委书记走遍辖区内行政村，乡镇党委书记走遍辖区农牧户。20名州委、州政府领导深入各县、各联系点指导党建工作115次，6个暗访组暗访21次。制度保障。将党组织书记履行党建工作责任制述职测评结果纳入党建目标考核，实行党建工作推进情况通报制。制发《甘孜州乡镇干部职工管理办法》等，完善乡镇干部学习考评、联片包村、联系服务群众、绩效考核等制度。工作保障。建立党建工作经费保障机制，州财政预算党建工作经费40万元，保障培训经费200万元，基本落实每村每年2万元的村级办公经费，加大对离任村干部和“三老”干部月生活补助保障力度。在全州范围内开展村级组织争优评选活动，评选表彰100个“甘孜州先进村级组织”。

【全国民族团结进步示范州创建活动】 2014年，甘孜州启动开展全国民族团结进步示范州创建活动。按照“一年强基础、两年创示范、四年再提升”的总体思路有序推进，团结进步的凝聚力不断增强。组建活动领导小组，确定625个民族团结进步示范单位和基地，设立民族团结进步创建活动专项经费[州级每年100万元、县级50万元、创建的示范乡（镇）1万元、示范村（社区）0.4万元]，研究制定《甘孜州民族团结进步条例》《甘孜州创建全国民族团结进步示范州指标测评体系》等。借力群众工作全覆盖，在全州范围内开展创建民族团结进步“共建对子”活动，为创建工作奠定了坚实基础。积极开展形式多样的创建氛围营造活动，确定每年11月为民族团结进步宣传月，11月第四周为民族团结进步宣传周，11月24日为民族团结进步宣传日。各县、州级各成员单位以制定专栏、展板、文化墙等形式，大力开展创建活动宣传。全州3万余名干部群众和学生、武警部队、宗教界代表人士参与创建全国民族团结进步示范州“万人签名”活动，发放宣传资料4万余册（份）。《甘孜日报》、州县电视台及时宣传报道创建工作进展情况，开设“推动跨越发展和长治久安，创建民族团结进步示范州”、各民族“共同团结奋斗、共同繁荣发展”等专题专栏，滚动播放民族团结进步公益宣传片和宣传标语。各行业系统涌现出众多先进典型，9名同志被评为全国民族团结进步模范个人，8个单位荣获模范集体称号；43名同志被评为全省民族团结进步模范个人，18个单位荣获模范集体称号；211名同志被评为全州民族团结进步模范个人（户），167个单位荣获模范集体称号，120个单位荣获示范单位称号。

（州委办公室）

·组织工作·

【概况】 2014年，全州4800多个党组织7.2万名党员围绕为民务实清廉主题，坚持精学细学拧紧思想“总开关”，开门开放征求各方意见，严格把关过好专题组织生活会，干部谈心谈话全面覆盖，落实整改、兑现承诺，群众总体评价满意率达99.4%。制定《领导班子和领导干部综合分析研判办法》等6个试行办法，分类建立领导班子结构模型。鲜明“三重”用人导向，坚持“五个面对五个敢于”甘孜好干部标准，实施优秀年轻干部人才递进培养计划，州、县遴选培训对象1500余名，优秀干部人才战略储备初具规模。开展选人用人问题“5+2”专项整治，深入治理“庸懒散浮拖”，督促各级干部为官有为、干在实处。全面加强党员干部日常监管，强化干部个人有关事项报告审核，推行新提拔领导干部“双向”承诺制。从严清理超职数配备和兼职干部，清理党政领导干部在企业兼（任）职、退（离）休领导干部在社团兼职。新建132个党组织。完善党员“双报到”、党支部结对“共建共创”等联系服务群众工作制度，选派第一书记驻村蹲点开展专项整治，后进村（社区）党组织转化率达81%。推广“5+1”模式，党员培养发展实现“量质双升”。统筹实施“百千万康巴英才”工程，评选年度高中端人才173人、优秀基层基础人才2135人，全额兑现“康巴英才”工作奖。强化高层次人才引进，面向“985”知名高校招聘紧缺专业人才实现零的突破。实施“千名援藏干部人才传帮带万名干部人才计划”，强化本土人才培育。出台加强科技创新推动转型发展的意见，鼓励大学生创新创业，激励引导教育卫生人才服务基层，开放引才、战略育才、科学用才的格局正在形成。

【干部队伍建设】 推进与新修订《条例》配套的干部人事制度综合改革，制定《甘孜州领导班子和领导干部综合分析研判办法》《甘孜州领导班子结构模型化管理办法》等6个试行办法，构建与新《条例》相配套、有效管用、简便易行、符合甘孜实际的选人用人和考核评价机制。全年，共计从州县选派487名干部到乡村挂职，从县乡机关交流8名正科级干部到州级机关任职，从18个县选派45名卫生、旅游、教育人才赴浙江挂职学习。推荐84名优秀年轻干部人才参加省上优秀年轻干部人才公开遴选，4人入选2014年省级优秀年轻干部人才培训班。制定出台《关于加强和改进优秀年轻干部培养选拔工作的意见》，初步形成选、育、用、管四位一体的年轻干部培养选拔机制。年内，共调整县级干部9批次158名，提拔县级领导干部共计32人（其中：正县级7人，副县级25人）。配合省上调整省管干部21名，其中，调出州外7名，州外调进4名（不含挂职干部），州内调整10名；提拔任职2名，转岗任职18名，免职1人。调整州属国有企业领导班子成员12人次，办理省属行政事业单位10名领导干部职务任免征求意见函6件。制定《关于加强和改进优秀年轻干部培养选拔工作的意见》，第一、二批已遴选培训县级培养对象206名，18个县已遴选培训科级培养对象1383名。完成新录用公务员310名，其中选调生76名，从优秀村干部和服务基层项目人员中考录乡镇公务员132名，从优秀工人农民和村（社区）党组织书记中招录乡镇（街道）机关公务员7名，法院57名，检察院30名，体改生8名。全年共培训公务员215名，岗前培训76名，转正定级培训139名。提高在服务基层项目人员中考录乡镇公务员的比例：由规定的15%可提高到30%。下发《关于进一步加强“9+3”管理人员管理工作的通知》，强化对“9+3”学校驻校干部人才的管理。全年已休假的干部职工38581人、占干部职工总数的74.62%，比2013年增加52.72%。全年已体检的干部职工49571人、占总数的95.88%，比2013年增加72.87%。全年接受谈心谈话干部职工49096人、占总数的94.96%，比2013年增加32.4%。

【基层组织建设】 代州委草拟出台《关于加强基层服务型党组织建设的实施意见》，使服务型党组织建设面达50%以上。举办党务干部示范培训班50期，培训2485人；一般干部示范培训班102期，培训6869人；农牧民党员示范培训班149期，培训8580人。组织全州党员干部深入村社，走访慰问贫困党员、老党员14.2万余人次，发放慰问金、物（折资）2427.26万元，为农牧民群众解难事、办实事、做好事5812件。培养入党积极分子6265名。组织开展“新时期共产党员如何履行义务”“党员如何践行党的群众路线”大讨论活动4811场，参与党员6万余名；开展党员组织生活会9698场（次），参与党员10万余人次；开展党的十八大、“三反三珍”、先进事迹宣讲等活动6005场（次），参与党员近10万人次；开展“双学一创”活动2299场（次），参与党员近4万人次；全州共停薪停职处理21名村干部，分类处置62名不合格党员，1名村干部移送司法机关。共规划570个村（社区）办公场所和综合服务设施建设项目，总建筑面积计 11.4 万平方米。新建村级活动阵地 88 个。指导各县县委书记走遍全州 325 个乡镇，进村 1526 个（次），累计下乡、进村天数 1302 天，涉及 2159 户农牧民群众，共 7115 人；全州 325 乡镇党委书记深入 2679 个村，走访 15418 户农牧民群众，共 51494 人次。共开展党支部结对联谊活动 4803 场（次），参与党员 5.6 万余名；开展“三反三珍”主题教育活动 1.4 万余场（次），教育党员 21 万余人次。出台《甘孜州村级组织运行规则》，协助结对村清理现有制度；开展党员“义工”活动 1194 次，6.46 万人次参与志愿服务活动。开展以“1+6”为主要内容的村级阵地规范化建设，帮助村（社区）确定发展特色产业 40 个，帮助农村闲散青年就业 916 人，劳务输出 1.3 万余人，帮助制定项目规划 538 个，拟投入资金 15972.14 万元，启动党员“先富工程”270 个，帮助 80 名贫困党员脱贫致富。制作专题课件 27 部，拍摄《雪域党旗红》《甘孜党建》电视栏目共 16 期，采编上报党建视频新闻 35 条。编发《组工信息》31 期、《组工通讯》16 期，编辑《雪域先锋杂志》4 期。

【人才队伍建设】 起草完成《关于进一步加强党管人才工作的实施意见》。投入专项资金 260 万元，安排“专家下基层行动”等 19 个州本级培训项目，争取“天府英才”资金 235.5 万元，落实“甘孜州现代农业产业化人才专题培训班”等 9 个产业发展紧缺人才培训班。共征集“赴清华、北大招聘会”岗位需求 74 个，争取到“中组部、团中央博士服务团”成员 3 名，引进高层次企业经营管理人才 1 名、高端专业技术人才 6 名，招聘全域旅游急需人才 16 人，选聘企业中层管理人才 83 名，引进教育、卫生、农业等行业中端及基层基础专业技术人才 1680 名。出台《关于加强科技创新推动转型发展的意见》。提出“完善优化高层次人才数据库，建立高层次人才交流服务机制；加大优秀企业家培养力度，强化优秀企业家激励；推行大学生创业辅导计划和创业支持计划，推进创业及成果孵化平台建设；建立专业人才支持计划数据库，形成专业人才发展的经验总结和意见建议”等实施四大人才计划的针对性措施。

【援藏援石干部人才工作】 完善《甘孜州援藏干部人才管理办法》和《甘孜州援助石渠县干部人才管理暂行办法》。完成第二批 763 名援藏干部人才援助期满考察考核和总结表彰工作，表彰州级先进个人 160 名，推荐省级优秀援藏干部人才 165 名。做好第三批 624 名援藏干部人才的接受安置工作。深入实施“千名援藏干部人才传帮带万名干部人才计划”，组织第二、第三批援藏干部人才帮带全州 4531 名干部人才和结对认亲工作。完成第五批 17 名定点扶贫干部和首批 38 名卫生援助干部总结考察考核工作；做好 13 名第六批定点扶贫干部人才接收服务工作。

【干部监督工作】 完成全州 1850 名州管干部个人有关事项报告表的审核、录入、汇总工作，随机抽取 56 名抽查对象进行检查核实。对 3 名州政府部门主要领导进行经济责任审计，在干部考察中引入任期内经济责任审计。制发《关于从严加强干部监督管理的实施意见》，加大干部监督工作力度。对 181 名领导干部在企业兼（任）职、42 名退（离）休领导干部在社团兼职进行全面清理和规范。从严清理超职数配备干部，全州共超配干部 2076 人，其中：县级领导职数 24 人，县级非领导职数 684 人，科级领导职数 270 人，科级非领导职数 1098 人，制定整改消化方案，明确整改时限。

【干部培训工作】 制发《大规模培训干部意见》《2014—2018 甘孜州干部教育培训规划》《甘孜州基层干部藏汉双语学习培训实施办法》。州上选派 2900 余名干部到中央、省、州等各类院校参加培训，全州累计培训各级各类干部人才约2.7万人次。在州委党校、州行政学院先后举办4期县处级学习中共十八届三中全会和习近平总书记系列讲话精神专题培训班，培训干部400余人。分2期选派104名县级干部到国家行政学院参加“文化旅游”和“新型城镇化建设”专题培训。选派893名干部到高等院校培训，选派3名干部到美国、新加坡等地考察学习。举办党务干部、一般干部、村干部、农牧民党员示范培训班9期，培训干部1000余人。举办各类人才培训班215个，实地培训人才9375名，网络培训人才10000余人次。选派27名“领军人才”和26名“明日之星”赴内地访问研修和顶岗锻炼，选派308名优秀干部人才上挂锻炼。2名专业技术人才入选2014年度“西部之光”访问学者。制发《甘孜州基层干部藏汉双语学习培训实施办法》，举办1期藏汉双语文字翻译培训班，培训干部46人。选派47名干部到西南民族大学参加全省藏区“双语”示范培训班的学习。全年，各县集中举办乡镇干部藏语培训班18期，培训1450人，集中举办村干部汉语培训班25期，培训2623人。

【党员干部信息管理工作】 制发《关于在全州组织系统开展“三培养三提高”活动进一步加强网宣员队伍建设的通知》，探索建立网宣队伍动态管理制度，设置网络舆论引导专题7个，适时督促、指导撰写网评文章731篇，其中546篇被省委组织部确定为“具有影响力文章”。制定《甘孜州涉组涉干网络舆情监测处置工作协作办法》，与宣传、公安等部门建立沟通协作机制，不断强化网络舆情监测、处置工作，监测上报涉组涉干网上负面舆情42件，成功应对处置14起涉及甘孜州组织工作的负面舆情。制发《关于做好组工外网网站建设工作的通知》，完成18个县委组织部组工外网，加强《雪域先锋网》网站内容更新，年内发布信息达700余条。完成干部人事档案改版，规范新提任领导干部档案转递工作，全面启动全州公职人员档案审核工作，着重对身份、出生时间、参加工作时间、入党时间、学历学位、工作经历、家庭主要成员及重要社会关系等7个方面进行集中审核。

（龚薪友）

·宣传工作·

【概况】 2014年，全州宣传思想文化战线按照“高举旗帜、围绕大局、服务人民、改革创新”总要求，以贯彻落实党的十八大和十八届三中全会、四中全会精神为主线，以争创藏区一流为目标，以培育和践行社会主义核心价值观为核心，以践行党的群众路线、加力深化群众工作全覆盖为重点，坚持正确导向，牢记职责使命，保持昂扬基调，在理论武装、舆论引导、群众教育、文明倡导、文化惠民等方面做了大量富有成效的工作，特别是成功举办的“圣洁甘孜·走进北京——四川甘孜藏区文化旅游宣传周系列活动”反响强烈，周密筹划的“州委群众宣讲团和谐乡村行”群众宣讲大获好评，精心推出的“藏族经典音乐作品鉴赏会”备受关注，为弘扬甘孜精神、扩大甘孜影响、提升甘孜形象、助力甘孜发展凝聚了强大正能量。

【思想政治理论】 全年州县党委中心组开展集中学习113次，州级部门开展集中学习300余次，平均参学率达99.1%以上。编发学习读本1万册，中心组成员撰写调研报告、理论文章近60篇，刊发《甘孜日报·理论版》6期。编写《藏汉双语宣讲提纲》，州委昌升书记亲自授课集中培训102名宣讲员，23个藏汉双语联合宣讲团开展宣讲132场次，覆盖寺庙243座，受教育僧尼、寺管会干部、信教群众达1.2万余人，向各县赠送《四川党的建设》藏文版6500本、《中国梦》光碟1200余套及宣讲双语课件，藏汉双语宣讲员阿白被中宣部评为2014年度“基层理论宣讲先进个人”，是全省乃至全藏区唯一获此殊荣的基层理论宣讲员。组织6支群众宣讲队分赴18县64个乡镇开展“州委讲师团和谐乡村行”群众宣讲活动，创新采取理论指导员+群众宣讲员的“1+1”培训模式和理论宣讲+送“文化、卫生、法律、科技”四下乡活动的“1+1”服务模式，集中宣讲66场，服务群众5万余人。全年，共编印《“爱国守法感恩团结”学习宣传指南》5.7万余本，开展送“文艺科技法律卫生电影”下乡1.8万余场次，惠及群众40余万人次，开展各类主题宣讲8870余场、典型宣讲4280余场、“1+N”宣讲10480余场、一月一读报活动29980余场，召开村级群众大会2000余场，近5000余名干部到村指导学习宣传，全州80%农牧民群众从中受益。推树毕世祥为全国重大先进典型，深入开展其先进事迹学习宣传活动，全州开展集中学习3100余场次，召开座谈会、讨论会700余场次，覆盖干部群众130万人次，制作发放学习读本和学习光碟各5000份。中央和省州主流媒体集中宣传报道先进事迹，推出专题、消息、评论100余篇（条），百度、谷歌、新浪、腾讯等知名网站转载43.2万篇（条、次）。毕世祥被省委追授为“实践党的群众路线优秀党员领导干部”，中央追授为“全国优秀共产党员”。新增典型203人，丹巴县中路乡纵宁村支部书记西尔甲参先进事迹在《四川党建》上刊发。协调各级媒体全面深入报道在康定“11·22”地震中因公殉职的团州委副书记袁雅逊先进事迹，中央、省、州主流媒体共刊发相关事迹报道112篇，转载量达2万余条，州委追授该同志为全州抗震救灾优秀共产党员。

【精神文明创建】 在全州推荐评选“最美家庭”“最美教师”，优秀教师谢晓君家庭和新龙县其珍家庭被评为四川省“最美家庭”，谢晓君家庭获全国“最美家庭”提名，开展“最美家庭”故事会25场，参与群众达1200余人次。组织开展10余个学习雷锋实践活动，组建志愿服务大队36支，建立标准化社区志愿服务站28个，招募志愿者7640余名。重点打造5个省级生态文明村镇示范点和5个幸福美丽新村文化院坝示范点，在国道318线、生态文明村、旅游景点、城乡公共场所等制作户外公益广告60个，大型浮雕、公共文化墙25处，文明提示标牌100余个，播放刊登公益广告53条，全州荣获“第三届四川省文明城市”荣誉称号。开展“道德模范事迹进校园”活动和“美德少年”评选活动，在全州掀起学习先进模范、争做美德少年热潮；建成“中央乡村少年宫”18所、自建少年宫37所，受益学生3万多人，由新龙县河口镇乡村学校少年宫创作表演的藏民族舞蹈作品《少儿鼓舞》，荣获第四届中国未成年人网络春晚“最具童趣奖”。

【新闻外宣】 开展“提高执行力·甘孜在行动”“讲述甘孜故事·传递甘孜声音”等主题宣传活动，精心组织全面深化改革、党的群众路线教育实践活动、群众工作全覆盖、法治甘孜建设、创建民族团结进步示范州、藏区六大民生工程、交通建设三年集中攻坚、电力天路、“圣洁甘孜·走进北京”、依法治州集中整治等重大活动、重点工作、重点工程的宣传报道，州县和驻州新闻媒体共推出专栏38个、刊播稿件4380条，中央和省主流媒体首发甘孜州稿件400余条，各级网站刊登、转载达60万余条。依托《甘孜日报》和州广播电视台，打造“一次采集，N极发布”的立体传播格局，重点工作、重大会议报道通过康巴传媒网及微博、甘孜网视、四川新闻网、手机报、微甘孜广泛传播，“报刊台网”立体互动，打造了强大舆论声势。采取“请进来”报道和“走出去”宣传模式，成功举办“圣洁甘孜·走进北京——四川甘孜藏区文化旅游宣传周”系列活动，参与报道媒体304家，原发新闻830多条，百度搜索相关报道达34.2万条（次），实现国家级和北京、四川主流知名媒体全覆盖。全年，邀请和协调中省媒体43批660余人次，平面和视频媒体首发稿件3800余条，同比增加160%，其中：《人民日报》刊载33条（头版头条2条、头版5条、海外版专版1个），中央电视台播发176条（《焦点访谈》3条、《新闻联播》20条），《四川日报》刊载170余条，四川卫视播出260余条（《四川新闻》86条），康巴卫视播发650余条。970多条稿件在境外近80个国家和地区落地，是2013年境外落地稿件的4.8倍。制定公共卫生、自然灾害、交通运输、集体上访等各类突发事件应急舆论引导机制10余个，组建1100余人网评网管队伍，设立媒体动态数据库通联境内外媒体144家221人，建立相关行业口径库17个，搭建官方微博、微信、手机报等5个新兴媒体平台，覆盖州内外群众40余万人次，建立健全特殊敏感时期全州网络24小时值班制度，平稳引导全年州内发生的20余起突发事件。

【文化事业和文化产业】 9个县“两馆”建设完工并投入使用，7个县“两馆”主体工程即将完成，发放安装243个乡镇综合文化站设施设备，实现19个文化馆、17个图书馆、324个乡镇综合文化站免费开放；启动州级两馆和农牧民培训演艺中心建设、19个幸福美丽新村文化活动室建设、17个县级广电业务用房建设和18县数字影院建设工程，完成26435套“村村通”设备发放和安装工作；成功申报18个省级、2个国家级民间文化艺术之乡。开展各类展演100余场，开展“我的中国梦、文化进万家”、送文艺电影下乡活动1200余场、广场文艺活动达550场，赠送图书15000余册，受益群众达75万人次，举办“第五届跑马山国际登山节”“泸定樱桃节”“康定情歌节”“丹巴嘉绒风情节”等活动。组织巴塘县童声合唱团赴北京、台湾开展文化交流，参加第八届康巴文化艺术节、广州艺术节、四川省首届农民艺术节、第六届全国村歌大赛和第七届省少数民族艺术节，舞蹈《吉祥大锅庄》《梁茹泼撒》获全省首届农民艺术节“群星奖”一等奖、二等奖，歌曲《心中的歌》《格桑花》获“群星奖”二等奖、三等奖，歌曲《我的家》荣获全国村歌大赛“十大金曲奖”，组织8个“非遗”项目100余件产品和8类土特展品170余个品种精彩亮相深圳文博会，落实省州文化产业发展专项资金950万元，组织上报11个藏羌彝文化产业项目和8个文化产业支撑项目，总投资20.2亿元；编制完成《甘孜州旅游文化纪念品生产加工中心建设项目》等6个州本级文化产业项目可研报告；申报《亚丁魂》剧目、德格印经院“大藏经”雕版印刷开发与运营、炉霍郎卡杰唐卡县乡村企融合发展、“灌顶雪泉·康定之珠”等7个项目为中央文化产业发展专项资金扶持项目，“灌顶雪泉·康定之珠”已纳入文化部特色文化产业和藏羌彝文化产业走廊重点项目；组织完成《甘孜州红色文化资源保护与开发》规划文本评审工作。开展“飘香康巴——甘孜新创酒歌集锦”创作歌曲征集活动，评选出15首优秀作品；电影《天上的菊美》荣获中宣部“五个一工程”奖，歌曲《向往亚丁》、话剧《寻找菊美多吉》、广播剧《铁汉柔情》荣获四川省“五个一工程”奖；精选《变迁之路》《格萨尔》《康巴红》等10个剧目制作《幸福甘孜——甘孜州群众文化精品剧目集萃》光碟；举办“圣洁甘孜·情歌故乡”中国甘孜首届国际摄影大展赛，评选140幅佳作奖和优秀奖，组织百首康巴新歌原创歌曲评选活动，评选优秀歌曲作品20首、优秀歌词20首，启动首届甘孜州文学艺术奖评选工作，49个作品获奖；做好宣传毕世祥先进事迹文艺作品“七个一”工程（一首歌曲、一部小说、一篇报告文学、一本连环画、一台话剧、一部广播剧、一部纪录片）的创作，制作完成歌曲《飘向天际的祥云》和广播剧《铁汉柔情》，小说、散文、诗歌、报告文学在《四川文学》推出专刊，话剧《雪域忠魂》在成都、康定上演7场。

（州委宣传部提供）

·统战工作·

【概况】 2014年，制定出台《甘孜藏族自治州藏传佛教事务条例实施细则》，开展僧尼培训、逐寺逐僧宣讲，全州印发藏汉双语宣传资料10万余册，召开干部层面宣讲600余场次、1.7万余人次，僧尼层面宣讲1500余场次、6万余人次，信教群众层面宣讲600余场次、17万余人次。制定完善《甘孜藏族自治州宗教活动场所财务监督管理规定》《甘孜藏族自治州佛教协会关于藏传佛教寺庙僧尼收受布施的规定》《甘孜藏族自治州寺办佛学教育场所管理办法》等15项涉及人员、场所、活动、财务方面的管理制度；制定《整治宗教领域非法活动专项行动工作方案》，明确九大整治清退工作任务，共清退未成年入寺人员1135名，清退州外籍僧人879名，出境回流入寺人员21人，清理违规宗教设施61处；形成《创新寺管会工作情况报告》，提交常委会。全年排查各类隐患214个，解决隐患158个；7月敏感期，州统战民宗部门18名副县级以上干部深入重点寺庙蹲点开展管控教育工作；42名州级同心同向联系领导、153个州级联系部门和各县同心同向联系领导及部门深入全州512座藏传佛教寺庙开展隐患排查、交心谈心、宣传教育等工作；全力以赴做好白玉寺贝诺活佛转世灵童坐床仪式，积极应对竹庆寺内部矛盾纠纷。

【巩固爱国统一战线】 在宗教界开展“五热爱两遵守三负责”主题教育活动，州上组建4个高僧大德宣讲团，分赴全州8个宣讲点开展主题宣传，宣讲覆盖17个县457座寺庙656名僧尼。各县共计开展主题宣讲1102场次，入寺宣讲442场次，覆盖489座寺庙43259名僧尼，受教育僧尼覆盖率达92.6%；成立22个藏汉双语宣讲团，深入53座重点寺庙宣讲法律法规；组织宗教人士培训班7期512人次，选派了132名新当选的民管会主任、90名觉姆、209名僧人参加了省上组织的培训；将942名宗教代表人士纳入千人培养计划并制定培养方案，遴选961名宗教代表人士纳入“百千万”工程计划；推荐56名藏传佛教代表人士纳入全省党外后备人才库，不断巩固党同宗教界的爱国统一战线。

【建立和谐政寺关系】 州县各级联系寺庙领导干部入寺7245人次，举行恳谈教育、政策法规宣讲3287场次，走访慰问宗教人士19283人次，摸排矛盾隐患214件、解决158件，收集意见建议1094条；州委、州政府拨专款500余万元，对全州100座爱国守法先进寺庙、2000名爱国守法先进僧尼和4个先进宗教团体进行隆重表彰，按每座寺庙3万元、每名僧尼1000元，每个宗教团体5000元的标准进行奖励；落实中央寺庙基础设施建设资金5781万元、寺管会业务用房资金3680万元，省级寺庙危房维修资金915万元，创新寺管会交通工具购置经费1120万元，州委州政府安排专项资金500万元，用于补助75座爱国爱教寺庙水、电、路及危房改造；州县两级寺庙联系人筹措资金近348万元为寺庙解决困难问题，各县财政投入寺庙基础设施资金1.1亿元，在267座寺庙开展“五通”及危房建设；全州累计保障困难僧尼14969人，政府资助困难僧尼参加城镇医保、新农合39014人，纳入基本医疗保险38989人、养老保险12697人，完成52459名僧尼健康信息调查，3138名宗教场所负责人及成员享受工作补贴。

【加强党外人士队伍建设】 全年召开各界人士座谈会、民主协商会、情况通报会、意见征求会9次；向省委统战部推荐3名党外副厅级后备干部人选；推荐45名全国、省、州人大、政协无党派人士、57名副县级实职以上无党派人士和15名副高职称以上党外知识分子纳入全省党外后备干部人才库；推荐1名副县级党外干部参加全省党外干部挂职锻炼；向组织部门推荐23名党外副县级后备干部和

9名党外副县级中长期培养对象；推荐4名党外代表人士和2名党内干部为第十二届州政协委员候选人；把13名党外律师纳入了党外代表人士人才库；县级人大、政府、政协领导班子安排党外人士53名；州级政府部门及其管理的事业单位领导班子配备党外干部17名，1名党外人士担任政府组成局正职，1名党外人士担任群团部门正职，1名党外干部担任科研院所正职，法检两院领导班子安排有1名党外人士；推荐56名藏传佛教中青年代表人士作为党外代表人士后备人选纳入全省党外后备人才库；州、县人大、政协共安排431名宗教界人士，21名宗教代表人士作了实职安排；选送59人次参加中央和省、州各级党校、行政学院、社会主义学院的党外干部培训；先后举办统战系统新进干部培训班两期，共有106人次参加培训，在省社会主义学院举办甘孜州新任工商联（商会）副主席（副会长）培训班，培训非公有制经济代表人士37人，赴眉山、资阳等地实地教学；筹措资金78万元，实施“同心温暖工程国家通用语言培训项目”，道孚、炉霍、甘孜、白玉、色达、德格、石渠7县边远农牧区100名35岁以下藏族农牧民青年参加为期两个月的国家通用语言，培训还结合农牧区就业特点开设了畜牧生产、酒店管理等专业技能培训，参训学员全部通过职业技术初级测试获得相应职业技能证书，并参加泸定县专场招聘会；开展以省内知名律师事务所担任政府法律顾问、设立服务热线、培训乡镇司法助理员为主要内容的“同心律师服务”活动。

【抓实非公有制经济工作】 将县级工商联成立党组纳入2014年目标考核内容，指导督促全州18个县级工商联全面完成党组组建工作。推荐3名优秀新生代企业家作为四川省川联青年企业家商会会员人选；向省光彩事业促进会四届一次理事会推荐4名理事和3名常务理事；选派1名新生代企业家和28名民营企业家参加省社会主义学院和北京大学的培训；举办第三期非公有制经济代表人士培训班，对37名县级工商联常务副主席和担任副主席的非公有制经济代表人士进行培训；筹办“成都市民营企业甘孜行”项目洽谈会和项目签约仪式，邀请成都市民营企业家对雅江、丹巴两县的投资环境和建设项目进行了实地考察，签订投资协议和市场意向协议金额达14.8亿元；在成都召开在蓉企业家座谈会，就成立光彩事业促进会发出倡议，举行发起人签字仪式；推荐14名贫困学生参加“2014年李锦记希望厨师”光彩事业项目面试选拔，8名贫困学生被录取；促成成都华建集团为雅江中学捐赠100万元；争取中华海外联谊会资金75万元，在甘孜州援建“同心海联卫生室”15个。

【强化国外藏胞工作】 2014年，共收到省藏胞办转来甘孜驻外使（领）馆发回的境外藏胞探访征求意见函95批1775人，接待回国探亲访友、朝拜、投资捐赠境外藏胞及随员257人，其中重点人物34人，境外藏胞非政府组织和个人在甘孜州投资捐赠约为240余万元；州县藏胞部门共走访慰问困难定居藏胞、滞留藏胞以及藏胞亲属130余户，发放慰问金及捐款捐物折合人民币16.6万余元；与省办一起有针对性地选派8名具有代表性的归国定居藏胞赴内地参观；共补充境外藏胞个人资料341余份，上传下达各类信息文件500余份，有关重要情况与相关单位实现信息共享；形成《关于境外藏胞非政府组织和个人在甘孜州的捐赠情况的调查报告》《甘孜州定居藏胞、滞留藏胞情况的调查报告》等多篇专题报告，为上级领导和部门决策提供了重要的依据。

（赵　江）

·机关党建·

【概况】 全年共组织“关爱成长”、爱心爸妈、党员义工日志愿服务活动4场次，州级机关3000余名党员参加各项志愿服务活动6000余人次；开展党性教育、第十八届三中全会宣讲、反分维稳宣讲、群众路线教育主题讲座，邀请省委党校知名专家教授举办“机关大讲堂”4期，700人次参训；组织老党员代表组成党性宣讲小分队开展“送教上门”4场，1000余人受教育；组织州级机关党员干部学习第十八届三中全会和州委十届五次全会精神相关专题4场次，3700余人次参加；建立并落实“思想分析会制度”、“逐级谈心制度”、“生日恳谈会制度”等活动，共69个基层党组织3500余名党员参加活动。设置3个党建理论研讨课题，共收集理论研讨文章53篇，心得体会32篇，评选优秀调研文章15篇，向省直机关党建理论研究会选送10篇理论研讨文章；会同州卫生局共同举办“干部心理健康”专题讲座，邀请西南民大心理学博士生导师格桑教授为大家授课，组织州直机关300余名干部职工参加培训。创建州级机关文明单位1个，州级文明单位3个，州级最佳文明单位1个。

【基层组织建设】 调整机关党组织设置10个，督促指导56个支部完成支部委员会换届选举工作；完善23个机关党委、209个机关党支部、4081名党员信息库的校核录入工作；组织召开州级部门基层党组织“分级亮牌”工作推进会，评定先进基层党组织93个、一般基层党组织76个、后进基层党组织8个，撤换支部书记3人，督促抽查机关基层党组织24个；举办《中国共产党发展党员细则》培训班，200名党务干部参训；组织117名州、县党务干部培训班；举办入党积极分子培训班1期118人参训；全年发展党员64人，转接党组织关系264人。在元旦、春节、“七一”慰问困难党员103名、慰问老党员12人，发放慰问金、慰问物资5.1万元，困难党员帮扶面达100%；“七一”前夕为入党50周年的8位老党员发放纪念品和荣誉证书；建党93周年庆祝大会上表彰优秀共产党员98名；选送4名村干部到省直工委党校培训。共组织州级机关243个基层党组织，3460余名在职党员参加“双报到”活动，新登记党员志愿服务队28支、党员突击队21支、编制服务项目6个，服务岗位26个，组建党员义工小分队69个深入到康定子耳社区、向阳社区、水井社区等5个社区和180余个共建共创结对村开展党员义工服务3次，组织党员义工日志愿服务活动4次，4000余名党员参加各项志愿服务活动8000余人次。

【党风廉政建设】 执行党内监督条例和《关于党内政治生活的若干准则》，严格执行述职述廉、谈话、诫勉等制度，认真执行领导干部报告个人有关事项等规定；组织州直非牵头非协办部门科学制定、实施甘孜州惩防体系2013—2017年工作规划，对州气象局、州国税局等部分非牵头、非协办单位进行抽查，对69个基层党组织党风廉政建设进行督促检查。在州级机关开展“会所中的歪风”整治活动，与68个部门的副科级以上干部和纪检委员签订会员卡和商业预付卡“零持有”承诺。以读廉政书、看廉政片、听廉政课、写廉政文、做廉政人为主要内容，开展示范倡廉、警示省廉、结亲思廉等活动，组织68个州直机关参观廉政教育基地。全年，共暗访州级部门77个、2家茶楼、1家宾馆、1家餐馆、2家超市，回访32个州级部门，上报州纪委处理的违纪违规单位14个，暗访查处违纪单位13个，批评教育、诫勉谈话23人。

【群团组织建设】 全年新建青年工作委员会试点单位3个，配备28名机关团干部，发展新团员30人，按要求和标准推荐8名优秀团员作为党的发展对象，办理超龄离团19人，指导州政府办、州林业局、州国土局等6个团组织进行换届选举工作。举行康定地区《快乐健身操》比赛，来自州级机关和康定县级机关的13支代表队300余人参加比赛，组织50名州级机关青年志愿者参加第15个“中国青年志愿者服务日”活动，与泸定县委组织部和直属党委联合举办男子篮球比赛。组织州级部门、省属单位40余人爱心爸妈志愿者到社区居民家中进行交流座谈，拉家常，向居民宣传党的十八届三中全会精神、2014年州两会精神，开展法律援助、就业服务、“三反三珍”教育等活动，对特别困难的10户居民进行走访慰问，送去价值3000余元的毛毯等物资；组织州级部门、省属单位妇女300余人参加州妇联组织的“社会协同集中签约暨甘孜州巾帼助老志愿服务分队成立仪式”，组织部分机关妇委会的爱心爸妈志愿者们，带领州特殊学校孤残儿童走进农家，开展“亲情农家餐——关爱孤残儿童助成长”主题活动。

（杨建美）

·信访工作·

【概况】 2014年，全州群众信访工作不断规范、机制不断完善、秩序不断好转、形势总体平稳，呈现出“三下降，三上升”（即信访总量下降、来信下降、集体访下降，来访上升、重信重访上升、到省进京集访上升）基本态势，信访总量连续排在全省末位。全年，共受理群众来信来访2080件、3524人次，分别较2013年同期减8.2%和21.4%。其中：来信1022件，较2013年同期减23.77%；来访1058批、3524人次，较2013年同期增5.7和9%；集体访122批，1177人次，较2013年同期减16%和25.6%；重信重访152件、756人次，较2013年同期增33.5%和18.93%。全州网上信访有效信件办结率达100%。

【排查、化解工作】 共排查信访矛盾纠纷1694件，化解932件，化解率达55%。排查化解矛盾纠纷5000余件，包案化解群众信访积案54件。共受理初信初访1876件，办结率达75%。州县级领导干部接待来访群众108批，化解诉求87件；批阅群众来信805件，解决问题644件。建立政府职能部门定期派出1名年轻优秀干部轮流到州信访接访中心脱产参与接访锻炼工作机制，全年有36个部门参与。成立5个工作组，分赴18县和43个州级部门督导“走基层”工作，共收集问题19080条，解决群众困难18000余件，筹集爱心善款3000多万元，化解矛盾纠纷5000余起。州县投入250.33万元资金化解119件疑难信访问题。

【积案办理】 对2013年10月省交办的10件进京重访、到省集体访和州排查的24件信访积案，由7位州级领导、24名县级主要负责人和2个州级部门主要负责人包案化解。对2014年5月省联席会议交办的3件和州排查梳理的21件群众信访积案难案，由3位州级领导和14名县委书记、2名县长、2名局长包案化解。抓结合，分类化解。第一批34件信访难案、积案于2014年3月底化解31件，3件引入司法程序，化解率达91%，办结率达100%。第一批24件信访难案、积案12月15日前全部化解。对24件甘孜州群众到省委省政府集体访实行督办，对43件群众到中央巡视组上访进行专项督办，对久拖不决反复进京的4件重点信访案件实行挂牌督办，对进京非正常上访的实行交办。

【信访服务】 20余名州级领导深入选区下访走访群众，约访人大代表和选民2100人次，慰问困难群众1080户，捐赠慰问金32万余元，听取群众意见建议260条，化解群众诉求矛盾198件。答复州人大代表提案1件，提出处理移民信访问题建议1条。报送典型信访案例剖析8件，撰写信访工作调研报告4篇；省信访局《社情民意》采用7篇稿件。及时劝返来州到省进京上访的73批519人次，实现“零进京”目标。

（宁　力）

·政策研究·

【概况】 2014年，政策研究工作紧扣州委中心工作和重大决策部署，着力在改善民生、基础设施建设、培育壮大支柱产业、维护社会和谐稳定等方面精心选好重点课题，形成重点调研课题《农牧民参与藏传佛教各类活动支出状况研究》《引导群众健康文明生活方式研究》。完成《关于甘孜县拖坝乡民莫觉姆寺的调研报告》《乡城县新农村建设情况调查报告》《关于寺庙社会化管理中存在的问题及建设》《新龙县农村饮水安全调查报告》《关于对我州农牧区重大自然灾害突发事件预警、应急和处置的思考》《关于农村精神文明调研报告》《关于白玉县干部流失的分析与对策》7个专项课题调研任务。

【期刊编发】 搞好《调查与决策（季刊)》编辑发行工作，抓好杂志的编辑发行工作，全年共编发4期，收集、编辑全州各级各类调研文章60余篇，图片资料50余幅，发行2000余册。编发《调查与决策（内参)》共7期；《要情与信息》2期。完成《甘孜州领导干部学习与调研文集》（2013卷）的编发工作，共收编2013年全州各级领导干部调研文章82篇，发行800余册。

（杨　佳）

·党史研究·

【完成《甘孜州革命遗址通览》发行工作】 2014年，中共甘孜州委党史研究室完成《甘孜州革命遗址通览》一书的发行工作，该书收集整理甘孜州全州革命遗址86处，是建州以来最全面、最完整的一次革命遗址普查成果。通过全州党史研究系统工作人员的辛勤努力，多方收集整理后成书，经四川省委党史研究室审理同意后，圆满完成编辑出版发行。向州级各部门、各县党史部门发行1000余册，取得良好的社会的反响。

（杨剑锋）

·老干部工作·

【概况】 组织召开老干部专题学习会2场，老干部观看《周恩来的四个昼夜》《苏联亡党亡国20年祭：俄罗斯人在诉说》《焦裕禄同志先进事迹》《毕世祥同志先进事迹》《菊美多吉同志先进事迹》等纪录片、电影电视片。印发学习资料500余册，《静美的晚霞》2000余册，保健知识1～4期，3000余册。出版《雪域回声——甘孜州老干部回忆录》3000本。组织撰写《全面推进我州离退休干部党建工作的思考》调研文章。成立老干部“夕阳红”政策宣传组，走村串户，宣传党的方针、政策、法律法规。会同州旅游局、州老年大学、州老龄委组织开展中国（甘孜）老年文化旅游节、甘孜州老年大学庆祝建党93周年文艺晚会。为邛崃干休所、雅安干休所落实“灾后重建”资金各100万元。开展《加强民族地区离退休干部服务管理工作的调查和思考》《老干部工作转型发展问题的思考》等课题调研。

【落实老干部政治、经济待遇】 开展老干部医保政策宣讲，老干部联络站、片区情况通报会、州级老干部党的群众路线教育实践活动，法治甘孜年、基层党建工作年等会议5场，组织州属干休所老干部在成都锦欣医疗集团健康疗养4次，地（厅）级老干部回州参观考察1次。为800名退休干部发放体检费。组织老干部开展春季踏青、重阳节游园文体活动。出台《关于提高离休干部护理费标准的通知》《关于贯彻川组通〔2014〕4号文件中有关问题的补充通知》《关于对我州建国初期参加革命工作的部分退休干部给予适当医疗照顾的通知》三个政策文件。开展督促落实，解决多名老干部护理费落实不到位的问题，协调州财政、医保部门，制定新中国成立初期退休人员医疗待遇落实方案，确保资金发放。落实帮扶对象40人，解决帮扶资金15万元。开展省外安置老干部（9个省市）走访看望23人。对州级机关分散安置离休干部在重阳节、国庆节走访看望19人。

【抓好关工委工作】 州关工委、州老年书画研究会到九龙县开展“弘扬传统文化、品味千年墨韵”送书画进校园、进乡镇活动。130幅作品参展、观展人员达4000余人。州关工委、稻城县团委联合举办“圣洁甘孜·美丽家园——快乐成长、放飞梦想”甘孜州青少年夏令营活动，200名留守儿童、贫困家庭子女参加夏令营活动。对寺庙清退的青少年，采取一对一、一对二的方式，与43名青少年进行结对关爱。

（冯天清）

·党校工作·

【概况】 2014年，甘孜州委党校坚持推进“一体两翼”办学模式，共举办各类培训班25期、培训各级干部2800余人次，培训人次与上年相比增加3.7％。继续与川大、川农大、川师大联合招生，构建全州干部继续教育学习平台。全年多渠道开展招生共934人（在职研究生招生78人、成教招生501人、网教招生355人），注册710人，在校生人数达2140人，毕业863人。学校获得四川大学成人教育学院颁发的2012—2014年度先进教学站点一等奖。不断加强队伍建设，全年累计选派送培36人次（其中赴美国1人次、国家行政学院3人次、省委党校10人次、四川大学及西南财大跟班学习21人次、省藏研科挂职1人次）、学术交流4人次，实现在职教师全部轮训一次；建立健全学校《大讲堂》平台，逐步把《大讲堂》建成“公开课＋评教＋练兵”于一体的多功能平台。学校2名高级讲师被评为“康巴英才”中端人才。

【主体班教学】 共举办主体班9个，轮培训各级各类干部994人。其中：举办学习贯彻中共十八届三中全会精神和习总书记系列重要讲话精神培训班2期、遴选“优秀年轻干部人才培训班”2期、农牧民党员示范培训班2期、党务干部示范培训班2期、承办州委组织部州扶贫移民局“浙川扶贫协作项目建设镇村干部培训班”1期。州委书记胡昌升、州政府州长益西达瓦等5名州级领导先后为主体班学员授课。

【社会化培训】 学校以市场需求为导向，积极拓展培训渠道，并以集中培训、联合培训、送教下县等灵活有效的方式先后开展了党务干部培训、群众路线教育、法治甘孜建设专题培训、与县上联合举办遴选优秀人才干部培训、办公自动化AO等多个类型的社会化培训班次，全年完成16期共1851人次培训，与2013年相比，培训人次增加5.2％。

【科研成果丰硕】 全年共完成科研文章52篇，与2013年相比增长10.6%（其中：国家级公刊4篇，省级公刊1篇，省级内刊36篇，州级公刊4篇，州级内刊7篇）。申报省委党校一般调研课立项题3个并已申报结项，校级课题立项7个。《藏区党的群众工作实践和思考》《深化党的群众路线教育，夯实执政的群众基础》两篇文章受到省委充分肯定，同时入选《四川省群众路线教育理论研讨会文集》。完成校刊《康巴论坛》2期，专门收集全州开展党的群众路线教育实践活动以来形成的理论文章，汇编成册，出版《康巴论坛》增刊1期。增设《调研与咨询》，印发4期，直送州委、州政府主要领导及课题涉及行业的分管领导参阅。组织编写《中国特色社会主义理论体系简明读本》，首版印制1000本，供老师和学员及全州社会各界学习。

（晏　燕）

དཀར་མཛེས་ཁུལ་དམངས་ཆེན་རྒྱུན་ཨུ་ལྷན་ཁང་།

甘孜州人大常委会

·概述·

2014年，是州人民代表大会成立六十周年、民族区域自治法实施三十周年，州人大及其常委会围绕中心、服务大局、依法履职，认真贯彻落实州十一届人大三次会议精神，推动人大工作迈出新步伐，有效提升了人民代表大会作为国家权力机关的公信力和影响力。常委会坚持求策于基层，问计于群众，加强调查研究，建睿智之言、献务实之策。组织调研组，深入乡镇、村组200余次，召开座谈会100多次，对全州发展、民生、稳定等重点课题深入开展督查和调研，形成41篇内容真实详尽、建议切实可行的调研报告。全年，常委会主任、副主任深入10座联系寺庙，宣传法律法规，开展交心谈心，督促建立寺庙管理长效机制，帮助寺庙解决实际困难。常委会领导和机关干部职工赴全州18个县、200多个乡镇开展联系基层人大代表、联系群众工作，召开座谈会130余场，收集群众意见建议300余条。常委会领导和干部职工坚持常态化走亲访亲，到10个县开展工作30余次，联系走访群众近500户3000余人。

·重要会议·

【州第十一届人民代表大会第三次会议】 2014年1月7日至9日，州十一届人民代表大会第三次会议在康定召开。大会应到代表286名，实到代表265名。会议审查和批准了州人民政府工作报告、计划报告、财政报告、州人大常委会工作报告、州中级人民法院工作报告、州人民检察院工作报告、《甘孜藏族自治州突发事件应对条例》和《甘孜藏族自治州推进法制甘孜建设的决议》。会议以无记名投票方式，补选吴良军为州中级人民法院院长；补选李鹏飞为州人民检察院检察长，报请省人民检察院检察长、提请省人大常委会批准；选举罗辉为州人大常委会委员。

【常委会会议】 年内，州十一届人大常委会会议共召开9次。

2月18日，第一次会议召开（州十一届人大常委会第十四次会议）。会议表决通过了州人民政府州长益西达瓦、州中级人民法院院长吴良军、州人民检察院检察长李鹏飞提请审议的人事任免案。

2月28日，第二次会议召开（州十一届人大常委会第十五次会议）。会议召开常委会组成人员专题学习会，邀请省委党校马锦燕教授就加强和推进民主法治建设作辅导讲座。

4月22日，第三次会议召开（州十一届人大常委会第十六次会议）。会议传达四川省第十二届人大常委会第八次会议精神，听取和审议州人民政府关于《中华人民共和国行政复议法》实施情况的报告、关于《中华人民共和国公务员法》实施情况的报告、关于甘孜州2013年度州级预算执行情况和其他财政收支审计处理结果的报告。审议通过了常委会代表资格审查委员会关于个别代表的代表资格的审查报告、关于许春秀辞去甘孜藏族自治州人民政府副州长职务的决定。会议表决通过了州人民政府州长益西达瓦和州人民检察院检察长李鹏飞提请的人事任免议案。

6月20日，第四次会议召开（州十一届人大常委会第十七次会议）。会议传达四川省第十二届人大常委会第九次会议精神，听取和审议州人民政府关于科技和知识产权工作情况的报告、关于《甘孜藏族自治州草原管理条例》贯彻实施情况的报告，听取和审议州人民检察院关于查办和预防职务犯罪工作情况的报告。会议表决通过了州人民检察院检察长李鹏飞提请的任职案。

8月26日至27日，第五次会议召开（州十一届人大常委会第十八次会议）。会议传达四川省第十二届人大常委会第十次会议精神，听取和审议州人民政府关于州2014年1—6月国民经济和社会发展计划执行情况的报告、关于州2013年财政决算报告和2014年1—6月财政预算变动及财政预算执行情况的报告，审查批准2013年州本级财政决算、关于2014年地方政府债券转贷资金安排情况和预算调整方案的报告，审查批准预算调整方案、关于国有资产监管工作情况的报告、关于全州重点建设项目环境保护工作情况的报告、关于甘孜州2013年度财政预算执行情况和其他财政收支审计工作情况的报告、关于国有资产监管工作情况的报告、关于全州重点建设项目环境保护工作情况的报告。会议表决通过了州人民政府州长益西达瓦提请的任职案。

10月23日至24日，第六次会议召开（州十一届人大常委会第十九次会议）。会议听取和审议了州人民政府关于贯彻执行《甘孜藏族自治州藏传佛教事务条例》工作情况的报告、关于贯彻实施《甘孜藏族自治州实施〈四川省人口与计划生育条例〉的变通规定》工作情况的报告、关于防灾减灾工作情况的报告、关于推进新型城镇化工作情况的报告、关于推进新型城镇化工作情况的报告、关于州十一届人大三次会议代表建议、批评和意见办理情况的报告、关于《刑法》《刑诉法》《治安管理处罚法》审议意见贯彻落实情况的报告；听取和审议州人大常委会人事代表工作委员会关于州十一届人大三次会议代表建议、批评和意见处理情况的报告；州中级人民法院关于《刑法》《刑诉法》审议意见贯彻落实情况的报告；州人民检察院关于《刑法》《刑诉法》《治安管理处罚法》审议意见贯彻落实情况的报告；会议表决通过了州人大常委会主任会议、州中级人民法院、州人民检察院提请的人事任免议案。

11月28日，第七次会议召开（州十一届人大常委会第二十次会议）。会议表决通过了州人民政府提请的人事任免案。

12月8日，第八次会议召开（州十一届人大常委会第二十一次会议）。会议审议了州人民政府提请的人事任职议案。

12月25日，第九次会议召开（州十一届人大常委会第二十二次会议）。会议书面传达了四川省第十二届人大常委会第十三次会议精神；审议《甘孜藏族自治州第十一届人民代表大会第四次会议筹备工作情况的报告》《甘孜藏族自治州人民代表大会常务委员会工作报告（草案）》的议案、《甘孜藏族自治州人大常委会2015年工作要点（草案）》的议案、《关于召开甘孜藏族自治州第十一届人民代表大会第四次会议的决定（草案）》的议案、《甘孜藏族自治州第十一届人民代表大会第四次会议议程（草案）》的议案、《甘孜藏族自治州第十一届人民代表大会第四次会议日程（草案）》的议案、《甘孜藏族自治州第十一届人民代表大会第四次会议主席团和秘书长名单（草案）》的议案、《甘孜藏族自治州第十一届人民代表大会第四次会议主席团常务主席名单（草案）》的议案、《甘孜藏族自治州第十一届人民代表大会第四次会议主席团执行主席分组名单（草案）》的议案、

《甘孜藏族自治州第十一届人民代表大会第四次会议副秘书长名单（草案）》的议案、《甘孜藏族自治州第十一届人民代表大会第四次会议列席人员名单（草案）》的议案、《甘孜藏族自治州第十一届人民代表大会常务委员会代表资格审查委员会关于甘孜州第十一届人民代表大会个别代表的代表资格的审查报告（草案）》《甘孜藏族自治州藏族语言文字条例（草案）》；审议人事任职议案。

【州人大常委会开展首次专题询问】 12月25日，州人大常委会针对广大人民群众关注的国有经营性资产监管开展专题询问，这是州人大常委会历史上首次专题询问。专题询问采取“一问一答”的方式进行，在3个多小时的专题询问中，州人大常委会12名组成人员围绕甘孜州国有经营性资产监管、结构优化等方面的问题进行询问，并对其中的部分问题进一步补充提问，州国资委、州审计局、州财政局等相关部门对相关问题进行了答询。通过这次专题询问，促进了常委会与相关部门之间的相互理解，对探索、运用好监督法规定的其他监督方式起到很好的示范作用。

·立法监督·

【立法工作】 2014年是法治甘孜建设起始年，常委会及时修订立法规划，制定2014—2016年三年立法计划。州第十一届人民代表大会第三次会议审议通过的《甘孜藏族自治州突发事件应对条例》2014年7月1日正式实施。制定《甘孜藏族自治州藏语言文字条例（草案）》。完成《甘孜藏族自治州集体人工商品林运输管理条例（草案）》立法调研工作，启动《甘孜藏族自治州实施〈四川省城乡环境综合治理条例〉的补充规定》《甘孜藏族自治州民族团结进步条例》和《甘孜藏族自治州气象条例》的立法前期工作。对《公务员法》《行政复议法》《环境保护法》《甘孜藏族自治州藏传佛教事务条例》《甘孜藏族自治州草原管理条例》《甘孜藏族自治州实施〈四川省人口与计划生育条例〉变通规定》等法律法规的贯彻执行情况进行执法检查，要求行政机关坚持法定职责必须为、法无授权不可为，加快建设职能科学、权责法定、执法严明、公开公正、廉洁高效、守法诚信的法治政府。对甘孜藏族自治州实施《四川省〈中华人民共和国水法〉实施办法》的变通规定贯彻工作进行认真研究，提出意见建议，促进全州加快建立水电资源开发利益共享机制。在全省人大系统创新性开展“法律至上，公正司法”为主题的人大监督活动，连续三年组织力量赴全州各县开展《刑法》《刑事诉讼法》《治安管理处罚法》执法检查活动。组织11名省人大代表开展“法律七进”专题调研活动，组织力量编印《甘孜州公民法律知识百问》《甘孜州环保世纪行宣传资料》《教育科技文化体育卫生法律法规选编》等普法宣传资料。配合全国人大常委会调研组完成《民族区域自治法》配套法规建设和《反恐怖法》《刑法》在四川藏区的立法及法律修订调研任务；配合省人大常委会调研组完成《四川省扶贫开发条例》《四川省华侨捐赠条例》《四川省城镇住房保障条例》等立法调研任务。提出意见建议200余条。全年对9件规范性文件进行审查，向省人大常委会报送备案规范性文件8件。

【监督工作】 常委会听取和审议州政府关于本级预算执行情况的报告、本级预算执行和其他财政收支情况的审计报告、国民经济和社会发展计划执行情况的报告，依法审查及批准预算调整，及时了解经济运行和社会发展情况，针对存在的问题提出21条意见建议，督促政府研究办法和措施，解决计划和预算执行过程中出现的各种矛盾和问题，确保计划和预算顺利执行。将60个州级部门预算提交人代会审查，对10个县的民生类资金落实、使用、绩效情况进行调研，加大对预算、决算及预算变动情况审查监督。建立常委会领导督办代表建议机制，确定“关于建立环格萨尔机场旅游圈、对民族地区执行特殊电价补贴、统筹推进区域农特产品开发、提高干部队伍福利待遇、将交通建设同彝家新寨同步规划实施、加强卫生人才队伍建设、加强生态文明建设”等7件建议，实地调研，加强督办，对民族地区执行特殊电价补贴等3件建议得到解决。全年牵头召开16次部门联系会，邀请县人大常委会负责同志120人次列席常委会会议，到全州30个乡镇了解乡镇人大主席团开展工作情况。

·代表工作·

【代表培训和视察工作】 年内，常委会在省委党校举办两期人大代表专题培训班，组织151名州人大代表和人大机关工作人员，围绕宗教事务管理、全域旅游发展、环境资源保护、矿产资源开发和法治甘孜建设等内容进行培训。组织全国、省、州、县人大代表135人赴南、北、东路10县，就藏传佛教事务管理、代表联系寺庙僧尼工作、草原生态补奖政策落实情况、农村义务教育、交通建设等重点工作和重大工程进行集中视察，形成3份视察报告，提出建议意见51条。组织15名全国、省、州人大代表对州中级人民法院、州人民检察院工作进行视察，进一步加强对“两院”工作的监督支持，促进“两院”工作更加有力服务法治甘孜建设，更加符合人民群众的期盼和呼声。

【代表深入联系群众】 开展以送法律、送政策、送爱心、送情感，助学、助老、助贫、助弱为内容的“四送四助”和以进寺庙访僧尼、进工地访项目、进农牧区访农牧户、进社区访居民、进选区访选民为内容的“五进五访”活动，通过政策宣讲、交心谈心、助残帮困等活动，架起了人大代表与人民群众的连心桥。全州14888名各级人大代表积极响应党委号召，县级以上人大代表联系寺庙488座、12个修行点，结对僧尼10000余名，组织召开座谈会463余次，看望走访僧尼42528人次，收集建议意见388件，办好事实事759件，发放藏汉双语宣传手册1350余册，筹集慰问金近60万元，协调解决寺庙“五通”工程资金3000余万元，化解矛盾纠纷11件，排除安全隐患15件。

（扎西娜珍）

དཀར་མཛེས་ཁུལ་མི་དམངས་སྲིད་གཞུང་།
甘孜州人民政府

·重要政务·

【概况】 2014年，是全州经济发展最为困难、自然灾害最为频繁的一年。全州各族干部群众，攻坚克难，扎实做好各方面工作，经济实现较快发展，民计民生持续改善，社会保持总体稳定。全州实现地区生产总值206.81亿元，增长4.20%；完成全社会固定资产投资465.72亿元，增长14.40%；地方公共财政收入27.55亿元，增长24.52%；社会消费品零售总额64.48亿元，增长12.40%；城镇居民人均可支配收入23303元，增长8.8%；农牧民人均纯收入6307元，增长16%。

【全域旅游打开新局面】 2014年，投资40.83亿元，实施旅游“十大工程”，建设重点项目16个。制定幸福美丽示范新村旅游导则，实施乡村旅游“提升行动”；稻城、乡城乡村旅游示范县和海螺沟创建AAAAA级景区实施方案通过省级评审，海螺沟创国家级、稻城亚丁创省级生态旅游示范区全面启动；评选首批“最康巴——特色名店”57家。新增重庆、西安、泸州至亚丁3条航线，亚丁机场开航一年来，游客达18万人次。全州接待游客800万人次，实现旅游综合收入80亿元，分别增长25.60%和24.90%。全域旅游更加深入人心，旅游业正成为甘孜州经济发展的“助推器”、群众增收的“摇钱树”。

【产业培育取得新进展】 2014年，完成水电投资174亿元，新增装机70万千瓦，年末总装机达620万千瓦。全省单体投资最大的两河口水电站核准开工；组建电力开发公司，自主、入股开发水电，力争走出“开发一方资源、发展一方经济、富裕一方百姓”的新路子；清理规范小水电站465座。甘孜火古龙、色达洛若5万千瓦光伏电站获省备案。矿产开发迈出新步伐。完成投资4亿元，勘查重点矿产50宗，新增探明金属量65万吨。拍卖出让矿权4宗，规范探矿权14宗、采矿权6宗，依法灭失探矿权32宗。征收矿产资源补偿费1810万元。初步实现“做大做强一批，加快建设一批，勘查储备一批，关闭暂停一批”的目标。落实强农惠农政策，完成农作物播面132.14万亩，粮、油、菜总产量分别达24.22万吨、1.26万吨、20.93万吨，农业生产实现“七连增”，农业科技贡献率达到52%；各类牲畜存栏403.29万头（只、匹），出栏率、商品率分别达到23.50%和16%；水利工程完成投资10.21亿元，新增有效灌面1.12万亩、节水灌面2.90万亩；林业经济效益日益显现，实现产值28.54亿元。登记认证“三品一标”农产品11个，无公害农产品基地14万亩；编制完成红色文化资源保护与开发规划；炉霍唐卡、新龙药泥面具和德格麦宿、白玉河坡手工艺品等开发工作全面启动，精心储备《康定情歌》《高原风》等精品剧目；对全州15个独有地产中藏药材品种开展驯化、繁育工作；实施中藏药材种植推进方案，种植面积达2万亩；泸定中藏药产业园一期工程竣工，色达金马药业饮片厂、海螺沟“中国南派藏医药传承创新基地”和德格麦宿中藏药产业园建设加快推进；然降多吉胶囊获得全省首个藏药新药国药准字；州内337个藏药制剂品种纳入医保报销；州藏医院成立30年来，年收入首次过千万元。

【基础设施建设再上新台阶】 2014年，交通投资再破百亿，三年集中攻坚任务基本完成，建成三级以上路面2700余公里。雅康高速州内段全线开工，格萨尔机场场址获批，川藏铁路雅康段前期工作实现突破。建成通乡油路399.50公里、通村公路1499.60公里，新增农村客运班线32条、客运站（点）683个。全州国省干道路况进入全省前十。电力建设完成投资100亿元，康定500千伏扩建、新都桥500千伏，雅江、茨巫220千伏和康定新城、乡城等17个110千伏输变电工程竣工投运，18个县实现与主网联网；乡城500千伏扩建、溪古500千伏输变电工程加快推进，长河坝、黄金坪500千伏送出工程开工建设。“远村点亮”全面完成，227个乡、1672个村的26.80万名无电农牧民与全国人民同享温暖与光明。修编完成州域城镇体系规划和17个县城市总体规划，投入3.72亿元实施城市新区建设项目15个，改造棚户区5076户、建设公租房2854套；改造小城镇危旧房1118户；投入1.34亿元完善姑咱、马尼干戈、香格里拉、八美4个省级“百镇试点”镇市政设施，13个乡获准撤乡建镇。创建45个省级“美丽乡村”示范村，19个州级幸福美丽新村试点建设全面启动，打造新村聚居点235个，建成藏区新居1.11万户。全州城镇化率达到27%。

通信完成投资4.53亿元，新建光缆3340公里、基站665个，新增有线宽带接入端口2.60万线，出口带宽达80G，国省干线和主要旅游景区通信网络实现连续覆盖。编制完成《甘孜州生态文明建设规划》，落实国家生态功能区转移支付资金6.80亿元，生态保护与建设工程加快推进，草原植被、森林覆盖率分别达到78%、33.04%。开展首个“生态日”活动。严守耕地保护“红线”，整治土地2.72万亩，新增耕地1300亩。环保“三同时”制度执行率和建设项目环评率达到100%；各项污染物排放控制在省限定指标内。

【民生改善取得新成效】 全年民生支出139亿元，占财政支出的48.02%，增长11%。全州城镇新增就业7307人，回州“9+3”毕业生就业率达到95%以上，城镇登记失业率4.14%。农村低保标准由每年1700元提高到2267元，城乡低保实现应保尽保；在全省民族地区率先实施医疗保险制度城乡统筹，异地就医即时结算全面启动；在全省率先出台大病医疗保险规定，大病参保达90.50万人，大病救助3万人次、支出5088万元；为7600名失能和高龄老人提供居家养老服务，康北儿童福利院投入使用，城乡“三无”“五保”对象和孤儿集中供养实现全覆盖，爱心慈善基金累计超1.30亿元。安排州级价调基金近5000万元支持“菜篮子”工程建设。全面启动教育信息化工程，建成教育城域网，开办康巴网校，60%的学校实现电子白板“班班通”。新建35所乡中心幼儿园、22所片区寄宿制学校，州高级中学开工建设。兑现各类补助金4.58亿元。城乡居民基本医保参保率达到99.13%，住院费用实际报销比例达到65%，免费治疗包虫病患者1.36万人，健康档案建档率达到92%；州医院第二医疗区即将竣工，36个县级综合医院和中藏医院标准化建设基本完成，开工建设120个标准化乡（镇）卫生院和225个村卫生室；卫生信息化建设一期工程和远程会诊、教学系统建设基本完成；引进藏医高端人才6名，招录本土藏医成人本科人才48名。兑现计划生育“三项惠民制度”资金1809万元，免费孕前优生健康检查2830人，农村孕产妇住院分娩率达到

81.58%，人口自然增长率6.18‰。建成县"两馆"12个，启动石渠、色达、甘孜、道孚4县州县广电节目农牧区无线覆盖工程；开工建设州民族体育馆、州农牧民演艺培训中心和14个县级全民健身中心，建成农民体育健身工程739个；开展"送文化下乡"活动近千场；康巴文化研究院"四大工程"全面启动；成功申办2018年第十五届全省民族运动会。完成1360个贫困村、19.91万扶贫对象立卡建档工作；实施整村推进63个、连片开发项目4个、彝家新寨（村）17个、索改桥23座，易地扶贫搬迁9850人，2.65万群众生产生活条件得到改善。大渡河、雅砻江流域水电移民工作取得新进展，投入移民资金27亿元，安置移民1996人，兑现后扶政策和惠民补助资金1202万元。"11·22"康定地震，国家、省、州、县紧急调拨救灾资金1.10亿元，累计发放价值3800万元的救灾物资，转移安置受灾群众17156人，下拨过渡安置补助金6000万元，确保灾民安全温暖过冬，灾后恢复重建规划编制全面启动。白玉、得荣地震和"4·20"芦山地震受影响的泸定、康定灾后恢复重建加快推进，完成投资5.71亿元。

【经济发展注入新动力】 全年新增市场主体6716个；盘活存量资金7.74亿元，清理政府投资项目中介机构221家；启动独立供电区改革，6个县完成资产移交工作。举办"圣洁甘孜·走进北京""知名企业进甘孜"等活动，建立电子招商项目库，实施招商引资项目161个，到位资金127.60亿元；省内"7+20"结对帮扶到位资金4.50亿元，浙江扶贫协作到位资金7400万元，主动对接广东对口支援工作。甘眉工业园区完成投资11.40亿元，入库税金1504万元，留州电量收益5640万元。

【社会治理增添新举措】 全年综合整治治安乱点125处，查处治安案件758起，破获刑事案件722起，追回各类逃犯213名，收缴各类枪支680余支、子弹2.63万发；成功调解各类矛盾纠纷5043件，信访积案化解率达到100%；全面启动全国民族团结进步示范州创建活动，命名第一批创建示范单位；表彰全州第四次民族团结模范集体和个人（户）。藏文社会用字进一步规范。依法管理宗教事务，出台《〈甘孜藏族自治州藏传佛教事务条例〉实施细则》，表彰进步宗教团体4个、爱国守法宗教场所100个、教职人员2000人；落实资金2.20亿元解决寺庙困难问题887个。

·重要会议·

【十一届州政府第五次全体会议】 8月11日，十一届州政府召开第五次全体会议。州长益西达瓦作了题为《增强紧迫感 强化责任心 力争在任期内跑出人生最精彩的一段》的讲话，他指出换届两年半来，全州发展基础进一步夯实、发展质量进一步提升，社会局势总体稳定，群众在"有感发展"中幸福指数明显攀升，政府工作呈现出工作思路更加清晰、发展基础实现跨越、产业培育加快推进、开放合作成效显著、社会局势稳定向好的5大特色亮点，但也要认识到在基层基础、产业发展、干部状态等方面存在较为突出的问题。他强调，要做好后半届的工作，必须要从主观上进一步增强责任意识、危机意识和紧迫意识。

【州政府常务会议】 2014年，十一届州政府常务会议共召开八次。

1月26日，州政府第14次常务会议召开。会议传达了省"两会"、省委藏区工作会议、省纪委十届三次全会精神和省群众路线教育实践活动第二批部署会议的相关精神，研究了《村级公益事业一事一议财政奖补资金分配事宜》《关于将州邮政局纳入州政府部门管理的请示》《关于授予甘孜州政府质量管理奖的请示》等事项，听取国土资源工作汇报。

3月21日，州政府第15次常务会议召

开，确定《政府工作报告》2014 年工作任务分工，研究部署当前重点工作。会前，与会人员集体学习了《中华人民共和国行政监察法》。会议审议通过了《甘孜藏族自治州人民政府关于第七次第三批清理后取消和调整行政审批项目的决定（草案）》《关于加强科技创新推动转型发展的意见》《甘孜州区域发展与扶贫攻坚实施规划（2011—2015 年）》和《甘孜州生活必需品市场供应应急预案》，研究了卫生信息化建设、跑马山隧道建设、得荣县灾后恢复重建、撤乡建镇、人事任免等事项。

7 月 21 日，州政府第 17 次常务会议召开，研究审议《甘孜州“十三五”规划前期重大课题研究》《创建藏区一流人民满意教育信息化实施方案》《关于发展壮大建筑业的意见》，听取《州国土资源局第二次土地调查情况报告》，审议通过《财政专项资金分配方案》。

8 月 31 日，州政府第 18 次常务会议召开，研究审议了工商登记制度改革、城乡居民统一基本养老保险、加快东部区域经济协同发展等相关工作。

10 月 13 日，州政府第 19 次常务会议召开。研究审议甘孜州“十三五”规划编制工作方案、圣洁甘孜品牌战略“一意见四方案一经费”、甘孜藏族自治州人民政府常务会议工作规范（修订）等相关工作。

12 月 4 日，州政府第 20 次常务会议召开。研究审议甘孜州工商系统行政管理体制调整实施方案、甘孜州质监系统行政管理体制调整实施方案、甘孜州推进新型城镇化实施方案、甘孜州人民政府第七次第四批清理后取消和调整行政审批项目决定（草案）、甘孜州提高农村低保标准的请示、甘孜州干线公路基层养护站点规划研究成果报告、甘孜州森林防灾减灾体系建设情况，会议要求，认真贯彻落实省委书记王东明甘孜州抗震救灾工作会议上的重要讲话和州委常委（扩大）会议精神，切实做好康定“11·22”重大地震抗震救灾和灾后恢复重建工作。

12 月 22 日，州政府第 21 次常务会议召开。会议审议了甘孜州安全生产党政同责暂行规定、政府工作报告（送审稿）、关于加快甘孜州南部区域经济协调发展的意见，听取《甘孜州全域旅游规划》编制情况汇报，研究审议甘孜州 2014 年国民经济和社会发展计划执行情况及 2015 年预算安排建议、甘孜州 2014 年财政预算执行情况和 2015 年财政预算（草案）的报告、甘孜州交通建设三年集中攻坚活动总结大会表彰先进集体和个人建议方案、关于评选表彰医疗卫生工作先进集体先进个人的请示、关于移交地方接收安置军队离退休干部参加当地医疗保险事宜的请示、关于申报袁雅逊同志为烈士的请示以及州财政有关资金分配支出请示等相关事宜。

（州政府办）

·法治政府建设·

【概况】 深入推进依法行政，加强规范制度建设，指导改进行政执法行为，以政府职能转变为核心，着力优化经济社会发展环境，切实增强化解行政争议能力，开展法制宣传研究。结合“2014 法治甘孜建设年”主题，深入宣传依法行政，在全州范围内开展“依法行政宣传月”活动。发表《严格依法行政推动法治政府建设》《围绕中心服务大局积极投身法治甘孜建设》《我州依法行政十年回眸》《学法是法治甘孜建设的前提》等理论调研文章，编写中国甘孜“依法行政”六个栏目、十个板块信息 121 条。开展《甘孜州集体人工商品林采伐运输管理条例》的起草、调研、征求意见等立法前期工作；开展《甘孜州气象条例》《甘孜州民族团结进步条例》2 部单行条例的方案制定和起草工作。依法备案审查各县政府及州政府部门规范性文件 13 件。州政府常务会议审议通过并发布《〈甘孜藏族自治州藏传佛教事务条例〉实施细则（试行）》《甘孜藏族自治州人民政府关于第七次第三批取消和调整行政审批项目的决定》《甘孜藏族自治州市场主体住所（经营场所）登记管理暂行办法》《甘孜藏族自治州建立统一的城乡居民基本养老保险制度实施办法》《甘孜藏族自治州州级储备粮油管理办法》《甘孜藏族自治州人民政府关于第七次第四批取消和调整行政审批项目的决定》6件州政府规范性文件，报送州人大和省政府备案。完成对《甘孜州计算机网络安全保护管理规定》《甘孜州住房公积金提取管理办法》2件直接关系民生、对社会经济发展有较大影响的规范性文件后评估工作。开展州、县行政权力清理、录入和动态调整。44个州级部门清理行政处罚、行政强制等7类权力事项5635项，县级行政权力平均3089项。完成州本级和18个县行政权力运行平台和电子政务大厅建设，实现省、州、县三级行政权力事项网上办理和实时监察。

【依法行政】 制发《州政府2014年度推进依法行政工作要点》，制定州政府常务会议会前学法计划，落实领导干部学法制度。组织开展《安全生产法律法规知识解读》《行政监察法》《强化法治意识推进依法行政》等州政府常务会专题学法活动7次。从实际工作者、专家学者和律师队伍中选聘7名州政府法律顾问，参与西班牙大西洋硅业等涉法事务67件，提出法律意见158份。完成省政府法制办、州人大常委会交办的27件法规、规章草案意见征求工作，提出修改建议94条。

【行政执法行为】 公示全州2939名行政执法人员基本信息，组织开展全州980名执法人员通用法律知识培训考试。对州政务中心窗口单位、州工商局和康定县等6个单位进行执法监督检查。组织发改、公安等24个州级主要行政执法部门开展依法行政突出问题承诺整改，对梳理出的57件突出问题及整改时限及时向社会公布，接受监督。严格落实重大行政处罚行政强制备案规定，建立年报、月报统计制度和半年通报制度，对州级部门报送备案的18件重大行政处罚案件进行备案审查。

【行政审批制度改革】 开展州级行政审批项目第七次第三批、四批清理工作。取消调整州政府行政审批项目43项，保留168项。州级设立政府政务服务和公共资源交易服务中心，完成政务服务、工程招标、土地矿产出让、国有产权交易、政府采购平台的整合，组建集政务和公共资源交易服务于一体的综合性平台，18个县依托政务服务中心建立公共资源交易服务中心。

【化解行政争议纠纷】 会同州人大深入甘孜9个县开展《中华人民共和国行政复议法》贯彻实施情况检查调研。依法办理行政复议案件，全州共收到行政复议申请15件，其中协调处理8件，依法受理7件，审结6件，办结率93.3%。充分发挥行政调解指导作用，妥善协调处理甘孜格萨尔机场建设、云南香格里拉县与乡城县边界资源纠纷、泸定水电开发移民、全州社会稳定风险评估等重大事项。全州受理行政调解184件，依法调解182件，调解成功率98.9%，挽回经济损失2052万元。

（益西志玛）

·外事台侨·

【外事活动】 9月15日至22日，应瑞士CRANS－MONTANA市政府主席让·克洛德·萨沃伊（Jean－Claude SAVOY）和法国中小企业联合会副会长米歇尔·培岳（Michel PRIEUR）邀请，州委副书记、州政府州长益西达瓦率领由州旅游局和康定、丹巴、稻城、理塘等县（市）主要领导组成的代表团赴法国、瑞士学习发展山地旅游方面的先进理念和经验，洽谈交流合作事宜。代表团先后前往法国巴黎、霞慕尼，瑞士洛桑、日内瓦、因特拉肯、琉森、苏黎世等地，重点考察了法国乡村旅游、葡萄产业，以勃朗峰、少女峰为主的山地旅游和法国霞慕尼、瑞士因特拉肯两个特色旅游城镇，途中参观了美丽的日内瓦湖风光和国际红十字会总部等国际机构，专程拜访了潮州华侨巴黎商会、法国中小企业协会、亚丁香槟酒庄企业主、日内瓦旅游局、因特拉肯旅游局、法国山地索道设计公司、国家旅游局瑞士办事处，并与他们的负责人进行座谈交流，宣传推介甘孜旅游。

9月27日，日本BS－TBS电视台专程到甘孜州丹巴县甲居藏寨拍摄《世界之窗》专题纪录片。该栏目已创办7年，以介绍各地人文、地理、风俗等为主题，在日本国内的收视率常年保持在12%以上。此次赴丹巴县拍摄主要以藏寨民居和当地民风为主，通过记录当地普通人家日常生产生活的点点滴滴，集中展现嘉绒文化和民风民俗独特风情，对全域旅游发展将起到积极的对外宣传作用。

10月24日，州委副书记、州政府州长益西达瓦在成都会见来川出席第十五届西博会的法国罗纳—阿尔卑斯大区议会主席盖拉纳，就甘孜州与法国罗纳—阿尔卑斯大区合作事宜进行洽谈。益西达瓦在会见中提出，为促进两地人民长期交流与务实合作，建议把欧洲第一高峰勃朗峰与位于甘孜州的四川省第一高峰贡嘎山结成姊妹峰，把法国霞慕尼市和甘孜州康定县结为共同发展旅游的姊妹城市。会见中，益西达瓦还就索道、滑雪场等旅游产品的开发，高原矿泉水、高原香槟气泡酒生产等事项表达了合作意愿。盖拉纳主席在会见中表示，将与四川特别是甘孜州务实合作，努力增进两地人民友谊，促进两地经济、文化交流。

10月22日至30日，香港中国旅游出版社记者一行到甘孜州道孚、理塘、稻城等县开展专题采访拍摄活动，对帮助甘孜州对外宣传起到积极的推动作用。

【侨务工作】 8月31日至9月6日，州外事侨台办主任张平林代表甘孜州参加由省委宣传部、统战部和省外侨办共同组成的四川省文化交流团，在省委常委、组织部部长范锐平带领下，前往美国旧金山、西雅图和芝加哥举办“锦绣四川·藏区新貌”北美文化周活动。通过“藏区新貌”图片展示、藏文化讲座、藏医义诊、旅游宣传、招商引资项目推介等活动，向海外侨胞宣传甘孜藏区翻天覆地的变化和党的民族、侨务政策，让他们更加了解甘孜藏区的历史和现状，更加了解甘孜藏区改革开放取得的巨大成就和深刻的变化，增进了海外主流社会对藏区历史和现状的了解。

继续争取“侨爱工程——点亮藏区牧民新生活计划”在甘孜州实施，海外侨胞向甘孜州丹巴县捐太阳能便携式数字卫星电视机200台，对丰富藏区牧民精神文化生活，沟通藏区与世界的联系起到了积极的推动作用。

【对台工作】 6月22日至7月3日，台湾《大陆寻奇》摄制组到甘孜州炉霍、甘孜、德格等11个县采风拍摄，对于推进台湾同胞对大陆、对藏区的了解和对中华文化的认同、吸引更多台湾同胞到州参观考察、投资兴业发挥了积极作用。

9月中旬，协调巴塘县天籁童声合唱团赴台湾台北、台中、高雄等地开展交流演出。合唱团为台湾当地观众表演了巴塘弦子、藏戏、热巴等民族民间经典节目，向台湾民众展示了康巴藏区厚重的民族文化和多彩的人文风情，受到台湾同胞的高度关注和热烈欢迎。

省委台办将泸定县德威乡海子村乡村公路、村级活动室建设、产业扶持等项目和得妥乡发旺小学重建工程列入“4·20”灾后重建项目，给予甘孜州1200万元的台湾同胞捐赠资金支持。

（张莉娟）

·人事工作·

【概况】 2014年，甘孜州人事局以“民生为本、人才优先”为工作主线，大力推进就业创业、社会保障、人才队伍建设、人事制度改革、收入分配制度改革、构建和谐劳动关系等工作。

【人才招录】 完成1253名公务员考录、1812名事业单位工作人员考（核）聘和123名专科类紧缺专业人才定向培养工作。完成872人职称资格考试工作，全年受理申办各类资格证书1019本，审核推荐高级职称评审人员共282人，审批专业技术人员聘任材料890余人，办理聘任证书630本，组织开展2014年全州中级职称评审工作。完成30余个工种4288名初级、中级、高级技师的考核鉴定工作。

【“百千万康巴英才”和“双百人才”工程】 全年选派两批专业技术人员共计53人、中端专业技术人才125人、基层基础专业技术人才600人、中端优秀技能型人才10名、基层基础优秀技能型人才240名。

【再次调整全州最低工资标准】 根据《中华人民共和国劳动法》《四川省人民政府关于调整全省最低工资标准的通知》精神，结合甘孜州实际，州政府对全州现行月最低工资标准和非全日制用工小时最低工资标准进行适当调整。调整后的全州月最低工资标准：康定、泸定、丹巴、九龙、道孚、炉霍、甘孜、新龙、德格、白玉、雅江、巴塘、得荣和乡城县调整为1250元（每日57.5元），石渠、色达、理塘和稻城县调整为1400（每日64元）；调整后全州非全日制用工小时最低工资标准：康定、泸定、丹巴、九龙、道孚、炉霍、甘孜、新龙、德格、白玉、雅江、巴塘、得荣和乡城县每小时13.2元，石渠、色达、理塘和稻城每小时14.6元。上述标准包含个人应缴纳的社会保险费和住房公积金，自2014年7月1日起实施。

（金　珠）

·地方志工作·

【概况】 地方志工作以编纂《甘孜州年鉴》、整理和开发利用地情资源为重点，加强基层志书年鉴编纂业务指导工作。年内，《甘孜州年鉴（2012）》获省第十六次地方志优秀成果年鉴类二等奖，地情书籍《落日余晖——赵尔丰康区改土归流记》获省其他地方文献类二等奖，业务工具书《说说地方志编纂》出版发行。年初，邀请省年鉴社社长张光明为州级部门和18个县专兼职修志人员160余人进行专题授课；完成《石渠县年鉴（2014卷）》审稿工作，提出建议意见30多条。全年出版发行《甘孜州实录》4期2000余册、《甘孜州图鉴》1期600册，做好资料提供服务，赠送、交换地方志成果资料200余套册，接待上门查阅资料30余人次，为党政部门提供资料100余份。县级综合年鉴编纂工作有序推进，康定、泸定、丹巴、德格、新龙、炉霍、道孚、雅江8个县实现一年一鉴，理塘、白玉、稻城、甘孜、九龙、巴塘、得荣、色达、乡城9个县开展了合订版年鉴编纂工作，石渠县于11月启动年鉴编纂工作，年鉴工作实现州县全覆盖。

【《甘孜州年鉴》（2014年卷）出版发行】 5月，由甘孜州人民政府主管，州地方志编纂委员会办公室主办的《甘孜州年鉴》（2014年卷）正式出版。全书共40万字左右，收录政务图片36张，共设特载、大事记、州情概览等29个类目，卷末设索引以备读者查阅。该卷年鉴是《甘孜州年鉴》自2000年创刊以来连续编纂出版的第十四卷。

【《说说地方志编纂》出版发行】 州地志办采取“合作出版”的模式，与原巴塘县志办主任黄德权（已退休）合作编纂出版的地方志编修业务工具书《说说地方志编纂》于11月出版发行。全书分为历代修志概况、地方志编纂小常识、怎么编纂社会主义新方志、续志编修初探、编者刍言5章15节共10余万字，其中社会主义新方志编纂述要、续志编修初探2个章节为全书重点，该书是黄德权从事地方志编修28年所积累的经验与编纂方法的集成，较为翔实地介绍了地方志编修的历史、编修常识与编修方法。

·资料链接·

四川省第十六次地方志优秀成果甘孜州获奖项目情况

表2

项目＼地区	州级	县级	奖项
年鉴类	《甘孜州年鉴（2012）》	《康定年鉴（2013）》	二等奖
		《丹巴年鉴（2013）》	三等奖
		《道孚年鉴（2013）》 《新龙年鉴（2011）》 《泸定年鉴（2013）》 《巴塘年鉴（2013）》 《炉霍年鉴（2013）》 《得荣年鉴（2006—2009）》	优秀奖
其他地方文献	《落日余晖——赵尔丰康区改土归流记》		二等奖

（朱英全）

·档案工作·

【概况】 2014年度，全州各级档案部门，围绕档案规范化管理这个中心，档案管理有序进行，基础业务不断加强。州档案局编印《档案馆检索体系编制指南》，拟定《甘孜州档案馆全宗设置原则》，印发《县级国家综合档案馆测评办法》。与州农业局、州群教办、州人社局、州文化体育和广播影视局、州财政局联合制发《关于加强农村土地承包经营权确权登记档案管理工作的通知（试行）》《关于规范群众路线教育实践活动工作档案管理的通知》《关于转发四川省社会保险业务档案管理实施细则（试行）的通知》《广播电视节目档案管理规定的通知》《关于规范会计档案整理工作的通知》等文件，及时规范专项档案管理，同步服务深化改革和全州中心工作。全州培训档案业务人员达1055人次，理塘县档案馆成功晋升国家二级档案馆。全年完成《如何发挥爱国主义教育基地社会功能的对策建议》《也谈“三化发展”》《全州社保档案工作存在的困难及对策研究》三篇调研文章。

【档案资源利用】 全年度接收各类档案18320卷（盒）。全州民间征集毛泽东像章、古钱币等实物档案1235件。全年为利用者查阅利用档案15320件，2309人次。完成馆藏重点档案数字化加工210万页。《甘孜州电子文档管理系统》软件使用率逐步提高。各县已公开现行文件党政网上载工作，州、县上挂“红头文件”6200多份，近3000人上网查询。

【重大建设项目档案管理】 印发《甘孜州〈企业文件材料归档范围和档案保管期限规定〉实施方案》的通知，开展州、县属国有企业《企业文件材料归档范围和档案保管期限规定》编制指导和审定工作。以现场、电话、网络、培训等多种形式开展重大项目档案业务指导工作。通过填写档案业务指导记录卡，健全经济科技档案业务指导档案，全年完成38个重大项目档案指导、检查和验收工作。加大国道318线东海路公路工程项目档案、大唐国际长河坝水电站、S211线工程档案、S217线理君路公路工程、S303线八美至丹巴段、泸定电站复建公路工程等省级重大项目的档案业务指导；对雅江林业工程处第二期天保工程档案及全州草补、退耕还林、退牧还草等专项档案进行积极指导。

【档案宣传】 年内，接收整理文化名人仁真旺杰档案24卷。与州图书馆首度合作，搭建资源共享平台。州、县档案部门利用馆藏档案资源，采取编研、举办档案展览、编印图片资料、举办档案文化讲座等形式宣传档案文化。开展《红军长征在甘孜》《民国康定县政府档案选编》《甘孜州群众工作档案选编》等项目的申报工作；《甘孜档案》（邮政特刊）获省档案局三等奖，编辑出版《甘孜州群众工作档案选编》《甘孜州档案馆馆藏藏文档案书法鉴赏》和《甘孜档案》第十二期、第十三期；完成泸定县档案馆馆藏“明朝万历年藏商合约”中国档案文化遗产名录申报工作；全年向《中国档案报》《中国档案》《四川档案》和《甘孜日报》投稿22次，采用稿件16篇，其中《中国档案报》采用1篇、中国档案资源网采用1篇，《四川档案》采用2篇，《甘孜日报》采用12篇；组织开展“中国梦·兰台情”征文活动，积极宣传档案工作身边的人和事，重点宣传了炉霍县库管员龚淑珍的事迹。征集发表稿件8件。开展“6·9”国际档案日宣传活动。完成爱国主义教育基地之“民主改革运动的开展”“社会主义建设的丰硕成果”“改革开放的伟大成就”的设计制作，累计接待参观者3008人次。理塘县档案馆建成爱国主义教育基地。制作《前进中的甘孜档案》专题片（时长16分钟）。在《甘孜日报》开设“甘孜档案名录”，宣传介绍馆藏珍贵档案。

（苏开秀）

·民族干部培训·

【概况】 全年干部教育培训总量10729人次（其中：主体班次培训2199人次；成人函授教育培训4894人次；网络学院培训237人次；电大教育培训1761人次；老年大学培训200人次；社会培训1438人次）。2014年2月19日，中共四川省委办公厅、四川省人民政府办公厅授予甘孜州民族学校“四川省文明单位”荣誉称号。在文明单位创建活动中，1名教师被评为甘孜州第五届劳动模范；1名教师被评为甘孜州第四届民族团结模范个人。

【教师队伍建设】 选送教师46人次参加国家行政学院、省委党校、省社会主义学院等部门组织的培训；3名教师被评为全州康巴英才中端人才，3名教师被评为康巴英才基础人才；1名教师在西南民大顶岗锻炼；17名教师取得省委党校研究生学历。编写出版全州干部普及藏语口语初级教材《藏文拼读与实用500句》和《基层干部藏文迎考读本》；编辑出版《民族干部》汉文版3期，藏文版1期，特别增刊1期。

（李永奎）

སྲིད་གྲོས་དཀར་མཛེས་ཁུལ་ཨུ་ཡོན་ལྷན་ཁང་།
政协甘孜州委员会

·全体委员会议·

【州政协十二届三次会议】 2014年2月23日至26日，中国人民政治协商会议第十二届甘孜藏族自治州委员会第三次会议在康定召开。应到会议委员288人，因病、事请假50人，实到238人，符合政协《章程》规定。会议听取审议州政协常委会工作报告和提案工作报告，审议通过了十二届州政协委员会第三次会议决议和其他决议，委员们列席州人大十一届三次会议，听取州政府工作报告、“两院”工作报告和其他报告，召开小组讨论会。

·常委会议·

【常务委员会议】 年内，州政协十二届委员会常务委员会议召开5次。

2月26日上午，州政协十二届常务委员会第九次会议在康定召开。会议听取了大会秘书长关于小组审议情况的报告。审议通过州政协十二届委员会第三次会议提案委员会关于十二届三次会议提案审查情况的报告和州政协十二届委员会第三次会议决议，通过《政协甘孜州委员会2014年工作要点》。

5月12日至13日，州政协十二届常务委员会第十次会议在康定召开。会前，邀请四川省社会科学院经济研究所所长、研究员、硕士生导师蓝定香教授围绕民营经济的基本论证、为什么搞民营经济和怎么去做民营经济三个方面做了专题讲座。会上，州经济和信息化委通报了全州民营经济发展情况，与会人员结合自身实际，围绕民营经济发展建言献策。

9月21日至22日，州政协十二届常务委员会第十一次会议召开。会前，组织委员们视察了金珠集团泸定中藏药产业园区和州藏医院，委员们认为，金珠、泸定中藏药生态产业园区的建设充分体现了农、林、工、医、商、教、文等“七门一体”的中藏医药全产业链发展的要求，州藏医院正在开展的“中国南派藏医药传承与创新基地”项目建设，为中藏医药产业发展搭建了平台；会上，州经信委通报了全州中藏药业发展情况，州药监局、省藏校、州藏医院和6个县政协、2个企业及1个专委会作大会发言。

11月5日至6日，州政协十二届常务委员会第十二次会议在康定召开，会上，常委们和企业家代表通过会议交流发言、小组讨论和书面材料等方式积极建言献策，实事求是地指出全州生态特色农牧业发展中的困难和问题，科学理性提出建议意见120余条。

12月16日至17日，州政协十二届常务委员会第十三次会议召开。会前，邀请四川省食品药品监督管理局副局长魏夕和作了《实施最严格的监管——确保人民群众舌尖上的安全》专题讲座。会议期间，听取了州人民政府副州长何飚作的《州人民政府关于十二届州政协三次会议以来提案办理情况及食品药品监管工作情况》；审议通过《政协甘孜藏族自治州第十二届委员会常务委员会关于授权主席会议审议十二届州政协第十三次会议未尽事宜的决定》；专题协商“两个报告”（草案）、“全州食品药品监管工作”及《常务委员会工作规则》；会上，叶茂康、甲错、杨思微等5位常委，康定、甘孜、理塘、道孚、得荣等县政协和州政协人资环委、提案委，以及州食品药品监督管理局等州级部门和单位，围绕“食品药品监管工作”分别作书面发言，并就此进行交流和讨论，提出富有建设性的意见和建议160余条。

·重要活动和提案办理·

【历次重要活动】 2月20日，州政协召开党的群众路线教育实践活动动员会，深入贯彻落实州委教育实践活动总体要求，全面安排部署州政协党的群众路线教育实践活动各项工作。州委第一督导组指导会议。州政协机关全体干部职工、部分离退休老干部参加会议。

4月30日，州政协副主席甲登·洛绒向巴带领政协人口资源和环境委员会工作人员及部分政协委员对甘孜州国土资源局开展国土资源管理、使用及执法监察情况进行对口协商。

6月22日至26日，省政协副主席、省工商联主席陈放一行到甘孜州督查并调研工商联工作。

7月1日，政协甘孜州委员会组织部分省、州、县三级政协委员，在州政务服务中心召开政协委员民主评议政务服务中心工作动员会。

7月2日至10日，州政协主席易凡和州委常委、组织部部长陈忠义，州政协副主席周冬秀一道，带领州政协、州检察院、州公安局、州司法局组成的工作组深入炉霍县，走乡镇、入村寨、进寺庙，和群众面对面、零距离交流，深入开展群众工作。

8月19日，省政协民宗委主任宋光齐率调研组一行深入甘孜州，在州政协主席易凡的陪同下，就如何发挥牧民定居点作用、促进藏区发展稳定进行调研。

8月20日，州政协召开政协委员民主评议州政务服务中心工作测评会，对前一阶段民主评议活动进行总结回顾，肯定成绩、指出问题、督促整改，进一步优化和提升全州政务工作服务水平。

8月31日至9月3日，全国政协副主席、民革中央常务副主席齐续春率全国政协无党派人士界委员考察团，到甘孜州就少数民族地区群众生产生活情况开展调研考察。

9月28日，十二届州政协委员（东路片区）培训会在泸定召开。此次政协委员专题培训旨在做好新时期、新形势下政协工作，进一步提升政协委员理论素养和履职能力，助推政协履职现代化。

10月9日，政协委员民主评议州政务服务中心工作总结大会在州政协常委会议室召开，会议全面总结民主评议工作。

10月10日至14日，全国政协委员、教科文卫体委员会副主任、国家体育总局原副局长段世杰，全国政协委员、教科文卫体委员会副主任、北京奥运城市发展促进会常务副会长、北京市原副市长刘敬民，带领调研组一行，到甘孜州考察基层体育健身状况，开展送体育下基层活动。

11月20日，州政协副主席周冬秀带领州政协文教医卫群团委、州委统战部、州宗教局、州卫生局、州妇联、州红会和康定县政协相关负责人和部分省州政协委员共十余人深入康定县朋布西乡哲切觉姆修行点，针对全州觉姆寺庙“五通”建设、觉姆群体社会保障、健康服务、政策法规入寺等方面，开展“关心关爱觉姆群体”对口协商活动。

11月23日至26日，州政协协调和争取省政协大力援助，做好海特集团捐赠给塔公木雅祖庆小学近40万元慰问物资的联系联络、协调服务等工作，共赴灾区看望慰问；协调联系雅安市政协，为新都桥受灾群众送去慰问物资近12万元。

11月28日，州政协召开机关全体干部职工大会，学习省州委关于当前抗震救灾工作的一系列文件要求，全面传达习近平总书记、省委王东明书记及州委、州政府领导的重要指示精神，并为地震灾区捐款共计38200元。

12月11日，州政协副主席杨学康带领在康州政协农业界别委员，赴州林业局开展“林业助农增收”对口协商。

12月19日至23日，全国政协民宗委主任朱维群率中央西藏工作协调小组调研组，赴甘孜州丹巴、道孚、炉霍、康定县就稳定、发展、民生开展调研。省政协副主席、省委统战部部长崔保华，省委藏区工作办主任刘坪，州委副书记、州政法委书记向秋，州政协副主席范文华，以及州委统战部、州政协民宗委的负责人配同调研。

【提案工作】 全年，共收到委员提案173件，审查立案167件，并案处理3件，作为委员意见转有关部门办理3件。提案内容涉及发展信息产业、转变发展方式，现代农业产业化发展，边远村寨进行移民扶贫搬迁，做好金融支持“扶贫惠农”工程，建立中小学生医保档案，完善医疗保障统筹体系，开发红色旅游纪念教育基地，加强市场物价监管，提高“五保”供养标准，适当缩短甘孜州女领导干部享受上一级非领导职务生活待遇时间，出台对集体公益林生态效益补偿奖励办法，为劳务用工人员购买社保，加强寺庙消防安全，培养高素质僧侣人才，农牧区环境污染治理等。

·调研视察和对外交流·

【年内历次调研视察】 3月中旬至4月初，由2名州政协副主席带队、州政协专委会和部分州县政协委员参加的4个调研组，分别深入全州18县、45乡（镇）、126村、128个州县部门开展干部执行力专题调研。期间，调研组走访近1200名政协委员、机关干部、调研员、退休老干部、企业人士和基层群众，召开座谈会67场，查阅各类资料近1000份。通过全面调查了解当前党政干部执行力建设的基本情况，执行力建设中存在的主要问题及原因分析，广泛征求意见建议并认真梳理，形成《政协甘孜州委员会关于我州党政干部执行力建设的调研报告》。

5月20日至26日，州政协副主席蒋秀英组织中国非物质文化遗产研究院专家3人，深入道孚县扎坝片区开展村落文史调研。

7月4日至20日，由州政协3名副主席带队，州县政协委员、四个专委会和十个州级相关部门参与的三个工作组，采取省州县委员联合、州级部门联动、州县政协协作的方式，深入全州20个县（局）、53个乡（镇）、41个企业、5个矿山、13个景区、35处工程施工现场，召开座谈会63场，走访各界人士1280余人，调查了解生态环境建设情况，广泛征求和收集意见建议，形成《全州生态环境保护建设情况的调研报告》。

9月10日至17日，州政协副主席周冬秀带领州经信委、州政协文教委相关人员深入德格、白玉县开展中藏药业发展及民族民间文化调研。

12月3日至7日，州政协组织部分州、县政协委员和相关部门的负责同志，对全州依法治州工作情况进行视察。视察组通过州县联动、实地视察、听取汇报、查看资料、召开座谈会等形式，集中对九龙、炉霍、甘孜三县依法治州工作进行了以点带面式的实地察看，形成《关于依法治州工作的视察报告》。

12月8日至9日，州政协副主席杨学康带领农业界别委员，联合泸定县政协就泸定县顺河堰工程建设项目进行视察，形成《政协甘孜州委员会2014年农业界委员视察报告》。

【对外交流】 9月7日至17日，州政协副主席、州创建活动领导小组副组长范文华，率领由州政协民宗委专兼职副主任，康定、九龙和炉霍三县政协主席，对口联系部门州民委负责人，州政协民宗委办公室负责人，州创建办有关人员一行9人组成学习考察组，赴内蒙古学习考察创建活动。

（黄礼霞）

དཀར་མཛེས་ཁུལ་སྒྲིག་ཁྲིམས་ཞིབ་བཤེར་ཨུ་ཡོན་ལྷན་ཁང་།

中共甘孜州纪律检查委员会

·概述·

2014年，全州纪检监察机关抓好重大决策部署贯彻落实情况监督检查，纪律执行，“四风”问题整治，权力运行监督制约，案件查办，反腐倡廉氛围营造和自身建设“七项工作”，用正风反腐实际成效不断凝聚党心民心。在康定主办“甘孜在我心中，我为甘孜树清风”廉政文化书画摄影作品展，展出作品194件。在康定、泸定、甘孜、理塘4县开展开门大接访暨宣传教育活动，接待来访群众300多人次，发放各类宣传资料8000多份，1.2万余人次受到教育，受理各类信访事项100多件，全部按程序进行办理或交办。开展6次专项督查，完善述责述廉实施办法，启动述责述廉评议工作，对党风廉政建设社会满意度评价排名全省80位后的10个县进行警示提醒。开展派驻机构建设调查研究，完成州级部门派驻机构建设初步方案。配合省委第五、第七巡视组开展巡视工作，形成巡视反馈问题整改任务分工方案，有力有序推进整改落实。轮训全州纪检监察干部5次，选派19名纪检监察干部参加中央纪委、省纪委培训。开展纪检监察干部作风巡察，发现问题36个，提出整改意见32条。

·重要会议·

【州纪委十届四次全体会议】 2月23日，中共甘孜州第十届纪律检查委员会在康定召开第四次全体会议。州委副书记、州纪委书记刘坪代表州纪委常委会作题为《推进五个转变、抓好七项工作，以党风廉政建设和反腐败工作成效凝聚党心民心》的工作报告。全会决定，全州纪检监察干部公开作出十项承诺，自觉接受党和人民的监督。

·资料链接·

甘孜州纪检监察干部十项公开承诺

一、忠诚可靠、信念坚定，坚决维护党章权威；二、坚定立场、旗帜鲜明，全力维护团结统一；三、聚焦中心、强化服务，主动护航改革发展；四、作风深入、真心为民，切实践行群众路线；五、刚正不阿、秉公执纪，依纪依法严惩腐败；六、实事求是、勇于创新，始终保持昂扬锐气；七、刻苦学习、勤于实践，不断提升履职能力；八、执行有力、敢于担责，着力提高工作效率；九、爱岗敬业、甘于奉献，积极争创一流业绩；十、清正廉洁、严于律己，自觉接受群众监督。

【党风廉政建设“两个责任”工作会议】 6月19日，全州落实党风廉政建设“两个责任”工作会议在康定召开，省纪委副书记李世成宣讲解读省委《关于落实党风廉政建设党委主体责任和纪委监督责任的意见（试行）》，州委书记胡昌升就落实党委主体责任作表态发言，并就落实“两个责任”作重要讲话。州委副书记、州长益西达瓦主持会议。州县四大家、纪委领导班子成员和部门负责人以及派驻纪检监察机构负责人参加会议。

·廉洁从政·

【出台甘孜州干部职工执行“5项要求16个不准”规定】 4月，州纪委建立干部监督制约机制，出台《甘孜州干部职工执行“5项要求16个不准”规定》，对全州干部职工的执行、服从、用权、工作、奉献5个方面作出16个不准的明确要求，并开通举报电话和举报网址。一、执行决定：不准信谣、传谣、造谣，或公开发表违背党委、政府决策部署的言论；不准阳奉阴违。二、服从组织：不准在党内搞非组织活动、破坏党的团结统一；不准拒不服从组织安排、搞个人主义、自由散漫；不准跑官要官、拉票贿选。三、秉公用权：不准以权谋私，不准接受可能影响公正执行公务的任何馈赠和宴请，不准公车私驾、私用。四、专心工作：不准上班时间上网聊天、打游戏，或其他从事与工作无关的事；不准以争取项目、资金为名长期外出，或无病历证明请病假长期离岗；不准拒绝群众正当诉求、给群众办事推脱；不准在公务时间、公务场所打牌娱乐，或与管理和服务对象输赢财物，或参与赌博、为赌博提供条件。五、克己奉公：不准弄虚作假，不准违规经商或从事营利活动，不准用公款参与消费娱乐活动和获取各种形式的俱乐部会员资格，不准利用婚丧嫁娶、乔迁履新等活动借机敛财。凡违反以上规定的，给予相应的组织处理和纪律处分；涉嫌违法犯罪的，移送司法机关依法处理。

【五个转变】 推进由注重业务工作向聚焦中心服务大局并重转变，出台“八个一律”“八个严禁”等规定，严明政治、组织、财经、工作和生活五大纪律，聚焦中央、省、州重大决策部署开展明察暗访，发现问题136个，提出整改意见207条。推进由注重制度建立向执行并重转变。出台“5项要求16个不准”“4个坚持27个禁止”等规定，清理反腐倡廉建设规范性文件46个，废止17个，修改完善3个。组建12个督查组，开展反腐倡廉重大制度贯彻落实情况专项检查，对发现的问题责令限期整改。推进由注重治标向治本并重转变。制定惩防体系建设2013—2017年实施方案《任务分工》，落实“三早三卡”预警机制，强化廉政风险防控，推进权力依法规范运行。开展“廉政教育大讲堂”、任前廉政谈话、职务犯罪人员现身说法等廉政教育活动200多场，警示教育实效不断显现。推进由注重监督向接受监督并重转变。自觉接受组织和群众的监督，全州纪检监察干部率先作出“十项承诺”，州纪委监察局召开各界代表人士座谈会征求意见建议53条，深入基层、群众征求意见建议602条，逐一落实整改；出台《甘孜州纪检监察干部“六个严守二十五个严禁”的规定》，受理涉及纪检监察干部的信访举报9件，查处6人。推进由封闭纪检向开放纪检转变。在甘孜电视台播出纪委书记访谈节目4期。邀请州县“两代表一委员”、媒体、村干部和基层群众代表参加“纪委开放日”活动。在康定、泸定、甘孜、理塘4县开展“开门大接访”活动，受理各类信访78件，办结69件。出台《特邀监察员动态管理办法》，积极发挥特邀监察员作用。

【纪律执行】 开展遵守政治纪律情况监督检查6次，全州190名党政“一把手”、纪委书记（纪检组长）分别作出承诺；认真落实《党内监督条例（试行）》、“三重一大”集体决策等纪律要求，督导全州各县和州级部门认真召开领导班子专题民主生活会，督促问题整改，增强组织纪律意识；扎实开展群众工作全覆盖监督检查，督促整改问题52个，解决群众诉求592个，化解矛盾纠纷和积案积访89起；开展重大决策部署贯彻落实情况监督检查12次，发现问题687个，提出整改建议510条；开展廉政谈话1413人次、任前谈话829人次，领导干部述职述廉3516人，建议暂缓提拔3人，否决表彰对象4个，审批县（处）级领导干部个人重大事项报告33人次。

【廉政宣传教育】 打造“雪域卫士”廉政品牌，形成“网站、杂志、电视、报纸、短信”五位一体宣教平台，制作播放“雪域卫士”专题节目6期，四川卫视播出甘孜州纪检监察干部开门接访暖人心和加强抗震救灾监督检查2部专题片，中央、省、州媒体报道全州反腐倡廉建设新闻800余条，网站发布信息1300余条。新建廉政文化示范点10个，举办廉政文化作品展，进一步营造风清气正的社会氛围。

·惩防体系和作风建设·

【“四风”整治】 制发《正风肃纪专项整治工作方案》，年内，6次暗访675个州县机关单位和310个乡镇，责令整改问题823个。全年会议、文件、表彰活动同比减少22.4%、16.9%、44.6%，“三公”经费支出同比减少30%，清理超占办公用房近7000平方米，停建9个楼堂馆所5万余平方米，清理在企业兼（任）职干部181人，18名干部主动上交红包礼金36.19万元。建立“四风”问题线索排查机制，严肃查处“四风”问题，全州立案252件，给予党纪政纪处分232人，点名道姓通报曝光104起151人，“四风”案件立案数居全省第4位，内部通报和公开曝光数居全省第2位。

【权力制约】 推进行政权力依法规范公开运行平台和电子监察平台建设，清理行政处罚、强制等7类权力事项5180项，审核通过行权监察点4154项。受理、办结“96960”行政效能投诉32起。加大行政问责力度，查处“吃拿卡要”问题4件4人；开展庸懒散浮拖问题整治专项监察71次，提出整改措施57条，纠正问题49个，查处75件75人。深入推进党务、政务公开，开展监督检查27次，提出整改措施127条。

·监督检查和案件查处·

【监督检查】 重要节点督查，紧紧盯住春节、中秋、维稳敏感期等重要节点，开展“四风”问题、维稳工作等暗访督查，责令11个单位“一把手”作出书面说明。重点工作督查，组织9个督查组对群众工作全覆盖、教育实践活动、党风廉政建设等重大决策部署执行落实情况开展暗访督查，责令整改问题145个；第一时间组织8个督查组赴康定“11·22”地震灾区开展监督检查，发现问题42个，提出整改意见13条。民生项目督查，查处“人情”低保17起、扶贫专项资金案件1件1人、惠民政策落实中的违纪问题8件8人，查纠侵占挪用各种补助资金79万余元。

【案件查办】 全州纪检监察机关共初核违纪线索442件、立案350件、结案338件、给予党纪政纪处分334人，同比分别增长62.5%、90.22%、87.78%、68.69%。查处并通报一批具有典型性和影响力的案件，处分县级干部10人，移送司法机关3人，形成有力震慑。坚持惩戒与保护并重，对反映失实的问题予以澄清，为13个单位73人澄清是非。

（李　三）

ཀྱི་ཚོགས་ཚོགས་པ།
社会团体

·甘孜州总工会·

【概况】 全年，开展劳模评选、宣传和服务工作，召开甘孜州第五届劳动模范表彰大会，表彰99名事迹突出、先进感人、职工群众公认的一线职工劳模，给予每名劳模1万元奖励。举办“劳动光荣·展职工风采”职工文艺会演。开展劳模关爱活动，帮扶慰问劳模354人次，组织劳模健康体检158人次。开展“当好主力军、建功‘十二五’”劳动竞赛，规模以上企业参与面达80%以上，参与职工2.5万人次。深化“我为企业发展献一策”提合理化建议等群众性经济技术活动，56条合理化建议被采纳实施，直接节约经济价值80万元。开展“奉献甘孜建设”职工技能培训、技能竞赛等活动，参与职工1万余人次，涌现出一批全国、省“工人先锋号”、“五一劳动奖状”和省级劳动竞赛先进集体和标兵，弘扬“劳动光荣、工人伟大”的主旋律。

【召开州工会第九次代表大会】 9月19日，州工会第九次代表大会在康定情歌剧场开幕，来自全州各条战线的240余名职工代表出席会议。州委书记胡昌升出席大会开幕式并讲话，省总工会党组成员、副主席胥纯到会指导；州委常委、宣传部部长、州总工会主席相洛作工作报告。9月21日，州工会第九次代表大会完成各项议程闭幕。会议审议通过州总工会第八届委员会工作报告、财务工作报告和经费审查工作报告，选举产生州总工会第九届委员会和经费审查委员会委员，表彰了全州工会模范“职工之家”、工会模范“职工小家”、优秀工会工作者和优秀工会积极分子。会议选举产生州总工会第九届委员会领导班子，州委常委许春秀当选为主席，丹珍志玛、岳国荣、罗德强分别当选为常务副主席、副主席。

【帮扶困难职工】 2014年，争取帮扶项目资金927.1万元，在全州实施生活保障、医疗救助、法律援助、职业培训、助学救助、特殊帮扶等一系列帮扶项目，全年累计帮助各类困难群体14486人次，切实解决职工群众最迫切、最现实、最直接的困难和问题。开展“四季送”活动，筹集“送温暖”资金192.25万元，走访慰问困难职工3855户。开展“就业援助月”等活动，为就业困难群众提供职业介绍、政策咨询等服务2000余人次，帮助223人实现下岗再就业。筹集“金秋助学”资金69.48万元，资助261名困难家庭子女顺利入学。累计兑现助学金273万元，帮助546名贫困学生圆梦大学。全年职工住院医疗互助保险新参保和续保单位420个，赔付1504人，赔付金额117.85万元；女职工大病互助保险新参保人数1928人，赔付15人次，赔付金额18万元，累计覆盖7万余名职工。

【维权职工合法权益】 全年提供法律服务上百人次，及时协调处理各类来信来访，解决拖欠工资、工伤赔偿、劳动关系纠纷经济补偿等共计173.5万元。举办职工维权法律专题讲座、广场法制宣传、进企业宣讲60余场次，发放宣传资料2万余份；组织6000余名职工参加“依法治省”知识竞赛活动，受到省总工会表彰。开展劳动保护工作，主动参与安全生产事故调查处理，州总工会连续四年被评为全州安全生产先进单位。组织“安康杯”竞赛活动，3个企业（班组）被评为全国、省优胜单位。

（冯　颖）

甘孜州第五届劳动模范汇总

表3

序号	姓名	性别	年龄	民族	文化程度	政治面貌	工作单位	职务	单位类型	曾获最高荣誉	系统
1	高才宏	男	54	汉	高中	党员	州群工局	州委副秘书长、群工局局长	行政	2012年获全国优秀信访督察员	党委
2	王军	男	38	汉	大学	党员	州目标督查办	副县级督察员	行政	2010年获州人事局“公务员三等功一次”	党委
3	高进华	男	47	汉	大专	党员	雅安干部休养所	副主任科员	行政		党委
4	尼苦石业	男	34	彝	大学	党员	州政法委	研究室主任	行政		政法
5	王宇	男	36	汉	本科	党员	州公安局	刑侦支队现勘大队教导员	行政	2012年获省公安厅“省百优刑警”	政法
6	泽仁拉错	女	53	藏	大学	党员	州国安局	副县级调研员	行政	2008年获国家安全部“全国技侦尖兵”	政法
7	王强	男	44	汉	本科	党员	州纪委监察局	纪委副书记、监察局局长	行政	2006年获州委“全州优秀党务工作者”	纪检
8	肖志洪	男	45	藏	大专	党员	州宗教事务局	党组书记、局长	行政	2007年获“全国各族青年团结进步奖”	统战
9	钱稚萍	女	52	汉	大专	群众	州人民医院	内一科主任	事业	2012年获四川省卫生厅“省群众喜爱健康卫士”	卫生
10	杨毅	男	43	汉	本科	党员	州卫校	内科学高级讲师	事业	2000年、2011年获州委“州优秀教师”	卫生
11	叶萍	女	47	汉	大专	党员	州疾控中心	科长	事业	2007年获省总工会省女职工建功立业标兵	卫生
12	格桑志玛	女	45	藏	中专	群众	州歌舞团	声乐队队长	事业	2008年获韩国“世界文化开发大会世界和平奖”	宣传
13	袁飞	男	54	汉	大专	党员	甘孜日报社	主任记者	事业	2010年获州委、州政府“建州60周年先进个人”	宣传

续表

序号	姓名	性别	年龄	民族	文化程度	政治面貌	工作单位	职务	单位类型	曾获最高荣誉	系统
14	张洪波	男	56	满	大学	党员	州畜牧站	站长2013年退休	事业	2012年获国家知识产权局“国家级发明专利奖”	畜牧
15	何仁安	男	57	藏	大学	党员	州科情所	副所长	事业	2000年获省民委“省少数民族地区科普先进个人”	畜牧
16	杨开俊	男	47	汉	本科	党员	州农科所	所长	事业	2007年获州委、州政府“州首届学术技术带头人”	畜牧
17	张祯平	男	44	汉	大专	党员	州人大	城乡环境资源保护工作委员会副主任	行政	2007年获四川省委、省政府“省维护民族团结保护社会稳定先进个人”	人大
18	冯柏清	男	44	汉	大学	党员	州政协	副秘书长、办公室主任	行政	2012年获省政协办公厅“先进个人”	政协
19	康亮芳	女	47	藏	本科	党员	四川民族学院	政法系党总支部书记、教授	事业	2001年获甘孜州优秀教师	教育
20	尼麦	男	47	藏	本科	党员	康北民族高级中学	教务处副主任	事业	2008年获省师德标兵	教育
21	生龙多加	男	43	藏	本科	群众	省藏校	高级讲师	事业	1996年获省民委、省教委“省双语教育教学先进工作者”	教育
22	罗绒尼玛	男	58	藏	高中	党员	新川藏运业公司	一分司经理	企业	2008年获州直工委“优秀共产党员”	交通
23	胡蓉	女	48	汉	大专	党员	州计生指导所	副所长	事业	2003年获全国计划生育科技工作先进个人	政府
24	贾瑞东	男	37	藏	本科	党员	海螺沟管理局	磨西镇镇党委书记	行政	2012年获省委、省政府“四川省城乡环境卫生先进个人”	政府
25	郑全林	男	55	汉	大专	群众	州儿童福利院	副院长2013年退休	事业	2012年获省民政系统先进个人	政府

续表

序号	姓名	性别	年龄	民族	文化程度	政治面貌	工作单位	职务	单位类型	曾获最高荣誉	系统
26	王华东	男	37	汉	研究生	党员	州商务局	办公室主任	行政	2012年获省“5・12”防灾救灾大演练先进个人	政府
27	黄虎彪	男	48	汉	本科	群众	州民干校	管理学教研室主任	事业		政府
28	戴旭	男	43	汉	大学	党员	州残联	党组书记、理事长	行政	2008年获州委、州政府“全州维稳应急先进个人”	群团
29	文建国	男	49	汉	大学	党员	州地税局	局长	行政	2001年获甘孜州十大杰出青年	国税
30	欧小红	女	39	汉	本科	党员	泸定县国税局	税源管理一科科长	行政	2006年获全省国税系统优秀共产党员	国税
31	彭措	男	50	藏	大专	党员	稻城县气象局	局长	事业	2008年获省气象厅“省气象行业先进个人”	国税
32	刘志斌	男	47	汉	本科	党员	州林科所	森林资源开发利用研究室主任、高级工程师	事业	2012年获省政府“省科技进步三等奖”	林业
33	龙波	男	50	汉	大学	党员	道孚林业局	局长	企业	2011年获州政府“州保护野生动物及自然保护区工作先进个人”	林业
34	柳孝林	男	50	汉	大专	党员	白玉林业局	局长	企业	2013年获全国林业系统劳动模范	林业
35	王立平	男	27	汉	大专	党员	中国移动石渠分公司	网络部主任	企业	2000年获中国移动集团通讯公司“青海玉树抗震救灾先进个人”	国资委
36	温吉祥	男	45	汉	大专	群众	州建一司	法人、董事长	企业	2009年获四川省建设厅“省建筑企业优秀经理”	国资委
37	李晓松	男	38	藏	大专	党员	州邮政局速递物流公司	部门经理	企业	获2007—2009年州邮政局优秀共产党员	国资委

续表

序号	姓名	性别	年龄	民族	文化程度	政治面貌	工作单位	职务	单位类型	曾获最高荣誉	系统
38	雷艳	女	44	汉	中技	党员	四川里伍铜业公司	质量管理部副部长	企业	1997年获四川省科学技术委员会“省科技成果二等奖”	国资委
39	钟小林	男	50	汉	本科	党员	农村信用社甘孜办事处	主任	企业	2013年获省委、省政府全省藏区牧民定居行动计划先进个人	国资委
40	陈俊	男	50	藏	初中	群众	康定县公交运输公司	车队队长	企业		康定县
41	袁洪珍	女	46	汉	大专	群众	康定县回民小学	校长	事业	2006年获省教育厅、省环保局绿色学校优秀教师	康定县
42	杨成	男	32	汉	大专	党员	康定县公安局	刑警大队长	行政	2012年获州政府、州政法委“甘孜州十佳人民警察”	康定县
43	李启全	男	44	藏	本科	党员	康定县三合乡政府	副乡长	行政		康定县
44	廖明才	男	59	汉	小学	党员	九龙县八窝龙乡烂泥巴村	村委会主任	农村	2009年获九龙县委、县政府“经济能手一等奖”	九龙县
45	张惠英	女	47	汉	大专	群众	九龙县乌拉溪乡中心校	小学高级教师	事业	2013年获州教育局“全州优秀教师”	九龙县
46	王保权	男	31	藏	本科	党员	九龙县公安局呷尔派出所	所长	行政	2010年获州委、州政府打黑除恶先进个人	九龙县
47	公秋称里	男	38	藏	初小	党员	石渠县色须镇红旗一村	村委会主任	农村	2013年获州委、州政府“全州两心党员”	石渠县
48	刘明建	男	35	藏	大专	党员	石渠县虾扎中心卫生院	院长	事业	2010年获石渠县委、县政府“全县共产党员先锋岗”	石渠县
49	干它	男	68	藏	初中	党员	石渠县正科乡甲松村	村党支部书记	农村	2007年获州委、州政府“全州优秀村党支部书记”	石渠县

续表

序号	姓名	性别	年龄	民族	文化程度	政治面貌	工作单位	职务	单位类型	曾获最高荣誉	系统
50	阿加	男	50	藏	初中	党员	雅江县八衣绒乡茨玛绒村小学	教师	事业	2013年获雅江县委、县政府“优秀共产党员”	雅江县
51	余贵松	男	35	藏	大专	党员	雅江县公安局	特勤大队队长	行政	1998年获甘孜州公安局“全州武警支队三等功”	雅江县
52	吴新荣	女	36	汉	大专	群众	雅江县雅江大酒店	总经理	企业	2007年获州委、州政府“州级优秀个体工商户”	雅江县
53	唐红莉	女	37	汉	中专	群众	白玉县麻绒乡卫生院	助理医师	事业		白玉县
54	甲瓦布布	男	35	彝	大专	党员	白玉县城区一完小	教师	事业	2012年获州教育局“全州优秀校长”、2011年获州委“共产党员先锋岗”	白玉县
55	阿扎	男	36	藏	小学	党员	白玉县山岩乡劣巴村	村文书	农村	2011年获白玉县“优秀村干部”	白玉县
56	曹世森	男	65	汉	大学	群众	远熙建筑工程公司	总经理	企业	2012年获巴塘县“首届慈善大使”	巴塘县
57	格松翁姆	女	37	藏	大专	党员	巴塘县人民医院	妇产科医师	事业		巴塘县
58	益西拉姆	女	60	藏	小学	群众	巴塘县夏邛镇由戈西村	农民	农村	2012年获巴塘县“首届爱心大使”	巴塘县
59	肖文平	男	45	藏	大专	群众	丹巴县农牧科技局	高级畜牧师	事业	2006年获州政府“科技进步二等奖”	丹巴县
60	杜小贵	男	46	藏	大专	党员	丹巴县格宗乡白玉村小学	教师	事业	2007年、2011年、2012年获丹巴县教育局“优秀教师”	丹巴县
61	桂花	女	34	藏	中专	党员	丹巴县聂呷乡甲居一村	村支部书记	农村	2004年获团省委“省五四青年奖章”	丹巴县
62	罗清华	女	41	藏	本科	党员	甘孜县民族中学	校长	事业	2010年获州委、州政府“建州60周年先进个人”	甘孜县

续表

序号	姓名	性别	年龄	民族	文化程度	政治面貌	工作单位	职务	单位类型	曾获最高荣誉	系统
63	泽仁洛加	男	34	藏	本科	党员	甘孜县政府	副县长	行政	2008 年、2012 年分别获州委、州政府“维稳应急先进个人、全州优秀党务工作者”	甘孜县
64	杨志刚	男	39	藏	大专	党员	甘孜县扶贫移民局	局长	行政	2011—2013 年度获甘孜县委优秀共产党员	甘孜县
65	王安全	男	55	汉	初中	群众	理塘县供电公司拉波供电所	所长	企业		理塘县
66	毕堂平	男	39	汉	大专	党员	理塘县农牧和科技局	纪检组长	事业	获 2010—2012 年州科协“先进科普工作者”	理塘县
67	志马	男	50	藏	初中	党员	理塘县下木拉乡中下岩村	村委会主任	农村	2005 年获理塘县委优秀共产党员	理塘县
68	斯朗曲西	女	33	藏	大专	群众	理塘县第三完小	副校长	事业	2012 年获甘孜州优秀教师称号	理塘县
69	杨莉	女	40	汉	本科	党员	泸定县委群众工作局	局长	行政	2012 年获州委、州政府年度信访先进个人、2013 年获州委群众工作先进个人	泸定县
70	周德博	男	42	汉	初中	党员	泸定县冷碛镇木瓜沟村	党支部书记	农村	2009 年获优秀村委会主任	泸定县
71	阿青呷	女	37	藏	小学	群众	乡城县青麦乡黑达新村	务农	农村		乡城县
72	丹巴	男	46	藏	大专	党员	乡城县城建局	城管执法大队队长	行政	2008 年获乡城县委优秀共产党员	乡城县
73	吴冬英	女	53	藏	中专	群众	乡城县人民医院	妇产科主任	事业	2012 年获四川省五一巾帼标兵奖	乡城县
74	张兴玉	女	48	汉	大专	党员	色达县城小	校长 2014 年退休	事业	2006 年获全国妇联“三八红旗手”	色达县
75	所彭	男	44	藏	大专	党员	色达县政法委	副书记、调解中心主任	行政		色达县

续表

序号	姓名	性别	年龄	民族	文化程度	政治面貌	工作单位	职务	单位类型	曾获最高荣誉	系统
76	张翰	男	27	汉	大专	党员	色达团县委	副书记	行政	2012 年获甘孜州学雷锋十佳青春榜样	色达县
77	底周	女	29	藏	中专	党员	色达县康勒乡阿交村	村卫生室医生	农村		色达县
78	降多吉	男	33	藏	小学	群众	德格县住建局市政管理所	环卫工人	事业		德格县
79	雍海秀	女	38	藏	大专	党员	德格县中扎科乡	村支部书记	农村		德格县
80	李英华	男	39	汉	大专	党员	德格县文旅广体局	广播电视台台长	事业	2011 年获州委“全州共产党员先锋岗”	德格县
81	白马尼麦	男	45	藏	小学	党员	新龙县博美乡德麦巴村	村支部书记	农村	2000 年获新龙县委优秀共产党员	新龙县
82	充翁降泽	男	25	藏	中专	党员	新龙县子拖西乡派出所	协警	事业		新龙县
83	马春芳	女	38	汉	大专	党员	新龙县农牧科技局	中级农艺师	事业	2010 年获州政府“甘孜州科学技术进步一等奖”	新龙县
84	布秋	男	51	藏	小学	党员	稻城县各卡乡尼龙村	村支部书记	农村	2011 年获甘孜州优秀村支书	稻城县
85	李孟虹	男	37	汉	大专	党员	稻城县审计局	总审计师	行政	2009 年获全国审计系统先进工作者	稻城县
86	四郎青忠	女	39	藏	大专	群众	稻城县中学	中教一级	事业	2012 年获《民族地区数学教学探讨》全国优秀一等奖	稻城县
87	罗绒彭错	男	58	藏	初小	群众	得荣县公路段	工人	事业		得荣县
88	扎西次仁	男	37	藏	初中	党员	得荣县子庚乡瓦卡村	村支部书记	农村		得荣县
89	向红	女	47	藏	大学	党员	得荣县中学	中教高级教师	事业	2009 年获省级优秀教师	得荣县

续表

序号	姓名	性别	年龄	民族	文化程度	政治面貌	工作单位	职务	单位类型	曾获最高荣誉	系统
90	热登	男	50	藏	大学	党员	道孚县中心敬老院	院长	行政	2013 年获全国广电系统先进工作者	道孚县
91	刘慧琼	女	43	汉	本科	群众	道孚县一中	教师	事业	2013 年获省优秀教师	道孚县
92	冯青春	女	50	藏	小学	群众	道孚县八美镇	个体经营户	企业		道孚县
93	土布	男	48	藏	本科	党员	炉霍县俄色公司	董事长	企业	2011 年获省绿化先进个人	炉霍县
94	徐全益	男	50	汉	高中	群众	炉霍县自来水厂	管道班班长	企业		炉霍县
95	福强	男	42	藏	小学	党员	炉霍县宜木乡通龙村	农民	农村		炉霍县
96	昂波	男	56	藏	本科	党员	甘孜州国土局	局长	行政	2011 年获州委、州政府“优秀公务员三等功一次”	国土局
97	刘涌	女	48	汉	大专	群众	甘孜州环保局	规划财务科长	行政	2012 年获省环保系统先进个人	环保局
98	杨　旭	男	44	汉	大专	党员	泸定县政府办	高级工	行政	2011 年、2012 年获州委优秀共产党员	泸定县
99	张燕	女	40	汉	本科	党员	甘孜州人民检察院	计划财务处处长	行政	2012 年获全国检察机关先进工作者	检察院

备注：杨旭在评选劳模过程中于 7 月 22 日死于肝癌。

·共青团甘孜州委员会·

【概况】 1月9日，召开共青团甘孜州十届委员会二次全委（扩大）会，作出《关于加强基层团建工作的决定》，出台《关于加强基层团建工作的实施意见》，对全州基层团建工作进行安排和指导。年内，雅江、巴塘、康定机场集团等已召开团代会换届，明确下步工作思路。促成团县委班子成员转岗5人，新配备8人，13县配齐团县委班子，团县委班子配备率较2013年提升62.5%。康定、泸定、甘孜、雅江、德格、理塘、色达、巴塘、道孚9县乡镇（街道）团委工作经费均纳入预算，团州委从自身经费中支持基层22万元，整合300余万元各类项目支持基层。推荐3名干部参加“优秀年轻干部人才递进培养计划”，4名团干部参加团中央民族地区团干部培训计划，组织中央、省级团干部调训18期，150人参训；举办4期各级团干部培训班，1470人参训。推荐1名团员青年被团中央评为2013年度全国优秀共青团员，推荐甘孜州公安局特警支队获评“四川青年五四奖章集体”（全省2个）。推荐62个集体和个人获得团省委、省少工委、省青志协等表彰。全年发展团员5841名，推优429名，为党组织培养、输送新鲜血液。组织召开州少工委二届二次全委会，完善少先队组织自身建设。团州委、州少工委下发《2014年甘孜州少先队辅导员培训方案》，落实少先队辅导员分级分类培训，对全州少先队组织建设及工作状况进行专项摸底调查。采取日通报、月统计的形式，加强对各级少先队组织的量化考核。持续推进少先队活动舆论宣传建设工作。

【州青年联合会第九届委员会第一次全会召开】 9月24日，甘孜州青年联合会第九届委员会第一次会议在康定剧场开幕。会议回顾总结过去6年的工作，安排部署今后5年工作。州委书记胡昌升作重要讲话。大会听取了甘孜州青年联合会第八届委员会工作报告，会议通过《甘孜州青年联合会第九届委员会第一次全体会关于甘孜州青年联合会第八届委员会报告的决议》，洛绒拉珍当选州青年联合会新一届主席，王丹、尹江涛等18名同志当选为副主席。

【青少年思想教育引导】 组织开展演讲比赛、知识竞赛、扶危帮困、走访慰问、座谈交流、夏令营、“学雷锋”、“红领巾心向党”、“我为核心价值观代言”、寻找乡村好青年、“爱国守法感恩团结”歌曲大家唱、甘孜青年大讲堂等活动2000余场次，覆盖20万余人次，开展青少年理想信念教育，灌输培养青少年对党和社会主义祖国的朴素感情，培育青少年社会主义核心价值观。

【服务青年工作】 2014年，全州共招募群众工作志愿者17148名，开展各类志愿服务活动1649场次（走基层政策宣讲志愿者服务队开展各类宣讲活动60227场次除外）；开展美化环境、援助孤残、关爱慰问、会务服务、禁毒防艾环保宣传、应急救援等志愿服务8700余人次，累计服务时长20余万小时，累计服务31.43万人次。举办甘孜州首届青年优秀创业项目设计大赛，青年创业大讲堂两期，投放青年创业贷款115万元，培训农村待业青年160人次，探索建设甘孜共青团青年创业小额贷款平台，以创业带动就业。在全州范围内按照农区、牧区、景区、城镇社区模式建设30个试点群团服务站。四川省群团社会服务工作（甘孜州）集中启动仪式在泸定县举行。举办群团转型发展专题讲座、专题培训班和主题座谈会。30个站点开展各类服务活动674场次，覆盖35370人次。整合资金380余万元，实施助学、希望图书室、健康洗手池、快乐中心、希望小学等青少年民生项目，1.5万余名青少年受益。开展“小手拉大手·共护圣洁甘孜”微创意、微公益、微倡议、微志愿行动39场次。整合资金590余万元，完成

72575个心愿。“圆石渠边远牧区孩子暑期愿望”全城募集活动，为石渠贫困少年儿童募集到学习用具等各类物资1万余件。推荐5名、8名少先队员分赴新加坡、北京参加“世界童窗”交流计划和航天科普夏令营。康定县两名少先队员受邀参加央视“六一”晚会录制。组织52名少先队员参加“姚基金希望小学篮球赛”，与姚明近距离交流。泸定少先队员尹浩仪获得全国科技创新大赛银奖，填补甘孜州此项赛事获奖空白。

【青少年维权工作】 年内，开展走访调研、座谈交流39场次，推荐3家单位获得四川省“青少年维权岗”称号。整合专业力量，在全州集中开展中高考减压“阳光行动”和青少年自护教育等活动，6000余名学生受益。编订《甘孜州青少年法制宣传手册》，开展普法志愿服务活动57场次，发放资料8000余份，利用网站、微博、微信等新型宣传媒体，定期分布法制宣传内容，加强青少年法制宣传力度。

（向科先）

·甘孜州妇女联合会·

【概况】 2014年，全州各级妇联积极向各级党委、政府建言献策，与政府各部门密切配合，大力促进妇女发展工作。组织全州女干部参加国家、省素质提升培训23次，参训人数82人次；全州组织专题培训4次，参训人数500余人次；与州卫生局等部门举办妇幼技能竞赛，20名妇幼保健专业技术人员参加竞赛；制定《甘孜州妇女居家灵活就业发展规划》，开展妇女种养殖、藏绣、缝纫等实用技术培训11期，培训妇女近5500人。搭建信息平台促进创业就业，全州各级妇联积极参与“春风行动”，发放“春风卡”等宣传材料5789份，组织招聘洽谈会1场，专场介绍女性就业120人。在窗口单位和服务行业巾帼文明岗中开展“让服务更优、窗口更亮”创先争优活动。开展宣传活动19场，发放宣传资料6000余份；邀请“四川省巾帼维权女律师服务团”的律师赴甘孜州开展“法律大讲堂”公益讲座，创办《雪域巾帼》刊物，开展推优工作，荣获全国妇联表彰的全国“三八红旗集体”1个、“三八红旗手”1名，荣获省妇联表彰的“三八红旗集体”1个、“三八红旗手”2名，荣获四川省“平安家庭”创建工作先进集体22个、先进个人5名，全省家庭教育工作先进集体3个、先进个人3名。牵头完成《甘孜州农牧区家庭生活习惯现状调查报告》；举办首届甘孜妇女摄影展，成立甘孜州女摄影家协会。

【维护妇女儿童合法权益】 州、县两级妇联共受理群众来信来访来电案件49件，97人次，结案率达到96%。妇联人民陪审员参与6件妇女儿童案件审理；与州综治办联合在全州组织评选表彰110户“平安家庭”，举办颁奖晚会；组织召开“倡廉创廉贤内助”座谈会，州、县贤内助代表、州县机关妇委会代表以及甘孜州妇联执委近100人参加座谈会。开展“廉政文化进家庭”宣传活动，发放藏汉双语“廉政文化进家庭倡议书”“格言警句”“家庭助廉三字经”等宣传资料4600余份；组织州县妇联干部到廉政教育基地泸定桥、泸定革命历史纪念馆和州委党校廉政教育基地参观学习，进行廉政建设警示教育。

【关心关爱妇女儿童】 全州组织开展送健康活动220次，检查2万余人，接受咨询3万余人次，发放宣传资料10万余份，免费发放常用药品价值近26万元。如：邀请成都锦江区妇幼保健院专家组先后深入康定、道孚、理塘、乡城等县为1000余名妇女开展免费检查和两癌健康知识讲座，免检查费9.2万元；联合德格、稻城县妇联、州卫生计生局邀请成都蜀都乳腺医院开展预防两癌知识讲座；为泸定县5名两癌患病妇女争取到全国两癌救助金5万元。慰问贫困妇女68次755人，送去慰问物资和慰问金23.95万元；理塘、白玉等县向贫困母亲发放“母亲邮包”1332个；成立四川省甘孜州巾帼助老志愿服务分队，18个县和2个景区管理局成立巾帼助老志愿服务支队。各县举行“格桑花”——2014年暖冬行动暨爱心物资发放仪式，发放爱心衣物、书包、鞋子等价值达42万元；“六一”儿童节期间，全州慰问学校340余所，慰问孤残儿童450名，发放慰问金60余万元，物资2.5万余件；江苏省“江阴妈妈·周庄镇爱心团”向乡城县然乌乡、水洼乡中心校捐资捐物6万余元；争取中国妇女发展基金会“母亲水窖·校园安全饮水”工程项目5台价值50万元的安全饮水设备，分别在康定、泸定5所学校落户，解决3000余名师生安全饮水问题；向甘孜县甲登慈善学校捐赠价值2万多元的生活物资和净水机1台。

（廖移海）

·甘孜州残疾人联合会·

【概况】 2014年，全州已有282个乡（镇）组建残联并配齐兼职理事长和工作人员，2421个村（社区）完成残协的组建工作并配备兼职残协主席和委员“量服”工作。掌握了26535名残疾人的基本信息，为22961名残疾人制定143842项次的帮扶方案和发展方案；整合各方力量和资源为21820名残疾人及其家庭提供95931项次的服务。深入1438名残疾人家庭中进行“量服”督查，合格率达99.24%，网上抽查7286人，合格率达99.96%。全州共核发第二代残疾人证23733本，2014年共核发3740本。组织9名残疾人运动员参加全省第八届残运会，取得1银1铜的成绩。开展“爱心帮扶助残志愿者招募活动”，已注册助残志愿者3000多名。征收残疾人保障金1300万元，州本级预计征收400万元，各县预计共征收900万元。

【残疾人民生工程】 2014年，实施以残疾人医疗、教育、康复、就业、扶贫等为主的民生服务工程，改善残疾人生产生活条件。全州完成城乡残疾人居家灵活就业6522人，完成目标5720人的114.54%；帮助1531名农村贫困残疾人改善生产生活条件。完成目标1100人的139.18%；共为1397名残疾人发放辅具，完成目标550名的254%。全年，共救助贫困脑瘫儿童81名，各县筹集资金救助28名，完成目标55人的147.27%；为2299名残疾人发放托养资金137.94万元，完成目标任务1800人的127.72%；为24户残疾人实施了家庭无障碍改造，兑现补助资金10.50万元，完成目标30户的140%；自筹资金10多万元，购买44台助听器，为44名残疾人验配助听器，完成任务数的183.33%。7个县级、1个州本级残疾人综合服务中心项目全面进入开工建设程序。全面安排部署重度残疾人护理补贴，下拨省财政补助资金367.25万元，州财政配套91.22万元，共计458.47万元到各县，已为10420名残疾人累计发放护理补贴资金达700多万元，完成目标任务数9207的113.17%。

（荆林庆）

·甘孜州工商联合会·

【概况】 2014年，全州有各类民营企业2269户，个体工商户27810户，个体、私营企业从业人员6.6万人。全州民营经济增加值实现91.6亿元，占全州地区生产总值的44.3%；缴纳税收（含国税）18.9亿元，占全州税收的57.5%；出口创汇1333万美金，占比达100%（全州所有的出口均来自于民营经济）。年内，会员企业宗萨藏医院为贫困农牧民群众免除医药费100万余元；全州非公有制经济人士在“11·19”慈善日捐款达318万元。全州18个县工商联党组全部组建，县级工商联于年初全部完成换届，海管局商会进入筹备阶段。州、县工商联主席均由同级统战部长兼任，州、县工商联会员达到1542名。

【招商引资】 组织和配合相关部门筹备、开展“知名企业甘孜行”系列活动。争取到全国工商联及省工商联的支持，组织全国、省内知名企业参加，在北京、成都两地举办招商引资推介会，为签约投资87.28亿元的23个项目奠定了基础。

【对口援建】 与成都市工商联共同策划、具体组织、成功举办以“对口援建、民企添彩”为主题的“成都市民营企业甘孜行”活动。有18家成都市知名企业到甘孜州参加签约仪式并赴雅江、丹巴两县实地考察；签订总金额14.5亿元的产业项目2个，商会合作特色意向项目3个，同步发动爱心企业投资光彩项目。

（敬向峰）

·甘孜州科学技术协会·

【概况】 2014年，州科协围绕州委、州政府工作大局，认真履行“三服务一加强”工作职能，着力推进学术交流、科学普及、人才举荐、决策咨询、组织建设等各项工作。召开科协“五届二次全委（扩大）会”，18个县分管科协领导（科协主席）、“全民科学素质行动计划纲要领导小组”成员单位、州科协五届委员、州级各学会（协会、研究会）等100余人参加会议。会议增、免了甘孜州科学技术协会第五届委员会委员、常委，总结了2013年的科协工作，对全州科协工作做了详细的安排。为相关县科协争取上级经费445万元，其中：争取“基层科普行动计划”项目国家经费90万元，省经费296万元，州配套经费49万元，州级配套“站栏员”经费10万元 。全年共争取对口援助帮扶近30万元资金和科普设施设备。州科协、邮政储蓄甘孜州分行确定康定县江坝锦宏畜禽养殖专业技术协会作为甘孜州“银会合作”首个试点协会，开展相关合作，向协会提供信贷支持。在康定、炉霍、色达、德格、理塘、得荣、道孚县和甘孜州儿童福利院等学校和农牧区中进行法制宣传，共发放资料45800余份，普及人数达1万余人次。全年在群众工作中投入资金近20万元。州科协党支部被州委表彰为“先锋基层党组织”。

【科技社团服务】 组织州内外专家共同编印《青稞种植技术》《核桃栽培技术》《牦牛养殖技术》《健康随身贴》《居民科普实用手册》《抗震救灾知识》藏汉双语科普资料和科普读物20种近7万册，累计投入资金近30万元。组织农牧业专家先后深入理塘、得荣、德格、色达、炉霍、道孚等县开展“送科技下乡”、“健康文明科普进牧区”、“科技进农牧区”实用技术培训等科普宣传活动10余次，共发放藏汉双语科普读物1万余册，发放挂图、图书、科普光盘等科普宣传资料2.65万余份（张/套），内容涉及食品安全、卫生健康、生活常识、防灾减灾等诸多方面。“中国流动科技馆”巡展活动先后在色达、炉霍、道孚、甘孜县开展，并结合开展以“爱国守法感恩团结”“甘孜州科技进农牧区活动”为主题的科技特色宣传活动。4个县参观人数达3万余人次。举办甘孜州第29届青少科技创新大赛，参赛作品451项，共评选出全州优秀科技辅导员创新成果项目、中小学生科研作品、少年儿童科学幻想绘画项目163项；获奖优秀科技教师26名，优秀组织奖15个。甘孜州推荐优秀作品45项（件）参加全国、省科技创新大赛，获奖科技作品24件，4个优秀组织奖。其中1项获得全国二等奖，属甘孜州首次获得全国殊荣。3个DV作品入选全国大赛。组织参加第二届全省青少年科普文化节活动。甘孜州2014年科技活动日暨第二届甘孜州青少年科普文化节在甘孜县朱德总司令和格达活佛纪念馆启动。活动展示青少年科协幻想绘画56幅，并宣传了《未成年人保护法》《妇女儿童权益保护法》《科学普及法》《婚姻法》《环境保护法》《食品安全法》《防震减灾法》《科学普及法条例》《全民科学素质行动计划纲要》等各类法律法规宣传材料8种，600余册，受益人2000余人。开展“科普大篷车进县入校”活动。在甘孜州儿童福利院、康定县甲根坝小学、实验小学举办为期5个月的科普大篷车进校园活动，受益人8000余人次。组织推荐示范带动性强、贡献突出的20个项目。其中，农村专业技术协会6个，农村科普示范基地3个，农村科普带头人9个，科普示范社区2个。组织评审《四川里伍铜矿B2矿体铜锌多金属矿工业试验研究》科技创新项目。

【“科技工作者之家”】 甘孜州科协调研组从7月21日至8月6日赴泸定、巴塘、得荣、乡城四县的五镇二十四乡，对核桃产业进行实地走访，与核桃种植户、各乡镇、县科协及县林业部门的专家进行座谈交流，对核桃产业发展中取得的经验、存在的问题、可推广的方法进行专题调研，形成《甘孜州泸定、巴塘、得荣、乡城四县核桃产业发展情况》调研报告，上报州委、州政府和州政研室。组织开展课题研究，编辑发行2期《科普与创新》学术刊物。组织参加中西南学会学术研究第32届年会论文、藏医藏药发展论文及西部民族医药发展论文征文活动，组织参加四川省第七届博士专家论坛。推荐全国优秀科技工作者和四川省第十一批学术和技术带头人及后备人选。组织州内科技工作者赴成都、绵阳、德阳、泸州、眉山、雅安等地学习交流，进一步推动工作深入发展。为20个州级学会支持经费各5000元，共计10万余元。

（杨绍林）

·甘孜州社会科学界联合会·

【概况】 全年共出版2期《康藏社科》杂志，共刊发理论实践文章30余篇。其中第四期分时政与精神、调查与研究、教育与心得、探索与实践、历史与文化、佛教与常识等6个专栏。第五期为“甘孜精神”特刊。正式确立“忠诚爱国、乐善互助、务实创新、坚韧奋进”的甘孜精神。组织社科专家编写《康藏社科·甘孜精神特刊》。特刊分甘孜精神提炼过程、甘孜精神解读、甘孜精神与社会主义核心价值观、理论与实践、践行甘孜精神、甘孜精神大家谈、其他市州城市精神赏读等七大部分，从工作实践、典型案例、践行核心价值观等各个层面和角度阐释甘孜精神的内涵、要义、精神实质，对弘扬“甘孜精神”、宣传普及“甘孜精神”，激发人们工作激情投身群众路线的伟大实践等方面具有十分重要的意义。正式确定四川民族学院（康巴文化社科普及基地）、州委党校（廉政教育展馆）、州民干校（甘孜州宗教人士培训中心）、州职业技术学校（传统文化技能馆）四个基地为甘孜州首批州级社科普及基地，实现甘孜州社科普及基地零的突破。在结对认亲点、共创共建联系乡村以及联系寺庙（龙郎寺）开展宣传，共发放《十八大精神学习简明读本》《法治甘孜建设社科知识普及读本》（藏文版）、《康藏社科》等科普读物2000余册，科普宣传资料3000余份，《同心谱写伟大中国梦甘孜新篇章社科知识普及200问》等读物500余册。组织社科工作者编印藏汉语两个版本的《法治甘孜建设——社科知识普及读本》。

【课题研究】 拟定《甘孜州2014年度理论研究课题指南》，与州委宣传部联合下发《关于开展2014年度甘孜州社科理论研究的通知》，共收到社科申报课题20余项，确定州级社科课题15项。推荐2项申报全省社科院市县院所2014年重点课题，1项获省社科院立项。组织开展省社科研究“十二五”规划2014年度项目申报工作，共收到全州社科界申报课题10项，向省社科联推荐申报4个课题，最终立项1项。全年共结题6项。完成省级课题《加强寺庙社会管理创新 引导宗教与社会主义社会相适应》结题工作。《丹巴民族传统文化资源调查报告》荣获四川省政府第十六次“社会科学优秀成果”三等奖。

（州社科联提供）

·甘孜州文学艺术界联合会·

【概况】 2014年，召开全州首次文艺家协会工作座谈会，宣传文化系统负责人、知名文艺家共80余人参加。制定《甘孜州首届文学艺术奖评奖实施细则（试行）》，联合州委宣传部印发《关于开展甘孜州首届文学艺术奖评奖工作的通知》，全面启动“甘孜州首届文学艺术奖”评奖工作，共收到各类文学艺术作品240余件（个），评出甘孜州首届文学艺术奖49个；“特别荣誉奖”8个；“特别贡献奖”2个；荣获“终身成就奖”3人，对获奖作品、获奖者在甘孜州电视台和甘孜日报进行公示。《贡嘎山》杂志社举办杂志年度作品评奖活动，评审出年度获奖汉文版作品共计12篇，《他安详地削着红苹果》（罗伟章）等4篇小说、《唯一的德格》（贺先枣）等4篇散文和《海燕的绽放》（旺秀才丹）等4首诗歌；藏文版作品3篇。全年编辑出版《贡嘎山》杂志汉文版6期，藏文版2期，共计8000余册。加强《康巴吟》诗刊的指导、组稿等工作，出版《康巴吟》诗刊1期。组织各文艺家协会，会同康定县宣传和文化等部门到瓦泽、姑咱、雅拉和炉城等乡镇开展以“我们的中国梦·文化进万家”为主题的贺新春送文化下乡活动，表演《甘孜连北京》《欢腾的康巴》《踢踏舞》《美好的祝愿》等12个文艺节目；为群众免费书写春联600余幅、拍摄有纪念意义的“最美全家福”照片400余张。组织音乐、舞蹈、摄影和作家等艺术家协会会员到丹巴县革什扎乡开展“走基层·送文艺下乡”活动。共展出100余幅图片，向革什扎乡杨柳坪寄宿制中心校赠送400余册由本地艺术家创作的文学书籍、摄影画册、美术画册和歌舞光碟。州书法家协会同州关工委、教育局工委等单位联合举办“弘扬传统文化品位千年墨韵”送书画进校园、进乡镇展出活动，深入九龙县高级中学和乡镇开展书画展。

【文艺精品创作】 组织“康巴作家群”的作家，开展树推优秀典型毕世祥“七个一”工程文学创作活动。《四川文学》（2014年第7期）推出“雪山的铭记，草原的怀念——毕世祥纪念专辑”作品集，发表甘孜州优秀作家创作的报告文学《雪线之上》，散文《安息在洁净之地的灵魂》《世祥本凡人》和《寻常物中见真性、平常事里显本色》，小说《康定的灯》和《心愿》，诗歌《今天，我们等你喝酒》《一个人，就这样走了》和《从容不迫》等文学作品。长篇纪实特写《雪山赤子毕世祥》由四川民族出版社出版发行，获四川省第十三届“五个一”工程奖。与州音乐家协会启动“康巴新歌100首创作活动”，全年共征集优秀音乐作品362首。推出康巴作家群书系第三辑，即《零散的记忆》（拥措）、藏文散文集《飘扬的雪花》（扎西）、《游子亲笔》（朗加）、《现实的心脏》（陈攀峰）、《边地游吟》（伊熙堪卓）、《青藏》（欧阳美书）、《坐在一个陌生的清晨》（扎西旦措）、《高原上的骑手》（才仁当智）、《卡瓦格博的诗》（阿布司南）、《刀尖上的泪滴》（洛桑卓玛）等。9月30日，“圣洁甘孜·2014藏族经典音乐作品鉴赏会”在成都锦城艺术宫举办，集中展示了阿金等6位音乐家的21首代表作品。《光明日报》刊出的文学评论《在雪山和城市的边缘行走——略论康巴作家群体的创作特色》，评述甘孜州知名作家蒋秀英、达真、格绒追美、尹向东、桑丹等人的小说和诗歌；《文艺报》推出“康巴作家群”专版，发表甘孜州五位青年作家的创作谈。著名文学评论家刘火在《康巴文学的奇异风采》中点评达真、格绒追美、泽仁达娃、洼西、尹向东等作家的作品。《芳草》杂志在推出“吉祥青藏”专号中，发表小说《河流的方向》（尹向东）、《盛开的妙音》（泽仁达娃）；在《十月》杂志推出的“牦牛文化专刊”中，发表中篇小说《蓝色的海》（格绒追美）、《时光上的牧场》（尹向东），诗歌《圣地之旅》（列美平措）、《无人的旷野》（梅萨）。尹向东创作的小说《你是我朋友》《空隙》《河流的方向》《草原》等作品分别发表在《花城》《西藏文学》《回族文学》等刊物，并被《小说选刊》（2014 年第 1 期）、《小说月报》（2014 年第 1 期、第 6 期）、《2001—2010 新世纪小说大系》（上海文艺出版社）等知名文学刊物选载。同时，《新时期中国少数民族文学作品选集》（藏族卷）收录康巴作家群 21 位作家的代表作。“多彩中国梦——2014 中国百家金陵画展（中国画）”评选中甘孜州美术家协会秘书长刘忠俊的工笔画《川藏公路》荣获金奖，这是甘孜州建州以来个人美术作品首次荣获全国金奖。

【推介文旅品牌】 为推动“中国甘孜首届国际摄影大展”活动，5 月，组织国内知名摄影家开展“中国摄影名家情歌故乡行”摄影采风创作活动，7 月，州摄影家协会也组织 11 名会员到甘孜州道孚、炉霍、甘孜、色达等县进行为期 11 天的摄影采风创作，创作的《走马稻城亚丁 寻觅神山圣地》《甘孜丹巴：川西藏寨——民居奇景》《亚哈冬拍贡嘎山》和《雪山下的圣湖：新路海》等优秀图文作品，在《中国摄影报》上陆续刊发。陕西摄影家协会、资阳摄影家协会等社会文艺团体组织摄影爱好者到甘孜州采风创作。全年共征集到参展作品 40923 幅，其中自然风光类摄影作品 22680 幅、人文类摄影作品 18243 幅。经过评选，12 幅作品获得金银铜质收藏奖，140 幅作品获得佳作奖和优秀奖，并在国内知名网络媒体公开展示。10 月 25 日，摄影大展颁奖典礼和作品展览在成都锦江宾馆举行，为来自北京、浙江、广东、湖南、江苏、四川等省的金、银、铜质收藏奖的 10 名获奖代表颁发证书和奖金，金质收藏奖设 5 万元稿酬，并奖励象征“雪域神牛”的白牦牛 1 头，银质收藏奖设 3 万元稿酬，铜质收藏奖设 1 万元稿酬，佳作奖设 2000 元稿酬，优秀奖设 500 元稿酬。

【文化旅游宣传活动】 6 月 4 日至 12 日，在国家民委、省政府主办，甘孜州委、州政府、民族文化宫和省民宗委承办的“圣洁甘孜·走进北京—四川甘孜藏区文化旅游宣传周系列活动”中，甘孜州文联通过近两个月收集和准备，将 200 余名优秀文艺家创作的文学著作、民间文化专著、史料专著和民间故事集等各类作品近 100 部 5000 余册参加北京成就展。中国民族图书馆收藏“康巴作家群”的作品集 42 种共 81 册，并颁发收藏证书。在展览期间，党和国家领导人刘奇葆、王正伟，省领导李昌平、黄彦蓉对“康巴作家群”取得的创作成就给予肯定和高度评价；参展作品深受前来参观展览市民的欢迎和追捧，4000 余册各类图书当场告罄。及时协调成都、深圳等地出版社，征调 1300 余册应急。积极组织州摄影、书法等艺术家协会，会同州纪委和监察局等相关部门在康定剧场联合举办以“甘孜在我心中，我为甘孜树清风”为主题的廉政文化作品展，共展出 200 余幅作品，500 余人参观。

【文艺人才培养】 9 月 16 日至 20 日在海螺沟召开《贡嘎山》杂志第五届文学笔会，全州各县的汉藏文作家和文学爱好者共 26 人参加笔会。在“四月八跑马山国际转山会”活动期间，与州文体广播局及中国民协、四川省文联、四川省民协在非遗博物馆联合举办民间文学讲座，聘请四川师范大学教授、历史文化学院院长王川老师重点讲授茶马古道的来历、内容、现状及其文化价值，州文联、州文体广播局、州民间协会文艺工作者及来自重庆、四川等地区的游客共 150 余人参加和旁听讲座。推荐 1 名青年作家成为 2014 年四川省巴金文学院的签约作家；推荐 2 名青年作家参加鲁迅文学院少数民族作家培训班；9 月 20 日至 11 月 2 日，甘孜州作家赵敏、尹向东参加四川省巴金文学院举行的省内作家集中创作活动，同时11月3日至12日参加川、陕、渝三省文学院组织的笔会。积极推荐和吸收优秀文艺工作者加入各级文艺家协会。年内，甘孜州2名青年作家加入中国作协；藏族作家格绒追美、达真当选中国少数民族作家学会理事；推荐4名本州作家加入四川省作家协会；推荐1名摄影家加入中国摄影家协会；推荐7名摄影家加入四川省摄协；新吸收80余名优秀文艺工作者加入州作家、州摄影家、州书法家、州音乐家、州翻译家等协会。

·资料链接·

甘孜州首届文学艺术奖获奖作品及作者

表4

奖项类别	作品类别	作品名称	作者
文学类	长篇小说	《雪山的话语》	泽仁达娃
		《康定上空的云》	赵敏
	中短篇小说	《乡城》	洼西彭措
		《雪岭镇》	贺先枣
	诗歌集	《边缘积雪》	桑丹
		《洞箫横吹》	窦零
	散文集	《遥远的麦子》	南泽仁
		《穿越佛珠峡的回响》	夏坝丁真
音乐类	歌曲	《丹巴美女》	词：庞井君　曲：泽多
		《哈达献给祖国》	词、曲：真知
		《康巴女子》	词：侯仕鑫　曲：西拉他
		《康定欢迎你》	词、曲：赵勇
		《美在九龙》	词、曲：海日尔他
舞蹈类	舞蹈	《康巴人》	央金、贺富生
		《吉祥大锅庄》	杨英
		《传铃》	白噶
		《情侣锅庄》	尼扎、查克日玛
		《 绣美鱼通》	李桃
影视类	专题片	《甘孜州爱国、守法、感恩群众优秀文艺节目选拔赛颁奖暨州广播电视台文艺演播厅启用典礼》	州广播电视台
		《岗坚夏卓》	阿祥影视制作工作室、甘孜县文旅体广局
		《雪域康巴音乐人——泽多》	州广播电视台
		《坚守原地的舞者》	阿祥影视制作工作室、州格桑啦文化传媒有限公司
		《木雅探秘》	康定县广播电视台
		纪录片《放牧岁月》	稻城县广播电视台

续表

<table>
<tr><th>奖项类别</th><th colspan="2">作品类别</th><th>作品名称</th><th>作者</th></tr>
<tr><td rowspan="3">戏剧曲艺类</td><td colspan="2">实景歌舞剧</td><td>《美人谷·丹巴》</td><td>杨英</td></tr>
<tr><td colspan="2">话剧</td><td>《寻找菊美多吉》</td><td>道孚县委宣传部</td></tr>
<tr><td colspan="2">快板</td><td>《和谐颂》</td><td>周易洪、达瓦志玛</td></tr>
<tr><td rowspan="3">民间文艺类</td><td colspan="2" rowspan="3"></td><td>雕刻《昂首苍穹》</td><td>王长生</td></tr>
<tr><td>《巴塘弦子》词集</td><td>洛桑</td></tr>
<tr><td>《阿西土陶》</td><td>降措</td></tr>
<tr><td rowspan="2">翻译类</td><td colspan="2">纪录片翻译</td><td>《玄奘之路》</td><td>州广播电视台　旦珠泽仁</td></tr>
<tr><td colspan="2">文学作品藏汉对译</td><td>《可爱的中国》</td><td>青羊尖措</td></tr>
<tr><td rowspan="9">特别荣誉奖</td><td rowspan="2">国家级</td><td>长篇小说</td><td>《康巴》</td><td>达真</td></tr>
<tr><td>歌曲</td><td>《香巴拉》</td><td>刘忠寿　秋加措</td></tr>
<tr><td rowspan="7">省级</td><td rowspan="2">长篇小说</td><td>《隐蔽的脸》</td><td>格绒追美</td></tr>
<tr><td>《命定》</td><td>达真</td></tr>
<tr><td>中短篇小说集</td><td>《鱼的声音》</td><td>尹向东</td></tr>
<tr><td>散文集</td><td>《远岸的光》</td><td>罗凌</td></tr>
<tr><td>诗歌集</td><td>《亲吻雪花》</td><td>拥塔拉姆</td></tr>
<tr><td>歌曲</td><td>《我的家》</td><td>尹玲　拥措</td></tr>
<tr><td colspan="3" style="display:none"></td></tr>
<tr><td rowspan="2">特别贡献奖</td><td colspan="3">《巴塘弦子数据库》</td><td>阿祥影视制作工作室、巴塘县文化旅游和广播影视体育局</td></tr>
<tr><td colspan="3">《康巴彝族谱系历史文化》</td><td>胡德明</td></tr>
<tr><td rowspan="3">终身成就奖</td><td colspan="3">音乐</td><td>阿金</td></tr>
<tr><td colspan="3">翻译</td><td>格桑曲批</td></tr>
<tr><td colspan="3">民间文艺</td><td>益邛</td></tr>
</table>

（文联提供）

·甘孜州佛教协会·

【概况】 2014年，全州有经政府批准开放和依法登记的藏传佛教寺院512座，其中宁玛派217座、格鲁派127座、萨迦派79座、苯波派52座、噶举派37座。属于汉传佛教性质的宗教活动点14座。有佛教教职人员5万余人。全程参与白玉县白玉寺转世活佛第二序位第四世活佛边巴罗布的寻访、认定、坐床典礼等佛事活动的指导监督工作。形成《甘孜州藏传佛教僧尼生活陋习调查报告》《“五二三”学教活动情况的调研报告》；起草《规范佛教教职人员接受布施的倡导》和《规范佛教教职人员行为的倡导》；参与《甘孜藏族自治州藏传佛教事务条例实施细则》的起草、翻译、校对；起草《甘孜州游僧管理办法》。推进《高僧略传》编撰工作，10月底完成37篇文稿总纂，形成16万余字的略传第一辑《送审稿》。形成拟录入《略传》第二辑人物名单。

【主要工作会议】 1月13日，召开“州藏传佛教活佛转世指导委员会”第二次会议。会议按照藏传佛教仪轨和历史定制，对经四川省宗教局审批同意寻访的白玉等4县的4名转世灵童和理塘等11县上报的符合拟寻访、申报认定的20名拟转世活佛的相关材料进行严格审查，对符合条件和要求的21名拟转世活佛材料报州活佛转世工作协调小组。

2月22日至23日，召开七届理事会第十次会长扩大会议。总结回顾2013年全州佛协工作，全面部署2014年工作；传达学习党的十八大、十八届三中全会精神；围绕《“五二三”主题学教活动的实施方案》和甲登会长在大会上的讲话精神，安排部署年度工作。

9月21日，召开甘孜州藏传佛教寺庙经师资格考评委员会评审会议。会议对5县推荐上报的9座寺庙拟评定的38名经师人选材料进行认真审核，收集多条合理化建议意见，形成专题情况汇报。

12月5日至7日，在康定举办第六期佛学研讨会。省民宗委、省佛协领导到会指导，州四大家领导及相关部门负责人、高僧大德共计90人参加研讨会。研讨会对深入推进“五二三”学教活动，佛教界贯彻落实依法治州战略方面提高认识，达成了共识，鼓舞了士气。

【“五二三”学教活动】 州佛教协会从2014年4月至2016年4月，用2年时间分11个阶段，在全州512座寺庙开展爱国主义与道风整顿并举的“五热爱两遵守三负责”（热爱中国共产党、热爱祖国、热爱人民、热爱民族团结、热爱佛教；遵守法律、遵守戒律；对国家负责、对人民负责、对佛教负责）学习教育活动。5月19日至6月2日，甘孜州佛协分期分批举办5期全州“五二三”学教活动宣讲人员培训班，对362名寺庙主要教职人员进行培训；17县组织培训宣讲员73场次，覆盖寺庙449座，2596人次参加培训。活动借助州县电视台、报纸杂志等媒体加大宣传力度，以藏汉双语的形式先后在州县广播电视台报道82次；编译以“社会主义核心价值”、“中国梦”、“法治甘孜建设”、州佛协成立50周年31条经验等为主要内容的双语宣讲提纲，印制宣传资料24102份。

（佛协提供）

·甘孜州红十字会·

【概况】 全年，筹集爱心慈善款6290万元，三年内募集1.3亿元。组织召开专项工作协调会3次，建立以68个子项目构成的公益项目库。深入村户录制爱心慈善宣传片，制作发放宣传光碟74张。举办展览会，筹办慈善晚会，首次邀请中央电影频道著名主持人、国内影星等知名人士无偿参加慈善晚会演出。上报各类灾情50期，完成灾害统计报表60余份，共筹集发放救援款物490余万元。“11·22”康定6.3级地震时，接收社会各界爱心人士捐赠物资350余万元。派出7名师资人员参加总会、省红十字会组织的救护师资培训班，开展急救员培训工作。为康定飞机场、稻城飞机场、州人民医院工作人员和志愿者举办培训班4次，培训250人次，其中162人通过考核获得中国红十字会急救员证书。开展无偿献血主题集中宣传活动10余场次，印发无偿献血“安全血液挽救母亲生命”等宣传资料3万余份。组织红十字青少年骨干参加全国红十字防灾减灾知识竞赛培训。

【“天使阳光基金”和对外交流】 组织三批专家赴稻城、乡城、理塘、巴塘、雅江、得荣、道孚、新龙县对8000余名儿童进行筛查，筛查出疑似先心病患儿120名，其中：对44名患儿实施全额免费治疗。向1.3万名贫困农牧民送去博爱送万家“家庭包”，投入资金200余万元。加拿大项目援助项目，美国红十字会“博爱家园”项目，香港红十字会项目援助项目加快实施，“红十字小餐盒项目”投入资金30余万元。“4·20”芦山地震灾后重建项目援助资金1700万元，涉及4个项目。

（青　松　领　前）

ཁྲིམས་ལུགས།
法　治

·政法委·

【概况】 2014年，始终把维护稳定作为首要任务，强化源头治理防范，多措并举、综合施策，齐抓共管、整体联动，全力消除各种稳定隐患。把稳定风险评估作为重大工程、重大决策的刚性条件，对272个重要决策、重点工程、重大活动实施稳定风险评估，提出整改意见1500多条，落实化解措施1000多个，防范稳定风险5000多个，从源头上消除不稳定因素。指导督促各级各部门摸排掌握水电开发、矿山开采、草场利用、征地拆迁、移民搬迁等领域突出涉稳隐患341起，对30多起涉稳突出问题和重大矛盾纠纷进行挂牌督办。加强边际地区联动协作，建立资源利用共享机制，化解10多起边界纠纷。坚持关口前移，预警防范，指导妥善处置德格"4·17"、石渠"8·12"、康定"11·4"等突发案（事）件。组织开展"2014亮剑行动"军警民反恐维稳联合实战演练。强力推进"法治甘孜"建设，围绕"反分裂斗争、和谐甘孜建设、经济社会发展"，突出国家公职人员、寺庙僧尼、基层群众、青少年"四个群体"，抓好主动创稳18个制度的学习宣传和执行落实。着力整治"四风问题"，全州政法部门采取问卷调查、入户走访、座谈交流等方式，征求党委、政府、人大、政协、基层政法机关等1680多个单位、6.2万多名基层政法干警干部和群众意见建议2500多条，整治"四风"问题720多个。

【科学实施网格化服务管理】 逐步建立州、县、乡、村网格化服务管理四级体系，共划分城镇网格306个，乡村网格1335个；设立监管中心（站）775个，配备专兼职网格管理员1635名。流转处理各类案（事）件1936件。加强基础信息采集，共采集录入住房96460间，重点场所6033个，人口298092人。网格化信息系统登记管理流动人口15387人，未落户人员7566人，境外常住人员145人。进一步完善司法部门、监管场所、家庭、单位和社区"五位一体"帮教模式，安置和帮教率达到98%和100%；落实155名社区矫正人员和1055名刑满释放人员管控责任。

【推进平安建设】 深入推进家庭、行业、区域平安创建以及"平安和谐三级联创"，不断提高基层社会治理效能。建立城区、乡镇（街道）、社区（村）三级治安联防队，推行"红袖套"工程，州级机关、企事业单位共建立群防群治队伍46支1090人，落实专项经费155.8万元；建立机关群防群治队伍452支3411人，落实专项经费59万元；建立城区群防群治队伍104支1537人，落实专项经费37.58万元；建立农村群防群治队伍1973支19351人，落实专项经费36万元。广泛开展平安和谐网格、平安和谐社区、平安和谐街道“三级联创”活动，基层平安单位创建达4000多个，评选“平安家庭”100户、“平安家庭示范户”10户。进一步健全“大调解”工作体系，全州排查矛盾纠纷2734件，调处2541件，调处率92.9％。

【开展综合整治】 不断深化打黑除恶、社会治安重点地区排查整治等专项斗争，整合交警、运管、路政、消防、安监、工商等执法部门力量，组织开展“铁拳”行动3次，出动警力5630人次，排查社会治安问题1200多次，清查治安重点地区780处，处罚交通违法行为143人次；消防检查重点单位25家次，发现火灾隐患10余处；开展食品安全检查10余次，查处泸定县学校食堂使用问题猪肉、理塘县非法走私印度冻牛肉等影响较大的案件。整治新龙、雅江、炉霍、德格、白玉、石渠、色达等重点地区突出社会治安问题，打掉犯罪团伙13个48人。对五明佛学院、亚青寺等重点寺庙及其周边环境进行整治，严厉打击各类涉寺涉僧违法犯罪行为，依法批捕涉僧犯罪案件8案18人，依法取缔寺庙私设“三员”245名，清退入寺未成年人1670名，清缴非法宗教出版物1500余件。开展缉枪治爆专项行动，破获涉枪案件39起，收缴各类枪支628支、子弹10450发、炸药8670.6公斤、雷管28434枚、导火索22217.2米、管制刀具448把。严打各类违法犯罪，破获刑事案件464起，抓获犯罪嫌疑人540人；查处治安案件690起，处罚违法人员887名。

【深入推进“铸忠诚警魂”活动】 全州政法部门共举办思想政治教育、理想信念教育、群众观念教育“三大专题学习”活动680余期，培训干警7万多人次，获得省级以上表彰60批次，90余人。组织新录用政法干警、基层一线干警，开展藏语知识、技能战术等专题培训1200余期，举行反自焚和“亮剑”“利剑”军警民联合应急处置演练750余期，培训干警14万余人次。组织纪律禁令学习1700余期，开展作风巡查1200余次，查处违法违纪干警30余名。查找“领导作风、思想作风、工作作风、纪律作风、服务作风”方面的突出问题680个，整改670个。举办书画摄像展、征文活动、演讲比赛、知识竞赛2750余场次。

（州政法委提供）

·公安·

【概况】 坚持夯实公安基础基层工作，扎实推动公安事业向前发展。组织全州700余名民警参加专题学习培训，安排43名来自各县公安局的业务骨干到州局各警种跟班学习，下派7名州局年轻干部到基层挂职锻炼。共采集标准地址477780条，实有房屋333421套，实有单位24276家，从业人员157727人，实有人口734191人，其中录入宗教场所574家，宗教从业人员21653人。下发《甘孜州公安局“十项改革创新”工作实施方案》，将公安改革创新工作纳入绩效管理。开展“甘孜民警进农牧家”暨“三进”活动60余次，走访百姓1000余人次，梳理意见建议500余条，解决各类纠纷200余起。开展“党的群众路线教育实践活动”，共查摆出各类问题271条，制定整改措施210条，党员相互之间开展批评与自我批评收集意见2398条。州公安局被国务院评为“全国民族团结进步先进集体”；州局特警支队被省委、省政府授予“人民满意公务员集体荣誉称号”；德格县公安局朱晓军，被公安部、人社部授予“二级英模”荣誉称号；色达县公安局欧旨猛、稻城县公安局吴宇获得“2014年度全省公安机关突出贡献特别奖”。开通运行“甘孜警方”微博和“平安甘孜”微信平台。

【打防并举】 对案件多发、治安问题突出的国道317线、国道318线、雅康高速（康定—泸定段）道路建设、“川藏联网电力天路”等重点项目、区域和治安乱点、部位进行认真梳理分析，全面排查和整治复杂乱点125处、开展重点工程建设领域专项整治51次、查处交通违法行为1800余起。组织开展政策法制宣传100余场次，受教育群众达20000余人次，张贴《通告》5100余张，发放宣传册、资料50000余份，签订《限期拆卸违法改拼装部分承诺书》126份；收缴赌资5.594万元，挡获卖淫嫖娼人员42人。收缴各类枪支680余支、各类子弹26000余发，销毁炸药9977.7公斤、各类雷管14.4万余发，索类22706米，手式灭火弹50枚，管制刀具179把。为确保康定“11·22”震后社会治安秩序平稳，开展防火巡查70余次，消除火灾隐患30余处，设立消防安全标志标识60余处，抢通318国道折多山以西路段、康定县省道211巴郎口路段等生命通道，震中灾区未发生一起群体性事件和治安、刑事案件。

【严打各类违法犯罪】 年内，全州共立各类刑事案件1451起，破722起，抓获犯罪嫌疑人837人。立命案52起，破37起，破案率71.2%；通过武装缉捕和政策争归并用，破获命案积案14起；立涉枪案件51起，破案43起，破案率84.3%，抓获犯罪嫌疑人44人；追回各类逃犯213名，其中追回本州逃犯154名、追回本省外地逃犯42名、追回外省逃犯17名；立各类侵财案件887起，破376起，打掉团伙13个48人，查获被盗抢汽车355辆、摩托车35辆；立偷牛盗马案件39起，破24起，打掉偷牛盗马团伙4个。破各类涉毒案件38起，抓获各类涉毒违法犯罪人员56人，抓获涉毒网上逃犯1人，缴获各类毒品1179.58克。受理经济犯罪案件16起，立案8起，破5起（破获年前案件1起），抓获犯罪嫌疑人6名，涉案金额1.04亿元。开展“亮剑行动”“天网行动”“红豆杉资源专项查处”“林区缉枪治爆”等系列打击涉林违法犯罪专项整治行动，立刑事案件45起，破获40起，抓获各类犯罪嫌疑人53人。

（周　杰）

·检察·

【概况】 2014年，全州检察机关围绕“重生态、强基础、壮产业、惠民生、保稳定”经济社会发展总体部署，全面履行法律监督职能，提供司法保障。共受理公安机关、国家安全机关、检察机关自侦部门提请批准（决定）逮捕案件448件695人。经审查，依法批准和决定逮捕362件535人，不批准逮捕81件151人。受理公安机关、国家安全机关、检察机关自侦部门移送审查起诉案件437件648人。依法提起公诉361件548人，不起诉48人。依法出庭支持公诉311件。适用简易程序审理公诉案件134件并全部出庭。州检察院受理移送审查起诉案件35件47人。依法提起公诉24件29人，不起诉3人。两级院参与维稳防控和治安重点整治共调用警力21000余人次，出动车辆4100余台（次）。推进“检察官法律服务八进活动制度化”，举办“检察举报宣传周”大型法宣活动，检察官藏、汉双语法律宣讲讲座290余场（次）。推行“阳光检务”、深化检务公开，建成“12309”网上举报及案件信息查询系统，公开发布图文信息1801条，主动公开案件程序性信息195件、重要案件信息30条、法律文书33份。邀请社会各界人士旁听评议职务犯罪和减刑、假释案件庭审42人次。邀请人大代表、政协委员以及人民监督员、特约检察员视察检察工作34次、参加会议26次、测评20次。通过检察业务应用系统受理案件938件，接待律师及案件参与人信息查询100余人次、阅卷10次，听取辩护人意见19人次。开展业务培训，组织干警参训2600余人次。6月23日至27日，组织开展第十六个“举报宣传周”活动，全州检察机关共出动宣传车35辆，派出检察干警187人，设宣传点54个，制作展板260块，发放藏、汉文法制宣传资料10000余份，向群众发送手机短信23000余条（次）。2014年，丹巴县检察院办理的易元良、田华虎非法猎捕杀害珍贵濒危野生动物案入选全国15个破坏生态环境犯罪典型案例。

【查办和预防职务犯罪】 2014年，全州检察机关强化侦查一体化机制建设和运用，依法查办贪污贿赂、渎职侵权职务犯罪案件，共受理贪污贿赂、渎职侵权职务犯罪案件线索50件。依法立案侦查31件33人（贪污贿赂职务犯罪30件32人、渎职侵权职务犯罪1件1人），其中大、要案27件29人。侦查终结后依法移送审查起诉21件29人，依法移送不起诉5件5人（含上年积案）。为国家挽回经济损失568万元。举办职务犯罪预防讲座35场（次），3100余人聆听讲座。组织、协调39批（次）人员到新都桥监狱职务犯罪警示教育基地，开展职务犯罪预防警示教育活动，听取在押职务犯罪服刑人员现身说法。62次派员进机关、寺庙、乡村、学校、企业、工地开展“五进”活动，广泛宣传职务犯罪预防工作。设立10余个接访点和群众工作宣传点，向广大民群众发放检察院信访举报宣传资料1400余份。

【监所检察监督】 2014年，全州检察机关以突出抓好对监管场所执法活动的日常检察监督，强化对刑罚变更执行的同步监督，着力推进刑事羁押期限检察，加大查办监管场所职务犯罪力度为年度监所检察监督工作重点，全力维护监管场所稳定。针对全州监管场所存在的各种隐患和问题提出检察建议和口头纠正意见178次。审查甘孜监狱提请，并依法同意减刑325名，假释11名，保外就医9名，纠正提请“减、假、暂”不当37件。对全州社区矫正的实有监外执行罪犯322名通过数据和实地全部进行核实和考察。纠正监外执行和社区矫正各类违规、违法21件。

【控告申诉检察监督】 2014年，全州检察机关控告、举报、申诉、赔偿检察监督工作，以信访稳控、服务民生为工作重点，全面履行控申检察监督职能作用，为全州和谐稳定提供有力司法保障。制定下发《建立健全倾听群众诉求常态化工作机制实施方案》和《甘孜州人民检察进一步畅通农牧民群众诉求渠道 维护群众利益的整改措施》。完成信访大厅和“12309”举报电话平台建设。全州检察机关共受理信访案件和举报线索105件。开展信访维稳法律宣讲156场次、提供法律帮扶88次，及时处理群体纠纷5起。甘孜州检察院被最高人民检察院授予“全国检察机关文明接待室”称号。受理各类申诉案件56件，依法立案复查刑事申诉案5件5人。办理刑事被害人救助案件26件31人。

【民事行政检察监督】 2014年，受理民行申诉案件36件。向四川省人民检察院提请抗诉1件；诉讼过程和执行监督19件，不支持监督申请8件；支持起诉案件4件；督促起诉1件；民事和解案1件。开展清理拖欠农民工工资专项行动，制定下发《全州检察机关民事行政检察部门开展“清理拖欠农民工工资专项行动”的实施方案》。两级院派员走访工会、人社局、法院、司法局等相关单位，并建立联系制度。进社区、进乡村、进学校、设宣传点或便民服务点，制作展板、挂图，向群众发放宣传资料，接受群众法律咨询近百余人次。

（贺　毅）

·法院·

【概况】 2014年，全州法院紧紧围绕“让人民群众在每一个司法案件中都感受到公平正义”的目标，突出“夯基础，强管理，抓重点，求突破”工作基调，主动创稳促发展、保民生，狠抓执法办案、司法公开和队伍建设，共受理各类案件3154件，审执结3103件，结案率达98.38%，同比增加1.96个百分点。30个集体和18名个人受到州级以上表彰，泸定县法院冷碛人民法庭被最高人民法院授予“全国人民法庭工作先进集体”荣誉称号。

【**审判执行工作**】 2014年，全州法院受理刑事案件414件，审结409件，判处罪犯575人，结案率达98.79%，同比增加1.82个百分点，依法判处五年以上有期徒刑、无期徒刑、死刑罪犯85人。共受理民商事案件1531件，审结1496件，结案标的额5.87亿元，结案率达97.71%，同比增加3.09个百分点。依法审理婚姻家庭、追索赡养费等案件332件，优先审结劳动争议、拖欠农民工工资等案件176件。共受理行政案件29件，审结23件，结案率79.31%；其中依法撤销、变更具体行政行为4件。健全行政案件司法审查通报制度，及时向行政机关反馈行政执法突出问题24件、司法建议15件。共执结案件802件，执结率达99.38%，同比增加1.71个百分点。通过开展“反规避、惩失信”专项执行活动，建立“点对点”网络执行查控系统，与国土、金融等部门签署执行查控合作协议，采取对拒不履行、规避执行债务被执行人曝光、司法拘留强力推进执行工作。

【**审判质效管理**】 2014年，全州法院首次成立审判管理委员会，落实条线管理，加强分类指导，开展案件庭审评查，推进科技法庭办案，约谈后进基层法院主要负责人，促使审判质效总评估值达89.03，同比上升2.63个百分点，首次迈入全省法院一流值行列，获全省法院审判管理二等奖。

【**“三大平台”建设**】 6月，全州法院司法公开“三大平台”（立案审判执行“三大平台”）投入运行，建成科技法庭22个，实现庭审同步录播。全州法院19个政务网站和案件进展信息查询系统全部开通，当事人足不出户即可通过互联网查询到案件审理进程。全州法院全年在网上公布裁判文书1252份，占应上网生效案件数的89.68%，当事人可以通过执行公开网站自助查询案件执行进展。建立网上诉讼服务中心，当事人、律师可以通过互联网实现远程立案、远程信访，9月，丹巴县法院受理全州首例网上立案。

【**自觉接受监督**】 2014年，全州法院审结检察机关提起抗诉案件3件。全面启动人民陪审员“倍增计划”，选任来自社区、农牧区等具有广泛代表性陪审员317名，案件陪审率达91.19%，其中石渠、色达等6县法院达100%。召开州内律师座谈会，主动征询对法院工作意见建议。强化与新闻媒体的互动与合作，切实保障公众的知情权和监督权。

（王振进）

·司法行政·

【**概况**】 2014年，全州司法行政机关紧紧围绕州委、州政府中心工作、法治甘孜建设全民学法年活动主线，夯实依法治州、主动创稳基石。优化州本级《法治甘孜》栏目，投播16期80轮次，内容涵盖依法行政、法律援助、食品安全、消费者权益、森林防火、藏传佛教寺庙管理等法律知识，栏目获联合国教科文组织和中国民族影视艺术发展促进会联合举办的第六届《金鹏展翅·2014》中国民族语言民族题材电视节目评审三等奖。与康巴卫视《法制明镜》栏目组联合在康定县、道孚县、泸定县开展“青少年学生法律知识竞赛”“机关干部法治知识讲座”等大型宣传活动，协助制作栏目5期。以《甘孜藏族自治州藏传佛教事务条例》及《实施细则》为基础，组织编撰《全州藏传佛教寺庙法宣通用讲义》，收集整理26个相关典型案例作为讲义附录，付印1.2万册，运用于州、县各类入寺法宣活动。针对农牧民群众、寺庙僧尼、青少年学生对法律的不同需求，定制“普法菜单”，编印寺庙普法读物33种74880册（份）；农牧民群众普法读物和资料70种319848册（份）；青少年学生普法读物37种

66460册（份）；机关单位普法读物39种37738册（份）；企业普法读物24种24300册（份）。收集整理40余条与农牧民群众生产生活息息相关的偷牛盗马、资源开发、车辆改拼装、赌博放水、寺庙管理、安全用电、矛盾纠纷等方面的法律法规常识，采用民族文化、民族元素、民族符号等图案，制作5000套法治宣传挂历和4500份法制宣传年历发放到农牧民家中。在石渠、甘孜、色达、炉霍、道孚5县8个维稳重点乡镇、2所学校开展服刑人员“现身说法”宣讲10场次，5454名农牧民群众、师生、乡（村）干部和企业员工聆听宣讲。为33家单位1295人安排到监接受警示教育。为提升藏族民间谚语在人民调解过程中的独特优势，组织藏汉互译、编排、审校，收集整理159条具有藏民族语言特色、通俗易懂的民间调解谚语，汇编印制《藏族调解谚语汇编》5000册，发放到各级人民调解员手中，供基层农牧区矛盾纠纷调解使用。累计组织全州注册律师、法律服务工作者48名担任150个乡（镇）法律顾问。2014年度国家司法考试，甘孜州报名人数383人，参考266人，通过全国合格线14人、放宽政策合格线31人，为甘孜州自2002年国家司法考试制度实施以来，报名、实际参考和通过人数最多的一次。甘孜州法建办获全国普及法律常识办公室、“六五”普法中期先进普法办。

【开展“法律七进”活动】 2014年4月24日，全州司法行政系统“法律七进”藏汉双语法制宣传团成立大会在泸定县召开。全州司法行政系统聚合律师、公证员、基层法律服务工作者、司法助理员352人，组建法治宣传团20个，推荐156人次参加省、州、县各级各类讲师团或宣讲团；组织全州所有注册律师、法律服务工作者为28个机关单位、150个乡镇社区、71个寺庙、19家企业担任法律顾问；编撰《两河口电站工程建设环境专项整治活动法宣讲稿》《依法治州集中整治宣传资料》等法宣讲稿11篇。创办法治电视栏目21档制播179期，发放普法短信87349条，创办普法手机报203期，开通普法微博、普法网站5个，在乡镇或县城主要街道设立法治宣传栏500个。组织和参与村“两委”干部、村民小组、村民代表集中法治培训154场次，开展送法进乡村（社区）活动2366场次；寺庙教职人员、寺管会成员法治培训83场次，入寺开展法治宣传531场次。推荐法律服务工作者、司法所助理员274人担任269所学校法制副校长、法制辅导员，开展校园“法治大讲堂”和“送法进校园”活动798场次。组织开展机关执法人员法治培训114场次。开展企业经营管理人员、外来务工人员法律知识培训158场次。

【法律援助民生工程】 2014年，州、县法律援助中心共办理法律援助案件416件（诉讼、仲裁）、办理其他法律援助事项（法律咨询、代书各类法律文书、出具法律意见书、调查取证等）7568人次。新建甘孜、稻城2个县级规范化法律援助接待受理大厅；新建康定（2个）、泸定、丹巴、九龙、雅江、道孚、白玉、色达、乡城10个规范化乡镇街道法律援助工作站。

（李　映）

དམག་དོན།
军 事

·甘孜军分区·

【概况】 2014年，甘孜军分区紧紧围绕党在新形势下的强军目标，坚持“抓根本讲政治、抓中心促转变、抓基层打基础、抓安全保稳定”，开展各项工作。开展学习弘扬焦裕禄精神专题教育和“三清理、三整治”活动，培养“有灵魂、有本事、有血性、有品德”新一代革命军人。巩固改进作风成果，出台加强党委班子和干部队伍建设“2个意见”和纯洁交往、住房用车、工程建设、经费管理等“7项规定”。开通“首长网上信箱”，开展“亲情廉政寄语”短信活动。开展“远学飞夺泸定桥22勇士、近学独立营灭火15英雄”和“牢记强军目标、献身强军实践”主题教育活动。参建参治，走访结对亲戚5000余次，解决群众困难75件，调解矛盾纠纷23起，组织义务巡诊500余人次，植树造林2万余株，建立退耕还林示范点3个。申报9个县为省双拥模范（先进）县。“乡城县红军长征纪念馆”和“丹巴县革命烈士纪念碑公园”被四川省命名为第三批国防教育基地。军分区被全军爱卫会表彰为“创建健康营院先进单位”。

【提升军事能力】 建成“一网四系统”，重视情报信息工作，连续6年位列省军区第一。以“考比拉”为抓手摔打锤炼部队，组织参加“脊梁2014－康定”抗震救灾演练、“天府使命－2014”演习和“2014－亮剑”等演习，提升各级指挥员临机处置能力，提高部队实战化训练水平。完成四川民族学院4000余名学生军训、预提士官集训、新兵征集等任务。

【参加康定“11·22”抗震救灾】 康定“11·22”地震发生后，军分区党委在省、州两级抗震救灾指挥部统一指挥下，统筹安排震中救援和其他灾区自救，投入4200余人次紧急驰援江巴、雅拉、中谷等重灾区，部署985名乡镇民兵在泸定、丹巴、九龙、道孚等震中周边县查灾核灾、抗灾自救。累计出动兵力5480余人次，转移受灾群众1450余人，转移群众财产2200件，搬运转移物资1850余吨，搭设帐篷807顶，进村入户550余户，救治伤病员720余人次，清理危房130余户（间），清理公路150余公里，清理塌方3120余立方米。

（肖达喜　杨　佳）

·武警甘孜州支队·

【概况】 全年共完成各类任务112起。成功处置巴塘县中咱乡群体性闹事事件。配合公安机关共抓获非法阻工人员26人，缴获管制刀具22把。完成2014“中国康定·国际情歌节”活动现场警戒及外围武装巡逻任务。配合公安机关完成“14－64”三级警卫勤务。整改超面积办公用房，封存涂装超标车辆，完成3项工程审计，39个中队营房“三漏”治理、15个单位取暖设施更新和4个单位引智工程建设，6个驻训点完工移交。举行2014年军事比武竞赛。来自基层的41个单位、252名军事尖子参加比武竞赛，共产生8个单项第一、2个团体第一、1个优秀组织奖，9个单位、34名官兵获奖；组织《军队基层建设纲要》集训，80余名参训干部，参观红军飞夺泸定桥纪念馆，感悟红军精神，传承红色文化；举行参加甘孜州“2014亮剑行动”实战演练动员誓师大会；组织2014年度文体骨干培训活动，对来自基层大、中队90余名文体骨干进行歌曲教唱、球类裁判、新闻常识、野战文化、晚会的组织与实施等11个方面内容的培训。支队被总队表彰为“正规化执勤优秀单位”，支队司令部先后被总参总政、武警部队和总队司令部表彰为“先进司令部”和“侦察情报工作先进单位”，二、四大队被总队评定为“军事训练一级机动大队”，3人被总队表彰为“优秀教练员”和“十大执勤标兵”。支队被总队表彰为“安全工作先进单位”，机要科被总队表彰为“密码工作正规化先进单位”。支队后勤部被总队后勤部表彰为“先进后勤部”。向康定“11·22”地震灾区募集善款13万余元。

【救灾救援】 1月9日19时50分，色达县洛若乡五明佛学院觉姆经堂后方“扎空”发生火灾。支队紧急出动60名官兵连续奋战5小时，圆满完成灭火抢险任务。

4月16日下午，甘孜州康定县跑马山景区南侧山坡突发森林大火，支队派出兵力经近3个小时的连续奋战，完成灭火任务。

8月9日凌晨1时30分，因受强降雨影响，丹巴县东谷乡二卡子沟突发大面积泥石流，约20万立方米，该乡沿河村庄均被冲毁，财产损失严重。丹巴县中队立即启动抢险救灾预案，紧急出动，赶往事发地点，展开救援工作。截至8月21日，中队圆满完成任务，共运送搭建帐篷30余顶，清理淤泥1000余立方米，打扫街道800米，整修居民房30余间。

11月22日，16时55分，四川省甘孜藏族自治州康定县（北纬30.3度，东经101.7度）发生里氏6.3级地震，震源深度18公里，震中位于新都桥镇与塔公乡交界处。截至2014年11月28日12时，地震累计造成5人遇难、76人受伤，8万余人受灾，25765户房屋受损，部分房屋倒塌，省道211线巴郎口道路中断。地震发生后，支队先后紧急抽调500名兵力携带救援器材，火速驰援灾区，担负抢险救灾任务。先后搜救被困群众22人，转移伤员27人，疏散群众1500余人，搭建帐篷800余顶，转运物资5000余吨。

【党委四届七次全体（扩大）会议】 1月23日至24日 支队召开党委四届七次全体（扩大）会议。中共甘孜州委副书记、政法委书记向秋列席会议，甘孜州人民政府副州长、公安局局长兼支队党委第一书记舒文出席会议。会议传达学习武警部队党委二届五次全体（扩大）会议、总队党委四届九次全体（扩大）会议精神，增补支队第四届党委委员、审议支队纪委增补委员的请示；通过党委常委会工作报告、纪委工作报告和2014年度经费预算，司令部、政治部、后勤部门领导分别部署2014年度军事、政治、后勤工作，表彰2013年度先进单位、个人，签订安全、保密和经费管理责任书。

【领导视察部队】 1月14日、15日，武警部队司令员王建平率后勤部傅凌副部长及相关二级部领导一行，深入支队考察工作。

1月25日下午，四川省委常委、纪委书记王怀臣率省军区政委刘家国等慰问团一行，深入甘孜州开展“春节送温暖”慰问活动，向驻州解放军指战员、武警官兵和政法干警致以春节祝福，支队派出副支队长张光明带领官兵代表参加慰问。

5月24日上午，四川省委书记王东明率工作组一行到支队机关考察指导工作，并看望慰问官兵。四川省委常委、秘书长陈光志，省政府副省长、公安厅厅长侍俊，省政协副主席、统战部部长催保华，甘孜州委书记胡昌升，总队参谋长陈伟陪同。

7月3日，四川省委常委、政法委书记刘玉顺率省委工作组，到理塘县检查调研敏感期维稳工作，看望慰问支队第五大队维稳一线执勤官兵。甘孜州委书记胡昌升、州政法委书记向秋、支队副政委汪进陪同。

7月18日至20日，总部政委许耀元率工作组深入甘孜藏区，看望慰问四川藏区维稳指挥部官兵和总队泸定医院住院伤病员，对藏区维稳形势和问题矛盾深入调研，就下一步维稳工作需要把握的问题作重要指示。总队司令员唐大淮、政委高凯陪同调研。

（武警支队提供）

·武警甘孜州森林支队·

【概况】 2014年，支队认真贯彻落实总队党委二届十二次、三届一次全体（扩大）会议精神，按照“抓组织强班子、抓制度促规范、抓作风树形象、抓安全保稳定”的工作思路，坚持在聚合力量、真抓实干、夯实基础上想真招、用实劲、下真功，部队建设呈提神、提力、提质的发展态势。组织官兵开展以学藏族风俗、学藏族语言、学藏族舞蹈、唱藏族歌曲为主要内容的“三学一唱”，培养官兵对“第二故乡”的感情，增强官兵热爱“第二故乡”、建设“第二故乡”的自豪感。在全部队叫响“灭火当尖兵，植树做模范”的口号，主动承担绿化荒山任务，义务植树5000余株，大力宣传生态保护知识、科学种养知识、安全用火常识和有关森林、草原法律法规，不断提高全民防范森林火灾、保护野生动植物的意识；与驻地200余户村民结对认亲，选择与政府机构、驻地学校、团委、血库、老年协会、敬老院等单位开展共建活动，全支队建17个共建对子，坚持利用“双休日”、“三五”学雷锋活动日，组织小分队深入村镇街道为群众义务理发、修电器、看病、打扫卫生、收割粮食等，为驻地群众做好事、办实事。

【多样化任务完成圆满】 参加甘孜州“2014年-亮剑行动”军警民联合反恐维稳实战演练。9月份，集中13天时间，组织全支队官兵开展野外驻训暨第三届“康巴劲旅”综合比武，规范5个科目，考察7个科目，观摩8个科目，组织24个科目比武。配合林业部门开展各类防火勤务10次，制止野外用火39起，查获非法盗伐木材6起，较好地完成康定县沙德、雅江县八角楼等20次灭火作战任务。6月26日，雅江大队出动20名官兵担负重要目标警卫执勤任务。7月5日至15日，道孚大队出动60名官兵先后担负道孚县团结桥、忠烈桥设卡封控任务。7月5日至16日，乡城大队派出50名官兵协助地方公安在热打乡和青麦乡进行设卡检查执勤任务。11月22日16时55分，四川省康定县发生6.3级地震，支队前指带康定中队50人在第一时间赶赴塔公乡担负救灾任务。雅江、道孚大队和康定中队共计100余人在驻地担负救援物资搬运等任务，抗震救灾多点多线有序展开。支队共投入兵力970余人次，累计救治伤病员49人，疏散群众1700余人，巡诊和心理疏导370余人，搭建帐篷155顶，搬运物资280余吨，抢运家具670余件，转移牦牛等牲畜160余头，拆除危房3间，利用野战炊事车为受灾群众保障热饮热食2700余人次。

【全州森林消防队伍建设有序推进】 截至2014年年底，全州共组建26支1560人专业森林消防队伍，111支共21054人负责森林火灾扑救工作，其中，九龙、炉霍、新龙、雅江、巴塘、理塘、乡城、稻城和道孚9个县对森林消防专业队伍进行了准军事化管理的集中驻训。依托当地驻军和武警部队共组建19支1100人森林火灾应急扑救队伍。武警甘孜州森林支队下辖道孚、雅江、乡城3个大队和康定中队，共驻训500余人专职负责全州森林火灾扑救工作。

（庞红卫）

·甘孜州公安消防支队·

【概况】 2014年，支队始终把政治工作作为固本培元的生命线工程，始终确保党对军队的绝对领导，以“藏区堡垒工程”为抓手，强化基层党组织战斗堡垒作用，被省总队表彰为先进纪委和“安全建设夺旗争先”先进支队。在严肃党性中讲团结，在坚守原则中抓大事，严格落实党委中心组学习和“四不一末”制度。支队主官带头为全州官兵开展形势政策教育3次，举办康巴大讲堂12期，“推门听课”40余次。坚持以“两化”管理为载体，抓正规化建设，对17项重点业务工作流程进行梳理，制作重点岗位、部位精细化管理标识图500余份。制定出台“队伍管理教育八条红线”，确保部队高度稳定。全年累计投入9980万元用于基层队站建设。新建（含在建）公安消防站20个，消灭县级城市“空白点”17个，新建队站占地面积达10.44万平方米，较2012年增长9.8倍；营房建筑面积达6.68万平方米，较2012年增长6.5倍。部局、总队配发13台消防车和生活用车。支队党委斥资120余万元为基层配发3台水罐车。全年新增消防车辆13台，执勤车辆总数突破50辆大关，器材装备累计6000余件（套）。完成“3·14”、达赖80岁生日、时轮金刚法会、白玉寺活佛转世灵童坐床仪式、五明佛学院“极乐”法会和“2014－亮剑行动”军警民反恐维稳实战演练等重要节点的维稳执勤任务120余次。在“11·22”康定地震救援中，抢救被困人员4名，排除房屋危险326处，抢救财产价值352余万元。全年共接处警987次，出动车辆1746台次，出动警力11052人次，抢救被困人员54人，疏散被困人员142人，抢救财产价值1398.94万元。

【提升消防服务能力】 牢固树立实战化练兵理念，从难从严从实战出发，先后开展地震救援、基层指挥员、攻坚班组等集中培训11期，累计培训官兵110人，对全州90%以上的基层战训骨干和80%以上的政府专职队员进行了轮训。针对藏区实战需要，创新自焚和打砸抢烧突发事件处置操法；围绕破拆和供水两大课题，创新高原缺水地区“511”200米出水灭火操和500米远程供水灭火操。投入693万元分期完成接处警系统、图像语音综合集成平台（二期）、营区监控系统建设，配备铱星电话、海事平板和3G单兵图传等设备建设。支队为色达、甘孜、理塘、道孚、稻城5县派驻执勤分队，部队战斗力在北路和南路实现全辐射。

【消除火患保平安】 支队党委多方借力，主动汇报争取，以寺庙火灾隐患整治和消防设施建设为重点，全力攻坚，取得突破，有效改善了社会消防安全环境。支队党委深入开展“清剿火患”、重大火灾隐患集中整治、消防安全“打非治违”、“九九消防”安全平安行动、“今冬明春火灾防控”等专项行动，高压态势整治社会面火灾隐患。全年共出动警力17482人次，检查单位8343家，督促整改火灾隐患及违法行为3549处，下达行政处罚决定书284份，责令“三停”单位52家，罚款215.6万元。

（州公安消防支队提供）

དཔལ་འབྱོར་དོ་དམ།
经济管理

·发展和改革·

【概况】 2014年，州发改委按照把稳增长放在首要位置的总体要求，把握“科学发展、加快发展、底部突围”工作基调，建议出台实施稳增长22条措施，全州经济实现逐季稳步回升，全面启动“十三五”规划编制工作，结合“十二五”执行情况，提出28个“十三五”规划前期重大研究课题和甘孜州“十三五”规划编制工作方案，分别以甘委办〔2014〕85号和甘委办〔2014〕91号下发全州执行；整理上报全州纳入国家、省“十三五”规划的重要内容，研究起草甘孜州“十三五”规划基本思路，为科学编制甘孜州“十三五”规划奠定了基础。启动“十三五”藏区专项规划编制工作。会同相关部门研究提出“十三五”重点专项规划。《甘孜州生态文明建设规划》通过国家级咨询会论证。《甘孜州风能资源开发规划》《甘孜州高温地热综合利用规划》进入编制阶段。完成《甘孜州生态经济发展思考》《甘孜州后水电时期经济发展研究》等7篇调研课题，《四川民族经济》刊发《破除交通瓶颈制约促进甘孜州旅游全域化发展》等6篇调研文章。全年开展4次专项调研和督导检查，努力推进计划实施。召开3次州级部门经济形势分析会，及时分析形势、研究对策，形成6期《经济运行监测与预测》，供领导决策参考。形成《关于推进全州县域经济加快发展的指导意见》；加大研究和汇报力度，争取农村安全饮水标准由现行的490元/人提高到每人1000元以上，使甘孜州49.6万人的安全饮水工程总投资达到7亿元以上。

【项目管理】 申报藏区规划项目249个，总投资72.58亿元。2014年争取中央、省预算内资金65亿元。雅康高速、两河口电站、巴塘巴楚河水利工程等一批重点项目开工建设；川藏联网工程、理亚路、岗白路等项目全面完工；黄金坪电站等项目加快推进。在电网、水电、交通三大重点领域的强力支撑下，全社会固定资产投资增幅居全省前列。全面清理2013年前已下达计划尚未开工的项目，2013年前未开工项目由年初的347个减少到40个。邀请专家、领导对全州18县150名项目促进中心业务人员开展业务知识培训，争取国家和省发改委康定“11·22”地震应急资金4000万元；编制完成康定“11·22”地震规划文本及项目清单；积极做好芦山地震、得荣地震灾后恢复重建项目实施工作，《芦山地震灾后恢复重建总体规划》加快实施，城乡住房建设全面完工，基础设施和地质灾害治理项目有序推进；得荣灾后重建城乡住房建设完成顺利推进，交通类、水利类、市政类项目前期工作加紧进行。2014年社会事业项目964个，总投资7.56亿元。开工建设甘孜州高级中学等37个教育项目、四川民族学院基础设施建设项目。州人民医院第二医疗区工程主体完工，2015年5月投入使用。国家文化和自然遗产保护设施建设等38个文广体项目开工建设。甘孜州残疾人综合服务设施建设和色达县洛若镇社会救助福利中心建设项目等8个社会保障项目开工建设。安排寺庙基础设施建设项目35个，全州53座依法管理制度创新寺庙寺管会业务用房建设资金全部到位，为实现州委、州政府确定的“新寺管会办公和生活用房通过基建项目力争3年时间分批建成”目标奠定了基础。

【优势产业培育】 2014年投入促进产业发展资金2亿元，重点支持市场前景好、带动作用强、能在短期内建成并发挥效益的项目。围绕全域旅游发展战略和旅游优先发展战略，藏区专项旅游项目投入资金5.5亿元。稻城亚丁旅游景区基础设施建设项目、香格里拉旅游支撑中心二期工程进度加快，灌顶雪泉·康定之珠旅游文化主题酒店项目核准开工。全力培育“圣洁美丽甘孜·康定情歌故乡”品牌；海螺沟AAAAA级景区和泸定桥、甲居藏寨AAAA级景区建设积极推进，重点打造稻城亚丁卡斯谷、理塘格聂山、长青春科尔寺等重要景区。长河坝、猴子岩等大型电站建设加快，斜卡、吉牛、乡城电站竣工投产，黄金坪、金平、金元、溪古等电站启动蓄水验收工作。全年新增水电装机70万千瓦，雅砻江中游龙头水库电站两河口水电站开工建设，苏洼龙、硬梁包电站前期工作取得突破性进展，大渡河干流、雅砻江中上游、金沙江上游水电开发前期工作有序推进。甘眉工业园区16个基础设施建设项目有序推进，完成投资10亿元。首次安排200万元工业经济奖补资金用于引导、鼓励企业生产。天津巴莫科技股份有限公司进驻园区，协议总投资30亿元，到位6.26亿元。园区共有工业企业88户，规模以上企业26户，初步形成以阳光坚端铝业为龙头的高端铝型材和以巴莫科技为龙头的新材料两大产业。全年计划实施留存电量26.8亿千瓦时，比2013年增加3.3亿千瓦时，增长14%，甘眉工业园区已使用留存电量8.09亿千瓦时。协调州级财政支持农业、林业发展资金3529万元，用于引导农业产业发展。

【基础建设】 G318线东海路、G317线俄岗路等9条国省干线主体完工，雅康高速公路全线开工建设，甘孜机场、川藏铁路成都至康定（新都桥）段前期工作加快推进。国家主体功能区建设试点示范区申报成功，编制完成《甘孜州国家主体功能区建设试点示范实施方案》，指导各县做好主体功能区试点示范实施方案编制工作。积极申报全国生态保护与建设示范区和生态文明先行示范区；分解下达节能降碳的目标任务，确保完成单位GDP综合能耗下降2.1%，单位GDP碳排放下降2.3%的目标；全年储备污水和垃圾处理类项目42个，炉霍、白玉等13个县污水处理项目加快推进。姑咱、马尼干戈、香格里拉、八美4个“全省百镇建设行动试点镇”基础设施建设稳步推进，投入资金1.34亿元。智慧甘孜、光网甘孜、无线城市加快建设，国省干线和主要旅游线路通信网络实现全覆盖。川藏联网工程、新都桥500千伏以及雅江、茨巫220千伏和色达等17个110千伏输变电工程建成投运；溪古、乡城500千伏扩建工程加快推进；长河坝、黄金坪500千伏送出工程开工建设；电力基础设施建设全年完成投资100亿元；无电地区电力建设有序推进，64个35千伏项目建成投运，电网触角伸入227个乡、1672个村，覆盖26.8万名农牧民，全州彻底告别“无电乡”历史。玛依河水利工程全面完工，石渠县洛须引水工程基本完成建设任务，泸定顺河堰、巴塘巴楚河水利工程开工建设，道孚尼措水利工程前期工作加快推进。

【市场监管】 编制完成“菜篮子”工程三年规划，安排州级价格调节基金4500万元全力支持全州“菜篮子”工程项目建设，占

2013—2014 年州级价调基金总额的 91.5%；整合农业产业发展等资金，强力推进“菜篮子”工程项目建设。加强市场价格行为监管，努力维护正常的价格秩序，保持价格总水平基本稳定，康定“11·22”地震发生后，发放 28000 余份价格警示告诫书，指导各受灾县采取有效措施稳控物价，确保灾区物价稳定。做好军需民食和救灾救济工作，及时将地方储备成品粮油投放到抗震救灾第一线，确保灾区军民粮油供应；加强粮食仓储设施建设，争取粮仓新建项目 10 个，总投资 0.35 亿元，同步加大“危仓老库”改造力度，超额完成粮食购销任务，全面完成储备粮油轮换任务，库存储备粮油全年安全无事故。

【改革工作】 起草《2014 年重点改革工作方案》《全州经济体制改革的要点》《关于贯彻落实省委十届四次全会精神全面深化改革的意见》等推进改革工作的文件，完成《贯彻落实省委全面深化改革若干重大问题的决定》的任务分解，建立工作台账；以行政审批改革、资源价格改革为突破口，州政府组成部门机构改革完成，制定《甘孜州工商登记制度改革实施方案》《甘孜州“先照后证”试点工作及后续市场监管方案》《甘孜州农村信用联社股份有限公司筹建工作方案》等改革方案，不断推进全州改革工作，增强发展动力；明确州、县人民政府投资主管部门核准权限划分，加大简政放权力度，取消下放 5 大类 16 个项目审批权限，转变政府投资管理职能，率先晒出行政权力清单；清理政府投资项目中介机构共 221 个，制定中介机构动态管理办法；组织国土、住建、农业、水务等部门细化深化改革工作措施并实施，加快推进相关工作；开展县级公立医院医药价格改革评估，选择康定、泸定、甘孜和理塘县医院作为评估对象，对县级公立医院执行药品零差率后，各项医药价格政策落实情况进行调研评估，形成评估报告报省和国家，为国家制定医药价格政策提供有效参考依据。中央对口支援西藏 20 周年电视电话会议召开和《国务院办公厅关于发达省（市）对口支援四川云南甘肃省藏区经济社会发展工作方案的通知》下发后，全面启动广东省对口支援相关工作，牵头起草《广东省对口支援甘孜州经济社会发展的建议》《关于广东省对口支援四川省甘孜州的初步考虑》，配合省发改委到广州进行对接；收集整理甘孜州及 18 个县基本情况、相关规划，编制 2014—2015 年 2 年期对口支援“1+6”计划基础资料；配合做好广东省工作组 10 月赴州考察的汇报材料撰写及基础材料提供工作；牵头编制完成《广东省 2014—2015 年对口支援四川省甘孜藏族自治州项目投资计划表》送广东审定，共提出对口支援项目 7 大类 77 个，总投资 6.16 亿元，对口支援资金 3.69 亿元；牵头制定对口支援工作相关制度，草拟《广东省对口支援甘孜州项目管理办法》。

（王　鑫）

·国有资产管理·

【概况】 2014 年全州国有企业资产总额达到 94.26 亿元，同比增长 5.72%；所有者权益 58.68 亿元，同比增长 3.02%；营业总收入 8.94 亿元，同比增长 7.07%。其中：州属监管企业资产总额达到 42.08 亿元，同比增长 8.57%；所有者权益 27.58 亿元，同比增长 1.70%；营业总收入 5.11 亿元，同比下降 6.58%。县属国有企业资产总额达到 30.85 亿元、所有者权益 16.34 亿元、营业总收入 2.58 亿元，同比分别增长 4.61%、1.61%、14.16%。

【国资国企改革】 编辑印制《国有资产监督管理制度选编》资料 100 余本，发送州县政府相关领导和企业负责人。制定《甘孜州深化国资国企改革促进发展实施方案》。《方案》共分 12 方面 32 项具体内容，明确了改革任务和工作措施，经十一届州人民政府 18 次常务会审议通过，州委办、州政府办以甘委办

〔2014〕99号文印发全州。甘孜州国资公司改革重组方案经州政府19次常务会审议通过；四川康定机场集团公司改革重组方案经州政府19次常务会审议通过并经州委常委会审批通过，重点推进四川康定机场集团公司股份制改造工作；拟定《州担保公司与州惠民担保公司整合重组方案》，优势互补，壮大担保公司实力；拟定《甘孜州文旅投资发展有限公司改革方案》，做大做强甘孜州文化旅游产业旗舰企业。甘孜州康定县、泸定县、海漯沟景区等11县1区仍存在54个独立供电区共56个电站，2014年4月，全州启动独立供电区改革工作。2014年中国证监会重启IPO审核后，里伍铜业公司于2014年4月30日已将截止2013年12月31日首次公开发行股份更新材料上报中国证监会，5月6日首次公开发行股份招股说明书已在中国证监会网站披露，上市时间取决于中国证监会审核速度。

【国有资产监管】 全年完成国有资本经营预算收入10422.7万元，超收1080.7万元，超预算目标110.56%；完成支出6636.8万元，重点支持了州属国有企业在水电、矿山、旅游等优势资源开发建设。里伍公司负责实施的三垭河梯级水电站项目全面竣工。项目总投资6亿元，总装机容量为5.4万千瓦；力丘河自主开发工作取得州农业银行、建设银行及工商银行出具的信贷承诺意向书；西班牙维拉米尔正式致函商务部退出力丘河水电资源开发，州政府已向省政府请示，请求授予甘孜州力丘河开发权，自主开发将进入实施阶段。以州国资公司为投融资平台，泸定燕子沟矿泉水开发项目、贡嘎天沐森林温泉开发项目、泸定贡嘎山矿泉水开发项目、康巴水泥厂项目、引温泉入磨西平台项目等重点项目有序推进。以甘孜州文旅投资发展有限责任公司作为促进甘孜州文化旅游产业发展的重要投融资平台，重点推进稻城亚丁景区、海螺沟景区等景区旅游基础设施开发建设。完成企业国有资产产权登记和数据汇总工作。截至2014年10月31日，全州各级国资委履行出资人职责的企业及各级子企业共办理产权登记90户（一级企业83户、二级企业7户），其中：新增产权登记1户。各级国有企业实收资本206465.7万元，其中：国家出资162832.56万元，国有法人出资14753.61万元，国有绝对控股法人出资21170.03万元，其他出资7709.5万元。对四川康西铜业股份公司、四川里伍铜业股份公司、州中小融资担保公司和州弘合民爆商务有限责任公司2013年度经营管理、财务管理及高管人员执行职务行为进行监督检查，完成该4户企业的《监事检查报告》，共反映出企业存在的问题21个，提出建议意见19条。

（刘煊华　段慧超）

·国土资源·

【概况】 2014年，根据省下达年度用地计划，按照优先保障重点项目及民生项目用地的原则，对20个建设项目进行指标安排和配置年度计划指标总量242.22公顷，农用地189.66公顷，耕地28.99公顷，确保了建设项目用地需求。保护耕地，全州实际耕地保有量10.33万公顷，基本农田保护面积5.48万公顷，超额完成省下达的耕地保有量5.9万公顷和基本农田5.37万公顷的保护目标。完成高标准基本农田建设约2.83万亩，完成省下达目标任务的100 %。征收耕地开垦费8000万元。全年审查上报征地报件24件，面积530.1061公顷。强化土地资产管理，土地收益2.54亿元，较上年增长20%。印发《甘孜州农村宅基地管理暂行办法》，确定县、乡（镇）、村各级的责任，进一步推进农村宅基地确权登记工作，完成全州12万余宗集体建设用地和宅基地确权工作。加强执法监察，实地核查66个土地图斑、4个矿产图斑。发现21起国土资源土地违法行为，有效制止非法占地21宗，面积805亩；1起矿产违法行为得到及时有效制止。2014年卫星图片执法检查继续保持“零约谈、零问责”。依法查处和指导督办各类违法行为：对存在问题的54宗探矿权、15宗采矿权分别下发责令限期整改的通知；对涉嫌违法的11宗探矿权和1宗采矿权依法做出行政处罚，共处罚款5.2万元；对通过卫星图片执法发现的52宗及成都督察局反馈的产能过剩项目2宗违法用地行为依法进行查处整改；对9宗重大典型土地违法案件进行挂牌督办。全年，行政审批窗口共受理审批服务事项1776件，办结1776件，规定收费项目缴纳入库2271.7万元。收缴土地出让金2.45亿元，矿产资源补偿费1762万元，探矿权采矿权价款及使用费2465万元，州本级耕地开垦费7811万元；罚没款入库5.2万元。

【有序推进矿产开发勘查】 2014年，全州原矿生产能力达到550万吨，实现产值23亿元（其中：规模以上矿山18亿元，其他矿山5亿元），增加值12亿元。全州探矿权进场开展工作的188宗（其中重点项目28宗），累计投资2亿元。大中型矿山里伍外围新增探明铜资源量（金属）50万吨，锌资源量（金属）30万吨，雅江措拉锂辉石矿探明锂资源量23.5万吨，雅江德扯弄巴锂辉石矿探明锂资源量24.34万吨，巴塘砂西探明铅锌资源量23万吨，甲基卡锂辉石矿外围调查评价估算新增锂资源量65万吨。开展探矿权年检及矿山储量动态监测成果审查，全州应检探矿权557宗，实际参检486宗（除国资公司36宗外，尚有22宗未参加年检），年检合格探矿权475宗，责令整改11宗。进场工作188宗，未进场工作298宗。矿山储量动态监测成果审查96家，责令整改6家。2014年，全州拍卖出让探矿权4宗，出让价款2116万元，二级市场转让探采矿权17宗，交易价款5991万元。全年征收入库矿产资源补偿费1762万元。

【地质灾害防治成效明显】 2014年共发生较大规模地质灾害灾情89起，造成2人死亡，2人受伤，5454人受灾。成功预警预报10起地质灾害，紧急疏散7540人，避免2662人可能因地质灾害造成的伤亡。丹巴县东谷乡二卡子沟突发特大泥石流灾害，成功避险，得到李克强总理、张高丽副总理、王东明书记、钟勉常务副省长等中央和省委省政府领导的充分肯定。争取到地质灾害防治资金8700万元，进行21处重大地质灾害治理工程、1200户地质灾害易发区群众防灾避险搬迁、2285处地质灾害隐患点专职监测队伍建设和1处矿山地质环境恢复治理示范工程等地质灾害防治工作。争取到6877.62万元资金，进行石渠（150口）、色达（12口）、德格（12口）、白玉（15口）和理塘（15口）包虫病区地下水调查与打井供水工程建设。康定“11·22”地震发生后，及时组织4家专业地勘单位20余名专业技术人员连夜赶赴灾区开展地质灾害隐患排查，排查了康定、道孚等6县2095处地质灾害隐患点、2条主要交通干线沿线43所学校周边10处地质灾害隐患。

（杨立骅）

·审计·

【概况】 2014年，甘孜州审计机关完成审计项目713个，查出问题金额259079万元，其中违规金额3644万元、管理不规范金额222663万元；损益（收支）不实2057万元；审计处理处罚金额71885万元，其中应上缴财政23337万元、应减少财政拨款或补贴13570万元、应归还原渠道资金25899万元、应调账处理金额7737万元；审计发现非金额计量问题218个；审计促进整改落实有关问题资金46311万元，其中增收节支38286万元、已调账处理金额7707万元、审计促进拨付资金到位78万元、审计后挽回（避免）损失16979万元。移送司法机关、纪检监察机关和有关部门处理事项11件。出具审计报告和专项审计调查报告713篇，被批示、采用11篇。提出审计建议1674条，提交审计信息70篇，被批示、采用38篇。

【财政（预算执行）审计】 甘孜州审计机关共完成2014年财政（预算执行）审计项目163个，财政决算审计项目3个，审计共查出预算编报不真实不完整28126万元，预算编制批复不规范1740万元，未按规定纳入预算管理29412万元，未按规定征收、缴纳预算收入2275万元，违规改变资金用途1089万元，资金滞留闲置706万元，虚列支出1670万元。

【行政事业审计】 甘孜州审计机关共完成行政事业单位审计项目24个，查出未落实收支两条线和专户管理规定19万元，资金滞留闲置2万元，扩大开支范围或提高开支标准列支36万元，违规采购48万元，套取项目资金42万元，会计核算不实38万元。

【经济责任审计】 甘孜州审计机关完成经济责任审计项目30个，审计县级主要领导干部3人、区科级领导干部25人、国有企业领导干部2人；在完成的审计项目中，任中审计13人，离任审计17人。审计查出违规金额8138万元（其中主管责任901万元、直接责任7217万元、领导责任20万元），管理不规范金额7258万元（其中主管责任1136万元、直接责任1339万元、领导责任4782万元）。

【金融审计】 甘孜州审计局完成金融审计项目1个，查出非涉农贷款纳入涉农贷款17144万元，改变贷款资金用途22万元，违规发放小额信用贷款340万元，跨县域发放涉农贷款2080万元，贷款类别划分不准确587万元。

【固定资产投资审计】 甘孜州审计机关共完成固定资产投资审计项目347个，项目总投资316436万元，通过审计核减工程结算款15990万元，其他问题资金2020万元。

【社会保障审计】 甘孜州审计机关共完成社会保险审计项目4个，查出未按规定征收、缴存社保费166万元，其他问题资金689万元。

【企业审计】 甘孜州审计局完成企业审计项目1个，查出主要问题金额1009万元。

【专项资金审计（调查）】 甘孜州审计机关共完成专项资金审计及审计调查项目143个，审计专项资金总额305393万元，查出扩大开支范围或提高开支标准列支253万元，资金不到位不落实2139万元，工程结算款不实43万元，超规模超标准项目2820万元，资金滞留闲置163万元。

【信息化建设】 甘孜州审计局藏区信息化建设项目总投资339万元，其中中央财政专项补助200万元，2014年9月通过验收投入使用。

（童红英　赵　静　刘玉瑶）

·统计·

【概况】 2014年，围绕州委、州政府中心工作，紧扣“争创全国藏区一流统计”发展目标。全年，报送州委办、州政府办和省统计局信息600余条，被州委办、州政府办采用125条，省政府采用35条，省局采用389条，国家局采用6条，《新华网甘孜频道》登载577条。完成研究报告《新常态下理性分析正确看待经济增速放缓》《主要指标增速偏慢 完成目标难度较大》《纪检监察干部必须向五讲要能力》《坚持“五讲”努力提高纪检监察干部科学履职的能力和水平》。为州委州政府重要会议、重要汇报材料和各部门提供统计数据1800余次，撰写统计分析41期、统计专报1期、统计研究3期。发放宣传资料4210份，经济普查手册580本，宣传画460张。组织参加统计从业资格考试251人，通过226人；参加职称考试12人，通过8人；组织统计继续教育159人，全州从业人员持证上岗率达到51.1%，注册率达86.2%，创历年新高。开展统计业务培训指导，组织州县两级业务培训7次、800余人次；开办乡（镇）及部门统计骨干培训4次、300余人次；奔赴各县开展业务培训6次、200余人次。

【第三次经济普查工作】 坚持依法普查，严格执行方案，规范业务流程，广泛宣传动员，加强审核评估，确保普查质量。经过全州1.5万余名普查人员艰苦奋战，圆满完成第三次全国经济普查前期准备、入户登记、审核验收、数据评审和总结表彰等阶段性工作。通过普查，基本查清甘孜州第二、三产业5万余个法人单位、产业活动单位和个体经营户的生产经营活动情况，全面掌握第二、三产业的发展规模、结构和效益等，普查数据客观、真实，符合甘孜州第二、三产业发展实际。

【“四大工程”建设逐步深化】 充分利用国家统计局数据采集平台，全面实现网上报送。加大对“三上”企业清查、核实和申报力度，按月及时更新维护基本单位名录库，全面审核净化提升了名录库质量。对数据生产过程的全流程监管进一步加强，严防死守“四条红线”，将触线行为作为重大统计数据质量事故或统计违法违规事件，纳入对各县统计工作考核的“一票否决”。

【“双基”建设步伐加快】 建立县级统计机构规范化管理标准和认证细则，健全分级负责的推进机制，落实局领导分县联系制度，加强与地方党委政府领导沟通协调和工作督促，有力促进了基层统计能力的提升。年内，成功推进2个县级统计机构规范化建设达标。按照“有机构、有人员、有制度、有资格、有台帐、有经费、有设备、有场地”八有标准，全面推进全州企业统计规范化建设，使源头数据质量得到有效的提升。

（李春芳）

·国家调查·

【概况】 深入推进城乡住户调查一体化改革，及时调整充实州住户调查工作领导小组，州政府办下发《关于进一步做好住户调查一体化工作的通知》，对全州住户调查工作进行部署，制定下发《甘孜州州级住户一体化调查数据处理办法》、《甘孜州住户一体化调查工作相关要求》、《甘孜州住户一体化调查工作规范化规程》等7个制度办法。组成3个调研组分赴18个县，检查住户调查基础工作，参加四川总队经济形势分析会，汇报全州助农增收情况。

【统计调查工作】 完成第三次经济普查个体户抽样调查，使用PDA现场进行调查数据采集上报，完成105户个体户抽样调查工作。推进新设立小微企业和个体户跟踪调查，联合州工商系统开展对10个县2014年以来新登记设立的小微企业和个体户生存情况的跟踪调查。加强居民消费价格（CPI）、低收入消费价格（SCPI）、工业生产者价格（PPI）、规模以下工业、采购经理（PMI）、限下批零住餐行业、畜禽监测、退耕还林等常规调查工作，开展经济运行分析评估。开展海螺沟景区管理体制改革民意专项调查调研，获大量基层群众意见建议，对海管局管理体制改革提供了重要参考依据。对甘孜州特色农副产品网络销售情况进行详细调查，形成《甘孜州特色产品网络销售现状调查》报告。8月，组成三个工作组，分赴东、南、北三路18个县，了解各县农牧民增收落实情况和实施效果，形成调研报告，为掌握各县情况、科学审核住户调查数据提供重要依据。对各县政务服务态度、效率、环境等情况进行调查，形成调查报告。对各县工商局开展行风公众满意度测评，收到良好效果。完成州级83个部门的社会公众满意度测评，为部门年度目标绩效考核提供依据。

（汪　涛）

·工商行政管理·

【概况】 2014年，以推进“法律七进”活动为载体，坚持“谁执法、谁普法”的原则，深入开展法制宣传教育，积极推进法治工商和依法治理工作进程，重点以“法治动漫”形式向社会公众宣传法律，组织市场经营业主工商法规和信息公示制度培训27场。坚持以打造区域品牌为重点，全州新申请注册商标63件。其中农副产品商标17件，地理标志商标7件。开展新商标法宣传达2600余份。培育四川省著名商标2件。牵头开展“圣洁甘孜”集体商标申报工作。成立“12315”消费维权联动快速反应执法队伍，建立起甘孜州旅游市场消费维权快速反应机制，及时处理州工商局“12315”申诉、举报平台分流的消费纠纷。全州325个消费维权站点共受理消费者申诉85件，处理申诉83件，调解85件，结案100%率，为消费者挽回经济损11.54万元，受理消费者咨询237件。

【商事制度改革】 2014年3月，甘孜州全面实施商事制度改革，11月，全州范围试点“先照后证”工作，25个行政许可审批部门根据各自职能，制定《“先照后证”试点后续市场监管方案》，确保试点后监管不缺位。州工商局率先设计“甘孜州市场主体信用信息公示系统”，11月在全州推广使用。实施改革后，全州市场主体实现快速增长，12月31日，实有市场主体30467户，注册资本（金）3392186万元，与2013年底相比分别增长20.4%、42.7%。全州新登记市场主体6716户，注册资本（金）634714万元，与2013年相比分别增长67.2%、213%。新增私营企业、个体户、农专社共计6497户，占新增市场主体的96.7%，民营经济成为拉动甘孜州市场主体总体增长的绝对力量。

【整顿和规范市场经济秩序】 开展以“维护市场竞争秩序、保护消费者合法权益”为主题的“红盾春雷行动2014”。共立案15件，结案13件；加大流通领域商品质量监管力度，抽查检验80批次，查处案件17件；开展理财投资类企业监管，对州内民间投资咨询企业进行逐户摸查、清理整顿。召开行政约谈会规范其经营行为，杜绝发生投资理财违规违法行为；历时6个月开展格式条款专项整治，审查银行、电信企业合同协议62份，条款2100余条。审查出涉嫌不公平条款110条类，确定85条类。开展旅游市场专项整治、网络市场监管、民族示范州创建活动等。全州工商机关查处各类经济违法案78件，案值110.91万元。

（杨　碧）

·质量技术监督·

【概况】 2014年，全州质量总水平持续保持高位，质量抽查总合格率为93.6%。全年出动执法工作人员60余人次，车辆15台次，共检查工业产品生产企业20家（次）。“11·22”康定地震发生后，共排查特种设备500余台件。组织开展市场强制性认证产品监督检查，全州累计检查58个家用电器经销户、33家商场超市和儿童用品销售点。开展实验室监管工作，共检查检验检测相关机构10家，涵盖建筑建材、环保、卫生、机动车、食品、药检等6个行业，覆盖率100%。开展对全州自愿性认证监督检查，检查涵盖无公害农产品认证、绿色产品认证、有机产品认证、管理体系获证企业等。全年共办理行政执法立案案件15起，结案15件，无移送案件。新增道孚大葱1个地理标志产品，全州经国家质检总局批准实施地理标志产品保护的产品达8个。年内，修订9个地标产品综合标准，其中4个地标产品综合标准已经省质监局同意发布实施。四川康定金珠制药有限责任公司生产的“小金丸”、炉霍雪域俄色有限公司生产的“雪域俄色茶”、康定跑马山水泥有限公司生产的“白家牌水泥”等3个产品成功通过四川名牌复核，金珠制药有限责任公司生产的“独一味丸”成功申报为四川名牌产品。炉霍雪域俄色有限公司和四川康定金珠制药有限责任公司获得首届州政府质量管理奖。

【计量管理】 开展节日市场计量监督检查，全州全年累计检查检定计量器具3700余台（件），检定合格率98%。开展部分计量器具免费检定活动，免收检定费3万余元。建立健全各项诚信计量管理制度，在全州范围内超市、加油站、餐饮店、医疗机构等领域开展诚信计量工作，分别签订不同领域的“诚信计量承诺书”，初步建成覆盖8个领域不同行业的诚信计量体系，签订诚信计量承诺书118份。聘请省能源计量专家对山盛水泥有限公司和泸定桥水泥有限公司2家企业开展“能源计量审查评价”工作。指导帮助山盛水泥有限公司通过定量包装商品生产企业计量保证能力（“C”标志）评价，填补州内空白。

【标准化工作】 加强农业标准化示范区建设，成功申报乡城藏鸡、甘孜青稞2个省级农业标准化示范项目；理塘油菜、巴塘辣椒、丹巴葡萄3个省级农业标准化示范乡项目顺利通过考核验收。加强服务标准化示范试点，康定天龙电器有限责任公司和康定拉姆则林卡酒店管理有限公司2个服务标准化试点项目顺利通过考核验收，康定情歌大酒店有限责任公司获批成为2014年度第六批省级服务业标准化试点单位。加强区域性标准制定与修订，批准发布5项区域性地方标准，废止13项区域性地方标准。

【特种设备安全监察】 特种设备持续安全经济运行，全州未发生各类特种设备安全事故。举办1期特种设备作业人员培训班，开展2次应急救援演练。全年共完成检验锅炉71台（套）、压力容器412台（套）、电梯469台、起重机械229台（套）的检验工作任务。

（朱春雨）

·安全生产监督管理·

【概况】 2014年，全州安全生产继续保持了总体稳定，为全州经济发展和社会稳定创造了较好的安全环境。全年，共发生各类安全伤亡事故144起，死亡69人，受伤149人，直接经济损失1388.01万元。其中，发生生产经营性安全事故29起，死亡21人，受伤75人，直接经济损失133.35万元。与2013年同期相比，生产安全事故起数减少4起、下降12.12%；死亡人数减少3人、下降12.5%；受伤人数增加39人、上升105%，直接经济损失减少294.37万元、下降42.93%。生产经营性安全事故死亡人数占省政府安委会下达控制指标（35人）的60%。年内，全州共发生7起较大道路交通安全事故，死亡（失踪）32人，受伤9人；发生2起民房较大火灾事故；死亡8人，受伤1人。2014年，全州未发生重大、特别重大安全事故，连续3年确保无重大及以上安全事故发生。12月31日，州政府常务会、州委常委会先后审议通过并下发《甘孜州安全生产“党政同责”暂行规定》。

【安全生产专项整治活动】 2014年，组织开展“百日安全生产”活动。全州安监部门累计组织180个检查督查组，派出检查人员1000余人次，综合监管生产经营单位500余家，排查整治各类安全隐患900余项，责令5家企业停业整改。组织开展安全生产大检查和隐患大排查大整治活动，加强西藏昌都、林芝地区过境客运车辆的安全监管，要求国道318、317沿线各县设立检查站加强监管，严禁夜间在州境内通行。对69家重点企业实施检查执法，下达监察执法文书208份，依法停产停工整改企业9个，排查整治安全生产隐患632项，警示约谈企业7家16人，实施行政处罚7.5万元。组成19个督查组对各县开展“一对一”的督查，检查企业和单位1200

多个（次），排查整治安全隐患1500多项。深入康定、丹巴、九龙、白玉等9个矿业重点县开展金属非金属矿山、尾矿库、地质勘探坑探工程项目集中整顿，开展53家金属非金属矿山矿长谈心对话活动，检查企业958家，开展联合执法13次，开展暗访暗查34次，整顿安全隐患691项。

【安全生产监管制度】 2014年，健全并落实4项安全生产监管制度。制定出台《甘孜州一般安全事故调查处理挂牌督办办法》《甘孜州"安全生产重点监控县"管理办法》《安全生产监管执法公告制度》，定期在媒体上适时曝光隐患整改不力、安全措施不实、责任落实不够、安全生产违法违规的企业，接受社会的监督。印发《关于进一步加强企业安全生产风险抵押金存储和使用管理的实施意见》，指导、督促县级安全监管部门管理好企业安全生产风险抵押金，进一步规范高危行业企业安全生产风险抵押金存储管理，保障生产安全事故救援处置工作。

【安全生产基层基础】 2014年，完成州、县安全生产应急会商系统建设任务，实现国家安全监管总局至县级安全监管局四级互联互通。投入40万元建成州安全监管局数字化安全监控指挥平台，实现远程视频监控和远程指挥的联网与资源共享。组织开展"安全生产月"宣传活动，全州共设置咨询点370余处，宣传展板1200余个，5万余名群众参加咨询日现场活动；悬挂安全生产标语2800余条；在州县广播电视台和LED大屏幕显示屏播放安全生产警示片35部（次）；散发各种安全生产宣传资料80种，20余万份；向干部、群众发送安全生产短信60万余条。投入15万元在康定情歌广场和折多山设置安全生产大型公益广告牌。组织举办企业法人、安全管理人员、特种作业人员培训班4期，参训人数达630人。在康定县启动1个国家级安全社区建设，九龙县和丹巴县分别启动1个省级安全社区建设。指导、督促泸定县在年内完成1个省级安全社区创建验收评定工作。在非煤矿山、建筑施工、职业健康3大行业领域聘任一批从事安全生产技术与管理工作实践经验丰富，具有较高的业务水平和工作能力的行家里手组建州、县安全生产专家库。完成9家企业职业卫生"三同时"、职业危害现状评价和职业危害因素监测工作，指导112家企业完成职业病危害申报，协调相关医院和专业人员深入全州开展"职业健康体检流动车进企业"活动，督促企业组织员工累计体检1500余人。

（州安监局提供）

·食品药品监督管理·

【概况】 2014年，全州食品药品监督管理体制改革初步完成。全州食品药品监管系统承担全州45家获得QS认证的食品生产企业、3723家食品流通经营企业、4097家餐饮服务单位（含各类学校食堂462家）、3家药品生产企业、336家药品药械经营企业、577家医疗机构和908家保健食品经营店、1130家化妆品经营店的监管任务。监管环境明显改善，州政府制发《甘孜州关于进一步加强食品药品安全工作意见》，州、县、乡（镇）及时调整充实食安委及食安办成员单位和组成人员，乡镇设立食品安全协管员，行政村和寺庙设立食品安全信息员。建立部门联动机制，州食药监、公安、商务、工商、质监等部门建立联合办案机制，实现行政执法与刑事司法无缝衔接。组织开展食品安全宣传周、食品药品科普宣传系列活动，鼓励公众参与监督，建立完善食品药品投诉举报查处制度，畅通"12331"投诉举报电话，通过投诉举报食品药品立案11件（结案10件），罚没款60余万元。年内，为结对"亲戚"先后发放慰问金、慰问物资共计3.5万元。

【食品药品安全监管】 2014年，全州食品药品监管系统相继开展学校食堂、食品药品安全专项整治“亮剑行动”、“四打击四规范”等专项整治行动。全年依法查处食品、药械、化妆品案件276件，涉案金额170万元，没收物品货值金额150万元，罚款330万元，没收违法所得8万元。立案数同比增长158%，罚没款同比增长550%。全年出动检查18485人次，出动车辆2490台次，检查食品药械生产、经营、使用单位22630家次，打击食品药品违法犯罪力度创历史之最，取得执法办案位居全省第五名的佳绩，确保全州未发生一起重大食品药品安全事故，连续三年荣获全州目标绩效管理工作先进单位。食品药品监管能力全面提升。强化干部职工法律法规及业务知识培训，提升综合执法水平。编制完成药品违法案件、药品监督抽验、药品不良反应监测年度分析报告以及药品生产经营企业和特药监管等风险评估报告。建立风险沟通机制，先后约谈食品药品生产经营企业300余家次。健全餐饮监管制度，严格执行量化分级管理制度，3878家参与评级的餐饮服务单位中，100家获评A级（优秀），548家获评B级（良好），3230家获评C级（一般）。全年上报药品不良反应报告240例、上报医疗器械不良事件报告32例。完成药品抽验任务700批次，284个品种，合格率99.8%。同时，突出对省政府确定的民生工程食品重点品种、重点单位的监督抽验，全年共完成食品安全监督抽检344批次，不合格批次12个，不合格率为3.4%。

【应急能力建设】 编制完善食品、药械、餐饮、保健食品、化妆品应急预案，组建全州食品药品专家咨询组，建立特殊药品监管信息网络、假劣药品信息报告体系，组织各县开展食品安全事故（Ⅳ级）应急处置演练。2014年11月22日16时55分、11月25日23时19分，康定相继发生6.3级和5.8级地震。组织全系统投入抗震救灾，加强对救灾食品、药品和医疗器械监管，配合有关部门做好救灾食品、药品和医疗器械的供应保障。对灾区集中供餐的2个点进行30次食品安全保障，食品快检样品56个，药品快检样品80个，对灾区的12个灾民集中安置点的捐赠物品进行监督检测。全州食品药品市场秩序良好，抗震救灾食品、药品、医疗器械未出现质量安全问题，社会秩序稳定可控。

【服务经济发展大局】 坚持一手抓监管，一手抓服务，积极促进食品医药产业健康发展。启动“甘孜州常用藏药材质量控制标准整理研究”“甘孜州常用藏药制剂标准提升研究”项目，研究推出常用藏药材参考标准343个（其中有参考标准的246个、暂无参考标准的97个），完成《甘孜州常用藏药材参考标准汇编》初稿；组织编纂《甘孜州常用藏药制剂质量标准提升指导手册》，完成对常用藏药制剂的清理。加大食品生产企业帮扶力度，指导7家食品生产企业获得食品生产许可证，指导泸定中藏医药产业园区药品生产企业在洁净区建设、设施设备的配备、机构人员的设置上引入新版GMP理念。全州首个藏药新药“然降多吉”胶囊获国家食品药品监管局国药准字批件（国药准字Z20140005）。

（王　洪）

·住房公积金管理·

【概况】 2014年，甘孜州住房公积金管理中心围绕发挥住房公积金制度的住房保障作用这一主题，按照年初制定的各项目标任务，扎实开展工作，各项工作取得了新的成绩。全州住房公积金运行态势总体良好，主要表现在，扩面持续推进，缴存人数不断增加，归集金额实现新高，贷款发放适度，资金流动性偏紧改善，资金总体安全完整，全年各项工作目标得到较好实现。年末全州住房公积金结余资金14.87亿元，较上年年末增加4.68亿元。其中一年期以下定期存款4.08亿元，一年期以上定期存款9.31亿元，协定存款1.38亿元。年末全州资金使用率、运用率分别为77.91%、66.69%，同比分别下降4.51和7.3个百分点，资金流动性明显趋向宽松。荣获四川省住房和城乡建设厅住房公积金2014年度目标考核二等奖。

【归集与提取】 全州缴存单位1939个，比2013年末增加92个；缴存职工69919人，比2013年末增加2424人，住房公积金覆盖率达到94.49%。全年归集11.68亿元，同比增长18.46%，累计归集额达到57.88亿元；归集余额为38.39亿元，本年增加5.81亿元，增长17.83%。住房公积金提取增速加快。全年提取合计5.87亿元，同比增长25.97%。其中住房消费类提取4.08亿元，同比增长13.33%，占提取总额的69.50%，年末累计提取19.5亿元，占累计归集额的33.67%。州公积金中心坚持了引导缴存职工理性提取的原则，推广了集中住房办理按年提取业务，使得提取流程更加便捷高效。

【贷款与回收】 州住房公积金中心认真贯彻国家住房公积金贷款政策，着力提高全州住房公积金使用效率，优先保障首套住房贷款，尽力满足改善性住房贷款。全年发放个贷金额6亿元，同比增长8.2%，发放户数2136户，同比减少70户。年末个贷余额为25.59亿元，比年初增加1.48亿元；已累计向3.55万户次家庭发放个人贷款53.04亿元，支持购建房建筑面积近300万平方米。

【增值收益及分配】 增值收益较快增长，资金运营效果良好。全年实现业务收入1.48亿元，同比增长17.46%，其中贷款利息收入1.11亿元，占比75%，存款利息收入占比25%。业务支出0.71亿元，同比增长10.94%，其中给缴存职工计息0.66亿元，占比92.96%。实现增值收益0.71亿元，同比增长14.52%。贷款风险准备金充足，占贷款余额的7.5%，廉租住房建设补充资金贡献稳步提高。2014年提取贷款风险准备金0.48亿元，累计提取1.92亿元；提取中心管理费用0.22亿元；提取城市廉租住房补充资金424万元，累计计提1405.93万元，已上交州财政局982万元，对甘孜州廉租住房建设做出了积极贡献。

【贷款逾期率】 控制逾期贷款，保证资金安全。年末3个月以上逾期贷款88笔，逾期金额137万元，同比增加20笔，金额增加27万，个贷逾期率为0.54‰，逾期率控制在省定目标3‰以下，资产质量得到了保证，风险控制有效加强。

【缴存基数调整】 根据州住房公积金中心下发的《关于调整2014年度住房公积金月缴存额上下限的通知》（甘公积金〔2014〕31号）规定，从2014年7月1日起，全州住房公积金缴存比例保持最高比例12%，最低比例5%不变；缴存住房公积金月工资基数最高12412元，石渠、色达、理塘、稻城县四县最低工资基数1400元，其他各县最低工资基数1250元。

（洪　彬）

ནོར་སྲིད་དང་ཁྲལ་དོན།
财政·税务

·财政·

【概况】 2014年，全州公共财政预算收入27.55亿元，完成预算的110.19%，增长24.52%。其中：税收收入18.78亿元，增长16.27%；非税收入8.77亿元，增长46.81%。增幅高于上年21.93个百分点，增幅排全省第一，收入总量在全省排名提升一位。全州公共财政预算支出288.86亿元，完成调整预算的95%，增长4.90%，支出进度比上年提高3.40个百分点。全年财政拨款“三公”经费较上年减少1.44亿元，下降29.73%。投入资金1.07亿元，保障康定“11·22”重大地震、丹巴东谷泥石流等重大自然灾害抢险救灾工作；投入资金2.77亿元，促进全域旅游化统筹推进；投入资金23.58亿元，促进新型城镇化加快推进；投入资金39.92亿元，促进农牧业现代化稳步推进；投入资金139亿元，保障和改善民生；投入资金33.59亿元，推进群众工作全覆盖；支持康定机场、稻城亚丁机场0.62亿元，确保机场正常营运。多渠道筹集资金化解支出挂账12.97亿元。全州动态监控违规支付2585笔，查纠违规支付资金1.77亿元。

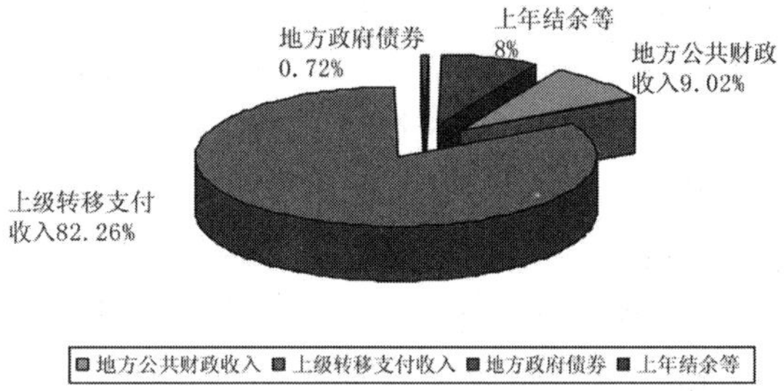

2014年全州公共财政收入来源情况

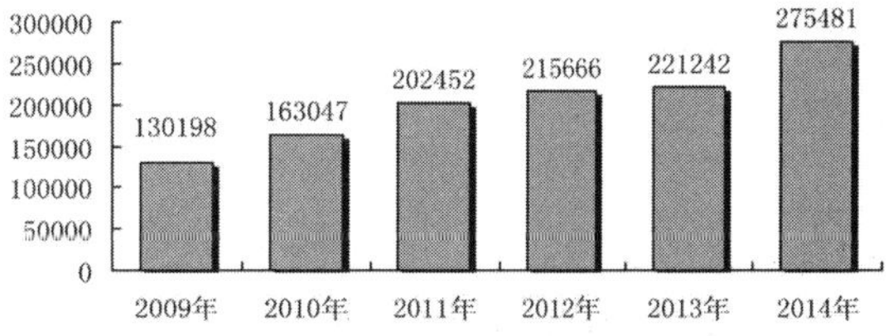

近年来全州地方公共财政收入情况（万元）

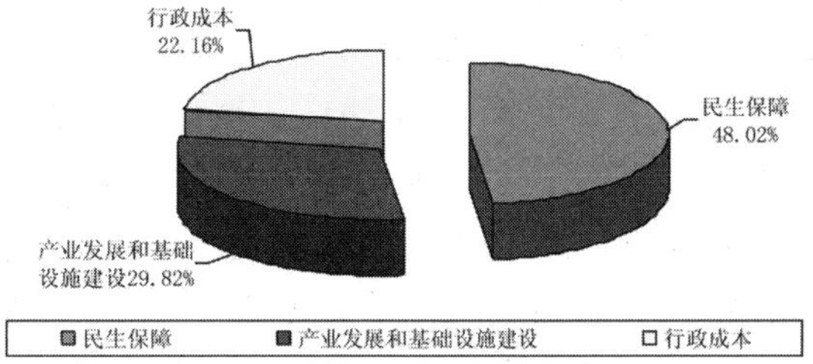

2014年全州公共财政支出结构

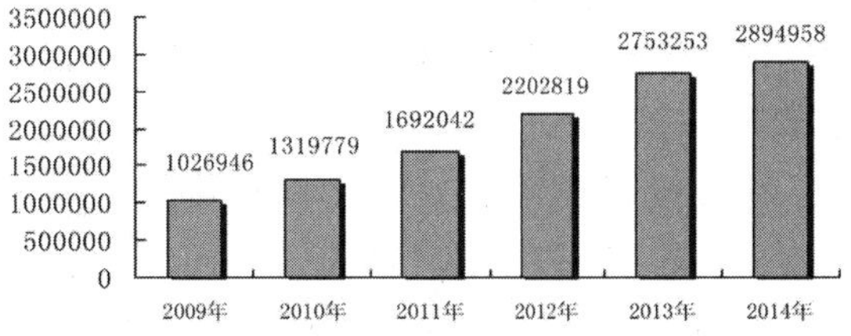

近年来全州公共财政支出情况（万元）

【财政改革深入推进】 下划县级企业所得税1500余万元，对全州221个项目3.02亿元资金使用的效率、效果实施项目支出绩效评价。全州清理财政专户384个、单位账户2637个、涉及资金169.6亿元，撤并财政专户33个、撤并单位账户197个、盘活资金7.74亿元。2014年预算编制中，州级专项预算项目个数较上年压缩20.08%，整合各类专项经费0.29亿元；清理州级农业结余资金1.07亿元，整合藏区新村基础设施建设以奖代补资金和2013年财政专项扶贫资金1.2亿元，安排用于19个幸福美丽新村建设。全州国库集中支付改革实现“所有单位、所有账户、所有资金、所有流程”四个100%全覆盖，所有财政资金严格实行清算制度。推进公务卡制度改革，州、县两级公务卡改革面达到90%，全州公务卡结算量首次突破千万元。全州611个单位向社会公开部门预决算、686个单位公开“三公经费”预决算，公开面分别较上年提高24%和23%。财政预决算和部门预决算全部公开至“项”级科目。对城乡低保、非义务教育贫困生资助、普通高中家庭困难资助专项支出进行公开。

【提升财政管理水平】 修订完善项目支出管理办法，制定基本支出管理办法，成立编审中心，完成项目库建设。对州级84个一级预算单位、71个二级预算单位的1305个项目11.7亿元资金进行中期评估，增强预算的约束力。重点对各县的必保民生支出、待批复预算规模和项目经费中安排一般性支出等进行预审。通过预审，有8个县足额安排法定支出，较上年增加2个县；有10个县必保民生支出全面落实到位，较上年增加7个县；县级待批复预算规模从2013年的9.12亿元下降到5.70亿元，下降37.44%。建立由国库部门牵头，各业务科室决算对账及审核的前置审核机制，完善县级决算网络预审与集中会审相结合的审核方式，形成上下联动、横向互动、相互协调的工作机制。将各县基本保障、公共保障、支出进度、法定支出、支出绩效等支出预算执行管理工作纳入绩效考核，给予13个县运行绩效考核奖励760万元。

（洛松次仁）

·国家税务·

【概况】 2014年，税收收入12.23亿元，比上年同期（下同）下降0.97%，减收1198万元，完成年度计划11.9亿元的102.74%，超收3261万元。其中，中央级8.89亿元，完成年度计划8.85亿元的100.51%，超收452.6万元；地方级3.33亿元，增长10.35%，增收3125.4万元；州本级1.12亿元，增长14.53%，增收1415.8万元，完成年度计划1.1亿元的101.4%，超收155万元，首次突破亿元大关。落实各项税收优惠政策，依法减免税金1.56亿元、增长59.64%，抵扣固定资产进项税额1亿元、增长9.14%，办理出口退（免）税255万元、增长3.66%。2014年，全州国税系统探索推行“全州通办”服务模式，纳税人可以在任何一个办税服务厅异地办理涉税业务，开展“便民办税春风行动”，纳税人对全州国税工作总体满意度为83.87分、较上年提高3.13分，排全省国税系统第12位、较上年上升1位。甘孜州国家税务局机关被国务院表彰为“全国民族团结进步模范集体”；通过全国文明单位复查验收，

【税制改革】 2014年，完成电信业、邮政业“营改增”。全州675户“营改增”纳税人缴纳税款4549万元，增长270%。加大税收执法工作力度，通过评估、检查、稽查补税2056万元、增长198%，核减企业亏损5779万元、增长287%。

2014 年全州国税税收收入统计

表 5　　单位：万元

项目	累计收入	2013 年同期收入	同比增减比例（%）	同比增减额（±）
税收收入合计	122260.2	123459	-0.97	-1198.3
国内增值税	91931.3	93261.9	-1.43	-1330.6
国内消费税	3955.6	3949.7	0.15	5.9
企业所得税	17289.7	14855.3	16.39	2434.4
车辆购置税收入	9083.6	11388.9	-20.24	-2305.3

（朱艳秋）

·甘孜地方税务·

【概况】　2014 年，全州地税系统共组织地税收入 206456 万元，完成省下计划 196100 万元的 105.28%，完成州下计划 200300 万元的 103.07%，同比增长 14.04%。其中税收收入入库 184554 万元，完成省下计划 178600 万元的 103.33%，完成州下计划 182800 万元的 100.95%，同比增长 12.64%；基金附加收入入库 21902 万元，完成计划 17500 万元的 125.14%，同比增长 27.33%。省级税收收入入库 5353 万元，完成计划 6400 万元的 83.64%，同比减少 9.63%。共组织地方公共财政收入（州县）160188 万元，同比增长 16.43%，其中完成州本级收入 35028 万元，完成州本级收入任务 31565 万元的 110.97%，同比增长 20.21%。深入开展“扎根工程”和“便民办税春风行动”，全面强化首问责任制，落实“局长进大厅”定期值班制度，推行“综合服务”窗口，实施前台“AB 岗”管理，纳税服务建设进一步完善。积极推行“同城通办”“免填单”服务，建立网上办税服务厅，拓展“12366”热线功能。“12366”纳税服务热线全年话务接待量达 1053 个，办结率达 100%。开展“送服务进企业”活动，开办纳税人学校，促进纳税遵从。2014 年，支持就业减免税金 29.39 万元，减免企业所得税 2300 万元。稳妥推进“营改增”试点扩围，共计移交邮政业试点纳税人 27 户、电信业试点纳税人 41 户。

【税收管理】　设立税收风险管理中心，健全风险管理流程，加强行业风险模型与指标建设。推进税源管理专业化，提升税源管理层级。开展纳税评估工作，全系统共开展专项评估 8 户。建成征管电子档案系统。完成 3 户总局定点联系企业集团风险管理，查补各项税款 642 万元。涉外税收管理进一步加强，全年共入库各项涉外税款及基金附加 845 万元。超额完成年所得 12 万元以上个人所得税自行纳税申报工作，汇算清缴入库企业所得税 2356.33 万元。开展存量房计税价摸底调查，处理存量房交易纳税申报 966 件，征收税款 1318.60 万元。推动房地产开发项目上线，完成 24 个房地产开发项目数据录入，实现土地增值税与房地产开发项目的同步管理。

【依法治税】　举办法制业务培训，组织开展“法律七进”活动，税收法制宣传活动从县城到农牧区，从办税厅到生产一线，从机关到学校，不断向社会各领域拓展。梳理简化审批流程，将 61 项行政权力录入四川省行政权力运行平台，实现行政权力事项公开、运行透明、监管到位。稽查部门全年检查各类纳税人 34 户，稽查入库税款 1568.78 万元，同比增长 55.54%。

（黄世才）

དངུལ་ཆ་དང་ཉེན་འགོག་འགན་ལེན།
金融·保险

·中国人民银行甘孜州中心支行·

【概况】 2014年，面对经济金融形势的复杂多变和维稳形势的严峻考验，州人民银行坚持稳中求进工作总基调，紧密结合区域实际，认真贯彻落实稳健货币政策，增强政策执行的前瞻性、针对性和协同性，提升金融服务水平，深化金融管理，维护金融稳定，促进了地区经济持续健康发展。全州金融机构各项存款余额442.99亿元，新增67.43亿元，同比增长17.95%，增速位居全省11名；各项贷款余额167.6亿元，新增17.8亿元，同比增长11.88%；保费收入3.06亿元，新增0.35亿元，同比增长12.92%。

【货币政策执行】 切实优化货币政策传导机制，营造良好的信贷调控环境，督促引导金融机构根据不同区域经济发展状况和不同产业发展实际把握信贷投放总量和节奏，实现经济金融良性互促发展。按照“总体稳健、调节有度、结构优化”原则，引导金融机构改善和优化融资结构与信贷结构，增强金融服务实体经济能力。坚持“民生金融”“生态金融”理念，推动金融支持“幸福美丽新村”建设、农产品加工业、旅游业、重点项目、特色农牧业、特色中藏药业、特色文化产业和战略性新兴产业发展。2014年，国道317、318线及其连接线19个幸福美丽新村贷款余额1611万元，年度新增444万元；全州六大产业贷款余额180.94亿元，较年初新增21.92亿元，其中，旅游业新增贷款1.13亿元，能源业新增贷款17.02亿元，矿产业新增贷款0.39亿元，特色农牧业新增贷款31.11亿元，民族文化产业新增贷款0.14亿元，中藏药业0.14亿元。推进金融扶贫惠农、“百家十亿”小微企业金融服务提升两大工程，积极发展普惠金融，做好金融服务工作，梳理出37家省州级农业产业化龙头企业、8家科技型小企业、14家省级农民专业合作社和各县年内重点项目名录；将20户企业调整充实到“百家十亿”重点企业库名单；银企对接与7户企业现场签约0.58亿元，与20户企业达成融资意向近2亿元；4笔230万元林权及宅基地综合抵押贷款在磨西镇发放；在银行间市场成功发行3亿元定向债务融资工具，直接债务融资工作实现零的突破。落实政策惠民生，2014年，人民银行支农再贷款余额1.8亿元；建立支农再贷款创业惠农示范基地13个，创建省级示范基地1个；发放首笔优惠利率再贷款0.2亿元；金融机构严格执行人民银行利率优惠要求让利超200万元。确定47家新型农业经营主体为重点支持对象，金融机构发放涉农贷款4.62亿元，支持26家涉农企业、5家专合社，带动1.2万余农户增收；小额担保贷款余额6568万元，其中妇女小额担保贷款余额5188万元；民贸民品优惠利率贷款余额290万元，累计贴息89万元。

【金融监督管理】 深化“两管理、两综合、一保护”工作，收到金融机构突发事件报告114期；高效完成2013年度综合评价工作，并将综合评价结果作为综合执法和各种专项检查重要依据，建立整改落实抽查机制；开展综合执法1次、专项执法检查7次，实施行政处罚86640.3元。维权中心共受理投诉27起，申诉1起，咨询95起，办结率和消费者满意率均达100%。做好金融稳定工作，编发毗邻藏区金融稳定工作简报6期，修订中支应急预案，形成包括总体应急预案、部门应急预案、专项应急预案、内部应急预案在内的20个应急预案和17个应急预案操作简本。推进金融改革创新，做好农村信用社“以州为单位统一法人”改革指导工作，制定“一县一策”整改方案，推动未达标县级三农金融事业部落实整改。“甘孜州金融服务网”上线运行，实现金融政策、产品、融资有效整合，有效解决政府、银行、企业信息不对称问题，录入企业基本信息2011条，机构信用代码信息1218条，银行贷款业务信息878条。2014年，全州小微企业贷款余额126.3亿元，较年初新增14.18亿元；新增小微企业首贷户28户；小微企业通过银行家债券市场融资3亿元，通过银行理财产品、银行承兑汇票、委托贷款等表外业务支持企业融资2.82亿元；小微企业贷款利率下降1.84个百分点，节约企业财务融资成本近2000万元，减轻企业财务负担1.48万元。新建第二代农村信用信息管理系统，采集农户信息31576户，采集农民专业组织信息13户。继续开展信用户、村、乡镇评定工作，累计评定新用户1311户，州级信用村1个，县级信用村21个，县级信用乡2个。

【金融服务】 持续推进农村支付体系建设，2014年，全州建成惠农金融服务站41个；新增助农取款点2048个，全部实现联网通用；全州创建“市级刷卡无障碍示范街（景）区”8条，“县级刷卡无障碍示范街区”2条；推动ATM机具布放向农牧区延伸。2014年，全州银行卡累计发卡221.24万张；布放ATM机具294台；中职学生资助卡4203张，资助金额770.84万元。打击遏制银行卡犯罪10余件。安装完成银联POS机70余台，实现各县POS刷卡缴税机具全覆盖；国税电子扣税率超过90%，地税银行端查询缴税业务实现“零”的突破，地税大厅布放银联POS机70余台，覆盖全州18个县。全年发生电子扣税业务3.5万笔，业务量占比达到65%。2014年，投放现金37亿元，回笼现金11亿元，净投放26亿元。充分运用大额现金监测系统，强化异常交易监测，发现异常交易10起，经查证向国安部门移交重大线索2起，向金融机构和社会公众发布风险提示10余期。全州实现外贸出口1270万美元，同比增长74%。金融科技服务与保障工作能力不断增强，累计发放金融IC卡93068张。

（州人行提供）

·中国银行业监督管理委员会甘孜监管分局·

【概况】 2014年，甘孜分局按照“传承优良、强本固基、团结和谐、开拓创新”工作思路，抓重点风险管控，加强民生领域金融服务，持续强化内部管理，不断提升监管有效性。全年，全州银行业机构各项存款余额481.14亿元，比年初增加55.12亿元，增长12.94%；各项贷款余额194.05亿元，比年初增加26.45亿元，增长15.78%；不良贷款余额2.96亿元，较年初减少5.55亿元，不良贷款率1.52%，较年初下降3.55个百分点，实现不良贷款双降。全州银行业机构实现利润7.52亿元。

【金融服务与改革】 2014年9月28日，甘孜州农村信用联社股份有限公司成立大会召开，完成农信社以州为单位统一法人改革。服务地方经济发展，年内，全州银行业机构小微企业贷款余额127.90亿元，比年初增加14.55亿元，超过2013年同期增量6.48亿元。下发2014版县支行考核指标，内容划分为信贷支持、金融服务和税收贡献等三个大类，涵盖存贷比、贷款投放量、两个不低于目标、金融宣传、流动服务、消费者投诉等9项指标，在各县支行同步推进。改善民生基础环节金融服务，全州银行业机构参与空白乡镇金融服务5300人次，累计服务边远农牧民85余万户，累计吸收存款11亿余元；新投放自助设备294台、POS机314台。强化银行业消费者权益保护，成立消费者权益保护办公室，组织开展“金融知识进万家”、“送金融知识下乡”活动，开展现场宣传活动65次、发放宣传资料60770余份。

【风险防控】 加强信用风险摸排，排查出州农行、建行、工行、农发行及州联社共92户重点贷款，金额58.48亿元。组织开展2次专项现场检查、3次实地查勘调研、4次下县督导。清收1.86亿元牧民定居贷款，占比50.97%。针对州内信用社资金业务规模增长迅猛，防范资金业务风险，明确提出监管7条要求。先后派出81人次、522个工作日，开展大额贷款合规性检查、资产风险分类真实性检查、省联社甘孜办事处及部分联社高管人员履职情况检查、重点基层机构网点“五十个严禁”和“违规积分管理办法”执行情况检查、数据质量管理情况检查、银行机构自助设备管理工作检查、同业业务检查等现场检查，查出问题103个，提出整改意见68条。

（董碧霞）

·中国农业银行股份有限公司甘孜分行·

【概况】 2014年，在货币政策趋紧的情况下，持续加大对全州县域实体经济的信贷支持力度，将稀缺的信贷资源投向支柱产业和“三农”民生领域，全年累计投放贷款22.29亿元，小微企业贷款增量13.35亿元，涉农贷款增量13.5亿元，实现小微企业贷款、涉农贷款增量不低于上年、增速不低于各贷款平均增速的“两个不低于”的目标。有效应对“11·22”康定6.3级地震灾害对员工工作生活造成的影响。率先在震中塔公乡搭建流动金融服务平台，成为震中首支金融服务队，共办理存取款、零钞兑换业务50笔、金额40万元，免收异地卡手续费。共办理应急调拨资金业务5笔、金额4398万元，确保资金调拨顺畅和救灾资金及时到账。荣获“全国文明单位”荣誉称号。

【金融服务】 全年信贷支持旅游业企业9个，投放贷款1.07亿元；累计投放清洁能源项目贷款14.32亿元，并审批矿产贷款4.2亿元、实现投放3.03亿元；向州内的农业产业化龙头企业和农副产品加工企业累计发放贷款22笔、贷款金额0.85亿元；投放特色中藏药产业贷款0.39亿元；累计向250户养殖户发放贷款1260万元。向色达、甘孜县的基础设施改造投放贷款3500万元，向炉霍县民营企业投放500万元的小企业简式快速贷款。

【民生改善】 为四川民族学院搭建网上缴费支付平台，开发溜溜康巴网的网上订门票、酒店、餐饮结算服务平台。年末，全行共布放县以下各类电子机具2052台，建立1414个“金穗惠农通”工程服务点，其中累计布放助农取款服务点910个，覆盖809个行政村。建成市级银行卡刷卡无障碍示范区3个（丹巴县步行街、稻城县金珠镇亚丁路、稻城县亚丁旅游景区），县级银行卡刷卡无障碍示范区2个（巴塘县夏邛镇步行街、九龙县呷尔镇团结上街）。独自全额承担2000多万元的社保IC卡制作成本，分期分批为城镇居民发放、激活社保卡，新增发放社保卡28万张。建成电子银行体验区2个（泸定支行营业部和康定支行营业部），新建自助银行6个，新增现金类自助设备25台、自助服务终端5台、自助发卡机19台，在全辖28个营业网点开通免费WiFi上网服务，完成对7个营业网点的装修改造。

（吴怀钰）

·中国建设银行股份有限公司甘孜分行·

【概况】 中国建设银行股份有限公司甘孜分行在康定县设立1家二级分行机构，下辖3个储蓄所柜、1个泸定支行，内设7个职能部门，有员工89人。2014年年末，全口径存款余额为61.91亿元，较年初新增1.37亿元，年增速2.26%。各项贷款余额24.97亿元，较年初新增11.72亿元，年增速88.47%。委托性住房贷款余额4.92亿元。存贷比为40.32%，较2013年同期上升18.44个百分点。

【支持地方经济发展】 2014年，甘孜分行紧抓水电龙头产业，大力支持州内大中型水电项目建设，向省分行争取信贷规模，全年贷款累计投放12.6亿元，净投放11.7亿元，信贷投放创新高，其中重点建设项目资金投放占全部贷款投放的96.57%。强化内控与基础管理，全年无案件、无重大违法违纪事件、无重大责任事故发生。

【支持中小企业发展】 2014年，全行利用开展银企对接活动、送金融知识下乡、上门实地考察等方式营销小微企业和企业主，重点关注和支持州内农户产品加工和旅游行业的小微企业客户，深挖内部资源和渠道，着力提升小企业客户产品覆盖度和价值创造能力，不断提高“小微企业金融服务覆盖率、小微企业贷款获得率、小微企业申贷获得率”三项指标，小微企业贷款余额4475万元，较上年净新增1200万元，小微企业客户25户，比年初新增10户，小微企业增速38.41%。

（王学东）

·中国邮政储蓄银行甘孜州分行·

【概况】 2014年年末，全行总资产达到11.67亿元，增长0.19亿元，增幅1.62%；全行实现营业收入0.04亿元；不良贷款率为0。个人存款余款11.02亿元，同比增长2.08%，市场占比6.72%。单位存款0.31亿元，同比增长-17.63%，市场占比0.1%。余额资产业务0.0078亿元，同比增长-54.36%。代收代付业务交易39.52万笔，交易额7.60亿元。其中：代收业务2.90亿元，代付4.70亿元。

【风险管理】 实施风险管理体制改革，完善风险管理机制，新设授信管理部，强化信用管理和信贷业务流程管控，完善统一授信管理制度，保障信贷资产安全稳健。持续开展员工行为排查，加强对操作风险的监测分析与核查，加大对违规多环节的治理力度。持续加强舆情工作机制建设，落实牵头部门，大力提升舆情应对处置水平和论引导能力。

【渠道建设】 州分行辖25个网点，其中自营网点3个、代理网点22个，年末迁址改造网点6个，全州25个全面实现了标准化建设；电子银行业务发展客户达12428户，交易273283笔，交易额0.81亿元。

（肖　勇）

·甘孜州农村信用联社股份有限公司·

【概况】 2014年3月，甘孜州农村信用社以州为单位统一法人改革工作正式启动。9月28日，州联社正式挂牌开业。2014年，全州农村信用社各项存款余额108.78亿元，比2013年增加24.8亿元，增长29.53%；各项贷款余额40.25亿元，较2013年增加7.15亿元，增长21.59%；不良贷款余额1.24亿元，比

2013 年下降 1.63 亿元，不良贷款率为 3.09%；实现利润总额 1.76 亿元，比上年同期增加 1.31 亿元，增长 288.28%。

【支持地方经济社会发展】 支持州内特色种养业等优势产业发展，发放 5453 万元贷款支持农村专合组织建设。与各级团组织、妇联、财政等部门合作，推广农村青年创业、返乡农民工创业、下岗失业再就业、农村妇女创业，累计发放贷款 701 万元，帮助 141 名青年和返乡农民工再就业；发放 9437 万元帮助 501 名下岗人员再就业；发放 7246 万元妇女小额担保财政贴息贷款，支持 1250 名妇女自主创业。在国道 317、318 沿线 19 个幸福美丽新村进行安装一台取款机、布放一台 POS 机或 EPOS 机、建立一个金融服务站的“三个一”工程，强化金融服务基础设施建设；加大对幸福美丽新村旅游服务的信贷投入，向幸福美丽新村发放建设贷款 443 户，金额 2079 万元，支持 317、318 沿线旅游业发展，助农增收。发放中小微企业贷款 204 笔，发放贷款金额 21.55 亿元，培育、壮大了炉霍雪域俄色茶、理塘高城鹏飞牦牛肉食品有限公司、九龙祥瑞种养专业合作社、德格宗萨藏医院、得荣县达旺绿色食品有限公司等一批县域经济龙头企业。

【业务拓展】 在全州 200 个乡镇、934 个村布放 ATM 机 99 台、POS 机 496 台、EPOS 机 1143 台，发行蜀信卡 811720 张。投放 3 台汽车流动银行，营业网点服务功能日趋完善。

（王　昆）

·中华联合财产保险股份有限公司甘孜州中心支公司·

【概况】 2014 年，公司保费收入 7396.8 万元，增长 7.4%，完成全年目标任务的 97%。其中：车险保费收入 3710.9 万元、财产险保费收入 814.2 万元、农险保费收入 521 万元、意外险保费收入 379.8 万元、健康险保费收入 1970.9 万元。综合赔付率为 87.73%，综合成本率为 116.27%。10 月，在甘孜县开展农业保险现场赔付，将 120 万元农险赔款发放到农户手中，社会反响较好。与农行甘孜州分行及各县支行、建行甘孜州分行和甘孜州农村信用社等部门合作，渠道代理业务 345 万元。新筹建稻城、丹巴支公司。新增员工 22 人，全辖配备员工 64 人。

（财险公司提供）

༄༅། །ཚོང་ལས་དང་ཚང་ཡུལ་སྐོར་ལས་རིགས།
商贸·旅游业

·商务与经济合作·

【概况】 全年实现社会消费品零售总额64.48亿元，完成服务业增加值78.13亿元，国内招商引资到位资金127.60亿元，实现外贸进出口总额1333万美元。实现商贸领域安全生产零事故目标。新建加油站9个，实名制登记加油和零散成品油销售监管工作不断规范。开展民爆行业“打非治违”专项行动，协调跟进雅弘公司地面混装站建设项目。强化生猪定点屠宰监管，完成生猪定点屠宰场的清理审核工作，开展机构改革，配合做好生猪屠宰管理职能划转移交工作。会同州纪委完成全州会员卡、商业预付卡专项清理工作。开展拍卖、典当等行业合法经营检查工作，全州特种行业秩序规范有序。清理行政权力89项，对接省厅下放行政权力6项，取消1项；深化外商投资企业审批改革；配合做好工商登记制度改革，制定出台《甘孜州商务合作局工商登记制度改革后续监管实施办法（试行）》；完成行政权力公开运行平台建设，年内，窗口共受理各类行政审批和服务事项437件，办结437件，办结率和满意率均为100%。

【国内贸易平稳增长】 2014年，全州实现社会消费品零售总额64.48亿元，增长12.4%。限额以上单位零售额增速较快，限额以上单位实现零售额28.19亿元，增长14%；限额以下单位实现零售额36.29亿元，增长11.3%。乡村市场零售额增速较快，乡村市场实现零售额11.27亿元，增长12.6%，较城镇高出0.2个百分点。住宿行业零售额增速最快，批发业实现零售额16.59亿元，增长10.3%；零售业实现零售额38.23亿元，增长12.8%；住宿业实现零售额1.30亿元，增长17.4%；餐饮业实现零售额8.36亿元，增长14.4%。举办系列惠民促销活动10场次。组织州内50余家企业参加“川货全国行”北京站、呼和浩特站、第十届深圳文博会、第十五届西博会等活动10场次，累计贸易成交2.34亿元，签订订单近千万元。组织2家企业参加“万企出国门”活动，赴韩国、日本拓展市场，签订出口订单200万美元。全年清理申报限额以上商贸单位50户，入库26户，全州限额以上商贸单位总数达到116户。打造“圣洁甘孜”区域品牌，建成“圣洁甘孜”营销专柜5个。开展2014·甘孜州大众评选“最康巴——特色名店”活动，57家住宿、餐饮、购物、休闲四类名店荣获“最康巴特色名店”称号。建成县级商品配送中心2个、乡镇商贸中心6个、农家店240个；下达康南、康北两个农副产品交易中心项目资金计划，康北交易中心项目开工建设，累计投资2000余万元；全面开展康定地震灾后重建商贸领域项目的规划、编制和申报工作；投入补助资金498万元实施康定民族特色商品展示中心、民族特色餐饮店等9个省级内贸资金项目。开展农村市场体系建设绩效评价及内贸资金清算工作。

【现代服务业实现新突破】 2014年，完成服务业增加值78.13亿元，增长6.0%，占GDP总量的37.78%，较2013年提高1.5个百分点，服务业增加值对GDP增长的贡献率达到54.2%，服务业增加值增速居三次产业首位。培育省级电子商务示范企业和重点企业各1家，本土电商平台快速发展。全年电商企业交易额达2194万元，同比增长17.9%。全州物流经营单位达到96户，其中，物流企业47户，快递公司6户，全年货运量达820万吨。年销售额上亿的服务业企业达14家，上千万的服务业企业近30家，百万美元外向型出口企业达4家。

【对外贸易成绩斐然】 新增2户进出口获权企业，全州获权企业达41户。新引进的康定尹洁贸易公司当年实现虫草出口697.75万美元，中藏药材（虫草）出口占比达44.7%，形成以中藏药材、魔芋胶、野生菌为主要产品的出口新格局。泸定永安兴魔芋公司基地完成异地新建；支持出口产品开展认证，兑现认证资金8.7万元；外贸企业保持良好发展态势，出口增速列全省第2位，出口总量继续攀升，出口业绩逆势上扬。

【开放合作加快推进】 2014年，全州国内招商引资到位资金127.60亿元，其中：国内省外到位资金70亿元。收集产业招商项目500余个，重点策划包装电子推介项目170个、估算总投资近700亿元。组织开展“知名企业进甘孜”、小分队招商等系列引资活动；积极参加“中外知名企业四川行”“圣洁甘孜走进北京”、第八届中国西部投资说明会、第十五届西博会等重大投资合作活动。举办招商推介会13场次，拜会企业及商（协）会340余家；邀请9批次60余家知名企业进州考察，对接洽谈项目80余个；签约重点项目25个，投资总额92.3亿元。强化签约项目跟踪督导服务，重点跟踪督促2012—2014年签约项目66个，已履约56个、履约率84.9%；开工39个、开工率59.1%；到位资金34.3亿元，资金到位率11.3%。

（刘康勇　佘和平）

·烟草专卖·

【概况】 2014年，全州烟草专卖销售卷烟30207箱，同比增长2%；销售“娇子”8783箱，同比增长14.7%；实现税利15576万元，同比增长9.26%。查处涉烟案件75起，查获假冒伪劣卷烟4.5万支，案值6.95万元。与雅安市局联合破获“10·22”网络案件，涉案金额140.95万元，逮捕（直诉）3人。聚焦降本增效、队伍建设、基础管理三大领域，开展物流配送、队伍建设、绩效考核、基层减负、定岗定编、双向选择、全员参与型企业管理模式构建七项改革创新，挖掘内涵潜力、聚焦发展精力、释放管理活力。

【扶贫帮困】 分5批次到结对认亲点开展宣传教育和帮扶慰问，投入303万元修建敬老院、帮扶残疾人士；4次深入共建支部开展“共创共建”，机关一支部和联系支部均被评为“先进党组织”；5次到联系寺庙开展爱国宣传，投入资金7.2万元改善寺庙基础设施。在“11·22”“11·25”地震中，为125户受灾卷烟零售户发放8万元的慰问物资，向康定县受灾结对认亲户捐赠2万元慰问金，向地震灾区捐赠50万元帮助灾后重建。

（李　毅）

·旅游·

【概况】 2014年，全州旅游业以全域旅游统领经济社会发展，积极探索全域旅游发展新模式，顶层设计全域旅游发展配套政策。通过加力推进宣传营销、人才培训、项目建设等措施，旅游发展和接待环境不断优化，旅游接待人数持续增长，全年共接待游客801.43万人次，实现旅游收入80.3亿元，同比增长25.65%和26.96%，旅游业带动经济社会发展的综合效应更加凸显。开展旅游市场秩序专项整治活动，坚决打击旅游沿线假冒伪劣、短斤短两、强买强卖、阴阳菜单、停车、入厕、照相乱收费等行为，树立甘孜旅游良好形象。实施“康巴英才”工程，评选旅游优秀中端人才3人，基础人才55人。举办乡村旅游扶贫、旅游业管理与创新、全域旅游规划等各类培训班，培训人数4373人次。

【旅游产业体系日趋完善】 围绕旅游六要素调整优化旅游产业结构，基本形成较为完善的产业体系。全州省级乡村旅游示范县、乡、村（镇）增至27个，旅行社增至17家；星级酒店11家、星级乡村酒店29家；开发“酒、肉、茶、菌、果、蔬、水、药”八大类特色商品，培育了一批旅游商品生产骨干企业；成功创建了省级旅游标准化示范州。

【旅游品牌效应不断增强】 全力打造“圣洁甘孜”区域品牌，通过组织开展“圣洁甘孜·走进北京”、深圳文化博览会等大型旅游节庆活动和灾后旅游市场宣传营销活动，充分展示了美丽甘孜、生态甘孜、和谐甘孜、幸福甘孜新形象。围绕全省藏区十大精品旅游线路，重点抓好大熊猫故乡生态旅游线（西环线）、贡嘎东坡旅游线、亚丁—康定中国最美景观大道落地自驾旅游线、藏羌走廊—美人谷风情旅游线和康巴文化深度体验旅游线五条线路产品市场开发，新增重庆、西安、泸州至亚丁3条航线，设计推出双飞线路8条、单飞线路4条、自驾游/汽车团线路6条，2014年亚丁机场接待游客18万人次。稻城亚丁落实旅游安全服务保障整改事项15项，卡斯谷、格聂神山、措普沟等周边景区开发加快推进。

【旅游项目建设取得新突破】 总投资40.83亿元，实施旅游“十大工程”，建设重点项目16个。完善旅游公共服务体系，建成旅游综合服务站8个、自驾车营地2个、旅游厕所25个、观景台35个，制作安装旅游标识标牌105个。

【乡村旅游加快发展】 制定幸福美丽示范新村旅游导则，打造特色旅游村寨19个，培育形成雅江日基村、香格宗村等一批特色鲜明、优势明显、设施配套的乡村旅游示范点。

ཞིང་ལས།
农 业

·农业·

【概况】 全州农业生产实现“七连增”。全年农作物播面达 88087 公顷，较上年增 1.74%。粮食总产量达到 26.89 万吨，较上年增 6.33%；油菜总产量达到 1.3 万吨，较上年增 11.11%；蔬菜总产量达到 22.21 万吨，较上年增 10.22%。农牧民人均纯收入达到 6250 元，其中来自种植业的收入达到 2300 元以上，占农牧民人均纯收入的 38%。全年兑现各类支农资金 20868.4 万元，其中：各项惠农政策补贴资金 9802.6 万元，省级财政安排产业发展资金 6885.8 万元，州级财政安排产业发展资金 4180 万元。实施农业保险 59 万亩。积极开发利用农村清洁能源，在全州适宜区建设农村沼气池 1500 口，全州农村沼气池规模达到 28932 口。泸定、道孚、炉霍、甘孜、白玉 5 个县纳入省级高标准农田建设规划，启动 7113 公顷高标准农田建设。实施粮食生产能力建设，完成土地整治 1467 公顷，提灌面积 1353 公顷。继续深化“厅州”“院州”“校州”农业科技合作，开展“四新”示范和“六良”配套，全州完成农民实用技术培训 32.51 万人次，新型农民培训 5610 人，拖拉机驾驶员办证培训 705 人，在职农技农机人员培训 439 人次；引进示范推广农作物新品种 46 个，粮食作物良种推广面积达 68573 公顷，良种覆盖率达 92%；地膜覆盖栽培 8000 公顷，测土配方施肥 40000 公顷，绿色防控 12933 公顷；建成粮油高产高效示范基地 13333 公顷。农业科技入户率达到 90%，科技对农业的贡献率达到 52%。

【农业机械化】 2014 年，按照“普及机耕、提升机播、扩大机收、发展特色农机”的思路，依托农机购置补贴政策的实施，大力推广农业机械，兑现农机购置补贴资金 1655 万元，补贴各类农机具 4186 台套，受益农牧民达 3702 户，农机总动力达到 94.19 万千瓦，完成机耕 50733 公顷，机播 21067 公顷，机收 23220 公顷，主要农作物耕种收综合机械化水平达到 39.13%。

【农业产业化经营】 按照“一村一品，一乡一业，集中连片，规模化生产，产业化经营”的发展思路，立足优势资源，优化产业布局，突出主导产业，大力发展优质粮油、绿色蔬菜、特色水果、生态食用菌、道地中药材等优势特色产业。倾力打造现代农业万亩示范区，在全州建成现代农业产业基地 60000 公顷，现代农业万亩示范区 50 个。大力实施特色农产品“区域品牌 + 企业品牌”双品牌发展战略，配合相关部门完成了“圣洁甘孜”区域品牌注册的相关工作，设立“圣洁甘孜”特色农产品营销专柜。狠抓农产品“三品一标”认证登记，新认证无公害农产品 3 个、绿色食品 1 个、有机食品 3 个、农产品地理标志2个；新申报待核准无公害农产品21个，农产品地理商标6个，无公害农产品基地14667公顷。新增农民专业合作社261户、家庭农场8户、种粮大户196户；新增国家级示范社2个、省级示范社5个和“百强示范社”1个。

【优势特色产业】 全州油菜、蔬菜、水果、酿酒葡萄、食用菌、魔芋、道地中药材、花卉、茶叶等特色优势产业基地达到18980公顷，较上年增2313公顷。其中：油菜5687公顷、蔬菜5694公顷、魔芋1333公顷、特色水果3333公顷、酿酒葡萄1400公顷、生态茶叶200公顷、道地中药材1333公顷，食用菌65万平方米（300万袋）。

【休闲观光农业】 按照旅游全域化的思路，坚持农旅结合、以旅促农，依托海螺沟、木格措、亚丁等重点景区的开发，在全州建成休闲观光农业景观作物产业带1333公顷。与旅游部门配合，在全州创建州级休闲观光农业示范乡10个、示范村20个。积极发展星级农家乐和乡村特色旅游，全州旅游民居接待户达到725户，开发特色旅游加工农产品36个、鲜活农产品24个，旅游带动农民增收4.5亿元。启动《甘孜州休闲农业与乡村旅游发展规划(2014—2020年)》编制工作。丹巴县成功创建“全国休闲农业与乡村旅游示范县”。

【农业农村改革】 2015年9月，州委、州政府召开全州深化农村改革暨农村土地确权登记工作推进会，全面安排部署深化农村改革和土地确权登记工作，当年完成4个乡镇37个村1983户1306公顷农村土地承包经营权确权登记试点。全州土地确权颁证政府采购招标完成60%的工作任务。大力引导和鼓励农户通过租赁、转让、互换、代管、入股分红等形式，推进农村土地经营权流转，全州农村土地流转面积达到1927公顷，较2013年增993公顷，农户获得土地流转收入1500万元以上。

【农业安全生产】 落实行政审批事项“两集中，两到位”制度，审批事项“入驻率”达100%，“即办率”达到95%，“限时办结率”达100%。开展农机安全生产执法监督检查，检查农业机械6000余台（次），查处违法驾驶行为62起。加强农产品质量安全监管，集中力量开展农资打假、蔬菜农残超标专项治理活动，出动执法人员685人次，检查农资经营单位241个。强化农产品质量安全监测，州级例行抽检农产品340个，合格率100%；县级速测农产品3958个，合格率达到99.69%；完成省级农产品质量安全风险监测4次，抽检蔬菜、食用菌、大米、葡萄样品345个，合格率达98%以上。

·资料链接·

表6 **甘孜州农产品地理标志登记产品**

序号	产品名称	所在地	申请人	划定的产地保护范围	公示时间
1	泸定红樱桃	泸定县	泸定县农业技术推广中心	泸定县所辖行政区域的西南部，包括田坝、杵坭、烹坝、德威、冷碛、兴隆、泸桥、加郡、岚安、得妥等乡镇。 地理坐标：北纬29°28′00″～30°06′00″，东经102°27′00″～109°49′00″	2011年第三批

续表

序号	产品名称	所在地	申请人	划定的产地保护范围	公示时间
2	巴塘南区辣椒	巴塘县	巴塘县农业技术推广站	巴塘县的南部地区，主要涉及竹巴龙、苏哇龙、昌波、中心绒乡等4个乡。 地理坐标：北纬28°46′00″～30°38′，东经98°58′00″～99°45′00″	2011年第四批
3	甘孜青稞	甘孜州	甘孜州农学会	康定、丹巴、九龙、雅江、道孚、炉霍、甘孜、新龙、德格、白玉、石渠、色达、理塘、巴塘、乡城、稻城和得荣17个县。 地理坐标：北纬27°58′00″～34°20′00″，东经97°22′00″～102°29′00″	2012年第四批
4	九龙牦牛	九龙县	九龙县畜牧站	九龙县所辖汤古、呷尔、斜卡、洪坝、湾坝、三岩龙、上团、八窝龙、乃渠、乌拉溪、魁多、烟袋、子耳、踏卡、朵洛、三埡、俄尔、小金等18个乡镇。 地理坐标：北纬28°19′～29°20′，东经101°07′～102°10′	2014年第四批
5	丹巴香猪腿	丹巴县	丹巴县动物疾病预防控制中心	丹巴县所辖章谷、水子、东谷、梭坡、格宗、中路、岳扎、半扇门，太平桥、聂呷、巴旺、巴底、革什扎、边尔、丹东等15个乡镇。 地理坐标：北纬30°24′，东经101°17′～102°12′	2014年第四批
6	康定红皮萝卜	康定县	康定县农业技术推广和土壤肥料站	康定县所辖炉城、姑咱、时济、前溪、麦崩、舍联、金汤、三合、捧塔、孔玉、新都桥、瓦泽、呷巴、甲根坝、朋布西、沙德、贡嘎山、普沙绒、吉居等19个乡镇。 地理坐标：北纬29°39′～30°45′，东经101°33′～102°38′	2014年第六批

表7　**甘孜州地理标志产品**

序号	名称	专用标志管理单位	批准公告	保护开始日期	保护范围
1	得荣树椒	得荣县质监局	【2006】61号	2006.04.26	得荣县子庚、古学、曲雅贡、日龙、徐龙、贡波、八日、奔都及松麦等9个乡镇现辖行政区域
2	乡城松茸	四川出入境检验检疫局	【2009】89号	2009.09.21	乡城县香巴拉、沙贡、水洼、尼斯、青德、青麦、洞松、热乌、白依、热达、正斗、定波等12个乡镇现辖行政区域
3	炉霍雪域俄色茶	炉霍县质监局	【2010】112号	2010.09.30	炉霍县仁达、斯木、宜木、泥巴、旦都、雅德、新都等7个乡镇所辖行政区域

续表

序号	名称	专用标志管理单位	批准公告	保护开始日期	保护范围
4	稻城藏香猪	稻城县质监局	【2010】134 号	2010. 12. 03	稻城县木拉、邓坡、桑堆、金珠、省母、傍河、色拉、巨龙、赤土、香格里拉、蒙自、各卡、吉呷、俄牙同等14 个乡镇现辖行政区域
5	九龙花椒	九龙县质监局	【2012】192 号	2012. 12. 03	九龙县呷尔、汤古、乃渠、乌拉溪、踏卡、斜卡、烟袋、子耳、三垭、俄尔、三岩龙、八窝龙、上团、小金、朵洛、魁多、湾坝、洪坝 18 个乡镇现辖行政区域
6	乡城藏鸡	乡城县质监局	【2013】135 号	2013. 09. 26	乡城县沙贡、水洼、尼斯、青德、青麦、然乌、洞松、正斗、定波、香巴拉共 10 个乡镇现辖行政区域
7	乡城藏鸡蛋				
8	道孚大葱	道孚县质监局	【2014】129 号	2014. 12. 01	道孚县鲜水、八美、格西、麻孜、孔色、葛卡、亚卓、仲尼、红顶、扎施、下拖、瓦日、木茹、甲斯孔、协德、色卡共 16 个乡镇现辖行政区域

雅江松茸　雅江县农牧局农技站申报的“雅江松茸”地理标志商标，已通过国家工商行政管理总局商标局审定并公告，标志着甘孜州地理标志商标实现了零的突破。

（李明玉）

·畜牧·

【概况】　2014 年，继续保持“生态、科技、特色、精品、外向”畜牧业发展定位，围绕“保生态、保供给、保增收、保安全”工作主题，以草原生态保护建设为根本，转变发展方式为主线，培育特色畜牧产业为核心，科技提质增效为抓手，促进农牧民增收为目的，进一步创新思路，强化举措，狠抓落实，确保各项工作有序推进。各类牲畜存栏 403. 29 万头（只、匹），牲畜出栏率 23. 5%，商品率 16%，肉产量 6 万吨，奶产量 9 万吨。牧业产值达 35 亿元，农牧民人均纯收入中牧业收入达到 1290 元。加强畜牧业投入品监测监管和出入境管理，做到产地检疫开展面、屠宰检疫率、检出不合格产品无害化处理率、养殖环节投入品违法使用案件查处率、生鲜乳质量安全违法案件查处及三聚氰胺监测率等 6 个 100%，饲料中“瘦肉精”等兴奋剂类物质监测合格率保持在 99% 以上，全州口蹄疫、猪瘟等重大动物疫病和布病等人畜共患病得到有效控制，完成重大动物疫病强制免疫 1222. 06 万头（只、羽）次，重大疫病群体免疫密度常年保持在 90% 以上，应免畜禽的免疫密度达到 100%。良繁体系建设进一步完善，西藏山羊保护区建设全面启动，全州牦牛、藏羊、藏猪、藏鸡保种得到加强，2014 年共引进推广良种 1878 头（只）、改良 17. 03 万头（只）、品种选育 4. 8 万头（只），年可提供九龙牦牛种牛 200 头以上、丹巴黄羊种羊 100 只以上、蜀宣花牛种牛 30 头以上。以“校州合作”“厅州合作”和“青藏社区”科技项目的实施为载体，针对全州草原畜牧业生产中存在的“瓶颈”问题和薄弱环节，围绕科技助农增收、科技人才培养、人力资源开发和科技创新能力的提升，依托重点建设项目，加快科技普及和成果转化应用，全力抓好草原保护与建设、动物疫病防控、畜禽品种改良等实用技术的普及推广，畜牧科技助农增收取得了显著成效。2014年申报国家自然基金地区类科学基金项目3项，研究开发新型藏兽药“打巴巴”申报国家发明专利，川草1、2号老芒麦产业化技术集成及推广应用获2011—2013年度全国农牧渔业丰收二等奖，《川西包虫病防控关键技术研究》申报省政府科技进步成果奖，《康巴老芒麦新品种选育研究》获2014年度甘孜州政府“科技进步一等奖”。

【草原生态保护建设】 组织实施草原生态补奖、退牧还草、草地鼠虫害综合治理为主的草地生态建设工程，全州草地植被盖度较2010年提高4%，产草量提高13%，牲畜超载率从53.8%下降到14.01%，天然草原的保护、建设和管理工作得到进一步加强。实施草原禁牧补助4500万亩，草畜平衡奖励7963万亩，牧民生产资料综合补贴16.04万户，兑现3项直补资金46964.5万元，完成超载减畜170.89万羊单位。完成退牧还草工程围栏建设631.32万亩，草场补播189.31万亩，人工饲草地建设2.5万亩，舍饲棚圈建设1800户。完成草原鼠虫害防治396.2万亩。未发生较大及以上等级的草原火灾。

【优势特色产业发展】 强化惠农政策保障，千方百计调动农民的生产积极性。投入畜牧业产业发展资金1810万元，创建省级畜禽示范场1个，建家庭牧场70户，扶持牦牛养殖合作社1个，完善藏羊养殖场建设2个，实施菜篮子工程1个；扶持藏猪养殖基地12个、藏鸡和蛋鸡养殖基地3个，年出栏出售藏猪0.36万头、藏鸡1.2万只，实现经济效益900万元；新建生猪养殖小区（场）13个，新增优质生猪出栏0.65万头，增收1144万元；培育扶持82户中蜂养殖新技术推广示范户，新增养蜂收入246万元。积极探索和引导牲畜出栏出售工作，在色达和理塘开展牲畜出栏出售奖励补助试点，投入出栏奖励资金82.5万元，出栏牦牛19450头，带动牧民出栏出售牲畜的积极性。五个抗灾保畜打贮草基地种植优良牧草2万余亩，年产优质牧草（青干草）210万公斤，收贮种子5.75万公斤。

【重点项目推进】 以理塘、雅江现代畜牧业重点县建设为契机，积极探索现代畜牧业提质转型试点示范经验。理瑭县投入1600万元，开展集草料生产加工、草畜平衡、畜产品加工销售与牧家旅游观光为一体的现代草原畜牧业试点，在大河边集中联片打造“现代家庭牧场旅游风情园”。高城鹏飞牦牛肉食品开发有限公司采用“公司+本土经纪人+牧户”的方式，带动周边2000多户农牧民积极开展牦牛、藏羊的养殖与出栏出售，2014年收购牦牛2万余头，加工高原特色畜产品2200吨。雅江县投入1358万元，完成特色畜禽繁育基地改扩建工程、藏猪养殖小区以及牲畜品种改良点建设，引进九龙牦牛70头、南江黄羊100只，完成娟珊牛冻精改良200余头。

【动物疫病防控】 完成重大动物疫病强制免疫1222.06万头（只、羽）次，重大疫病群体免疫密度常年保持在90%以上。组织调运各类重大动物疫病疫苗2825万毫升（头份、羽份）。完成常规疫苗免疫各类牲畜507.053万头（只、次），驱治体内外寄生虫545.71万头（只、匹次），其中：驱治体内寄生虫305.06万头（只、匹次），体外寄生虫240.65万头（只、匹），佩戴各类牲畜疫病溯源耳标51.49万套，其中：牛11.43万套、羊7.72万套、猪32.34万套。新采购消毒应急药品7吨，向各县发放存量消毒药品14.5吨，累计消毒近220万平方米。

（郑　科）

·林业·

【概况】 2014年，全州林业建设有了快速发展的良好势头，森林覆盖率达33.04%，同比增长0.46个百分点。实现林业产业总产值

28.66亿元，同比增长11.4%，其中，林业生态旅游产值14.06亿元，同比增长22.8%。农民人均从林业获得收入达到981元，同比增长8.4%。集体林权制度主体改革成果得到巩固，集体林权流转迈出实质性步伐，政策性森林保险实现全覆盖。理塘县成功纳入2014年省级湿地补偿试点范围。形成调研成果6篇，编发林业信息450余条，共受理行政审批事项128件，开办政务公开栏4期，政务服务实现零投诉。获全省林业系统目标绩效考核先进集体第1名，同比上升4个位次。获得全州目标绩效考核政府部门先进集体第7名，同比上升1个位次，连续四年位列农口部门第一。

【生态林业建设】 依法有效管护全州森林资源9052万亩。兑现集体公益林补偿资金28390.8万元。切实巩固退耕还林成果80.3万亩。完成封山育林3万亩、义务植树248.84万株、绿色通道建设143公里、低产低效林改造15.2万亩、沙化土地治理16.4万亩、森林抚育29万亩。炉霍县虾拉托成功创建全州首个省级湿地公园。康定县折多塘村成功创建全州第二个“全国生态文化村”。生物多样性得到有效保护。

【产业林业建设】 围绕林业产业“13544”发展思路，全年完成林业产业基地建设6.73万亩，其中，核桃基地4万亩，花椒基地0.6万亩，俄色茶基地2.13万亩。森林生态旅游不断发展。泸定县完成培育现代林业产业核桃基地1.8万亩，炉霍县完成培育现代林业产业俄色茶基地1.15万亩。泸定县核桃获首届四川果王子（核桃类）铜奖。“察青松多”有机藏香猪获第二届四川省优质森林食品“天府七珍”称号。

【科技林业建设】 完成17个科研课题研究。其中，2项课题获全州科技进步三等奖表彰。累计培训林农3.2万人次。完成各类科技示范推广5400亩。厅州战略合作和校州合作项目及科技成果转化不断深入。“得荣1号”等3个林木品种获省认定。《变叶海棠育苗造林技术规程》被批准为地方标准。

【法治林业建设】 森林防火工作实现连续27年达标。林业有害生物防治实现连续23年达标。审核上报征占用林地项目25宗。共立刑事案件55起，破获45起。立行政案件301起，查处294起。集中开展8个林政资源集中整治专项行动，《甘孜藏族自治州集体人工商品林采伐运输管理条例（草案）》已提请州人大审议，林业法制环境不断得到优化。

（刘清勇）

བཟོ་ལས།
工 业

·经济和信息化委员会·

【概况】 2014 年，全州实现工业增加值46.69 亿元，同比下降6.5%，对 GDP 增长贡献率为 -46.7%，下拉 GDP 增速 1.9 个百分点，其中，规模以上工业实现增加值38.94 亿元，同比下降 9.9%，对 GDP 增长贡献率为 -62.3%，下拉 GDP 增速 2.6 个百分点，增速居全省最末位。规模以上重工业累计完成工业增加值 37.56 亿元，同比下降 8.1%，轻、重工业比重分别为 3.51% 和 96.46%。全年完成销售产值 57.14 亿元，产销率为98.8%，产销率在全省排第 4 位。工业投资增长快，坚持投资拉动与产业支撑相结合，进一步拓宽投资领域，鼓励各类资本加大投入，优势产业、重点领域投资实现较快增长，工业投资完成 285.76 亿元，同比增长 24.5%，占全社会投资的 61.4%，增幅居全省第二。项目争取力度加大，全年申报国家、省级项目共 49 个，争取资金 5784 万元，同比增长104.2%；落实州财政均衡性转移支付促发展资金 1400 万元，用于支持中小企业及中藏药业发展。电力保障有力，实际执行留存电量24.16 亿千瓦时，州财政实现增收 6000 万元；新增装机 28.67 万千瓦，总装机达 482.96 万千瓦，实现增加值 26.61 亿元。中小企业融资担保公司为企业融资担保 6526 万元，其中担保贷款 5096 万元、委托贷款 1430 万元；银行机构贷款余额 194.05 亿元，增长 15.8%。农产品加工业实现增加值 0.45 亿元，同比下降37.6%；实现民族民间手工业增加值 5200 万元，增长 24%；建材业实现增加值 0.84 亿元，同比下降 35%。全州民营经济增加值91.6 亿元，同比增长 6.1%。全州个体工商户26232 户（新增 5495 户），从业人员 4.9 万人，注册资本金 18.45 亿元；私营企业 2192户（新增 669 户），从业人员 1.18 万人，注册资本 121.01 亿元。

【支柱产业】 2014 年，全州工业规模以上两大优势电力产业、矿产企业共完成增加值37.56 亿元，同比下降 8%，占全州规模以上工业增加值 96.45%。其中，电力产业实现增加值 26.61 亿元，同比下降 6.5%，占全州规模以上工业增加值 68.34%；矿产企业实现增加值 10.95 亿元，同比下降 11%，占全州规模以上工业增加值 28.12%。

【节能降耗】 2014 年，全州单位工业增加值能耗下降 8.1%，万元工业增加值用水量下降6%；对 8 个工业重点县 24 户重点用水企业用水情况实行监督考核制度；加快推进分布式能源建设试点，支持康定、道孚和得荣 3 县实施风光储互补发电项目，落实风光储互补发电项目资金 1371 万元，帮助 331 户偏远群众解决“用电难”问题。

【园区建设】　2014年，甘眉工业园区基础设施建设实施项目16个，完成6个，完成固定资产投资11.4亿元，引进招商项目2个，协议引资30.8亿元。州内产业园区康泸产业集中区、康东农畜产品集中加工区、康南农畜产品集中加工区等园区基础设施不断完善，九龙县湾坝园区、甘孜县呷拉园区有序推进。争取省级产业园区产业发展引导专项资金650万元，州财政均衡性转移支付促发展资金投入园区建设2799万元，有效解决各园区建设资金缺乏的问题。

【中藏医药】　2014年，中藏医药产业实现产值10.2亿元，药品生产加工业销售收入3.57亿元。藏药制剂年产量200余吨，销售收入0.5亿元。全州药材野生抚育面积累计达5万亩，野生药材采集收入6.17亿元；人工种植药材面积达1.5万亩。

【信息化建设】　2014年，完成通信基础设施建设投入4.53亿元，比上年增长52.5%；新建光缆3340公里，累计达到44780公里；新建无线基站665个，累计达到3883个。全州互联网出口带宽达82G，比上年增加12G；城市宽带覆盖率达100%；通光缆行政村达到2667个，比上年增长10个。实现通信主营业务收入8.4亿元，同比增长20%；实现地方财税收入3200万元，同比增长6.2%。制定全州信息化演进方案，落实15项工作任务，完成全州18个县城“光网城市”改造，70个教育信息化平台、16县个远程医疗中心平台、18个县及海管局社保平台等建设并投入使用；社保基金中心和226家定点医疗机构、药店实现联网。

（肖　荣）

·水利·

【概况】　2014年，争取各类水利项目资金10.208亿元，超额完成目标任务4.9235亿元的107%。首次突破国家投资10亿元，同比增加65.89%。石渠洛须、得荣白松茨巫水利工程基本完成主体工程建设；打火沟水利工程正在加快建设进度；泸定顺河堰、巴塘巴楚河水利工程全面开工；实施各类堤防工程建设76个，累计完成“十二五”建设任务150公里；供排水项目完成7个、开工14个，新增及改造供水能力1.4万吨/日，新建及改造输配水管网65.84公里，污水管网37.249公里。全年征收水资源费0.41亿元，同比增长32%；安排省、州级水资源费项目0.392亿元，同比增长146%。共建饮水供水工程392处，自流供水工程370处、打井工程22处，建成稻城、炉霍、石渠县甘露工程试点项目，标志甘孜州推进甘露工程试点项目取得初步成功。

【民生水利工程建设】　解决农村饮水安全人口9.07万人，提前完成“十二五”规划建设任务；摸底调查掌握全州新增“十二五”规划外不安全饮水人口49.6万人，得到国家投入7.192亿元。完成18县山洪灾害防治县级非工程措施建设任务，基本建成县级山洪灾害监测预警体系，实现“8·9”丹巴特大泥石流灾害零伤亡。推进小型农田水利建设和牧区节水灌溉建设，提高节水灌溉能力，完成新增有效灌溉面积1.122万亩，完成目标的112.2%；新增节水灌面2.904万亩，完成目标的111.69%。帮助解决白玉县邦中寺饮水难问题，到位资金70万元，完成投资40万元，该工程将同时解决其相邻的打莫寺、卡热寺及所在村饮水问题。将九龙县乃渠乡水打坝村河堤修建项目纳入“十三五”规划。

（州水务局提供）

·电力·

【概况】　2014年，甘电公司完成电网投资16.56亿元，投产110千伏及以上变电容量71万千伏安、线路1572.84公里。州内线损率

28.73%，完成省公司下达计划。并表口径售电量8.7亿千瓦时，营业收入12.54亿元（其中州公司4.84亿元，分公司7.7亿元），利润总额亏损1.54亿元，（其中州公司利润总额亏损1.01亿元，分公司利润总额亏损0.53亿元）。全面完成省公司下达的各项考核指标。至2014年年底，国网四川甘孜州电力有限责任公司资产总额已达到43.37亿元，同比增长22.71亿元。2014年，建成8个24小时充值终端，完成春节、国庆、全国“两会”、高中考等重要保电任务。出版《吉祥之光》长篇纪实文学和员工文学集《高原星光》等作品，微电影《网》和微小说《老爸的朋友圈》分别获省公司“三微”大赛银奖和三等奖。全年共计在内、外媒体上发布新闻稿件3000余篇，《天路飞彩虹》等电力天路建设报道在《甘孜日报》等整版持续推出，宣传片《雪域之魂》荣获“国网电视大赛评比”一等奖。甘电公司荣获“省公司安全生产特殊贡献单位”“四川省第七次民族团结进步模范集体”。

【人力资源】 2014年，甘电公司完成16家县级供电公司人力资源并表、ERP－HR模块上线、1800余名人员接收等工作，进一步加强劳动用工摸底、劳动用工规范和劳动合同管理，保障员工队伍稳定，规避用工风险。建立、健全干部管理、薪酬福利、教育培训、绩效管理、劳动用工管理等人力资源管理制度6个。严格干部选拔任用程序，通过组织考察形式共提拔3人，其中副提正1人，新提拔副职2人。加强干部队伍梯度建设，完成州公司后备干部推荐培养工作，其中正职后备6人，副职后备13人。组织开展试用期领导干部民主测评，指导县级供电公司自主开展试用期干部民主测评工作，其中5名科级干部试用期满，经考核合格后均正式任职。县公司干部考察共与254人谈话，占县级供电公司人员比例14%。全年共新招大学生121人，系统内调入7人。加强教育培训，中层管理人员履职能力全面增强，472人参加在职学历提升，63名“三无”人员素质实现提升；加强职称职鉴工作，172人技术、技能水平得到提升。全年消除“三无”人员42名。

【电网建设与发展】 完成134个项目的入库工作，核准110千伏及以下项目11个，核准项目数量位居全省前列。建成投运110千伏输变电工程7个，6个35千伏配套项目与当地电网联络线路已基本建成。18项35千伏输变电工程已投运13项，建成2项，余下3项因道路及自然条件等原因将于明年建成。未纳入电力天路的35千伏输变电留存项目建成投运5项。365项10千伏及以下项目中，已完成352项，完成户表安装15269户，剩余13项因道路及气候原因年内已无法施工，影响通电户数588户。表后设施安装受政府委托11015户，已安装完成9314户。

【经营管理】 2014年，公司总体完成电力体制改革，各县公司资产移交全部完成，全州电力体制改革进一步深化，并与州电改办制定《甘孜州独立供区改革实施方案》，完成甘孜州45个独立供区清理工作。公司以深化“财务集约化，财务信息化和标准化”为工作重点，努力提升公司依法治企、科学理财和精益化管理水平，公司财务工作平稳推进。大力夯实会计基础，规范会计管理；加强资金管理，降低资金使用风险；加强产权管理，理顺产权关系；深化全面预算管理，提高预算管控能力；加强工程财务管理，推动工程财务决算；夯实税务管理基础，争取财税政策；稳妥推进电价调整，规范电价执行；积极开展财务自查，认真应对外部检查；积极参与经营管理对标，推进财力集约化管理，加快财会队伍建设。

【安全生产】 组织相关部门对应急基础性工作进行全面梳理，修编补充专项预案23项、完成应急基干分队的组建工作，完善应急物资储备，推进县级公司应急指挥中心建设，初步形成完整的应急救援体系。组织开展“安全管理提升”、电网安全整治、防人身伤亡等9次专项活动；开展现场巡查63次，发出整改通知单115份，有效把控现场作业风险。成功应对“6·8”乡城泥石流、“6·28”丹巴洪灾、“11·22”康定6.3级地震等自然灾害。

（杜小飞　李　飞）

གྲོང་ཁྱེར་འཛུགས་སྐྲུན་དང་ཁོར་ཡུག་སྲུང་སྐྱོང་།

城乡建设·环境保护

·规划和建设·

【概况】 2014年4月，州政府召开全州推进新型城镇化工作座谈会议，部署全州新型城镇化工作。州政府及时印发《关于推进新型城镇化的意见》；领导小组及办公室多次深入各县，实地调研、检查、督促新型城镇化工作；积极主动参与全州“三化联动”推进会议筹划，拟定会议方案，多次深入会议预选现场进行选点，挑选特色亮点做法，确保10月16日至18日全州“三化联动”工作推进现场会的顺利召开。调整充实州城乡规划委员会，完善规划委员会章程，召开州城乡规划委员会座谈会和相关会议。会同州农办草拟《建好县城、做大集镇、做美村寨实施方案》。推进监督管理，及时印发《关于加强城乡建筑风貌塑造管理工作》《关于做好城乡风貌控制工作》《关于加强城乡规划实施管理工作》《关于做好拟撤乡建镇的乡规划工作》等文件，组成工作组到各县开展监督检查和业务指导，各县以制定规划为基础、以落实规划为重心、注重城乡特色建设和功能提升。全州完成《州域城镇体系规划》和18个县城市总体规划修编，编制完成28个建制镇规划、40个乡规划、州域新村建设总体规划（纲要）、18个县域新村建设总体规划、764个新村（聚集点，含牧民定居点规划）规划，完成15个县报省政府申请批复，9个县经省批复实施。配合民政部门完成8个乡的撤乡建镇和规划编制，配套完成重点试点镇规划编制，指导做好幸福美丽新村规划编制。有效推进测绘地理信息各项工作，做好与州国土部门的工作移交。

【城乡建设】 按照科学规划、建设、管理、合理配置城市资源的要求，把握好规划、资金、项目、机制四个要素，通过积极向上争取专项补助资金、招商引资等方式，加快推进泸定、丹巴、得荣、道孚等县城新区建设，年内启动城市新区建设项目15个，完成市政公用设施投资3.72亿元。按照省确定的四个百镇建设行动试点镇（康定县姑咱镇、德格县马尼干戈镇、稻城县香格里拉镇、道孚县八美镇），相关县迅速行动，成立领导小组，本着规划科学、优化布局、适度超前、配套完善的原则，加大基础设施建设力度，四县完成建设投资1.14亿元，完成目标的114%。完成2014年藏区新居农房建设目标11135户。推进城镇公共基础设施建设，完成城乡市政基础设施建设投资19.83亿元，完成目标的260%。

【保障性安居工程建设】 省下达全州保障性安居工程建设目标7930套（其中：建设保障性住房2854套、改造城镇危旧房棚户区5076户，发放廉租住房租赁补贴3200户）。全州开工建设公租房2854套，其中：教师周转房

1189 套、城镇公租房 1665 套，基本建成 1091 套，竣工 537 套，完成投资 12846 万元；开工建设城市棚户区、小城镇危旧房改造 5076 户，基本建成 5076 户（其中：货币安置 449 户），完成投资 3 亿元；发放廉租住房租赁补贴 3683 户，完成目标的 115%。

【建筑业管理】 结合实际，草拟《甘孜州发展壮大建筑业的意见》，引导发展建筑企业 12 个，全州现有建筑业企业 54 个，完成建筑业总产值 8 亿元，新增就业人员 2500 人，培训建筑农民工 850 人。加强建筑市场风险防控工作，重点从资质资格审查、招投标监管、施工许可管理、市场准入清出、合同管理、动态监管、诚信体系建设、建设工程质量安全等 8 个方面加强监管，着力构建权力清晰、风险明确、防范有效、预警及时的建筑市场监管廉政风险防控机制。加强建筑市场监管，开展专项执法检查 6 次，对 23 个施工、监理单位立案调查，对 15 个施工、监理单位进行全州通报批评，对 28 个施工、监理单位记入不良行为记录，对 59 个项目提出限期整改。

【城乡环境综合治理】 持续深入开展集中治理"六乱"、"五大提升"专项行动、"美丽乡村"示范村庄创建等活动，人居环境明显改善。开展 45 个"美丽乡村"示范村庄推荐、申报和争创工作，各县共投入资金 900 余万元开展建设。加强 2014 年度"环境优美示范城镇"和"美丽乡村"争创范围的县、镇乡和村庄的年度考核工作。及时制定下发"环境质量新改善""城镇品质新提升""设施建设新突破""文明卫生新风尚""美丽乡村新面貌"等行动计划实施方案，各县共投入城乡环境综合治理资金 1060 万元。持续开展"垃圾乱扔、广告乱贴、摊位乱摆、工地乱象、车辆乱停、乱搭乱建""六乱"治理行动和"大力治环境、攻坚促深化"专项活动，共清理卫生死角垃圾 2500 吨，清除"牛皮癣" 5920 处（张），治理车辆违章停放 7467 次。

（赵玲燕）

·环境保护·

【概况】 2014 年，权限内及受省厅委托审批项目 117 个，涉及资金 544035.158 万元。其中房建类项目 1 个，涉及资金 20000 万元；城市基础设施类项目 66 个，涉及资金 253275.9073 万元；生态及植被恢复类项目 10 个，涉及资金 26402.37 万元；医疗卫生类项目 2 个，涉及资金 1321 万元；旅游基础设施类项目 15 个，涉及资金 123662.24 万元；交通类项目 12 个，涉及资金 84740.3607 万元；输变电项目 4 个，涉及资金 14601 万元；其他项目 7 个，涉及资金 20032.28 万元。完成省环保厅审批的全州 22 个重点项目的预审工作。州本级对符合验收条件的道孚县医院建设项目、磨西共和水电站、磨西海子凼水电站等 4 个重点项目开展竣工环境保护验收工作。开展巴塘拉拉山水电站、丹巴县关州水电站等 5 个项目的试生产验收工作。协助上级环保部门完成甘谷地 500 千伏送出工程、电信公司 37 座 WCDMA 基站、九龙江边水电站、康定机场建设项目的环境保护竣工验收。组织召开甘孜州第一次环境保护大会，确立每年的"3·11"为甘孜州生态环境宣传日。完成《甘孜州主体功能区建设试点示范方案》《甘孜州环境敏感区规范管理实施方案》《甘孜州委州政府关于加强环境保护的意见》（建议稿）《甘孜州生态保护条例（初稿）》的编制工作。全面启动保护区清理规范管理工作。创建 36 个州级生态村，完成海螺沟管理局磨西镇青岗坪村、色达县色柯镇姑咱村、色达县翁达镇、理塘县高城镇等共 5 个省级生态乡（镇）创建材料审核和上报工作。完成丹巴县墨尔多山、白玉县火龙沟省级自然保护区能力建设项目申报省级自然生态保护专项资金项目工作。争取中央 600 万元资金，先后在石渠县虾扎乡、炉霍县宜木乡、泸定县兴隆镇、稻城县赤土乡实施了以保护饮用水源地和治理生活垃圾、生活污水、畜禽养殖等污染为主要内容的农村环境连片综合整治项目。

【工程减排及监管】 制定《2014年主要污染物总量分配方案》，出台《甘孜州主要污染物总量减排和控制目标考核实施细则》，与各县人民政府签订《2014年减排目标责任书》，督促7家企业完成自动监控系统现场端的安装和联网工作。先后对道孚、炉霍、甘孜、色达、稻城等县拟建或已建成污水处理厂进行实地调研，对已建污水处理厂的现状和拟建污水处理厂的规模、工艺、管网、削减能力进行调查，摸清全州污水处理厂减排现状。投入85万元实施泸定桑吉卓玛酒厂污染治理项目，督促泸定县加快四川泸定山盛水泥有限公司降氮脱硝项目的推进力度。启动由社会第三方投资建设机动车尾气监测站工作，完成场地平整和河堤堡坎建设。协调相关部门完成100辆“黄标车”和老旧车淘汰工作。前三季度共征收排污费144.48万元，全部上缴国库。

【污染综合整治】 对州内10家重点污染源企业（新投保3家、续保7家）推行环境污染强制责任保险试点工作。建立集中饮用水源保护地每月巡查和月报、季报监测制度，对全州建制乡镇集中式饮用水源一、二级保护区的污染情况进行调查、清理和整治，依法取缔不法排污口。每月定期对州政府所在地集中式饮用水源地任家沟（省控）点位水质开展61个项目的监测分析，一次涉及108个项目的水质全分析。启动甘孜州危险化学品调查工作，开展野外（室外）使用放射源与射线装置单位辐射安全专项检查、核技术利用单位年度监督检查工作，依法对1家医院发放“辐射安全许可证”，将辖区内废弃的4枚放射源移存到四川省辐射环境管理监测中心。制订《甘孜州重污染天气应急预案》和《甘孜州大气污染防治实施细则》。启动PM2.5监测体系（环境空气自动监测系统）建设工作，12个县已完成建设任务。

【环境监管监测】 出台《关于加强环境监管分级管理的通知》《甘孜州环境监察责任网格化管理方案》，把全州监管区域划分为3个州辖主体网格和18个单元网格，建立起环境动态管理网格，实施网格化执法分类监管，实现环境执法工作的全覆盖。州县共出动现场检查人员1950余人次，检查企业527家（次），对87家问题企业及建设项目依法下达《建设项目（污染源）限期整改通知书》，约谈企业34家，对9家涉嫌违法企业进行立案查处。环保专项行动期间，全州共出动执法人员1643人次，检查企业709家（次），下发整改通知书15份、整治决定书12份，共接投诉25起，处理25起，处理率达100%，群众满意率100%。获得常规地表水监测数据1848个、环境空气监测数据1790个、噪声监测数据218个、酸雨监测数据328个。

（肖先洪）

འགྲིམ་འགྲུལ།
交　通

·交通运输·

【概况】 2014年，全州交通基础设施建设完成交通固定资产投资100.03亿元，其中：交通重点项目完成投资78.17亿元、农村公路完成12.18亿元（含水电复建）、危桥安保工程完成3.5亿元，完成投资约100亿元。在建重点项目完工1008公里。2014年1月，国道318线雅江过境大桥新建工程项目正式进场施工。甘孜格萨尔机场场址已批复；川藏铁路雅安至康定（新都桥）段已纳入国家加快前期工作计划安排；G215线石渠至岗托，G549线乡城至得荣斯闸已启动前期工作。

【雅康高速公路设计】 2014年3月5日，雅康高速公路初步设计文件审查会在成都召开。会后，专家组赴甘孜州实地视察雅康高速公路甘孜州境内大渡河特大桥、瓦斯沟长纵坡、雅康高速公路止点及康定服务区等关键节点现场，听取设计单位情况汇报。雅安至康定高速公路可行性研究报告获国家发改委批复。雅康高速公路起自雅安市草坝，止于康定县城东的菜园子，接国道318线和康定迎宾大道，全长约134公里，采用双向四车道标准建设，设计速度80公里/小时，路基宽度24.5米，项目估算总投资约为250.3亿元。4月29日，州人民政府召开雅康高速公路建设动员会议，要求州、县、乡、村四级整体联动，协调配合，主动服务、及时服务、加强宣传声势营造，落实责任限时征拆，全面协调优化环境。要求施工单位精心组织，科学管理，保证质量，加快进度，安全生产，保护环境，建精品工程。届时雅康高速公路建设全面拉开序幕。

【基础设施完工项目】 2014年，完工项目8个：色达—年龙公路于10月完工。稻城县香格里拉镇仁村至亚丁景区公路改建工程完工。S217线/S216线理塘至稻城亚丁公路完工。G318线东俄洛—海子山公路改建项目除隧道工程外其他工程已完工。S215线瓦泽—九龙公路除鸡丑山隧道外已完工。稻城亚丁—云南三江口公路因水毁原因预计到年底主体工程全面完成。S211线瓦丹路自建段完工。完成主体工程项目7个：G317线俄尔雅塘—岗托段改建项目累计完成路基360.6公里、路面下面层298.2公里、路面上面层206.2公里，累计完成投资45.24亿元，完成45.3亿元。甘孜县至白玉县公路改建工程累计完成路基208公里、路面下面层207公里、路面上面层207公里，累计完成投资12.892亿元，完成13.042亿元。S217线石渠至马尼干戈段累计完成路基216公里、路面下面层212公里、路面上面层198公里，累计完成投资12.23亿元。S217甘孜至新龙至理塘君坝段累计完成路基143公里、路面下面层143公里、路面上面层143公里，累计完成投资9.232亿元。

S211线瓦丹路电站还建段累计完成路基53.985公里、路面下面层34.951公里、路面上面层33.951公里，累计完成投资24.076亿元。S211猫子坪至石棉界段累计完成路基28.38公里、路面下面层12.78公里、路面上面层12.78公里，累计完成投资7.926亿元。S303道孚过境段已累计完成路基9.423公里，下面层0.6公里，累计完成投资0.895亿元。

【建设项目】 加快建设项目8个：雀儿山隧道已进洞6600米，完成投资5.777亿元。榆林至磨西（一期）完成路基工程6.5公里，完成投资0.644亿元。泸定至石棉公路（甘孜段）完成路基工程21公里，完成投资0.851亿元。S215线九龙至萝卜丝沟段累计完成路基70公里，完成投资3.396亿元。乡城亚金至稻城赤土公路完成路基工程42.8公里，累计完成投资1.338亿元。乡城洞松至得荣古学公路四川段累计完成路基工程17.3公里，下面层2公里，累计完成投资1.046亿元。色达至色尔坝公路累计完成路基工程82.7公里，累计完成投资1.56亿元。

【农村公路】 建成通乡油路（水泥路）381.1公里，开工建设757.2公里，完成投资49455.1万元；建成通村公路1391.4公里，开工建设1449公里，完成投资82151.7万元。开工建设索改桥20座；建成桥梁18座，完成投资6419.3万元；建设公路安全护栏1106.5公里，完成投资27035.8万元。

【春运工作圆满完成】 甘孜州2014年春运自1月16日开始，2月24日结束。在40天的时间内，全州交通运输管理部门、公路运输管理部门以及中心客运车站全体站务人员，按照“以人为本、安全第一、旅客为主、优质便捷”的春运指导原则。春运期间，全州日均投入班线客运车750辆，共发送客运车24268次，其中旅游客车3672次、加班车1820辆次，累计运输旅客45.76万人。出租车日均投入400辆，运输旅客41.49万人，日均投入公交车40辆，运送旅客10.89万人。

（州交通局提供）

·公路·

【概况】 甘孜州公路管理局为州政府直属正县级公益性事业单位，下设泸定、新都桥、九龙、丹巴、八美、炉霍、甘孜、德格、石渠、白玉、理塘、巴塘、稻城、乡城共14个公路分局和工程队、成都联络站2个直属单位。管养全州国省公路3005.256公里。其中：国道2条993.458公里（G318线564.108公里，G317线429.35公里）；省道5条1775.798公里（S211线201.75公里、S215线349.401公里、S217线814.61公里、S216线143.7公里、S303线266.337公里）；按省道标准养护的县道（甘孜至白玉公路）1条228公里；折多山机场路8公里。全年完成民生工程资金2.6亿元，投入养护材料费及机械费1816万元，备运养护材料1.8万立方米，修补油路坑凼1.1万平方米，修补土路坑凼2.4万平方米，清挖、清理边沟4950公里（重复），清理疏通涵洞6250道；清除泥石流52.2万立方米，清扫路面1875万平方米，完成公路绿化20.5公里，完成优等路409公里，良等路200公里，中等路348公里，次等路695公里，路面使用性能指数完成85.1，超目标任务5.1。2014年5月完成“甘孜州干线公路基层养护站点规划研究”项目，6月12日通过评审；12月4日，十一届州人民政府第20次常务审议通过《甘孜州干线公路基层养护站点规划研究成果报告》，为提升全州干线公路养护管理水平奠定基础。

【重点工程】 承担色达县色柯镇至色尔坝公路改建工程建设管理任务。项目于2014年4月21日正式开工，同年11月15日休工。完成路基挖方22.7万立方米，占总量的96.91%；完成路基填方32.5万立方米，占总量的 81.68%；完成挡防工程 13.33 万立方米，占总量的 108%；完成涵洞工程 125 道，占总量的 100%；完成桥梁工程 758 延米，占总量的 94.97%；路基交验 56 公里，占路基工程的 65.87%；采备路面材料 25 万立方米；铺筑路面垫层 12 公里，占总量的 14.11%。累计完成投资 1.57 亿元，超额完成 1.2 亿元的年度投资目标任务。

【安保工程】　投资 436.1 万元，处治安全隐患 408 处 118.63 公里。其中：波形护栏 18286 米、标志牌或警示柱 1840 个、钢筋砼防撞护栏 210 米、减速垫 133 米、标线及路面修补 348 平方米、恢复零星缺口 2111 立方米。投资 291 万元，对损坏的安保设施进行了修复，公路安全保障能力进一步增强。

【大中修工程】　完成 S215 线小松林口至东俄洛大修工程 21.2 公里，完成投资 5274.5 万元；完成 G318 线折多山中修工程 11.1 公里，完成投资 665.85 万元；完成 G318 线二郎山西洞口至泸定中修工程 30.4 公里，完成投资 1824 万元；S217 线安卜拉山至石渠大修工程有序推进，年度累计完成投资 4858 万元，为 2015 年全面完工奠定基础；S211 线刷丹路水毁恢复项目于 10 月 20 日正式开工。

【基本建设】　投资 429.7 万元，完成泸定烹坝养护站、巴塘养护站、稻城机修库房的建设；投资 168 万元完成 16 个养护站维修项目。

【抗洪抢险】　全年共发生公路水毁灾害 550 余次，断道阻车 60 余次。损毁路基 6.5 公里、路面 5.7 万平方米，全毁涵洞 31 道，局毁涵洞 320 道，坍方、泥石流 52.2 万立方米，损毁波形护栏 5200 米、冲毁养护站房屋 625 平方米，水毁直接经济损失 5545 余万元。全局累计投入水毁抢险保通资金 1200 余万元，人工 3200 个工日、挖掘机台班 278 个、装载机台班 590 个、东风运输车台班 1400 个，完成铅丝笼 7712 立方米、M7.5 浆砌片石挡墙 3920 立方米、C15 片石砼护基 1760 立方米，修复涵洞 56 道，及时抢通因灾断道公路。同时，严格执行部省公路路况信息收集、报告和发布制度，落实专人负责，全年向省公路局信息处报送有效路况信息共 23 条，为公众出行提供了有效的信息服务。

【应急保通】　康定“11·22”6.3 级地震发生后，共投入人员 2257 人次，机械车辆 273 个台班，清除震后零星坍方 2970 立方米，清扫路面 160 万平方米，在危险路段新增临时安全警示标志标牌 255 个。国道 318 泸定至新都桥、机场路、省道 215 线八美至新都桥、省道 211 线瓦丹路和泸石路、省道 303 线小丹路和八丹路始终保持正常通行。

【环境治理】　投入环境整治专项资金 260 万元、机械车辆 820 个台班，清洁波形护栏和防撞护栏 60 万米，清洁绿化带 250 万米，清除垃圾、杂物 3200 立方米，修剪刷白行道树 8600 棵，完成公路绿化 20.5 公里及折多山人工湖景观建设任务，公路环境面貌进一步改善。

（杨克勇）

སྦྲགས་སྲིད་དང་འཕྲིན་སྐྱེལ།
邮政·通信

·邮政·

【概况】 甘孜州邮政公司下辖18个县分公司，27个支局，10个自办邮政所，292个代办所（含刚接手的243个空白乡镇补建网点）、329个网点，网点最高海拔4200米，平均海拔超过3000米。邮路总里程5286公里（其中一级干线邮路1208公里、邮区内邮路4078公里），城乡投递邮路3237公里，基本都在海拔3500米以上的雪域高原之上。最长的南线邮路康定至得荣往返1800公里，邮车全程来回需要6天时间。全年，全州邮政实现总收入4357.64万元，完成省公司预算目标100.18%。其中：邮务类实现收入1466.71万元，完成省公司预算目标112.91%，同比增长11.64%，增加152.88万元；代理金融类实现收入1994.48万元，完成省公司预算目标94.98%，同比下降0.53%，下降10.62万元；代理速递物流实现资费收入667.54万元，完成省公司预算目标102.7%，同比增长0.22%，增加1.44万元；其他收入228.91万元。全州邮运车辆安全行驶146.34万公里；完成总包邮件进、出、转口量177.98万袋，与2013年同期比较增长13.91万袋，同比增加8.47%。完成邮件运输量运邮件量123.79万袋，与2013年同期比较增长18.22万袋，同比增加17.26%；全州机要通信完成企业产品量7.07万件，完成收入34.07万元，文件处理合格率为99.87%，业务档案合格率为99.96%，机要文件丢失率、机要文件延误率均为零。年内，全州补建空白乡镇邮政局所主体完工219个，接手运营173个，完成省公司提出的年底前实现60%的运营率要求。

【邮政企业更名】 2014年，按照省公司对市（州）邮政企业更名工作的安排部署，甘孜州邮政分公司于2月25日前完成企业名称相关证照的更名、公司挂牌制作工作。3月3日，四川省邮政公司甘孜藏族自治州分公司在康定举行挂牌仪式，州委常委、宣传部部长、州总工会主席相洛及甘孜州人民政府副州长张平森出席。7月31日，州公司对机关专业机构进行调整。撤销“代理业务局”成立“金融业务局”，集邮专业与函件广告局整合设立函件集邮公司，报刊发行、报刊零售、投递局整合为发行投递局，“机要分局”更名为“网络运营中心”。

【普遍服务创新高】 普遍服务是邮政的一面旗帜，甘孜邮政普遍服务范围广、成本高、难度大，做好普遍服务，责任重大，使命光荣。甘孜邮政以不到全省邮政职工4%的人员保证了全省近三分之一面积内的邮政普遍服务安全和稳定，切实履行了边远少数民族地区基层邮政企业在全网中应担负的职责。

【转型发展稳步推进】 结合州情实际，因地制宜创新发展取得实效。按照金融业务“上规模、转方式、调结构、控风险”的总体要求，通过网点转型升级、柜员县间轮岗、开展业务培训、“一加强两遏制”专项检查、业务培训等方式强势推进代理金融业务稳步发展，2014年12月正式启动金融网点转型升级泸定长征大道试点工作。抓住各县特色节日、民俗运动会等节点，开展个性商品、“唐卡”邮票、邮品营销。全年销售“自邮护航”产品35万元；抓住全州虫草采挖季，组织员工到采挖现场销售相关“礼品盒”近千份；“泸定县公交站台广告”经营权，已达成初步合作协议。开发稻城县政法委1000余名社区调解员“保险贺卡”团队险产品1400份。开发制作“毕业生纪念册”近千册；成功开发“道孚石林门票”20000枚。开发制作“退伍兵纪念册”400册。开发账单新业务：制作、寄递康定片区“完税证明”近4000份。抓住官兵退伍时机，进军营销售土特产1.7万元推动国内小包业务。抓住高考“录取通知书”寄递时机，与移动、电信、农行、农信社等通讯、金融机构多方合作，开发“开包有礼”产品，实现收入10余万元。

【基础管理不断强化】 2014年4月8日，甘孜州邮政公司党委按照“一年有转变，两年有提升，三年出成效”的总体要求，经反复酝酿、讨论制定下发四级副职以上干部进县局、进班组（支局所）、进市场、进家门；促发展、促管理、促转型、促作风的“四进四促”活动三年实施方案，正式启动该项活动。6月12日全面启动基础管理工作专项整治活动。

（州邮政公司提供）

·中国电信甘孜分公司·

【概况】 2014年，执行“宽带中国”战略，全州完成全光网络建设，并免费为行业单位及家庭用户迁改光纤网络，迁改率达到100%，实现了高速信息化甘孜，建设成果得到国家“宽带中国”专家调研团的高度认可和肯定。年内，建成开通康定、泸定、丹巴、炉霍、石渠、乡城等县38个新建C网基站、88个4G基站，进一步提高移动网络覆盖能力。完成得荣至子庚、白玉绒盖至沙马、理塘雄坝至军马场、新龙至乐安、巴塘苏瓦龙、昌波等地光缆线路布放及整治，完成甘孜－色达环网建设。投入2700万元，实施“宽带村通民生工程”，完成45个乡的宽带村通工程。

【参与地方信息化建设】 致力于全州各行业信息化建设，完成州消防支队、州政法委网格E通、州国土局、州专用通信局、康定县电子政务外网、康定县公安局全球眼等单位的电路组网建设。与州政法委合作的网格化管理，有效提高政府防控管理水平和应急能力。2014年，完成全州18个县309个网格的规划，269个网格的划分，同时开通账号。为加快民族地区教育信息化，将成都石室中学优质教育资源引入民族地区学校工作，中国电信甘孜分公司把康定中学作为全州祥云网校的试点学校，为全校78个班开通网络，使教学硬件环境提升一个档次。

【应急通信保障】 2014年，中国电信甘孜分公司以四个第一服务于康定“11·22”地震抗震抢险，投入人力700余人次、车辆机具1500余台次；新布放光缆35公里、修复光缆72公里；紧急安装宽带10户、电话12部；提供平安免费电话25部；安装光纤专线11条；出动应急通信车辆2台，提供卫星电话10部；免费向全州人民发送公益短信50余万条。完成四川省军区在康定县塔公乡开展的代号为“天府使命－2014”军事演习的现场有线、应急卫星通信保障。开展中国电信甘孜分公司地震重大自然灾害应急演练、TT设备全年应急演练，修订“中国电信甘孜分公司通信保障应急预案”。

（州电信公司提供）

·甘孜移动分公司·

【概况】 紧紧围绕发展主线，一手抓生产经营谋发展，一手抓抗震救灾显担当，在市场突破、网络建维、管理创新、团队建设、抗震救灾等方面取得了良好的成绩，用户规模突破55万户，继续保持市场主导地位。全州18个县、325个乡镇、2682个行政村，主要交通要道、重点景区均实现100%覆盖，光缆传输线路覆盖到村，18个县主城区均实现4G网络覆盖。将广电下乡工程作为“一号工程”推动，通过技术创新的方式，实现了广电点播业务通过移动数据网进行传播的网络融合（属于全省首创）；先后投入4014万元推进石渠、色达、甘孜、道孚四县的广电下乡工作，广电下乡点位达到201个。在道孚县试点中，使4100余户农牧户收看到了广播电视节目，人口覆盖率近50%。与广电部门合作，实施全州“广电网络数字化整转”工作。

【信息化应用】 在地方政府“打造藏区信息化强州”奋斗目标指引下，甘孜移动以“政府倡导、客户关心、民生需要”为主导，充分发挥网络资源、产品应用、服务体系等优势，积极推进电子政务、旅游、金融、广播电视等领域的信息化建设，电子政务内外网、广播电视下乡工程、平安城市等信息化标杆项目提升了全州各行业的信息化水平。

【应急通信保障】 完成丹巴泥石流灾害、“11·22”康定地震等多次通信保障任务。在康定地震抢险中，共计出动抢险维护人员751人次、抢险车辆181台次、油机发电219台次、卫星电话188台次。协调开通震中4G基站，4G网络应用为新闻发布会、指挥部调度、部队联系、受灾群众和外界沟通做出了有效支撑。

（徐　艳）

ཚན་རིག་དང་སློབ་གསོ།

科学·教育

·科技和知识产权·

【概况】 2014年的工作突出“强科技、兴产业、惠民生”主线，做实“整合科技资源、提升创新能力、加速成果转化”三篇文章，推进知识产权“五大专项”，着力提升科技综合能力。制定《关于加强科技创新推动转型发展的意见》。采用全基因组选育的“康玉1号”通过省农作物品种审定委员会审定，变叶海棠之“俄色茶7号”、核桃之“得荣1号”和“乡核1号”3个林木良种通过省级品种认定，育种攻关取得历史突破。首批认定四川康定金珠制药有限责任公司等8家企业为州级科技型中小企业。组织炉霍雪域俄色有限公司三家企业参加四川省高新技术企业认定培训，扶持和鼓励高新技术企业提升技术创新能力。实施科技型中小企业创新资金项目6项，安排资金95万元。申报并获得国家科技型中小企业技术创新项目1项，支持经费100万元。

获省科技厅立项36项，到位资金2040万元，比上年增长139%。分两批实施州级科技项目40项，安排项目资金500万元。州级科技成果鉴定登记13项，《康巴老芒麦新品种选育研究》等7项完成省级成果登记，2项成果推荐参加2014年度省科技奖励评选，分别获省科技进步二等奖1项、三等奖1项。完成技术合同登记7项，成交金额56万元，同比增长300%。“德油五号栽培及加工技术集成推广”“藏猪养殖技术集成推广”等成果转化实现增收650万元。

【民生科技】 开展科普宣传月、科技活动周等科普活动，组织科技人员572人次深入生产一线，开展农村实用技术培训345期，累计培训农牧民8万余人次。深入巴塘、丹巴、理塘等6县开展送科技下乡，组织科技人员用藏汉双语讲解种养殖实用技术，发放种养殖技术手册、挂图、电脑知识、知识产权、科普等宣传资料。实施省级富民强县项目2个，投入资金200万元。实施国家科技富民强县项目1个，已通过验收。启动“三区”科技人才选派计划，省州40名科技人员到基层开展科技服务，选派23名科技人才到大专院校培训，提升创新能力。

【知识产权宣传培训】 以知识产权进社区、进企业、进学校活动为载体，州县联动开展宣传培训活动，发放宣传资料20000余份，张贴、悬挂及电子显示宣传标语130幅，举办座谈会2场、专题讲座2次、培训班3期，培训党政领导干部20人次，企事业单位人员180人次。开展对制售假冒雪域俄色茶和侵犯雪域俄色茶知识产权行为为重点的执法检查6次，立案2件，结案率100%。完成专利申请41件，其中发明专利8件。实施专利转化项目11项，实现产值5910万元。

【科技顾问团工作】 召开科技人才工作专题调研座谈会和对47个建制镇发展模式研讨等决策咨询会议4次，提交建议意见40余条，咨询报告4篇，形成《科技顾问建议》4期。为提升决策咨询水平，聘请省级专家顾问13名，围绕建设美丽生态和谐幸福新甘孜，深化“院州合作”等献计献策。开展《科技支撑产业发展情况研究》《近五年来科技支撑发展现状及重点科学技术需求》专题调研，形成的调研报告受到州委领导的肯定。

（张红艺）

·防灾减灾·

【概况】 1月1日—12月31日，全州（N27°～34°，E97°～103°）共发生ML≥0级地震1783次。其中0～0.9级498次，1.0～1.9级1006次，2.0～2.9级259次，3.0～3.9级18次，4.0～4.9级0次，5.0～5.9级1次，6.0～6.9级1次。州内最大地震为11月22日康定6.3级地震。全州境内地震活动频次较2013年增加，强度从2014年11月开始明显增强。地震活动主体区域主要集中在鲜水河断裂带（道孚、雅家梗—磨西）和理塘—义敦断裂带及两侧和巴塘理塘至川滇交界西侧地区。藏东至川滇交界西侧地震活动在经历2013年的相对活跃后，2014年度较为平静。小震群集中活动，年内突出震群有2013年12月29日泸定ML4.0级、2014年1月30日理塘3.9级、2014年2月2日道孚3.7级3个小震群。重点做好理塘毛垭51泉，乡城热乌大、中52泉，道孚玉柯53泉、龙普54泉，康定二道桥55泉、龙头沟57泉，巴塘305K58泉、城区59泉、泸定共和63泉10个骨干温泉观测点的监测管理工作，全年向四川省地震局台站管理中心上报温泉观测数据日报3650条、月报120条、观测记录日报3650条、观测月报12期。年内全州共核实各类宏、微观异常8起。加强与成都高新研究所的联系，对全州18个县已安装的89套地震预警系统进行设备维护和管理。向省地震局争取地震现场应急个人装备10套。完成州级1支综合、4支专业和6支行业应急救援队伍整合工作，配备应急抢险、救援、电力、通信、药品、食品等。巴塘、泸定、道孚、雅江、理塘、乡城、稻城、得荣8县完成县级综合应急救援队伍的组建工作。丹巴、泸定、康定等13县建立应急避难场所34个。巴塘等5县政府投资2300余万元购置配备救灾大型机械、通讯等设备。

【防震减灾宣传】 2月27日，《甘孜藏族自治州突发事件应对条例》（以下简称《条例》）在州第十一届人代会第三次会议通过，于5月29日省第十二届人代会常务委员会第九次会议获批准，自2014年7月1日起施行。6月17日，《甘孜日报》全文刊登《条例》。6月24日，州政府新闻办召开《条例》新闻发布会，《条例》的颁布施行标志着甘孜州突发事件应对工作纳入了法制化轨道。在3月科普宣传月、“4·20”芦山地震一周年、“5·12”防灾减灾日、防灾减灾宣传周等重要时间，开展防灾减灾科普宣传，咨询人数达17065余人次，分发《防灾减灾常识》《抗震救灾知识》《防震减灾知识十讲与汶川地震》《避震小常识》等各类涉灾宣传资料97910余份、宣传画册和挂图近2160套、VCD光碟1330余张。在康定县民族中学、康定中学、康定县前溪乡赶羊村、泸定县一中、泸定县二中、泸定县中学放映防灾减灾科普宣传片《飞跃地心》6场，8310余名师生和580余名群众观看了电影。派出专业人员深入州幼儿园、州烟草专卖局、康定县炉城片区、泸定县机关进行防灾减灾知识及应急管理讲座，到道孚、泸定、康定等县指导应急演练。

【年内历次强地震】 11月22日16时55分，在康定县（北纬30.3度，东经101.7度）发生6.3级地震，震源深度18公里。11月25

日23时19分，康定县（北纬30.2度，东经101.7度）再次发生5.8级强余震，震源深度16公里。两次地震涉及甘孜州康定、泸定、丹巴、雅江、道孚5个县，共39个乡镇。地震共造成6人死亡，80人受伤（其中危重伤2人、重伤4人、中度受伤6人、轻伤68人）。地震累计转移受灾群众16264人，其中集中安置6543人、分散安置9721人。地震的直接经济损失总额约为42.3亿元。

【地震应急救援】 “11·22”康定县地震发生后，习近平总书记、李克强总理和省委书记王东明对康定“11·22”重大地震灾害作出重要指示。四川省启动Ⅱ级地震应急响应，中国地震局启动Ⅱ级应急响应。民政部、交通运输部、卫生计生委等部门启动应急机制，指导抗震救灾工作，并向灾区紧急调运棉被、帐篷等救灾物资。甘孜州第一时间启动Ⅰ级应急预案，成立康定“11·22”重大地震指挥部，组建综合信息、应急救援、医疗救援、查灾核灾、治安维护、舆论宣传、交通保畅、后勤保障、救灾督查9个工作组，州、县、乡三级组织5600余人深入灾区开展抗震救灾工作。累计紧急转移群众17156人，建立集中安置点17个，集中安置受灾群众5491人，分散安置11665人。灾区收到各类抗震救灾资金11729.87万元，其中中央财政安排8000万元、省财政安排1500万元、州财政安排825万元、有关县财政安排801.69万元、接受捐赠603.18万元。接受捐赠帐篷87顶、棉被870床、棉衣1129件、方便面60件、棉絮200床、被套250床、保暖垫1000床和价值4.5万元的药品。发放帐篷138顶、棉被1941床、棉衣15件、矿泉水109件、肉油米面菜2050公斤、副食品8件。共派出医疗队18支，医务人员1024人，医务用车34辆。设立灾区医疗点12个，诊治灾区伤病员10092人次，开展儿童急性应激反应心理干预5人，疾病监测220人次，健康教育12206人次，发放宣传资料13481份（册）。环境消杀灭总面积11万平方米，投放饮用水消毒药6500片。灾区未发生与地震相关的传染病暴发流行和突发公共卫生事件。

（州防灾减灾局提供）

·教育事业·

【概况】 2014年，全州有各级各类学校共965所，其中：幼儿园356所，小学555所，中学52所（其中：初级中学21所、九年一贯制学校9所、职业初中3所、完全中学14所、高级中学5所），特殊教育学校2所，中职学校3所。全州各级各类学校在校学生共170315人。其中：小学在校学生97314人，小学入学率99.02%，小学辍学率0.01%；初中在校学生32661人，初中阶段净入学率为90.40%，初中辍学率0.12%；高中在校学生10736人，中职在校生共10376人（州内中职6265人，州外“9+3”4111人），高中阶段净入学率为65.06%；幼儿园在园幼儿23251人，学前三年毛入学率51.49%；特殊教育在校学生519人（甘孜州特殊教育学校88人，其余431为各县在校附班就读）。全州有教职工12806人，代课教师572人。中小学寄宿制学校共有512所，寄宿制学生108725人。开展双语教学中小学校458所，占中小学校总数的75.2%，双语教学的中小学生达99163人。建立健全全州小学升入初中制度，规范小升初招生入学行为，制定下发《甘孜州小学升入初中免试就近入学工作的实施办法》。配合宗教事务部门对入寺未成年人进行清退，并就近就地安置入学。重新修订《甘孜州教育科研管理办法》，全州共有7项课题获四川省教育科研资助。3月20日，州委、州政府召开全州教育工作大会，进一步明确深入贯彻落实“一纲要、四意见”，创建藏区一流人民满意教育。全州教育呈现办学体系完善、办学特色鲜明、内涵发展优势突出的新局面。

【项目建设】 完成全面改善贫困地区义务教

育薄弱学校基本办学条件规划编制工作，下达2014年十年行动计划省补助资金10945万元、学前教育推进工程落实1919万元、边远艰苦地区教师周转宿舍建设落实2807万元、农村初中改造工程落实5192万元、省学前三年行动计划资金480万元、慈善总会灾后重建资金1169万元、全面“改薄”资金10356万元、高中改善办学条件资金540万元。下达中央、省生均公用经费资金7777.17万元、下达寄宿制学生生活费提标补助资金2460万元、下达2014年中小学营养餐专项资金8529.2万元、下达中职、普通高中、学前教育等学生资助资金3855.31万元。完成春、秋季中小学乱收费治理工作，全州中小学杜绝了乱收费情况，全力推进甘孜州高级中学筹建工作，开工建设教师周转房和教学楼A幢、B幢，完成项目投资2000万元。

【学生资助】 落实好非义务教育阶段家庭贫困学生资助政策。兑现2013年全州资助非义务教育阶段贫困家庭12298名学生资助金1285.752万元；为5994名普通高中家庭经济困难学生免除学费；为2014年春季3670名普通高中家庭经济困难学生发放国家助学资金302.6625万元。落实好中职免学费和国家助学金政策。完成2013年秋季中等职业学校免学费中央和省级补助资金发放，共为全州9846人次中职学生免除学费。落实好大学生基层就业学费奖补政策。为全州389名基层就业大学生兑现“省属高校毕业生到艰苦边远地区基层单位就业学费奖补”资金383.233万元。

【教学成绩】 2014年全州参加普通高考人数5061人，比2013年增加830人，录取人数4630人，录取率92.4%，其中本科录取995人，比2013年增加140人；专科录取3635人。全州参加中考人数9016人，比2013年增加389人，录取人数9016人。其中：高中录取4507人，五年制高职录取1461人，三年制中职录取1782人，“9+3”免费中职教育内地学校录取人数1266人。全州成人高考报考总数3677人（其中：专升本1830人、高中起点文科1087人、理科760人）。

【人事师训】 2014年全州新补充教师923名，其中：公开考试聘用中小学教师652名，考核聘用紧缺教师129名，特岗108名，面向“9+3”招录幼儿教师及音乐、美术教师34名。教师培训力度进一步加强，选送3052名校长教师参加国家、省、州级培训，兑现210名教龄满30年一线教师享受奖励金；开展双语教学一类模式紧缺师资递进培养计划，首期培训班组织184名藏语文教师参加六个专业的培养。2014年，依托省内7所本专科院校和甘孜州职业技术学校为全州各行业定向培养515名各层次紧缺专业人才，组织州级行业主管部门、县级行业部门、基层干部、宗教界人士、学生家长、农牧民群众等代表30余人，于10月28日至11月1日，先后赴西南民族大学、四川职业技术学院、甘孜州职业技术学校等6所定向培养院校进行实地考察，通过召开座谈会、与定向培养学生交流等方式，达到州校之间相互沟通、强化培养、了解州情、因材施教、总结经验、查找不足的目的。

【体卫艺工作】 举办以“爱国守法 感恩奋进”为主题的甘孜州第四届中小学生艺术节活动，充分展示中小学校艺术教育的丰硕成果。开展“中国梦 我的梦”校园剧大赛，全州参赛学校21所。开展阳光阅读“我的一本课外书”演讲活动。以1分钟演讲视频方式分享“我的一本书”，甘孜州上传到指定网站参赛作品达450件，来自九龙参赛选手获得全国比赛二等奖的好成绩。

【教育信息化】 制定完善《关于深化“3333”数字甘孜教育 创建藏区一流人民满意教育信息化实施方案》，以“三通”为抓手，建设数字化校园；以“三平台”为支撑，搭建信息化平台；以“三基础”为载体，打牢优质化基础；以“三覆盖”为目标，推动全域化进程。甘孜州教育城域网于5月底整体建设完毕，实现全州所有城区学校（幼儿园）、有电乡（镇）中心校（幼儿园）网络互联互通。完成州中心、18个县、直属学校共计26个主播教室建设。

（田振晓）

·四川民族学院·

【概况】 2014年是学院“六年大发展”的翌立之年，也是迎接本科教学工作合格评估的攻坚之年。为加强教学质量建设，形成《四川民族学院提升人才培养质量调研报告》，新建《关于加强专业建设的意见》《教师课堂教学质量评估办法》等制度，修订了各专业人才培养方案。申报国家语委、省级教改、国家及省级大学生创新创业训练计划等项目28个，规范122个在建项目的建设和管理。新增校外实习实训基地4个，安排2300余名学生到康定、泸定、九龙、成都等实习基地或相关单位实习实训。组织开展学位授予专业评审和预评审工作，音乐学、美术学、体育教育、法学4个专业获得学士学位授予权。出台《四川民族学院补授学士学位工作实施细则》，评选出18位优秀毕业论文指导教师。组织开展师范生教学能力比赛，7名学生进入2014年四川省师范生教学能力大赛现场决赛。全年出版专著7部、编著13部、教材3部，完成科研项目69项、艺术作品5篇，发表论文456篇。申报国家社科基金、国家自科基金、国家民委、教育部、中国高教学会等92项课题，其中，国家自科基金项目1项，实现零突破。完成第三届康巴文化研讨会论文集——《康巴研究（第三辑）》编辑、出版。2014年11月，康巴文化社科普及基地被甘孜州社会科学界联合会授予“甘孜州哲学社会科学科普基地”。考核招聘研究生37人，新增中级职称19人、高级职称16人（其中正高3人、副高13人），开展本科主讲教师资格认定134人，31人申报专业带头人。2014年扩大本科、压缩专科招生计划，共录取3227人，实际报到新生2963人（含预科），报到率91.13%。接待来校招聘单位40余批，提供就业岗位700余个，年末毕业生就业率达到84%。修订完善《专业奖学金评选办法》《国家助学金评选办法》，向2000余名学生发放国家奖学金、国家励志奖学金、专业奖学金、单项奖共160余万元，为2600余名学生发放助学金近800万元，为40名学生发放“成才计划助学金”12万元，为1600余名学生办理生源地贷款782万元。

【推进本科教学工作合格评估】 围绕评估工作要求，对评估工作进行分解，明确岗位评估任务，制定《本科教学工作合格评估实施方案》《本科教学工作合格评估任务分解表》《本科教学工作合格评估材料归档规范》，对学院合格评估工作作出整体部署。邀请成都学院、成都师范学院、西昌学院、四川文理学院相关专家到校开展评估知识讲座，加深对评估意义、操作程序、评建准备工作的认识。按照“以评促建、以评促改、以评促管、评建结合、重在建设”的方针，先后赴西昌学院、四川文理学院、成都师范学院、西南民族大学、贵州民族大学、贵州大学等省内外高校开展考察学习活动。对照本科合格指标体系要求，各系各部门完成教学状态数据采集工作，对一些可以量化的数据进行统计，形成《关于合格评估主要指标摸底情况的报告》，有序推进学院评建工作。

（向帮勇　魏鑫旻）

རིག་གནས་ལུས་རྩལ་དང་གསར་འགྱུར་དཔེ་སྐྲུན།
文化体育·新闻出版

·文化体育　广播影视·

【概况】　2014年，启动州农牧民演艺培训中心、州民族体育馆、4县州县广电节目无线覆盖工程、100个村的“村村响”工程、19个幸福美丽新村文化活动室等新建项目；“两馆一站”全部免费开放，开展“送文化下乡”980余场次、广场文艺活动550场，免费放映农村电影33759场次，赠送图书15000余册。举办环城跑、拔河赛、游泳比赛、第五届跑马山国际登山节等一系列的体育赛事，开展全国第四次国民体质监测工作；组团参加四川省首届农民艺术节、第七届少数民族艺术节、十二届省运会、十四届省民运会，取得优异的成绩。成功申办2018年省少数民族运动会。开展打击非法销售、安装使用卫星广播电视地面接收设施、“扫黄打非”等专项整治行动5次，共排查1513家，规范1060家，抄告1家，查处8家，停业整顿13家，取缔1家，收缴非法出版物1197册（碟）。参加深圳文博会，承办“圣洁甘孜·走进北京”文化旅游宣传周系列活动、康巴艺术节、广州艺术节暨国际演艺交易会、西博会，文化产品实现各类节会现场销售超过500万元，现场签约订单价值超过1000万元，引进华侨城集团开发甘孜州景区文化、建设演艺中心、打造精品剧目。全年共创作歌曲、小品、美术、书法、摄影、舞蹈等各类作品820余件。向全州各县、乡、村发放《歌唱甘孜》光碟近2000盘。州广播电视台相继推出20余个广播电视新闻特色专栏，创作并播出4个动漫公益广告。全年全州广播电视台被中央台、省级电视台采用稿件达1000余件。译制完5集纪录片《美丽中国》、30集电视连续剧《勋章》，40余件广播电视作品荣获国家、省级表彰。2014年，共348人参加各类培训，专业技能得以提高，建立起一支初具规模的文化人才队伍。全州共有国家级文物保护单位6处，省保单位55处，州保单位231处；人类“非遗”代表性项目3个，国家级“非遗”代表性项目21个、省级“非遗”代表性项目56个、州级“非遗”代表性项目86个，国家级代表性传承人7名，省级传承人65名，州级传承人124名；全年实现体育彩票销售额5130万元。

【新闻出版】　2014年，全州新闻出版工作开展“扫黄打非”专项整治行动，净化全州文化市场；加强农家书屋、社区书屋、寺庙书屋的管理，及时下拨农家书屋、社区书屋出版物补充更新资金524.57万元。全州共有8个县新华书店网点建设纳入全国少数民族地区新闻出版东风工程建设项目，总投资1074万元，完成5县建设。全面完成新华书店体制改革工作。开展藏区宗教类非法出版物清理整治，收缴涉藏反宣品27盘（册）。对州内170余家有新闻出版资质的网站和重点商业网站进行全面清理。向市民发放藏汉语宣传资料1800余份。举办以“拒绝盗版，共筑未来”为主题的“绿书签行动”，向群众和学生派发全国“扫黄打非”办统一制作的绿书签300余枚。

【广播电视管理】 2014年，举办第二届广播电视公益广告创作大赛，34件作品荣获州级表彰。7件作品获第六届全国民族语言、民族题材电视节目评选奖项，21件作品荣获全省年度广播电视节目奖，7件作品获全省第三届创绿“短消息”优秀作品奖，5件作品获全省第三届公益广告创作大赛奖项。新龙县少儿童声合唱团被邀参加康巴卫视藏历新年《幸福新年》晚会节目录制。2月，州电视台视音频网站——“甘孜网视”（www. ganzitv. com）系统搭建完成并上载第一期节目，截至次月网站的点击量突破600万人次大关。3月，甘孜州农村公益电影监管平台使用培训在康定举行，全州18县电影管理站长、海管局广电中心、州局相关科室人员参加业务培训，这标志着甘孜州农村公益电影监管平台全面建成。11月，中国文联副主席、中国视协主席赵化勇、四川省视协常务副主席纪小荃等领导一行到甘孜州开展为期2天的“影视小屋”挂牌仪式活动。由甘孜州康定中学创作的作品《翅膀》获得亚洲微电影“金海棠奖”好作品奖。

【群众文化】 开展《歌唱甘孜——甘孜州原创歌曲集锦》歌曲征集活动，康定县铁索村村歌《我的家》歌曲和歌手荣获比赛最高奖：十大金曲奖、好声音金奖以及词曲金奖。实现19个文化馆、17个图书馆、324个乡镇综合文化站免费开放。开展各类群众文化活动300余场次，观众人数达20万余人次。参加成都武侯祠新春大庙会活动，组织州内7家企业参与，推出阿西土陶等手工艺制作品。甘孜民族音乐分别在中国音乐学院、中央民族大学、天津武警指挥学院、清华大学举办专场音乐会，近5000余名观众观看演出。在国家新闻出版广电总局开展的首届全国“书香之家”评选活动中，甘孜州尼克尔他和董祖信两户家庭荣获首届全国“书香之家”。由川、渝、滇、黔、陕、藏、桂七省市文化馆主办的“天籁之音·石海之约”首届西南民歌邀请赛中，甘孜州文化馆选送的《格桑花》《炉霍，我的家乡》两个作品分别获“新民歌组”比赛金奖、“原生态民歌组”银奖和大赛组织奖。以“培育演艺市场、推动节目交易”为目的，州歌舞团代表甘孜州参加2014中国广州国际演艺交易会。“廉洁文化巡展”共展出110幅作品，其中包括藏、汉书法作品30幅，摄影作品80幅。甘孜州22家优质企业以“圣洁甘孜”系列特产营销专柜的公共商标，以统一的品牌形象第一次在第十五届中国西部国际博览会亮相。

【体育工作】 举办“体彩杯”藏历新年单人单摇跳绳暨掰手腕擂台赛、庆“三八”游泳比赛活动、移动杯“五一”职工拔河赛、“移动4G杯”跑马山国际登山节、康定地区第九套广播体操展示评比活动、康定地区“体彩杯”第二届职工游泳赛。

组织7名队员参加四川省老年人门球比赛，甘孜州老年门球参赛队获得体育道德风尚奖。参加6场2013—2014年“五粮液杯”四川省全民健身篮球公开赛比赛，获全省第十二名的好成绩。2014年四川省中老年太极拳（剑）比赛暨传统武术交流大会中甘孜州代表队获得40拳竞赛三等奖、42式太极剑竞赛三等奖。个人赛中，甘孜州代表队分别获32式太极拳、24式太极剑竞赛一等奖，杨氏太极拳、太极刀竞赛二等奖，太极扇竞赛三等奖。被大会组委会评为体育道德风尚运动队。甘孜州组团参加了四川省第十二届运动会田径、游泳、篮球、摔跤、柔道、拳击6个大项9个小项的比赛，共获得6枚金牌、10枚银牌、7枚铜牌，3个第四名、8个第五名、4个第六名、8个第七名的佳绩，代表团荣获体育道德风尚奖。参加四川省第十四届少数民族传统体育运动会，共获得 11 金、13 银、11 铜的可喜成绩。

（陈攀峰）

·甘孜日报社·

【概况】 2014 年，按照“和谐、阳光、忠诚、智慧”的工作理念，始终坚持围绕中心，服务大局，不断创新工作方法、丰富报道形式，形成报、网融合的全媒体雏形，基本适应不同读者的需求，在信息传播上形成梯次推进的态势。2014 年 1 月 1 日，《甘孜日报》正式改版，确立“导向为魂，内容为王，本土为优，读者为天；策划至上，版面创新，宣传出彩”的办报理念，正式开通运行《康巴传媒网》，实现“对外一个窗口、两种文字呈现、一个体系办公”，在办好“康巴传媒网”藏、汉文频道的同时，筹备“康巴传媒网”英文频道及藏文公众微信。4 月，在州委宣传部的支持下开通“党政参考手机报”；6 月，开通微信平台。8 月，创办专门针对寺庙僧尼的读物《和谐天地》藏文月刊，按期出刊 2 期，及时向全州寺庙僧尼赠阅。推出《甘孜日报内参》。全年共开展 11 批 60 余人次的走基层活动，在各县开展 7 次 500 余人的通讯员培训，采写“短、实、新、鲜、活”的 180 余篇（幅）新闻稿件和图片。

【宣传报道】 《甘孜日报》刊登新华社和《人民日报》《四川日报》等相关稿件资源，把党的路线、方针、政策和中央、省的重大决策部署作为重要报道新闻。抓好州主要领导重要活动的相关报道，突出州委、州政府重大决策部署宣传，推出《提升执行力，甘孜在行动》专题策划。抓好全国、省、州“两会”报道，开设《省“两会”特别报道》《聚焦州“两会”》《百姓建言州“两会”》《关注全国“两会”》《两会新华视点》《代表委员议政策》等栏目。在甘孜州“举全州之力推进群众工作全覆盖表彰暨转段大会”报道中，刊登社论，开设《巩固群众工作成果、提升群众工作成效——举全州之力推进群众工作全覆盖常态化》栏目，出一期“群众工作”厚报，印刷 20 余万份，向全州各族群众和广大僧尼赠阅。围绕“党的群众路线教育实践活动”和“举全州之力推进群众工作全覆盖”活动，开辟《践行群众路线、深化群众工作——扎实开展好群众路线教育实践活动》《深入践行群众路线、加力深化群众工作》《巩固群众工作成果、提升群众工作实效——扎实开展党的群众路线教育实践活动》等专栏，继续抓好“群众工作厚报”特刊的出刊工作，出版以州“两会精神”和“举全州之力推进群众工作全覆盖表彰暨转段大会”及“康定地震抗震救灾”为主要内容的“群众工作厚报”特刊 3 期，分别印刷 20 余万份进行发送。围绕培育和践行社会主义核心价值观宣传，开辟《弘扬甘孜精神·践行核心价值观》栏目。围绕寺庙管理长效机制建设，开设《走同心之路·创和谐寺庙——狠抓寺庙长效机制建设，努力确保藏传佛教健康发展》等专栏；围绕“全域旅游”“交通三年攻坚”和“电力天路”宣传报道，开设相应的栏目；围绕依法治州和“法治甘孜”建设及“铸忠诚警魂”活动，开设《推进依法治州·建设法治甘孜》《铸忠诚警魂·建法治甘孜》等栏目；围绕“创建全国民族团结进步示范州”建设和“爱国守法感恩团结进步”活动为主题进行宣传教育。开设《人勤春早备耕忙、增收致富奔小康》，推出《县委书记田间“帮工”助春耕》等大量稿件。春节前后推出《民生视界·春节特刊》及《春节特别策划》“娱乐片”“健康篇”“旅游篇”“生肖篇”等系列主题版面；国庆节期间，推出《欢度国庆节逍遥游康巴——“十一”国庆黄金周特别策划》《我州各地群众欢天喜地庆国庆》及《平安文明畅游大美甘孜——“十一”黄金周特别策划》等主题版面共计 5 个整版。关注中小学生的暑期生活，推出相应的主题策划。

【印刷厂工作】 完善法人负责、自主经营、绩效考核的工作机制，推进报社印刷厂体制、技术和管理创新。对人员配置、经费管理、职工工资构成作明确的规定，出台《甘孜报社印刷厂绩效管理办法》《印刷厂杂件承印管理制度》《甘孜报社印刷厂印报车间管理制度》，成立印刷材料采购领导小组，负责报社印刷厂大宗印刷材料、印刷设备的采购，有效控制成本，确保质量。

【创刊60周年纪念】 制作纪念专题片《走在阳光的路上》，藏文报出版《藏汉文对照地名录》、藏文新闻集《足迹》、藏文文学集《旭日之光》，汉文报出版6位编辑记者的文丛。8月21日，在康定举行纪念甘孜日报创刊60周年座谈会，会上宣读中央、省、市州40多家媒体的贺电贺信，州内新闻媒体和文化界的专家、出席第十四次全国藏语媒体工作会议的32家媒体同仁共计70余人应邀参加座谈会、州四大家联系秘书长、报社全体人员120余人参加座谈会。

（蒋　平）

འཕྲོད་བསྟེན།
卫 生

·概述·

2014年，卫生计生工作全面落实“健康甘孜”2020卫生事业跨越发展意见，着力实施卫生发展十年行动计划，深化医药卫生体制改革，提升医疗服务能力和水平。全州有公办卫生机构431个，其中医院40个、妇幼保健院19个、疾病预防控制中心19个、执法机构19个、乡镇卫生院334个（其中中心卫生院75个、一般乡卫生院250个、地名卫生院7个、重点寺庙医疗卫生服务中心2个）。有村卫生站（室）2124个，占全州行政村总数的78%；病床5068张，每千人拥有床位4.46张。全州拥有卫生人员8711人，其中卫生技术人员5540人（执业医师1885人，执业助理医师713人，注册护士1758人），有乡村医生2184人。卫技人员人均服务半径27.75平方公里。完成《甘孜州2011—2015年乙类大型设备配置规划》修改申报；修改完善《甘孜州区域卫生规划》；完成《康定“11·22”地震卫生系统的恢复重建规划》。州人民医院第二医疗区、泸定县人民医院建设进入装饰阶段；2013—2014年共安排乡镇卫生院标准化建设项目106个，实际开工建设120个；启动540个村卫生室建设，225个完工。落实到位基本公共卫生服务经费40元/服务人口，累计建立城镇居民规范化电子健康档案103.10万份，建档率达到91.89%；免费发放补服叶酸13533人；登记管理高血压患者76708人，糖尿病患者12902人。对全州3698户公共场所经营单位开展卫生监督检查；出动执法人员2016人次开展打击非法行医和非法采供血专项监督检查，检查州、县、乡、村医疗卫生机构和个体诊所682家，处理非法行医行为12起；邀请省总队首席专家进行执法人员培训；开展放射监管专题培训班3期。核定乡镇卫生院（社区卫生服务中心）编制3015名，全面实施岗位聘用管理制度，100%实行乡镇卫生院院长聘任制，建立了以服务质量为核心、以岗位责任绩效为基础的激励绩效工资制度。推进社区（乡村）医生签约服务试点工作，18个县共组建签约服务团队2237个，签约户数14.88万户，签约率达到60.74%。政务服务窗口集中受理行政许可494件，按时办结数494件，群众满意率达到100%。成立卫生应急医疗救援队19支，参与卫生应急事件处置26起；组织180余人参加卫生应急培训、传染病防控模拟演练和急诊急救演示。成功创建2个省级卫生县城，8个省级卫生乡镇，57个省级卫生村，2个省级卫生单位。

【深化医改】 18个县县级公立医院全面取消药品加成，实行零差率销售，共计让利群众1300余万元。4月，康定、泸定、丹巴、理塘、巴塘、甘孜、新龙7县被列为第二批国家级县级公立医院综合改革试点县。10月1日，全面启动实施医院分级诊疗制度，严格基层首诊，加快构建双向转诊、分级诊疗、上下联动的医疗服务模式。城乡居民基本医保参保率99.13%。政府补助标准提高到每人每年320元，人均筹资水平达到392.68元。城乡居民住院费用政策范围内报销比例和实际报销比例分别达到75%、65%。城乡居民大病保险报销9800人次，报销金额2300万元。疾病应急救助制度州本级筹集基金107.55万元。城乡医疗救助资助参保17.85万人，政策范围内住院自负费用救助比例达到58.3%。基层医疗卫生机构规范实施国家基本药物制度，严格执行零差率销售规定。累计采购中标基本药物品规1117个，总采购金额2684.68万元，基本药物上网采购和集中支付两项指标均达100%。

【疾病预防控制】 2014年，全州无甲类传染病报告，共报告乙丙类传染病8405例，比上年上升4.5%；新增扩大免疫规划疫苗接种率94.82%以上；国家级和省级鼠疫监测县顺利开展监测工作，无人间鼠疫发生。从石渠县青海田鼠及巴塘县、雅江县旱獭中分离鼠疫菌4株。新发现雅江县旱獭鼠疫自然疫源地。

【妇幼卫生工作】 2014年，实施提高民族地区住院分娩率项目，14个项目县得到区域协作对口帮扶区（市）在资金、设备、专家驻县、人员培训等方面的支持，开展产儿科适宜技术、基础工作、业务规范培训。14个支援县共派出驻县专家21人到全州开展帮扶工作，并援助资金48万元；受援县共选送26人到支援县进修学习。全州农村孕产妇住院分娩6237人，住院分娩率达到81.58%，孕产妇死亡率86.35/10万，婴儿死亡率14.87‰。对8362名孕产妇和婚前保健妇女进行艾滋病筛查；对8532名孕产妇和婚前保健妇女进行梅毒检测，对8530名高危人群进行乙肝表抗检测，并对检测出的阳性高危人群进行了相关的免费治疗。

【医政管理】 2014年，全面推行医疗诊疗规范，落实医疗质量安全核心制度，加强重点环节质量安全管理，开展抗菌药物专项整治，成立放射、儿科质量中心，召开全州医院管理工作会。完成丹巴、德格两县人民医院二级乙等综合医院等级复查评审。四川康域科技有限公司为乡镇卫生院捐赠全科医生防误诊软件系统150套，总价值82.5万元，覆盖泸定、丹巴、乡城、九龙、康定5县。组织全州1535名国家执业医师资格考试网上报名，738名执业医师参加综合笔试。完成执业（助理）医师联网注册135条次、变更注册81条次，护士联网注册228条次、变更注册52条次，开展执业（助理）医师定期考核1910人次。培训选派60名医务人员参与电力天路“川藏联网”工程的医疗保障工作。完成重大活动事务医疗保障任务67次，出动医务人员560人次，保障服务3.85万人次。

【中藏医药事业发展】 2014年，中藏医门诊32.9万人次，住院6850人次；全州65%的乡镇卫生院、40%的村卫生室能够提供中藏医药服务，基层中藏医药服务量占医疗服务总量的28%。实施州、县医院和制剂室标准化建设，预算总投资20133万元，实际下达资金16159万元。州藏医院、白玉县藏医院等5所藏医院达到二级甲等民族医院标准，德格、炉霍等县4所藏医院达到二级乙等民族医院标准；白玉县中藏医药工作获得四川省农村中医药工作先进单位称号。国家级重点专病专科达到4个，省级重点专病专科达到11个。制定《五年制本科教学计划》《甘孜州藏医药民间师承出师和确有专长考核办法》和《藏医师承出师考试大纲》。州、县中藏医药知识和适宜技术培训人次达1800余人。州藏医药研究所自主研发的藏药新药“然降多吉”胶囊，获取国药新药证书和生产批准文号，填补了四川省无藏药新药的空白。

【地方病防治】 拴养、登记、管理家犬16490只，圈养无主犬只1800只，重点季节犬驱虫34939只次，犬只绝育200只；开展特色健康教育活动2859次，发放健教材料91264份，覆盖目标人群79384人次，电视台播放防治歌曲覆盖人群30余万人次。全州累计免费筛查包虫病患者227863人，免费药物治疗患者1.35万人，手术治疗179人；累计减免费用897.62万元。色达、道孚、丹巴、泸定等县开展大骨节病治疗460人。全州碘盐监测合格率为98.11%，碘盐覆盖率为99.19%。

【卫生发展十年行动计划实施】 2014年，推进卫生人才定向培养教育、岗位培训、定向引进、对口帮扶、激励稳定五大行动。全州考核聘用县级以上医疗卫生机构“紧缺”专业技术人员158名、“9+3”医学类专业应届毕业生10名、基层卫生事业单位专业技术人员275名；招聘乡镇卫生院执业医师（含助理）2名、公共卫生人员15名，村卫生室公共卫生人员43名；实施“民族地区卫生发展十年行动计划”人才队伍建设项目，共培训（培养）各级各类卫生技术人员5276人次；以实施百千万“康巴英才”工程为契机，引进藏医、藏语言文学专业高端人才10名；评选出优秀基层基础人才100名，优秀中端人才33名、高端人才4名。启动藏医药成人本科学历教育工作，委托成都中医药大学采取与甘孜卫校联合办学方式，培养100名藏医药成人本科学历教育人才。强化对口支援，争取省内89家医疗卫生机构546人支援州、县、乡三级医疗卫生机构，累计诊治基层农牧民群众13.06万人次，开展示范手术466台次，开展新技术项目99项次，培训基层医务人员8270人次。抽派骨干医务人员到三级医院进修学习150人。开展“送卫生下乡”、柔性流动和“服务百姓健康行动”等活动，累计组建送卫生下乡和柔性流动服务医疗队1044支，派出医务人员7501人次，服务基层患者706766人次，发放宣传资料36.77万份，发放免费药品总价值69.98万元，培训基层医务人员8227人次。共筛查眼疾患者13448人，实施复明手术1877例，减免筛查、手术等费用542余万元。

【卫生信息化建设】 2014年，成立州卫生信息化建设领导小组和州卫生信息中心，完成州远程中心会诊平台和州区域读片中心系统平台搭建，县级医院与州人民医院开展远程会诊病例149例，占院外会诊比例的80%，远程医疗服务量比上年增加573%。

【康定地震医疗救援与防疫】 “11·22”康定地震发生后，第一时间成立卫生应急指挥部，启动卫生应急预案，全面开展医疗救援与卫生防疫工作。累计派出医疗队24支，出动车辆34台，转运收治伤员80人，实现院内收治伤员零死亡。设立灾区医疗点12个，诊治灾区病人14471人次，疾病监测17965人次、消毒生活垃圾收集点266个次、清除垃圾9.80吨、处理临时厕所289个次、投放饮用水消毒药17000片，消杀灭总面积23.4万平方米；健康教育30619人次、发放张贴宣传画册、横幅资料76625份（册、条）。免费调配发放药品（含消毒药械）总价值1225532.62元；检查医疗点78个次、检查安置点64个次、检查供水点（含临时）52个次、现场快速检测水样43个、实验室送检30个、送省疾病预防控制中心复核氟化物和砷超标水样2份、指导饮水消毒2623户次。灾区未发生与地震相关的传染病暴发流行和突发公共卫生事件。

【寺庙医疗社会化管理】 2014年，派出228支医疗队伍到寺庙开展重点疾病防治、健康康危害因素公共卫生监测和健康教育、健康促进、环境卫生整治与指导。免费为13642名僧尼进行免费体检，发放卫生政策、法规和健康知识等宣传资料26435份，发放免费药品

126165 元，投入保障资金 21.76 万元，为寺庙僧尼建立健康档案 48184 份。

（郑 芳）

·疾病预防控制中心·

【概况】 2014 年，报告甲乙丙类传染病 6690 例，报告发病率 594.70/10 万，较 2013 年下降 13.97%；死亡 6 例，死亡率为 0.53/10 万，较 2013 年下降 26.11%。适龄儿童常规免疫报告接种率 90% 以上，开展 2 轮次麻疹/脊灰强化免疫，接种 147501 人次。麻疹发病率为 1.87/10 万，较 2013 年下降 64.33%。

【基本公共卫生服务】 2014 年，全州完成辖区居民健康档案 1046235 份，规范化电子建档 996302 份，规范化电子建档率为 88.80%；管理高血压病人 55041 人，管理率为 33.45%；管理糖尿病病人 6472 人，管理率为 7.62%。

【鼠疫监测防治】 全州 13 个鼠疫监测县按照国家、省监测方案要求，开展主要宿主密度调查、野外夜行鼠调查、媒介昆虫监测、人间鼠疫防控等鼠疫防治工作，无人间鼠疫发生，新发现雅江县旱獭鼠疫自然疫源地。

【包虫病防治】 2014 年，全州人群查病 198750 人，新发现病人 407 人，现有病人 12476 人；新增药物治疗 401 人，正在接受药物治疗 12359 人，手术治疗 126 例，治愈 55 例；登记管理并多轮次犬只药物驱虫家犬 212514 只；6～12 岁儿童超声检查 24385 人、收集检测犬粪 18013 份、检测家畜 1867 头；健康教育活动 354 次、发放宣传材料 129858 份、覆盖目标人群 231908 人，寺庙僧侣健康教育培训 4190 人次。

【健康生活方式促进行动】 开设《甘孜日报》《提高健康素养、构建健康甘孜，共筑美丽生态和谐幸福新甘孜》健康知识宣传专栏。将健康知识宣讲纳入全州群众工作全覆盖活动范畴，编制印发《健康知识面对面宣讲手册》6.5 万份，普及卫生防病知识。

（州疾控中心提供）

མི་རིགས་དང་ཆོས་ལུགས།
民族·宗教

·民族事务·

【概况】 2014年，全面启动全国民族团结进步示范州创建活动。召开甘孜州第四次民族团结进步表彰大会暨全国民族团结进步示范州创建活动动员会，推荐模范集体107个、模范个人93个、模范户18个、民族团结示范单位120个，成立创建全国民族团结进步示范州活动领导小组，各县、州级各部门成立创建活动领导小组，并设立创建办。11月19日至20日，全州各地开展创建全国民族团结进步示范州“万人签名”活动。完善三州一市联席会议制度，在省民宗委、州委统战部的组织下，与成都市民宗委于11月19日在成都召开民族工作对接会，达成协作协议。泸定、康定等县狠抓城市民族工作网络建设，街道、社区为城镇少数民族群众化解矛盾纠纷，协调民族关系，提供就业指导、低保申请等服务。认真执行民族区域自治制度，协助各级人大开展民族法制建设调查研究，完成《甘孜州藏族语言文字使用条例》审定，并报送省人大常委会。加大民族干部人才队伍建设力度，根据省民委要求做好选派民族乡（镇）、民族地区妇女干部、基层民委政法工作干部到中央民族干部学院培训。全年争取到少数民族发展项目资金2040万元、民族工作机动金423万元，民族特需用品生产企业补助资金145万元。“11·22”康定6.3级地震后，在全州范围及阿坝州相邻地区采购到价值40余万元的544套钢炉，帮助受灾的农牧民群众平安度过寒冬。

【文化教育卫生】 组织参加在宜宾市举办的全省少数民族运动会和在攀枝花市举办的少数民族艺术节。协助开展全省民族地区第二个教育十年行动计划的检查指导工作，完成河北大厂高级中学在甘孜州招生工作。协助开展全省民族地区卫生事业十年行动计划相关工作，掌握全州民族卫生事业发展现状，积极开展地方病调查研究。

【社会事业】 督查全州范围内规范使用藏文社会用字情况，对存在的问题提出整改措施，形成《关于开展藏文社会用字专题调研报告》。围绕民族团结进步创建活动、藏区跨越发展与长治久安、惠民工程、民族文化保护与弘扬等重大课题开展调查研究。

【对内对外交流活动】 按照“圣洁甘孜·走进北京文化旅游宣传活动周”的安排部署，州民委负责人先后3次到国家民委和省民宗委及委属事业单位进行汇报和协调，得到全国政协副主席、国家民委主任王正伟的关心和要求相关司（局）进行大力支持的亲笔批示，促成“圣洁甘孜走进北京”文化旅游宣传活动周活动，提升为国家民委“民族自治地方成就展示”系列活动，争取到国家民委对

“民族自治地方成就展示之圣洁甘孜走进北京文化旅游宣传周”活动的补贴经费50万元和对甘孜创建全国民族团结进步示范州活动补贴经费60万元。6月5日至12日，活动在北京民族文化宫启动，到场参观的观众2000余人，为甘孜州宣传展示文化旅游魅力起到推动作用。

（岳登鹏　尹　洪）

·宗教事务·

【概况】　坚持“保护、管理、引导、服务”宗教工作新理念，服从和服务于法治甘孜战略全局，按照“整体推进、重点突破”的工作思路依法加强宗教事务管理，着力破解宗教领域的热难点问题，积极引导宗教与社会主义社会相适应。组织开展行政权力清理工作，完成基础信息录入、流程图绘制、监察点、风险点设置等工作，将32项行政权力上报州纪委、州监察局和州法制办审核通过，完成行政执法证申报年审。对宗教执法情况、行政权力事项清理工作等进行调研，形成专题报告；对行政审批项目、非行政许可审批事项和行政审批前置条件及行政审批前置服务项目等进行清理。研究制定《行政执法突出问题整改方案》。深入贯彻《行政复议法》，组织开展依法行政、政务公开、行政效能、行政调解等各项工作。按照《行政许可法》及行政审批相关规定，对德格县刀批寺重建学经点经堂、岔岔寺重建活佛居舍、新龙县汤布寺维修佛塔、理塘县长青春科尔寺重建大殿、九龙县野人寺迁建佛塔等进行批复；对巴塘县莫多寺搬迁、炉霍县寿灵寺修建释迦牟尼佛殿等进行审核后，上报省民宗委批复；指导甘孜、白玉、乡城三县就夺科寺修建白居塔、嘎拖寺修建莲花生大师佛像、桑披岭寺修建白塔等按照行政审批程序开展上报工作。对康定县然梯寺印刷佛经事宜进行审核。对稻城县奔波寺、著杰寺僧人前往甘孜县白格寺参加辩经大会事宜按宗教法规的相关规定作答复；对泸定县得妥乡北头村拟设立宗教活动场所事宜提出不予批准的意见。对德格县八帮寺佛学院重建经堂、雅江县索洛寺、亚多寺维修大殿等要求补充完善材料。集中力量对历年来甘孜州依法管理宗教事务的相关法规进行全面清理，修订完善涉及藏传佛教场所、寺办佛学教育场所、寺管会班子、僧尼、活佛、佛事活动6个方面的管理办法（征求意见稿），新研究制定涉及宗教活动场所财务监督、僧尼收受布施、天葬台、“降更曲”学术交流、宗教活动场所旅游景点秩序5个方面的管理办法（征求意见稿）。配合州人大对色达、甘孜、德格、白玉、石渠等9县的17个乡镇、15座寺庙开展执法检查。被州委、州政府评为2014年度维护社会稳定先进集体一等奖，获得甘孜州第四次民族团结进步模范集体。

【寺庙管理】　督促各县开展宗教领域借教敛财、假冒僧人、“烧高香”等问题的专项治理；指导督促17县开展54座创新管理寺庙的财务审计工作，为66座寺庙办理开设单位银行结算账户业务；推进康定捧塔寺等18座寺庙民族团结进步创建示范活动；推进转世工作，按照活佛转世相关程序，年内共审核上报白玉县等12县20寺21名转世灵童，其中12人通过审批；强化“两证”颁发工作，全州共制发证件40605枚，其中活佛证303枚。完成2178人制证信息初审；加强活动管理，坚持属地管理，落实分级管理责任，切实加强敏感节点期间各类佛事活动管理，共取消7月敏感期佛事活动18场、延期71场、提前8场。按照有关文件要求，采取措施、加强管理，防止信教群众群体性朝佛。开展宗教领域热难点问题调研工作，完成《“甲钦修丹”护法神之争》《巴塘县德达乡牧民村修行点整治情况》《全州尼姑生存状况》《关于抵御境外利用藏传佛教进行渗透情况的调研报告》《关于加强藏传佛教活动场所管理的调研报告》《甘孜州依法管理藏传佛教事务现状及对策研究》和《甘孜州农村宗教事务管理现状及对策建议》等多个课题调研。

【开展《实施细则》宣讲活动】 制定《〈甘孜藏族自治州藏传佛教事务条例〉实施细则（试行）》，以州政府令第31号颁布实施。召开全州贯彻《实施细则》动员部署电视电话会，对全州学习贯彻《实施细则》作全面安排部署，着重强化领导干部示范引领、统战宗教主体实施、寺院僧尼严格遵守、信教群众共识、学校学生教育等五个层面的学习要求。结合同心同向联系责任人、寺庙工作组、属地管理单位的职能职责，发挥宗教代表人士作用，落实联系寺院领导线、属地管理责任线、联户联僧亲情线、宣讲解读专家线、代表人士联心线责任和目标任务，切实加强“五纵线”宣传责任。统筹全局，把《条例》及其实施细则的学习宣传与群众工作全覆盖、依法治州战略、“六五”普法、干部政策理论培训、 “五二三”及和谐寺院创建活动相结合。

【宗教活动场所安全】 下发《甘孜州宗教事务局甘孜州佛教协会2014年安全生产工作要点》《关于加强宗教领域防雷安全工作的通知》和《关于转发〈火灾隐患排查整治专项行动方案〉的通知》等文件，对全州宗教领域安全生产工作进行部署。督促协作州消防支队，召开全州寺庙消防隐患排查工作部署会，对各县各寺的消防隐患排查提出要求和目标任务。根据《甘孜藏族自治州人民政府2014年度安全生产目标管理责任书》要求，与各县局签订寺庙安全生产目标责任书，督促各县局与各寺庙签订相应的安全责任书。做好“全国安全生产月”的宣传工作要求，在情歌广场组织开展以寺庙安全生产为重要内容的“安全宣传周”活动，发放宣传资料2000余份。适时督促指导各县开展寺庙危房安全、交通安全、消防安全、食品安全、防汛安全等隐患排查工作。

【宗教人士培训】 指导州佛教协会开展“五二三”学教活动宣讲人员培训，培训格西96名、堪布78名、活佛82名；在成都举办一期40名觉姆参加的培训班；先后组织全州76名活佛、堪布、格贵、经师等宗教人士到成都参加省民宗委举办的藏传佛教主要教职人员、活佛和“财务、消防、文物”“三员”培训班。

（岳登鹏　尹　洪）

·藏学研究·

【概况】 继续《甘孜州藏传佛教寺庙简介》编写工作，完成6个县189座寺庙简介第二次校对审稿，进入出版阶段。完成《甘孜州民族关系的现状与对策》调研报省藏研所。完成《关于对道孚县菜子坡觉姆寺的调研》《脱贫奔小康的最大障碍：单亲家庭——以德格县达马乡为主例德格县麦宿片区无人抚养儿童及单亲家庭生活困难情况的调研报告》等十余篇文章。

【编译成果】 完成《甘孜州人民政府公报》共10期的汉藏翻译，约230万字。完成国家电网《农村用电安全常识读本》和《农村用电安全常识读本中小学读本》（汉译藏）翻译，约10万字。完成州委、州委统战部、州政法委等部门各类文件、会议资料、领导讲话、政策宣传资料、信件翻译，共计约30万字。为全州行政企事业单位提供各类会议横幅、公章、门吊牌、广告牌等翻译服务，计约2000余幅。完成泸定县全县党政机关文头、公章、门牌、公示栏和广告牌翻译，字数达5万字。

（州藏研室提供）

སྤྱི་ཚོགས་འཚོ་བ།
社会生活

·人口和计划生育·

【概况】 2014年年底，全州平台期末总人口为1032815人、其中出生10738人、出生率10.52‰、死亡4429人、死亡率4.34‰、人口自然增长率为6.18‰、符合政策生育率达到96%、出生性别比109.07。切实保障流动人口的合法权益，全员流动人口个案信息入库率在2013年基础上增加了10%，重点信息反馈率、接收率、及时率达90%，动态监测调查完成率达100%。全年开展计划生育门诊人次10万余人次，实施计划生育手术1.8万例，“三查”9.65万余人次，发放避孕药具8.44万人份。开展妇女生殖道感染疾病检查2.16万余人，乳腺疾病普查1.66万人。下乡服务202次，实施计划生育手术0.23万例，“三查”3.28万余人次，咨询1.86万人次，发放避孕药具1.68万人份。18个县全面启动免费孕前优生健康检查项目，免费孕前优生健康检查宣传100余场次，发放宣传资料2万余份，完成孕前优生健康检查1415对2830人。

【计生服务水平提高】 2014年，全面实施单独二孩政策，向外来流动人口和转入州内户籍不足5年的人群宣传执行单独两孩审批程序。落实社会抚养费征收管理体制改革举措，严格执行征收标准、征收程序、征收结果“三公开”和处理与征缴、收入和支出“两分离”规定，全州违法生育处理率达50%。深入乡村走访核实奖扶对象，确定奖励扶助对象9520人，特别扶助对象729人，少生快富对象1985户，共计兑现奖励资金1809万元。与电信甘孜分公司和移动甘孜分公司签订计生信息化建设合作协议，为全州18个县计划生育统计人员和325个乡镇配备“计生E通”354台。提高人口计生宣传覆盖率，发放计划生育便民手册15万余册、实物型宣传品10万余套。

（郑　芳）

·民政·

【概况】 2014年，全州民政系统围绕中心，服务大局，建立和完善体制机制，保障和改善基本民生，加强和创新社会治理，服务国防和军队建设，提供和强化社会服务，争取各项民政资金6.3亿元，争取中央项目1个。完成全州第九届村（居）民委员会换届选举工作，全州2679个行政村，55个社区居委会，除1个村因开发移民延后选举外全面完成换届。全州共登记选民66.48万人，参加投票选民61.01万人，参选率达91%，一次性成功率达97%，为甘孜州历史最好水平。出台《中共甘孜州委甘孜州人民政府关于切实加强城乡社区建设工作的意见》。在炉霍县完成社区服务站项目建设。依法开展民间组织登记备案和年检工作，依法登记在册全州性社会组织111个，县级社会组织181个，年检率达96%，年检合格率100%。康定撤县设市获国务院批准，完成11个乡撤乡建镇相关材料的审批上报工作，全部获省政府批准，完成道孚县鲜水镇、格西乡行政区划调整工作的审核、审批工作。第二次全国地名普查工作顺利启动。牵头完成阿坝州小金县和甘孜州丹巴县界线联检工作。康定殡仪馆火化遗体337具，享受惠民殡葬政策62件次。清明节期间祭扫活动安全文明有序。办理婚姻登记14299对，收养登记8件，婚姻和收养登记合格率继续保持100%。

【减灾救灾工作】 2014年，是甘孜州灾多、灾频、灾重的一年，遭受康定“11·22”地震及山洪泥石流等各类自然灾害97起，全州民政部门向康定“11·22”地震灾区发放帐篷5500多顶、棉被1.7万床、棉衣裤1万多件、肉油米面等21.55万斤、方便面和火腿肠等副食品4000多件，向高海拔牧区县发放棉被1.52万床、棉衣裤1.35万套、藏装520套、棉鞋600双，切实保障受灾群众基本生活和困难群众安全温暖过冬。创建全国综合减灾示范社区3个，培训基层灾害信息员1036名。

【社会救助工作】 集中开展社会救助专项整治活动，清退超条件对象2.11万人，新增符合条件对象2.14万人，实现动态性应退尽退、应保尽保。新成立甘孜州低收入家庭认定中心，建立“一门受理、协同办理”机制，城乡低保标准分别为350元/月和2267元/年，月人均补助水平分别达到223.96元和91.56元，低保金全面实施社会化发放，全州保障城乡低保对象28.48万人，发放保障金3.6亿元。资助城乡低保、城镇“三无”人员、农村“五保”和孤儿参加医疗保险覆盖率达100%，重特大疾病患者救助覆盖面达100%，政策范围内住院自负费用城乡救助比例分别达58.08%和58.6%。保障孤儿、“五保”对象1.2万人，救助困难僧尼1.61万人，在受益对象自愿的前提下，对“三无”“五保”对象和孤儿全面提供集中供养，集中供养孤儿月人均供养水平达1130元，城镇“三无”人员月人均补助达500元，“五保”对象集中供养月人均补助达455.32元。康北儿童福利院如期建成并投入使用，康南儿童福利院建设工程可研报告和工程设计已批复，完成色达色柯镇敬老院、九龙中心敬老院等5个敬老院改扩建工程，完成新增儿童福利床位300张，敬老院床位262张，改造福利机构床位300张。依托社区服务站和村级活动中心完成35个城乡社区日间照料中心建设项目，为7600名困难家庭的失能老人和80周岁以上高龄老人提供居家养老服务，州政府出台加强老年人优待政策，建立高龄老人津补贴制度，为1580余名老年人办理老人优待证。对未成年人、危重病人、精神病人等乞讨人员发现一起救助一起，全年救助流浪乞讨人员1.1万余人次，支出救助资金363万元。在省慈善总会倾力支持下，落实“4·20”地震灾后援建项目19个，项目资金达3390.63余万元。

【优抚安置和双拥工作】 完成各类新增优抚对象的审批和数据库更新，及时足额发放优抚对象抚恤补助，义务兵家庭优待金发放率达100%，在泸定、丹巴、白玉等县实行优抚资金社会化发放，加强优抚资金管理并努力解决优抚对象三难问题，部分县实行优抚对象医疗补助费用“一站式”人工结算服务。按程序上报17人（批准13人）评残材料、部队伤残人员换证14人。全面完成零散纪念设施补录工作，优抚信息管理系统二代身份证录入率达48%。加强双拥工作，指导各县做好第十届省级双拥模范（先进）城（县、区）创建考评工作。落实军休干部“两个待遇”，按时兑现军休干部生活待遇和医疗待遇，接收安置军休干部24人，无军籍职工4人，安置率达100%。完成2013年退役士兵接收工作，安置符合政策的退役士官8人，就业安置率达100%，州政府出台《甘孜州人民政府关于军队离退休干部参加当地医疗保险事宜的通知》，妥善解决甘孜州接收安置军休人员的医疗问题，制定《甘孜州退伍军人信访问题解决机制》。

（张云海）

·劳动和社会保障·

【概况】 2014年全州城镇新增就业7280人，完成目标任务的107%，向省争取到州职校培训基地补助资金300万元和四龙降泽、亚玛泽仁省级技能大师补助资金20万元。通过实施“全国百家城市技能振兴”“千名藏区群众职业培训行动”“青年劳动者技能培训计划”“农民工职业技能提升计划—春潮行动”“新技师培训计划”等专项活动，共开展各类职业技能及创业培训8749人次，提升了劳动者职业技能素质。有序推动重点群体就业，健全就业援助长效机制，将离校未就业高校毕业生、“9+3”毕业生、复转军人、就业困难人员等作为重点，通过政策支持、援助帮扶、开发岗位、技能培训等措施，促进其实现就业。

【城乡社保体系建设】 全州养老保险参保人数达到45.89万人；医疗保险参保人数达到101.92万人；工伤保险参保人数达到4.84万人，完成目标任务的104.8%；生育保险参保人数达到1.80万人，完成目标任务的103.5%；失业保险参保人数达4.84万人，完成目标任务的115%。“五险”基金征收14.08亿元，中央、省、州、县政府补贴收入9815万元，支出11.51亿元。出台《城乡居民基本养老保险实施办法》《关于做好被征地农（牧）民社会保险工作的实施意见》和《大病医疗保险制度》，调整基本医疗保险待遇支付标准。率先在全省启动实施城镇居民大病保险制度，2014年全州城乡居民大病保险参保达90.50万人，大病保险保费购买金额2262.59万元，赔付金额1913.9万元。启动甘孜州异地就医即时结算工作，有效缓解参保患者住院医疗费用“垫付难”和“报销周期长”的问题，住院实际报销比例达到65%。审批特殊工种提前退休、州本级城镇企业职工退休152人，工伤认定37件，因公负伤或患职业病劳动能力鉴定76件，职工因病非因公劳动能力鉴定200余人。

【调整用工最低工资标准】 研究出台甘孜州劳务派遣用工管理实施意见，调整全州劳动用工最低工资标准分别为月工资1250元和1400元。全州劳动合同签订率达到90%，中小企业418户，从业人员6400人、签订工资专项集体合同290份，覆盖企业612户，覆盖职工12741人。

（金　珠）

·扶贫移民·

【概况】 全州累计争取到位各类扶贫资金80453.5万元，较去年增长15862.5万元，增幅达25%。其中：财政扶贫资金41663.5万元、两项资金10330万元、以工代赈资金10120万元、浙江帮扶资金7400万元、特困群众生活救助资金10940万元。实施整村推进63个，连片开发项目4个、彝家新寨项目1个、美丽幸福新村项目11个、溜索改桥项目23个、彩票公益金支持老区项目6个。启动实施“小路”项目20个、“小桥”项目13个、“小水利”项目12个、“小能源”项目13个、推广太阳能热水器5600户、民族新村项目5个、产业增收项目15个、民族文化推进项目1个。启动实施易地扶贫搬迁工程1928户，累计建设搬迁户住房及附属设施57514平方米，建成安置点水渠、饮水管道29.3公里，乡村公路25.2公里，开发和调整基本农田200亩。启动实施“尚巴董”千桥工程36座936延米，乡村公路30公里。启动实施以工代赈示范项目4个，建设乡村公路51公里。实施帮扶项目160个。开展产业扶贫、政策法规、新农村建设、旅游扶贫等业务培训班15期，累计培训系统内和项目实施地干部300余人次。完成审批（核）移民安置规划20个、停建通告7个、细则及工作方案2个；完成大渡河流域泸定、黄金坪、猴子岩、大岗山等电站一系列相关设计变更。全年，共受理处置来信来访16件（23人次），无移民群众集体越级到省进京上访。

【精准扶贫工作】 完成19.9106万名扶贫对象和1360个贫困村的建档立卡任务，基本找准了扶贫对象，摸清了帮扶需求。结合“甘孜爱心慈善日”活动，深化建档立卡工作成果，搭建与省上统一的“结对认亲、爱心帮扶”贫困农户信息平台。草拟《关于创新扶贫项目建设管理机制的实施意见（试行）》，在康定、泸定、丹巴、九龙、乡城等县开展扶贫项目村民“自选、自建、自购、自管”的试点工作。

【移民安置实现平稳推进】 全州到位大中型电站移民资金12.06亿元，累计完成移民搬迁安置投资5.6亿元。泸定电站启动全部915户移民房屋建设，其中，主体完工并进入装饰安装工程457户；大岗山电站得妥和繁荣居民区已有95栋进入房建施工，其中17栋主体完成，S211复建公路已具备通车条件；黄金坪、长河坝电站章古河坝和姑咱安置点已启动移民建房，长坝安置点启动对外交通大桥建设；猴子岩水电站孔玉安置点后边坡危岩防护治理工程已启动建设。牙根二级电站实物指标调查工作基本完成。苏洼龙电站移民安置大纲已通过审批；叶巴滩电站基本完成实物指标调查工作；巴塘电站实物指标调查细则及工作方案通过州级审核。完成葛达、关州、拉拉山等电站蓄水阶段移民专项州级验收；完成小孟底沟、达阿果、拉拉山、斜卡等电站的移民综合设代、监理委托工作。对2490名全州大中型水利水电工程农村移民兑现后扶直补资金228.195万元；完成8县33座大中型水电工程5465人惠民补助人口登记工作，较2013年度新增人口2225人；投入库区基金215万元用于库区和移民安置区的产业和灾后重建，使896名库区移民直接受益。

（建　康　刘晓冬）

ཡུལ་རྫོང་ལྗོངས་ཁུལ་བདག་གཉེར་ཅུས།

县·景区管理局

·康定县·

【概况】 全县区域面积1.15万平方公里。8月11日，经四川省人民政府批复同意康定县撤销塔公乡，设立塔公镇，辖原塔公乡所属行政区域，镇人民政府驻塔公村；撤销沙德乡，设立沙德镇，辖原沙德乡所属行政区域，镇人民政府驻生谷村；撤销金汤乡，设立金汤镇，辖原金汤乡所属行政区域，镇人民政府驻河坝村。至2014年，康定县辖6个镇、15个乡。年末全县常住人口134063人。实现地区生产总值50.3亿元，增长4.3%；全社会固定资产投资114.95亿元，增长20.3%；社会消费品零售总额13.25亿元，比上年增长14%；地方公共财政收入4.1亿元，比上年增长14.9%；城镇居民人均可支配收入25285元，比上年增长6.8%；农牧民人均纯收入7564元，比上年增长15.4%。

【康定“11·22”重大地震】 2014年11月22日16时55分，康定县（北纬30.3度，东经101.7度）发生6.3级地震，震源深度18公里。11月25日，距离塔公镇夺拉嘎姆村（多日阿嘎莫一村）10公里处（北纬30.2度、东经101.7度），再次发生5.8级强余震。地震造成全县乡镇地震烈度6度区及以上14个。受灾群众96216人，其中5人遇难，74人受伤；50所学校、28座寺庙（教堂）、16个医疗计生机构及水电路等基础设施不同程度受损，水利灌溉工程、城镇供排水管道等地下工程受损严重。全县经济损失35.2395亿元。地震发生后，中央、省、州领导高度重视，成立“11·22”康定6.3级地震应急指挥部，第一时间启动地震一级应急响应。迅速组织动员全社会力量开展抗震救灾。派出34名县级领导、3874名公职人员和411个各级党组织、266支党员突击队，进农家、进支部、进寺庙。发挥群众工作全覆盖在抗震救灾中的特殊作用，派出812个“结对认亲”小分队、公职人员进村入户6419人次，走访慰问受灾群众26381户次，把党旗国旗插在前、党员身份亮在前、关心关爱送在前，进一步安抚群众，消除恐慌，稳控情绪。把安民摆在抗震救灾工作的首位，按照“就地、就近、分散”安置的原则，做实做细受灾群众安置工作。设立江巴、夺拉一村（多日阿嘎莫一村）、色曲卡、下马龙、雅拉、瓦泽、安良、祖庆小学、炉城北门体育场等9个临时安置点，搭建临时板房15326平方米，发放救灾棉帐篷4152顶、棉被10783床、棉衣5305套、钢炉428个以及各类过冬生活物资，确保每一个安置点有棉帐篷和安全住所、有充足食品和洁净水源、有电力保障和钢炉取暖、有医疗服务和卫生防疫、有结对认亲干部和共建共创支部、有公安武警民兵巡逻维护，全力以赴防寒、防火、防心理恐慌、防安全事故、防次生灾害、防刑事案件。有序转移安置受灾群众12776人，做到群众温暖过冬有保障。年内，经过省州县联动，依靠各方力量，完成受损民房、公共设施等应急评估；启动地震灾害重建规划编制，力争两年完成民房重建任务，三年重建幸福美丽和谐新家园。

【特色农牧业优势显著】 2014年，围绕“农业增效、农牧民增收”目标，构建农牧区发展新格局。建设青稞、水果、蔬菜等特色农业基地5800公顷，发展藏香猪、藏鸡、西黄牛等养殖基地10个。订单培育羊肚菌20公顷、种植酿酒黑青稞133.33公顷、玛咖40公顷。扶持发展“青藏谷地”等龙头企业3家，新培育农业专合组织104个、种植大户11户。2014年实现农业生产总值5.7亿元。各类牲畜存栏19.9万头（只、匹），出栏率26%，商品率16%。全县农牧民人均纯收入较上年增1009元，现代农牧业成为助农增收的优势产业。

【城乡面貌不断优化】 坚持以旅游全域化带动新型城镇化，着力构建“一市、三区、四极、多点”的新型城镇体系。2014年，整合各类资金11.9万元，实施城镇建设项目42个。加速老城升级改造，完成情歌大厦、新市后街风貌改造、康定历史记忆重构等一批城建项目，老街溜溜城被评为全省特色商业步行街，向阳街入选四川最美街道。加速新城完善功能，新城商业综合体、州民族体育馆、县文化馆图书馆综合大楼、地热广场、东方阿尔卑斯风情小镇等项目相继开工和建成。加速乡镇特色发展，完成塔公、金汤、沙德撤乡建镇，姑咱、新都桥集镇道路、供排水等基础设施全面建成，全县城镇建成区面积约15平方公里，城镇化率49.9%，成功创建省级环境优美示范县城，城镇综合承载能力日益增强。

【社会事业全面推进】 2014年，投入1.3亿元，教育、卫生、文化等公共服务体系不断完善，基本公共服务均等化扎实推进。实施教育建设项目28个。教育信息化全面推进，“数字校园”基本覆盖。“四免三补一提高”等教育惠民政策全面落实，义务教育均衡发展通过州验收。“卫生十年行动计划”推进顺利，县第二人民医院和金汤、沙德等乡镇卫生院标准化加快建设，汤坝村等10个村卫生室建成投入使用。县人民医院创建为“二甲”医院。免费治疗包虫病患者90人，免费孕前优先健康检查416人，农村孕产妇住院分娩508人。建成乡镇文化综合服务站18个、乡村体育设施51处。发放“村村通”设备2100套，送电影下乡2640场。

【康定地区首届特色名店、特色小吃评选活动】 为进一步促进和提升康定地方特色服务业的发展水平，使广大市民和旅游者能充分感受康定地方特色的餐饮、娱乐、购物等文化休闲体验，完善康定旅游新形态，打造“休闲康定、文化康定”，提高康定旅游知名度，启动康定地区首届“特色名店、特色小吃”评选活动。自2013年12月启动，经过两个半月的征集、报名、资质审核、专家组初评、网络投票阶段，同时经康定县公证处监督，履行完全部评选流程，评选出首届康定地区特色小吃6家、特色名店30家，2014年“四月八”期间，对评选出的名店和特色小吃店进行统一授牌。

【康定县与九寨沟县缔结为友好城市】 2014年3月31日，康定县与阿坝州九寨沟县正式缔结为友好城市。协议的签订标志着两县未来将在旅游产业发展、融资平台建设、文化产业发展、工农业发展、人才交流培训等5个领域开展全面合作。同时，为共享土地、规划、产业、信息、科技等资源提供互信基础，推动双方开展全方位、多领域的经济合作奠定坚实基础。

【2014中国最美丽县城】 2014年8月，中国城市竞争力研究会发布《2014中国最美丽县》排名榜，康定位列其中。该排名榜评比指标体系包括规划设计美、历史遗风美、特色建筑美、乡村文明美、自然环境美和公众口碑美等。康定以“情歌溜溜美”的美态定位、73.32分的总成绩排名第28位，是四川省两个上榜县之一。

·泸定县·

【概况】 全县区域面积2165.35平方公里，辖12个乡镇、7个居民委员会、19个居民小组、145个村民委员会、179个村民小组，总人口88387人。有耕地4795.4公顷，森林覆盖率44.25%；人口出生生率9.09‰，人口自然增长率4.16‰。泸定县围绕“百亩攻关、千亩展示、万亩示范”目标，建成1个省级、7个州级“现代农业万亩示范区”；“无公害农产品产地”整体认定面积4870公顷。依托“圣洁甘孜”区域公共品牌，登记认证“三品一标”农产品24个。粮食总产量比上年增长3.2%。杵坭“红樱桃”、德威“无公害蔬菜”等4个特优品牌走向县外市场。争取上级资金230万元，建成冷藏库54座，有效解决2700吨果蔬储存难题。年末牲畜存栏9.3万头（只、匹），出栏8.1万头（只、匹），出栏率87%。农民人均纯收入同比增幅位列全省西南山区22个县（市、区）首位，喜获“2014年全省农民增收工作先进县”殊荣。工业园区完成投资1.7亿元，50万吨超精细石膏材料深加工投入试运行，贡嘎雪域青稞系列食品生产线进入设备安装阶段，永安兴魔芋食品加工生产线完成技改，园区实现总产值1.9亿元，外贸出口创汇250万美元。康巴水泥完成项目前期；泸兴锂盐场平进展顺利。积极对接新能源企业，与四川能投签订风电资源开发意向合作协议。全年实现工业增加值8.5亿元。

【社会事业全面推进】 2014年，兑现义务教育“两免一补”等教育惠民政策资金2500万元。投资4590万元，完成贡嘎山片区寄宿制学校、冷碛镇幼儿园等17个教育类项目建设，推进乡镇中心校以上学校信息化建设。县人民医院住院部及附属工程主体完工。德威、岚安、泸桥卫生院业务生活用房建设完工。建成40个村卫生室并投入使用。冷碛镇中心卫生院启动整体搬迁。县疾控中心在全州率先通过实验室资质整体认定。县级公立医院全面取消药品加成，让利群众260万元。全县城乡居民医疗保险参保率达99%；社会养老保险参保人数达2.7万人；城镇新增就业648人；下岗失业人员和失地无业农民再就业153人；城镇登记失业率控制在4.2%以内。城乡低保惠及1.6万人。启动新城失地农民超龄人员养老保险工作。创新“一对一”结对模式，推进残疾人量服工程。冷碛敬老院开工建设。完成252户廉租房分配入住，公租房、干部周转房、安心工程同步推进。继续实施《高半山特色生态农业发展规划》，整合涉农资金5.8亿元，推进高半山“山水田林路”改善升级，实现98.4%的行政村通公路、75.8%的行政村通水泥路；顺河堰水利工程累计完成投资6000万元；农灌堰维修整治30公里；新增、改善灌面分别达162公顷、142公顷。“五小”水利工程基本完成，保证5000农村人口安全饮水。投资2300万元，实施扶贫项目12个，精准扶贫建档立卡4506户；完成易地扶贫搬迁40户，脱贫1867人；全年新发展优质魔芋3000亩、高产核桃13000亩、特色水果8500亩，实现产值6400万元，促进高半山农民人均增收1200元，增幅27%。

【基础设施不断完善】 2014年，雅康高速公路完成投资4.3亿元，二郎山隧道左、右洞掘进均在3800延米以上，新四湾隧道已贯通。对接川藏铁路县境内线路走向和站点选址最优方案。泸石旅游快速通道完成投资8500万元。实施猫磨路改建工程。建成农村公路256

公里、桥梁3座。新建通村通达公路39公里、通村通畅公路62公里、农村桥梁5座，实施公路安保工程26公里。协调推进“电力天路”工程建设，县境内康崇线、新甘线架设完成。大岗山500千伏输变电线路架设完成工程量的70%。城区电网升级改造基本完成。顺河堰水利工程加快推进，完成投资6038万元。县二水厂改扩建等5个水利工程如期完工。泸定新城完成投资3.5亿元，推进大坝和上田坝城市主干道、滨河路等20个项目。县委党校主体工程竣工。下田坝移民安置房完成主体建设，搬迁安置49户、174人。完成征地215亩，为民族医院等8个项目提供用地保障；积极推进四川民族学院新校区建设，省教育厅已申报纳入国家“十三五”重大项目。城南大桥建成通车。泸园大桥开展初设。“两街”黑化、仿古街排污改造等3个市政工程顺利完成。启动674户棚户区改造。城市规划馆开展招投标。实施冷碛镇重点乡镇基础设施建设项目。打造甘谷地村等16个幸福美丽新村。实施藏区新居建设1162户。城镇化率提高至39.58%，比上年增长1.1个百分点。3家平价蔬菜超市投入试运行；开展城南城北农产品批发市场、城区屠宰场、冷碛镇综合农贸市场及气调保鲜库项目前期工作；城区综合农贸市场搬迁有序推进；7家快递公司落户泸定。县体育馆正式开馆投入使用。红军飞夺泸定桥纪念馆、二郎山川藏公路纪念馆、甘孜红军长征纪念馆完成主体建设。完成8个村级农民健身工程设备安装。建设通信基站230个，结束26个村无宽带和无线网络的历史。建成田坝停车场。城市区间4条公交线路投入运行，60辆出租车与之并轨服务群众。

【灾后重建有序开展】 2014年，泸定县“4·20”芦山地震受损城乡居民住房维修加固、农村住房重建、农村“五保户”特困受灾群众安全住房建设三项任务全部完成。12个重建新村聚集点基础设施、114个综合补助项目全部启动建设。灾后重建地质灾害治理9大项目完成总投资的76%。农行、信用社发放贷款5500万元支持农房重建。县财政购买重建农房技术监理服务、重建农户人身意外伤害商业保险、贴息农房重建贷款等做法，获得群众好评并在全州推广。组织开展“11·22”抗震救灾，快速启动恢复重建前期工作。

【旅游全域化】 2014年，稳步推进泸定桥景区创国家AAAA级旅游景区工作，河西街民居风貌改造基本完成。与荥经县、四川能投公司达成牛背山景区合作开发意向。乡村酒店已达21家，进一步打造红樱桃节乡村旅游品牌，激发乡村旅游活力。实施27个旅游基础设施项目建设；2个旅游服务中心挂牌运行；三苏饭店、皇桥宾馆、桑吉卓玛青稞酒泸定总代理店、冰川水晶加工店、老宅山庄、城乡一家亲农家乐、羊儿槽农庄等7家企业和个体户荣获首届“最康巴”特色名店称号；开展旅游形象LOGO征集工作。全年接待游客67万人次，实现旅游收入4.2亿元，比上年增长20.5%、12%。泸定县第四届乡村旅游·红樱桃节以“樱桃红了·相约泸定”为主题，成功举办泸定县新农村建设成果展、党建成果展、廉政文化进农村万人签名、残疾人“量体裁衣”个性化帮扶、幸福新村文艺会演、“壮大杯”乡村旅游钓鱼比赛和“4G移动杯”自行车骑游赛等一系列活动。

2014 年泸定县经济社会发展主要指标

表 8

项　目	单位	实绩	同比增减（%）
地区生产总值	亿元	18.52	2.8
第一产业增加值	亿元	3.00	5.5
第二产业增加值	亿元	9.36	0
规模以上工业增加值	亿元	7.85	-4.9
第三产业增加值	亿元	6.16	6.5
民营经济增加值	亿元	6.18	4.5
粮食总产量	吨	13946	3.15
肉类总产量	吨	4680	0.06
社会消费品零售总额	亿元	3.93	23.37
全社会固定资产完成投资	亿元	32.84	13.0
地方财政一般预算收入	亿元	1.5977	3.85
地方财政一般预算支出	亿元	11.85	9.02
年末金融机构贷款余额	亿元	25.98	-10.0
保费收入	亿元	0.40	9.85
城镇居民人均可支配收入	元	19015	8.87
农民人均收入	元	6656	15.3
城市污水处理率	%	25.6	0.6
城市垃圾处理率	%	75	25
中小学在校生数	人	11574	-3.77
广播综合覆盖率	%	92.53	-0.31
电视综合覆盖率	%	92.53	-6.62
新型农村合作医疗制度参合率	%	99.01	0.95

·资料链接·

泸定特色产业

泸定羊肚菌——泸定县地处青藏高原东南缘，气候冷凉，昼夜温差大，是野生泸定羊肚菌的“天堂”，泸定羊肚菌个头大小不一，颜色普遍较浅，具有非常浓郁的菌香，不管是炖、炒如何烹饪，口感都非常细腻，且菌盖部分柔滑可口，营养元素极为丰富，是世间珍稀食（药）用菌，泸定羊肚菌野生繁殖历史相当悠久，且一直以来泸定人都将泸定羊肚菌视为款待来宾的餐桌佳品，德威乡、兴隆镇、得妥乡、加郡乡、杵坭乡长势较好，密度较高。

泸定苹果——糖分恰到好处、味道甘甜、浓浓的蜂蜜味果香是泸定苹果受众多消费者喜爱的原因。泸定苹果早在多年前就被当地林业部门探寻到，发现其果品较大而且香甜，加之林业部门的推进发展后被当地村民慢慢规模化种植。在国家政策支持下，泸定县制定高半山扶贫政策，通过交通三年攻坚等具体项目再度支持农村基础设施建设，硬化的水泥路通到每家每户门前，从此以后，泸定苹果算是真正蓬勃发展了，近几年由于村民们在政府相关部门的指导和支持下，大规模种植且规范管理，以绿色健康、无农药、风雨阳光富足灌溉，将泸定苹果推向了新的市场台阶。

·丹巴县·

【概况】　全县区域面积 5649 平方公里，其中耕地 2632.08 公顷，辖 14 个乡、1 个镇、4 个社区，全县户籍总户数 17657 户，总人口 61073 人。当年人口出生率 8.4‰，死亡率 3.6‰，人口自然增长率 4.8‰。全年实现地区生产总值 12.20 亿元，比上年增长 11.2%，其中：第一产业增加值 3.31 亿元，比上年增长 1.8%；第二产业增加值 4.71 亿元，比上年增长 16.6%；第三产业增加值 4.19 亿元，比上年增长 10.3%。人均地区生产总值 17473 元。城镇居民人均可支配收入 24299 元，比上年增长 6.76%；农村居民人均纯收入 7317 元，比上年增长 15.1%。完成地方财政一般预算收入 0.94 亿元，比上年下降 29.00%，财政总支出 10.67 亿元，比上年增长 6.10%。完成农作物总播面 5933.33 公顷，粮食总产量 2.24 万吨，各类牲畜存栏 15.9 万头（只、匹），出栏率、商品率、总增率分别达到

32%、20%、32%。普通中小学幼儿园在校生8693人，教师771人，学龄儿童入学率100%。文化馆1个。有卫生机构21个，病床位269张，卫生技术人员256人，全县新农合参合率98%。

【社会事业全面推进】 以召开“全州教育信息化建设现场会”为契机，大力实施“1234”教育发展战略，投资1.57亿元实施教育建设项目30个，覆盖18所中小学校、幼儿园，新建校舍5.5万平方米；投资1750万元实施“3333”教育信息化建设，远程网络教学覆盖5所学校46个班，全年本、专科录取211人，录取率96.7%。实施营养改善、午餐配送及红十字小餐盒计划，9817名学生直接受益；发放寄宿制学生生活补助、贫困生资助和大学生助学贷款846万元。全力打造以“嘉绒文化”为主题的校园文化。认真落实“健康甘孜2020”卫生事业发展意见，加快推进医疗服务网络建设，总投资1.04亿元的县医院、疾控中心实验大楼和16个乡镇卫生院标准化建设项目加快推进。“四川省免疫规划示范县”创建工作通过省级验收，“四川省民族地区基本公共卫生服务示范县”和县医院“二甲”创建工作全面启动。城乡新增就业685人，城镇登记失业率控制在4.2%以内；开展就业、创业和技能培训2731人次，转移农村劳动力9714人，实现劳务收入9587万元。“五险”参保人数达42513人，城乡居民医疗保险参保率达98%。发放城乡低保金1554万元、医疗救助金267万元，兑现城市“三无”、农村“五保”、孤儿和各类优抚资金501万元、扶贫救助金500万元。顺利通过“全省第四轮敬老模范县”和“养老服务示范社区”创建工作省级验收。为2033名残疾人提供“量体裁衣”式个性化帮扶，发放补贴92万元。建成公租房130套、实施第三期安心工程168套、棚户区改造267户，发放廉租房租赁补贴47万元。募集爱心慈善捐款320万元。

【优势产业扎实推进】 坚持以全域旅游统筹全县经济社会发展，编制完成《党岭旅游区总体规划》、墨尔多山、牦牛谷等“四大景区”《概规》和甲居景区旅游配套设施设计，启动党岭景区规划调整和道路测绘设计。投资1910万元实施2个红色遗址和游客中心建设；帕拉梅拉大酒店工程建设进展顺利；完成49处旅游标示标牌和服务点建设。丹巴县被国际文化旅游促进会等4家机构评为“中国最美乡村旅游目的地”。全年接待游客56万人次，实现旅游综合收入3.6亿元。编制完成《丹巴县农牧产业发展规划（初稿）》和《酿酒葡萄产业发展规划》。山地玉米高产示范片平均产量处于全省前列。建成酿酒葡萄基地275.06公顷，生态林果基地400公顷。生猪、肉羊、牦牛和中藏药材种养殖规模逐步扩大，培育农产品加工销售企业7家、专合组织58个。特色农副产品落户成都“红旗”、“德惠”等大型超市。“丹巴香猪腿”获得国家农产品地理标志登记证书，“酿酒葡萄”省级农业标准化示范乡建设通过验收。坚持开发与保护并重，积极发展能源和矿产业，水电开发全年完成投资6.9亿元，关州、国如电站具备发电条件，新建成装机28.8万千瓦；东谷、燕窝沟二级电站加快建设，在建装机8.7万千瓦；丹巴、巴底、二瓦槽等12座大中小型电站正在加快推进前期工作。

【基础建设不断完善】 交通水利等基础设施全面推进。S211线瓦丹路自建段基本完工；甲居藏寨旅游环线、聂呷至巴旺环线完成路基工程；建成通村通达公路66.7公里、通村通畅公路47.8公里；新建和维修桥梁26座；乡村客运站点建设顺利推进。投资863万元完成一水厂改造；投资1748万元完成东谷河章谷、水子段防洪治理主体工程；投资2618万元的大江大河治理一期工程全面启动；投资1.2亿元的嘉绒水利工程已完成省级可研评审。65个村无电地区电力建设工程顺利推进，已完成85%的工程量。建成4G网络基站27

个，实现县城及重点景区4G信号全覆盖。新村建设深入实施。省级新农村建设成片推进示范县建设深入推进，投资4024万元实施16个新村和4个“幸福美丽新村”建设，新建和改造提升农房1470户；投资700万元完成5个扶贫整村推进项目；投资503万元实施寺庙基础设施建设项目10个、寺庙危房改造6座。投资400万元解决9022名农牧民群众的安全饮水问题，安装太阳能热水器500套，建设沼气池1000口，实施易地扶贫搬迁120户，农村人居和生态环境得到改善。投资3828万元，实施嘉绒新区、聂呷高顶片区植被恢复、污水处理和大风湾、太平桥至东谷绿色长廊建设。启动大渡河流域水土流失治理项目；投资1025万元完成山洪防治非工程项目、山洪沟调查评价和综合应急指挥中心升级建设。

【积极应对自然灾害】 面对汛期地质灾害和“11·22”“11·25”康定地震灾害，全县上下紧急动员、积极应对、奋力自救，最大限度地保障了群众生命财产安全，尽一切努力将灾害损失降到最低。特别是在东谷乡二卡子沟“8·9”特大泥石流灾害中，实现人员零伤亡的奇迹，受到中央和省、州的充分肯定。针对受灾情况，积极整合和向上争取资金5000余万元，切实做好受灾群众救助、安置、农房重建和基础设施恢复；争取资金6500万元实施2处重大地灾应急治理、9处重点地灾治理、2处应急排危除险和85户避险搬迁工程，同时开展地灾隐患点全域普查。

2014年丹巴县经济社会发展主要指标

表9

项　目	单位	实绩	比2013年增长（%）
地区生产总值	万元	122056	11.2
第一产业增加值	万元	33126	1.8
第二产业增加值	万元	47068	16.6
第三产业增加值	万元	41862	10.3
民营经济增加值	万元	48058	13.8
粮食总产量	万吨	1.1147	10.2
各类牲畜年末存栏数	头（匹、只）	161091	1.29
肉类总产量	万吨	0.3878	2.08
社会消费品零售总额	万元	33556.5	14.8
全社会固定资产完成投资	万元	167797	-36.8
地方财政一般预算收入	万元	9380	-29
地方财政一般预算支出	万元	106625	6.1
年末金融机构存款余额	万元	232167	16.3
年末金融机构贷款余额	万元	214515	23.7
城镇居民人均可支配收入	万元	2.4299	6.76
农民人均纯收入	万元	0.7317	15.1
城市垃圾处理率	%	70	5
中小学在校生数	人	7568	2.1
广播综合覆盖率	%	95.55	0.69
电视综合覆盖率	%	95.55	0.69
新型农村合作医疗制度参合率	%	98	-0.68

·九龙县·

【概况】 全县区域面积6770平方公里，总人口6.7万人。辖2个镇、16个乡，其中7个彝族乡。全年实现地区生产总值22.4亿元，比上年减少12.9%。其中：第一产业增加值2.56亿元、比上年增长5.2%；第二产业增加值15.5亿元、比上年减少18.1%；第三产业增加值4.36亿元、比上年增长6%。农牧民人均纯收入8055元，比上年增长15%；城镇居民人均可支配收入24095元，比上年增长

7.4%。新增城镇就业458人，城镇失业人员再就业25人，就业困难人员再就业15人，新增下岗人员再就业97人，城镇登记失业率控制在4.2%以内。农村养老保险参保12823人；城乡居民医疗保险参保50627人；参加失业保险3443人、工伤保险3696人、生育保险916人。完成农村劳动力技能培训350人次，创业培训60人，青年劳动者技能培训130人。全年整合各类扶贫资金9292.5万元，启动汤古乡崩崩冲村、呷尔镇查尔村等5个村整村推进建设，完成1080人的扶贫解困。发放城乡居民养老金604.7万元；建成民族广场社区日间照料中心，为300名80周岁以上困难家庭的失能老人提供居家养老服务。全年水电产业完成投资12.90亿元，建成装机13.5万千瓦，规模以上发电企业实现增加值8.55亿元。建成乌拉溪乡、三岩龙乡35千伏输变电工程；建成10千伏线路154.26公里、低压线路253.23公里，解决2794户用电难问题。完成山盛公司技改项目，推进重点矿产勘查5宗，全年矿产业完成投资2.09亿元，生产铜金属15658吨、铅金属3523吨、锌金属9429吨，矿产业实现增加值4.52亿元。

【农牧业经济稳定发展】 全年粮食作物播种面积3784公顷，粮食总产量1.66万吨，比上年增长1.24%。农林牧渔业总产值3.32亿元，比上年增长9.8%。实施玉米基地建设1400公顷，马铃薯基地建设900公顷，蔬菜基地建设433.33公顷，油菜基地建设100公顷，茶叶基地建设100公顷，新建中药材种植基地20公顷，改造低产果园13.33公顷。完成马铃薯高产创建666.67公顷，测土配方施肥333.33公顷，绿色植保防控1333.33公顷。推广农机具250台（套）。完成休闲农业与乡村旅游示范村（华丘村）申报，完成九龙县蔬菜（魔芋）州级现代农业万亩示范区申报工作。各类牲畜年末存栏20.93万头（只、匹），牲畜总增率0.21%，出栏率26.4%，商品率14.19%；肉类产量3064吨，奶类产量2207吨；各类牲畜出栏5.51万头（只）。引进推广优良种畜禽205头（只），生猪改良2000头，山羊改良2000只；牦牛本品种选育2000头，山羊本品种选育1000只。

【社会事业全面推进】 全县小学正常适龄儿童入学率99.4%，毕业率100%；初中阶段适龄少年入学率99.16%，毕业率100%。全县有各级各类学校57所，在校学生14448人，教职工1081人。切实做好“三免一补”工作。发放助学贷款170万元。投入750.45万元实施农村义务教育学生营养改善计划。续建教育项目55个，完成“十二五”藏区区划中期调整及生态文明建设项目规划。选送136名“9+3”学生就读内地38所中职学校。全面取消药品加成，全面实行基本药物制度。居民电子健康档案建档率达88.7%，包虫病免费筛查10086人，规范化药物治疗34人。免费孕前优生健康检查97对，农村孕产妇住院分娩率达78.7%，补助资金17.73万元。启动大河边、斜卡等6个乡镇卫生院，20个标准化卫生室建设及县人民医院远程会诊系统建设。完成乌拉溪乡、乃渠乡、汤古乡3个固定电影放映点建设、14个乡镇文化站设备配送工作。启动九龙县民间歌舞数据库的建档工作，完成《九龙县民族文化产业规划》及九龙县玛达咪山歌集光碟制作。全年组织送文化下乡及各类文艺演出58场次，电影放映1635场次，免费开放体育馆40050人次。投入景区建设4522.8万元，完成伍须海游客中心和旅游厕所主体工程建设，启动猎塔湖景区接待中心、门禁系统、停车场、骡马驿道、旅游公路等基础设施建设。发展民居接待26户，举办旅游培训班2期。建设休闲农业与乡村旅游示范村1个。全年接待游客32.68万人次，比上年增长33%，旅游总收入达3.23亿元，比上年增长50%。

【基础设施不断完善】 全面完成瓦九路路基、路面和安保工程，鸡丑山隧道全线贯通；

九江路边坡、挡墙工程完成80%、路面工程完成50公里；完成九石路环评工作。完成三岩龙乡通乡公路路基工程、朵洛乡通乡公路路基改造工程；开工建设八窝龙乡、湾坝乡通乡公路；完成里伍村路基改造工程，开工建设察尔村、华丘村、万年村、石头沟村4条通村公路。完成了《九龙县城市总体规划(2012—2030)》《九龙县县城控制性详细规划》等4个规划。完成伍须西路沿河休闲长廊、县城路面整治工程、城市风貌改造及亮化工程等建设项目。完成耳朵村、洋桥村等4个村彝家新寨建设；启动桤木林村、龙塘子村等18个村彝家新寨建设；启动18个乡镇藏区新居建设；完成牧民定居行动计划扫尾工程。完成18个乡镇、30个试点村级体育健身广场的选址和场地建设。完成县城生活污水处理厂前期工作；完成山洪预警补充完善项目，新建防洪河堤3.47公里。开展烟袋镇供水、湾坝工业园区供水规划工作；完成自来水厂改扩建工程，实施三垭乡、俄尔乡等5个乡镇小型农田水利建设，新增有效灌面积120公顷，新增节水灌面积266.67公顷，解决了1.06万人的灌溉难问题。

（余有清　李建琴）

·道孚县·

【概况】 全县辖2个镇、20个乡、158个行政村、2个居民委员会。年末常住人口5.70万人，其中城镇人口1.53万人，城镇化率26.85%；人口出生率12.7‰，人口死亡率4.6‰，人口自然增长率8.1‰。农牧民人均纯收入达5885元，增加838元；全年城镇居民人均可支配收入达1.99万元，增加1611元。实有耕地面积7698公顷，粮食播种面积5075公顷，粮食产量1.41万吨；年末各类牲畜存栏22.42万头（只、匹），各类牲畜出栏3.75万头（只、匹）；肉类总产量2867吨。牲畜总增率、出栏率、商品率分别为17.9%、16.58%、11.57%。全县实现接待游客30余万人次；旅游收入3.09亿元，比上年增长87.3%。公路通车里程1659公里。乡镇客运站点达到6个。全年公路运输总周转量3867万吨公里。邮电业务收入4906万元；固定电话用户3310户，年末移动电话用户22701户，互联网用户1997户。“11·22”和“11·25”康定重大地震发生后，应急救灾安置受灾群众2740人，建立临时集中安置点8个，发放帐篷793顶、棉衣5370件、棉被6350床、生活物资69.3吨，累计投入589.8万元。

【社会各项事业蓬勃发展】 2014年，投入15876万元，建设各项事业。有小学37所，在校小学生4821人，小学阶段适龄儿童入学率为99.6%；普通中学2所，在校初中学生1502人；幼儿园19所，幼儿园在园数为1139人。教职工为589人，其中小学教职工400人，中学教职工112人，幼儿园教职工77人。有文化馆1个，公共图书馆1个，藏图书6000余册。广播电台1座，电视台1座，有线电视用户2300余户。有医院、卫生院27个，疾控中心1个，妇幼保健站1个。各类卫生机构床位数105张，医院、卫生院技术人员258人，其中：医生166人。有专业农业技术服务单位1个。共诊治患者5.34万余人次，其中门诊患者4.50万人次，住院患者达0.34万人次。实际病床使用率为95.67%，出院者平均住院日为7.5天，治愈、好转率达82.3%，门诊与出院诊断符合率98.48%。计划生育服务站门诊5000余人次，B超检查3877例。开展计划生育“三查”7348例。全县城镇在岗职工3543人，其中国有单位3517人、集体单位26人；城镇在岗职工工资总额1.91亿元。社会福利收养性单位3个，各种社会福利收养性单位床位数150张。城镇居民最低生活保障人数1444人，农村居民最低生活保障人数1.53万人。参加基本医疗保险的职工人数4467人；参加失业保险人数1981人，城镇登记失业率控制在4.1%以内。全县参加城乡居民养老保险人数达1.75万人，参加新型农村合作医疗人数4.36万人。

2014 年全县主要经济指标

表 10

项　目	单位	实绩	同比增减（%）
GDP（地区生产总值）	万元	67558	7.3
第一产业	万元	21247	1.8
第二产业	万元	10300	22.2
其中 工业：	万元	5236	17.9
投资建筑业	万元	5064	27
第三产业	万元	36011	5.5
财政收入	万元	5714	-0.5
固定资产投资	万元	97713	21.5
社会消费品零售总额	万元	15235	16
农牧民人均纯收入	元	5885	16.6
城镇居民人均可支配收入	元	19878	8.8

（郑怀祥　欧小艳）

·炉霍县·

【概况】　全县区域面积为 5796.64 平方公里，辖 4 个工委、16 个乡（镇）、171 个行政村，人口总数 4.79 万人。2014 年，实现地区生产总值 5.16 亿元，比上年增长 11%；其中第一产业增加值达到 2.17 亿元，比上年增长 5.3%；第二产业增加值达到 8512 万元，比上年增长 45.2%；第三产业增加值达到 2.15 亿元，比上年增长 5.8%。三次产业结构为 42∶17∶41；民营经济增加值完成 1.97 亿元，比上年增长 13.1%。

全社会固定资产投资完成 7.69 亿元，比上年增长 90.6%。社会消费品零售总额全年完成 1.86 亿元，比上年增长 10.3%。全县地方财政一般预算收入 3569 万元，比上年增长 17.4%；财政支出 8.69 亿元，比上年减少 5.3%；各项存款余额 15.34 亿元，比上年增长 19.9%，其中居民储蓄余额 6.61 亿元，比上年增长 79.4%；各项贷款余额 1.76 亿元，比上年增长 12.6%。农作物播种面积 4680 公顷，粮食总产量达到 1.27 万吨。牧业产值 1.9 亿元；牲畜总增率、出栏率、商品率分别达到 19%、20%、12%；各类牲畜存栏 23.1 万头（只、匹）；肉类总产量达到 2910 吨；奶产量达 6500 吨；畜牧业为农牧民人均增收贡献 150 元。工业增加值 4285 万元，比上年增长 39.6%。

【社会各项事业稳步推进】　2014 年，全县共有学校 45 所，其中：中学 3 所，小学 25 所，幼儿园 17 所。全县教职工编制 657 个，其中，中小学教师编制 529 个，幼儿教师编制 90 个，局机关 38 个。实有在岗教职工 607 名。临聘 60 名寄宿制学校炊事员。全县在校高中生共 133 名，初中生 1748 名，小学生 5631 名，园幼儿 1159 名。小学入学率为 99.96%，辍学率控制在 0.64%，初中阶段入学为 98.8%，辍学率控制在 2.46%。投入 290 万元购置取暖设施设备和校车。圆满完成了全县 1 至 8 年级统测工作，兑现了 2013—2014 学年度学校教育教学质量奖 50 万元。共录取“9＋3”考生 31 人，“3＋2”高职 69 人。选送了 14 名符合条件的贫困农牧民学生就读内地甘孜高中班。县、乡、村三级医疗卫生计生机构共 149 个，其中：县级医疗卫生计生单位 8 个，乡（镇）卫生院 18 所，其中中心卫生院 4 所、普通卫生院 14 所，村卫生室 118 所。卫生技术人员 122 人。县人民医院全年门急诊 3.01

万人次，住院2475人次，开展手术245台次，业务总收入1075.28万元。藏医院门急诊3.67万人次，住院960人次，开展手术110台次，业务总收入430万元。充分利用深圳“文博会”“西博会”“农博会”“圣洁甘孜·走进北京”文化活动周以及“京交会”的平台，在深圳、北京、成都等地组织开展文化旅游宣传活动5次，活动中共计发放宣传册（单）7000余份。朗卡杰.唐卡绘画在“京交会”上展出期间与客户签订了300余万元订单；“郎卡杰唐卡绘画”已成功申报国家级非物质文化遗产。2014年，全县共接待游客16.45万余人次，实现旅游综合接待收入1.63亿元。2014年，城乡居民基本养老保险参保人数1.54万人。城镇职工医疗保险人数为3767人，基金征缴173.52万元；城乡居民医疗保险人数为3.88万人，征收城乡居民医疗保险费207.08万元。

【基础设施建设大力推进】 投资759.13万元新建新都镇俄日大桥、仁达乡呷拉宗大桥；锦江区投资386.88万元援建的雅德乡晏尔龙桥，累计完成总工程量的85%；投资18.77万元新建宗麦乡宗麦桥。投资1435万元完成更知乡知日马一村、充古乡德依村、充古乡阿都村、旦都乡秋所村、旦都乡加斗村5条通村路全长28.7公里。投资427万元建设8个五级客运站及8个乡村客运站，年内完成房屋基础建设及部分主体工程，累计完成投资280万元，占总投资的70%。投资83.20万元改建宜木乡虾拉沱村村东村西硬化路面工程和虾拉沱村至四队通村水泥路工程，全长1.65公里，已完工验收并交付使用。投资376.5万元建设完成宗麦、下罗、充各、宜木、日都—罗宗工委、真然—卡娘路段的波形护栏安保工程共25.1公里。投资12.74万元建设完成上罗柯马乡挡防工程280立方米。

·甘孜县·

【概况】 全县区域面积7303平方公里。辖5个片区工委、22个乡（镇）。总人口70762人，人口自然增长率为3.3‰。全年实现地区生产总值8.20亿元，比上年增长12%；完成全社会固定资产投资14.51亿元，比上年增长54.46%；固定资产投资完成14.25亿元，比上年增长65.46%；社会消费品零售总额3.95亿元，比上年增长15%；地方公共财政预算收入4718万元，比上年增长17%；粮食播面10666.66公顷，粮食总产量3.58万吨，比上年增长10%；牲畜存栏27万头，牲畜“三率”分别达到15%、16%、14 %。兑现农机购置补贴128万元，全县农机总动力达6.35万千瓦。城镇居民人均可支配收入2.48万元，比上年增长7.9%；农牧民人均纯收入5988元，比上年增长16%。完成雅砻湾AAAA级景区规划编制；投资910万元，实施朱德总司令和五世格达活佛纪念馆改扩建项目；投资84万元，完成下雄乡洛戈牧民旅游新村建设。引资8660万元，实施旭日岭温泉酒店和藏俗风情家园酒店建设。继续完善景区景点步游道、标识标牌等基础设施，开通旅游官方微信，搭建对外宣传平台，在广州、深圳、眉山开展了文化旅游资源宣传推介。全年接待游客22.85万人次，实现旅游收入2.15亿元。全县新增电信用户4100户，新增宽带用户700户；新建移动基站6个，移动用户达到3.22万户。

【社会各项事业全面发展】 全县各类各级学校41所，在校学生7137人，教师495人。严格执行“三免一补”“营养午餐”等政策，兑现终身从教等奖励资金51万元。投资3500万元，完成二完小迁建二期工程和9所乡中心校食堂建设。投资1556万元，实施东谷片区寄宿制学校、民族中学体育场和康北民高附属工程等项目。投资150万元，开展师资培训、信息化建设和教学质量检测。发放贫困高中生助学金、贫困大学生资助金、龙泉励志奖学金92.8万元，兑现大学生学费奖补资金25.5万元。2014年，高考本科上线66人、专科上线504人，选送“9+3”学生41人，选送异地代培生30人。各级医疗机构27个，床位数248张。继续落实“健康甘孜2020”卫生事业跨越发展实施意见，加力深化医改工作，全面实施药品零差率销售。创建省级卫生应急示范县通过州级评估验收，中藏医院通过民族地区二级甲等医院评审。投资600万元，完成计生服务站建设。投资1913万元，实施6个乡镇卫生院标准化建设，完成9个村卫生室建设。投资598万元，实施妇幼保健院建设。“甘孜踢踏”成功申报国家级非物质文化遗产。免费开放图书馆、文化馆，建成“农家书屋”219个；投资112万元，完成4个乡镇综合文化站建设。投资300万元，启动州县广播电视农牧区无线覆盖工程；投资180万元，实施广播电视业务用房建设；投资185万元，完成歌舞数据库、广播电视“村村通”和“村村响”建设。投资920万元，实施全民健身活动中心建设，建成农民健身广场20个。投资300万元，实施白利寺文物保护一期工程。城乡居民养老保险参保24768人，城乡居民基本医疗保险参保57495人。城镇新增就业351人，下岗失业人员再就业75人，兑现各类就业资金130万元。支付企业离退休人员基本医疗保险住院费1339万元，兑现城乡低保和“五保”供养资金2869万元，发放医疗救助资金324万元。积极开展“双拥”工作，提高现役军人家属优待标准，兑现优抚优待资金106万元；创建省级“双拥”先进县通过评估验收。康北儿童福利院全面建成，集中供养孤儿69名，兑现161名孤儿养育费108万元。启动残疾人综合服务中心建设，为941名残疾人发放生活补贴59万元。新建社区3个，新区社区被命名为“全国综合减灾示范社区”。加强与对口援助单位的衔接协调，援助项目加快落实。投资900万元，完成甘孜县第二幼儿园建设。投资2686万元，实施河坝村和斯俄一村新村建设；投资1556万元，实施自来水厂改扩建项目；投资170万元，实施文化旅游体验和农副产品销售中心建设。投资261万元，实施县医院公共卫生、孕产妇住院分娩项目；引进成都军区八一骨科医院专家队伍和设施设备，成立县医院骨科、康复科；引入社会资金，组建体外冲击波碎石治疗中心。

【民生改善成效显著】 免除义务教育阶段学生书费、学杂费543万元，减免幼儿保教费56万元，补助义务教育阶段学生取暖费、寄宿制生活费508万元。取消公立医院药品加成，建立居民健康档案6.3万份，完成婚检、孕检40对，筛查包虫病1.1万人次；开展“甘孜光明行”活动，免费实施白内障手术184人；为664名农村育龄妇女免费发放叶酸，补助住院分娩资金25万元；兑现计生“三项扶助”政策资金66万元。兑现粮食综合直补、粮种补贴、农业保险赔付等资金1298万元；兑现公益林管护、退耕还林补偿及草原生态奖补资金7353万元。发放特困群众生活救助和寺管会成员生活补贴913万元，兑现油补和廉租房补贴204万元。投资896万元，完成地质灾害避险和扶贫搬迁项目；投资582万元，实施藏区新居291户。投资3209万元，完成法院职工“安心工程”建设，实施八、九期“安心工程”，落实“安心工程”政策617户。投资1411万元，建成2个乡教师周转房，实施干部周转房二期工程和乡镇教育、卫生周转房建设。投资1190万元，建设道路安保工程70公里；投资977万元，改造县、乡、村危险路段，增设了安全警示标牌。

【基础建设不断夯实】 加快完善市政基础设施，投资2208万元，完成公安特勤消防站、交通应急指挥中心和粮食储备库建设；投资2781万元，实施新区民族路、滨河东路南段和东大街南段建设；投资1670万元，启动污水处理厂建设；投资285万元，实施停车场、公厕等市政基础设施建设。甘孜格萨尔机场前期工作加快推进，进场公路启动建设。投资3689万元，完成卡龙乡通乡油路建设，启动大德乡、麦达路、雅桥至色西底通乡油路建设。投资3985万元，完成40个行政村通村水泥路建设；投资350万元，建成农村客运站点7个，农村站牌覆盖101个村。解决13座寺庙通寺公路问题，完成1座寺庙通寺吊桥维修。投资2755万元，完成绒岔河防洪治理项目，对城区防洪堤进行维修养护。投资704万元，完成25处农村安全饮水工程；投资120万元，完成县城水源地保护工程。整合资金660万元，实施生康乡农田“三网”配套建设。投资1.87亿元，完成甘孜至达通玛110千伏输变电工程；投资1.5亿元，完成甘孜县无电地区电力建设工程。协调投资2.6亿元，实施火古龙太阳能光伏电站建设。投资2573万元，完成打火沟至城北35千伏输变电工程升级改造，启动打火沟二级电站技改项目。加快推进打火沟一级电站和冷达电站前期工作，卓德地热资源、雅砻江格尼电站等项目前期工作稳步推进。投资1143万元，实施13个行政村整村推进项目。投资1045万元，完成68个村民活动中心附属工程建设，新建茶扎乡木通活动室。投资1307万元，实施12座桥梁建设；投资484万元，完成11处村内道路硬化。投资203万元，安装太阳能热水器1012台。投资200万元，建设磨坊20座。投资100万元，完善11处牧民定居饮水工程。扎实开展精准扶贫工作，识别贫困户6521户、14782人。签约的33个项目中，落地建设27个，累计到位资金5.6亿元。

·色达县·

【概况】 全县区域面积9338.98平方公里，辖4个片区、17个乡（镇）、134个行政村。全县总人口45661人，比上年增加536人。人口出生率为11.09‰，人口自然增长率为6.19‰。2014年，实现地区生产总值3.82亿元，比上年增长13%。其中第一产业增加值1.97亿元，比上年增长6.9%；第二产业增加值3345万元，比上年增长14.6%；第三产业增加值1.51亿元，比上年增长19.3%。全年民营经济实现增加值2.12亿元，比上年增长13.6%。完成固定资产投资总额3.72亿元。比上年增长30%。其中，国有单位投资3.42亿元，占全年完成投资总额的91.9%。年度工业总产值1237万元，工业增加值671万元，从业人数141人。完成农作物总播面888.13公顷，粮食产量达2357吨，其中粮食播面达866.66公顷，占农作物总播面的98%。各类牲畜存栏42.11万头（只、匹）。牲畜出栏8.91万头（只），商品5.51万头（只），出栏率达到20.84%，商品率达12.88%；肉类总产量达到7631吨，比上年增长4.73%；奶产量达到11642吨，比上年增长2.47%。地方财政一般预算收入3242万元，比上年增长280%；国税、地税收入分别达210万元、1050万元；金融机构各项存款31.13亿元，各项贷款1.83亿元。实现社会消费品零售总额9160.2万元，比上年增长10%。

【社会事业全面发展】 全县各类在校学生达到5028名，选送“9+3”免费中职学生132名。全面完成“两基”攻坚目标任务，顺利通过省政府教育督导评估。建立教育奖励扶助机制，投入30万元作为教学质量奖，进一步促进教育教学质量稳步提升。投入84万元，资助650名贫困学生。投入58.7万元，奖励完成初中以上学业的纯农牧民子女家庭506户。投入46万元，资助非义务教育阶段学生268名。投资1274万元，新建县中藏医院住院医技大楼、大则乡卫生院迁建工程，新建18个村卫生室，进一步完善县、乡、村三级卫生服务网络。筹资50万元，建立政府医德医风奖励基金，重奖65名优秀医护人员。加快推进特色藏药的研发、研制，83种院内制剂获批准文号，GPP标准制剂室竣工投产。

成功申报色达藏戏等17项国家级、省级非物质文化遗产，11人荣获国家级、省级“文化遗产传承人”。全面完成第三次文物普查，新发现文物点183处，填补了文物工作空白。全力打造“格萨尔文化艺术之乡”“中国民族民间文化艺术之乡”两大品牌，在西博会上签订1700万元的《格萨尔》演出协议。完成旅游接待7.2万人次，实现旅游总收入4860万元。为农牧民发放“村村通”卫星接收设备1300套，广播电视覆盖率达85%以上。启动现代文化“三进”寺庙活动，为约若寺等5座寺庙发放电视机880台。全面完成洛若金矿原矿区100公顷采挖地进行植被恢复治理。投资450万元，完成466.66公顷沙化治理工程建设任务。完成封山育林7066.66公顷，兑现退耕还林补助资金480万元，投入1.05亿元实施退牧还草、农综开发、植被恢复等工程建设。城镇居民家庭人均可支配收入达到1.91万元，比上年增长14%；农牧民人均纯收入达到0.32万元，比上年增长36%。城市低保对象达到767人，发放低保金176.255万元。农村低保对象达到12856人，累计发放低保金1043.12万元。农村补助医疗救助金达到219万元。城市医疗救助金达到11万元。一次性向全县17个乡镇发放粮食10.5万公斤。筹资1400万元实施11项“暖心行动”和“一村一项目计划”，进一步完善基本养老、医疗、失业、工伤、生育和城乡社会救助等体系。已建成59个定居点，实现3514户16107名牧民群众定居。共争取落实各类扶贫项目资金3283.9万元，组织实施了整村推进新村扶贫工程、易地扶贫搬迁工程、住房解困工程、人口安全饮水等重点扶贫项目。实施的各类项目，有效改善了1658人低收入贫困人口的生产生活条件。

【基础设施不断完善】 投资210万元，建成17个乡镇综合文化站、47个农家书屋。投入51.858万元新建色柯镇约若村敬老院。投资19.7万元，全面完成金马广场格萨尔文化艺术背景墙的扩建和彩绘雕刻工程。新建通乡、通村公路1183.2公里，新建各类桥梁34座，新建农村客运站7个；全县公路通车里程达1448.72公里。全县水电装机容量达到1.18万千瓦，投资2819万元，建成变电站2座，台区35个，新建高低压输变电线路267.53公里；与国电四川发电公司签订预计投资28亿元、装机20万千瓦的色曲河流域水电开发协议，现已完成国电色曲河流域开发有限公司的注册、选址工作，《色曲河水电开发规划》通过评审，“环评”工作加紧推进。全县15个乡镇53个行政村通电。投资100万元，全面完成城区有线电视数字化改造和广播电视光纤地埋项目建设。新建通讯光缆890公里、移动通讯基站77个、电信C网基站11个，13个乡镇通宽带，固定电话用户数到达3200户，手机用户达8391户。投资1749万元，新建311套干部周转房；投资916万元，新建第三期廉租住房；实施公共租赁房建设任务55套；完成县城棚户区改造工程任务98户；投资135.6万元完成改造农村危房226户；投入4000余万元，兑现800余名干部职工的“安心工程”补助资金；投资1000余万元，完成金马大道彩砖铺设、步行街建设、商务中心前广场硬化、商业局小区道路硬化等市政设施建设项目。投入资金462万元，新建洛若、甲学、翁达等乡镇管饮工程8处，新建大章、年龙、塔子等乡镇井眼81口，解决了全县7012人的饮水安全问题。

·石渠县·

【概况】 全县区域面积25191平方公里，辖4个工委、23个乡（镇、场）、165行政村，总人口9.7万人。2014年，实现地区生产总值7.07亿元，比上年增长5%；全社会固定资产投资8.37亿元，比上年增长21.8%；工业增加值980万元，比上年增长21.2%；地方财政一般预算收入3763万元，比上年增长16.3%；全县社会消费品零售总额2.20亿元，比上年增长10.1%；城镇居民人均可支配收入2.60万元，比上年增长7.8%；牧农民人均纯收入5681元，比上年增长16.7%。各类牲畜存栏43.77万头（只、匹）。制定《石渠县草畜平衡区管理办法》《石渠县牲畜出栏、出售实施意见》，出台《石渠县人民政府草原管理暂行规则》，有序规范牲畜出栏和草场搬迁工作，在色须镇成立石渠县第一个“牧业发展专业合作社”，引导当地牧民以市场为导向走科学养畜的路子。

【基础设施不断夯实】 2014年，全县项目共计130个，计划总投资8.30亿元。按照“高起点、高标准、高要求”的思路，县城总体规划、控制性详规已完成省、州评审；总投资8631.5万元的尼呷镇定居点道路工程二期、商业街中心工程、县城兽医站停车场、县城生活垃圾填埋场开工建设；总投资473万元的城区主道路红绿灯主架已安装，280盏路灯基础已埋设；投资1900万元的干部周转房一期已完工，投资2922万元的干部周转房二期开工建设，投资728.5万元的县级机关干部周转房已完成主体工程；总投资1.03亿元的统战宗教档案馆、援藏干部接待中心、武装部搬迁工程、自来水厂综合办公区已竣工。洛须镇总体规划、控制性详规已编制完成，投资2146.7万元完成洛须供水工程及配套设施建设，投资3194.2万元完成色须镇市政道路工程。完成虾扎乡、温波乡撤乡建镇工作，正在申报蒙宜乡撤乡建镇，城镇拥有数有望达到6个。投入3287万元完成温波至阿日扎24公里通乡油路建设，投入838万元的长须干玛乡哈伟桥已开工建设，投入600万元新建、维修整治通村公路。洛须引水工程完成总工程量的95%，累计完成投资1.8亿元，甲松电站完成工程量的68%，完成投资2000万元。投资2446万元建成县城翁曲河防洪治理工程、阿日扎乡俄柯河防洪治理工程，投资1198万元开工建设温波乡尔玛地牧民定居点堤防工程，投资3200万元开工建设德荣玛乡和新荣乡草原节水灌溉工程。“电力天路”工程和无电地区项目总投资达7.8亿元。新建110千伏线路64.2公里，建成洛须110千伏变电站1座；新建35千伏线路122.4公里，分别在呷依、奔达、长须贡玛三个片区建成35千伏变电站；建成10千伏和低压线路2600余公里。电力设施建设覆盖全县所有乡镇，通电9000余户。新增固定宽带108户，移动用户1752户，光纤电视98户。完成县城100个高清监控的安装工作，建成23个乡（镇、场）视频会商系统和无纸化传输系统，通讯保障能力进一步提升。各类基础设施项目的强力推进，有效地解决了全县牧民群众行路难、饮水难、用电难、通信难的问题，经济发展基础得到进一步夯实。

【社会事业全面进步】 实施教育优先发展战略，全力推进教育“三年行动计划”，2014年秋季学期在校学生11017人，圆满完成省人民政府对石渠县的控辍保学督导检查工作；投入4366.1万元实施“三年行动计划”建设项目18个，完成7所村小建设，组织教师参加各级各类培训178人次；解决生均公用经费、寄宿制学生生活费、作业本费、营养改善计划资金、高海拔学生取暖费、幼儿保教费等共计1525.19万元，兑现牧农民子女就读大中专学费补助71.6万元，落实24人生源地助学贷款17.6万元。全年诊治门诊病人15.2万人次，住院病人2267人次；开展白内障筛查2175人，为115名贫困白内障患者减免复明手术费用；为20362人开展包虫病筛查，查出新发病例97例，免费药物治疗7182人，邀请省州专家到石渠县对1240名包虫病患者开展包虫病疗效考核及副反应调查。住院分娩700人，住院分娩率为73.22%，为647名农村孕产妇发放补助金42万元；完成县藏医院二级民族医院初步评审工作；进一步加强人口计划生育工作，775名牧农民群众享受“三项制度”奖励政策，补助资金70.78万元；城乡居民医疗保险参保85922人，参保率99%，补助医药费1670.4万元；城镇职工医疗保险参保3885人，参保率100%，补助医药费584.94万元，8个县内定点医疗机构实现了医疗保险联网结算；投入4305万元，建设长须干玛、起坞等7个乡镇标准化卫生院。养老保险参保4.74万人，发放养老金1135.2万元；开展就业、创业和技能培训465人次，新增城镇就业288人，城镇失业率控制在4.2%以内；依法为农民工追讨工资509.77万元。完成3198.8万元的扶贫项目建设，其中财政扶贫资金2255万元，以工代赈502万元，两项资金141.8万元，对口扶贫资金300万元。投入2083万元实施包虫病打井项目，打井150口，修建井房98处。解决164名职工安心工程补助款604万元。认真核查低保人员39020人，兑现低保资金1920.98万元，清退不符合条件的低保对象3789人，为724名“五保”对象发放扶助资金398万元。开展医疗救助572人次，发放救助金155.95万元，开展困难群众临时救助672户，发放救助金73.98万元，筹集爱心慈善捐款249.9万元，用于爱心助学、安老扶孤等。兑现粮食直补、综合直补和良种补贴249万元，落实农业保险金39万元，兑现636名残疾人补助金44.12万元。县城和洛须敬老院功能改造全面完成。

2014年石渠县经济社会发展主要指标

表11

项　目	单位	实绩	比2013年增长（%）
地区生产总值	万元	70688	5
第一产业增加值	万元	39422	5.5
第二产业增加值	万元	4887	-12.6
工业增加值	万元	980	21.2
建筑业增加值	万元	3907	-18.7
第三产业增加值	万元	26379	8.5
人均GDP	元	7227	-2.4
非公有制经济增加值	万元	39855	5.7
个体私营经济增加值	万元	39855	5.7
城镇化率	%	14.9	1.08
工业化率	%	1.39	0.16
粮食播种面积	公顷	2403	0.2
粮食总产量	吨	7846	9.5
牲畜年末存栏	头（只、匹）	437740	2.5
牛奶产量	吨	12602	-6.2
肉类总产量	吨	4489	6
牲畜年末出栏	头（只）	83001	6.7
全社会固定资产投资	万元	83693	21.8
社会消费品零售额	万元	22025	10.1
地方财政一般预算收入	万元	3763	16.3
地方财政一般预算支出	万元	125508	-14.7
各类存款余额	万元	161038	-3.2
居民存款余额	万元	40963	15
各类贷款余额	万元	30741	36.3
农牧民人均纯收入	万元	5681	16.7
城镇居民人均可支配收入	万元	26040	7.8
中小学生在校数	人	11017	

（杨红军）

·德格县·

【概况】 全县区域面积11025.24平方公里，辖5个片区工作委员会、4个镇、22个乡。总人口88683人，比上年增加2701人。人口出生率为11.38‰，自然增长率为5.94‰。2014年，完成地区生产总值6.8亿元，比上年增长8.3%。其中：第一产业完成3.07亿元，比上年增长5.7%；第二产业完成1.11亿元，比上年增长17.3%；第三产业完成2.54亿元，比上年增长6.9%。对地区生产总值增长的贡献率分别为25.8%、36.8%、37.4%。民营经济实现增加值3.75亿元，比上年增长9.7%。其中：第一产业增加值2.67亿元，比上年增长6.9%；第二产业增加值4663万元，比上年增长17.3%；第三产业完成增加值5881万元，比上年增长13.0%。民营经济增加值占地区生产总值的比重为55.9%。完成全社会固定资产投资完成7.7亿元，比上年增长11.3%。完成全社会消费品零售总额1.4亿元，比上年增长12.1%。完成工业增加值1328万元，比上年增长19.8%。农牧民人均纯收入达到5695元，比上年增长16.61%，城镇居民人均可支配收入1.91万元，比上年增长8.83%。交通运输、仓储和邮政业实现增加值926万元，比上年增长21.9%。全县境内公路总里程2039.3公里，比上年增长2.1%。完成邮电主营业务收入549万元。拥有电信移动用户2700户，移动电话用户达到32170户。年末互联网用户1650户。

【农牧业经济稳中求进】 全县农林牧渔业总产值4.03亿元，比上年增长5.9%。粮食作物播种面积4533公顷，比上年增长0.3%。粮食产量13400吨，比上年增长11.7%。蔬菜产量3600吨，比上年增长3.6%。牧业产值达2.7亿元，比上年增长0.1亿元。各类牲畜期末存栏39.55万头（只、匹），比上年下降7.6%。各类牲畜出栏9.18万头（只、匹），比上年增长14.5%。肉类总产量4797吨，比上年增长7.9%。牛奶产量9000吨，比上年下降5.3%。投入1.88亿元，完成温拖乡温拖村土地整理241.53公顷，新增耕地170.06公顷；投入305万元，保证温拖乡温拖村、更庆镇下压巴村和岳巴乡日炯村等6个蔬菜大棚基地初见成效；投入68.53万元，实施青稞种植投保工作；推广“五良技术”种植1166.66公顷。

【基础设施不断完善】 2014年，投入4650万元，启动县城市政道路改造一、二期工程，完成城区出入城大道、巴宫街地下管网埋设及老油库大桥桥梁桥台建设；投入5850万元，完成马尼干戈原国道317线、原省道217线路基工程地下管网及路面工程主线上层施工。继续抓好新农村建设，投入500万元，完成年古乡若达村、温拖乡康郎村、岳巴乡日炯村、更庆镇八一桥村和下压巴村5个藏区新寨建设。积极推进幸福美丽新村建设，投入500万元，完成马尼干戈玛尼石景观路、文化广场、农贸市场主体建设。投入754万元，完成窝公乡格公村、俄南乡俄南村岗哥组、燃姑乡亚西村、中扎科乡曲公村通村通达公路建设37.7公里；投入320万元，完成达马乡木岳桥、俄支乡洞中达桥等8座桥梁建设；投入2240万元，建设燃姑乡、中扎科乡通乡公路20公里；投入220万元，完成柯三公路维修改造。强化农村公路养护，完成浪温路、丁麦路等8处59公里安全护栏建设，养护农村公路1928公里。完善水利设施建设，完成达马乡丁曲河、阿须镇苏柯沟、阿须镇麦青村防洪治理工程7.48公里；新建安全饮水工程19处，惠及汪布顶乡扎西旦村、玉隆乡绒青村牧民定居点、浪多乡生巴村生巴组和柯多寺等14个乡镇、25个村、2座寺庙，解决了1.31万人安全饮水难问题。雀儿山隧道Q1标累计掘进1270米、Q2标累计掘进2250米，德格隧道累计掘进1715米，海子山隧道累计掘进812米，岗托隧道顺利贯通。全面启动农网和无电地区电力建设项目，投入9396.42万元，完成马尼干戈至错阿、马尼干戈至中扎科、中扎科至温拖3个35千伏输变电工程，架设输变电线路176.29公里，马尼干戈至竹庆35千伏输变电工程进入复测阶段；投入9677万元，完成中扎科、阿须、竹庆、俄南等10个乡镇10千伏及以下输变电工程，架设输变电线路382.72公里，实现26个乡镇电网全覆盖，基本实现电力乡乡通。继续推进电力技改，投入230万元，完成八里达电站技改工作并发电运行；投入100万元，启动多瀑沟电站技改工程。

【社会事业协调发展】 2014年，全县有各级各类学校41所，在校中小学、幼儿园学生9725人，小学入学率达99.67%。有教职工836人，专任教师学历达标率为100%。坚持教育优先发展战略，加快推进“2313”校点布局建设，投入20793万元，使马尼干戈、龚垭片区寄宿制学校和阿须、温拖中心校建设等36个项目有序推进。强化“控辍保学”，巩固“两基”成果，春季学期中小学毕业生788名，中小学生升学率达98.85%。全县有医院、卫生院31所，床位570张，有专业技术人员334人。积极推动乡镇卫生院标准化建设，投入2384万元，开工建设阿须镇、竹庆镇、达马乡等15所乡镇卫生院。脾脏切除、开颅术、腹腔镜胆囊切除等手术治疗成为现实，外地业务就诊量增加，病床使用率提升30%以上。基层公共卫生服务均等化工作稳步推进，建立居民健康档案82581份，完成“三病筛查”管理4448人；农村妇幼保健工作扎实推进，孕前检查68对，孕产妇住院分娩率达72.82%，婴儿死亡率17.25‰；完成0~4岁儿童补充免疫接种3743人次，脊灰两轮接种8745人次；包虫病筛查13045人次，药物治疗847人，手术治疗6例；白内障摘除239人；兑现“三项制度”扶助资金95.04万元。依托康巴文化研究院，积极推进代表康巴文化传承与品牌保护的“四大项目”建设，《大藏经》雕版复刻2000余块，格萨尔展览馆完成主体建设，雕版印刷博物馆和数字印经院项目前期工作有序推进。加大非物质文化遗产申报工作，聘请国际顶级规划团队，多次深入德格县实地勘测，基本完成《德格县生态文化旅游总体规划》编制和预评审。全年接待游客19.83万人次，实现旅游收入1.96亿元。全面推进农村广播电视发展，逐步恢复农村广播网建设，投入22万元，完成11个“村村响”设备配置；成立“村村通”技术服务站，完成4350套“村村通”设备安装调试。不断完善公共文化服务体系建设，26个乡镇文化站、171个农家书屋全部实现开放使用。促进民间文化发展，实现藏文书法、格萨尔说唱、麦宿宫廷锅庄等“非遗”技艺培训进校园，累计培训学员300人。切实丰富农牧民群众精神文化生活，全年送文化下乡53场次，惠及农牧民群众达3.1万余人次。实施全民保障，城乡居民新农合参合人数7.11万人，参合率达99%，城乡居民养老保险缴纳人数2.40万人，覆盖率达78%，1.20万人纳入城乡低保。

·资料链接·

【德格芫根】 德格芫根是德格县的著名特产，该品呈扁圆形，表皮光滑，无裂口，肉质致密，脆嫩，微甜，有辛辣味，生长在海拔1800米以上的雪域高寒地区，是蔬菜中最益于人体健康的品种之一，素有“高原人参”的美誉，富含人体必需的多种氨基酸和微量元素。周边各县也种植大量的芫根。相比之下德格县的地理环境、土质条件更适宜种植芫根，而且种植的德格芫根个体大，品质好。

【德格大黄】 德格大黄是著名的藏药药材，生于德格县的山地林缘或草坡，根茎粗壮，茎直立，中空，光滑无毛。除尽外皮者，表面黄棕色至红棕色，顶端有茎叶残基。切面多凹凸不平。质坚实，有的中心稍松软，不易折断，折断面淡红棕色或黄棕色，颗粒性；根茎髓部宽，有星点环列或散在；根木质部发达，具放射状纹理，形成层环不明显，无星点。气清香，味苦、微涩。嚼之粘牙，有沙粒感。具有攻积滞；清湿热；泻火；凉血；祛瘀；解毒等功效。

（降拥志玛）

·白玉县·

【概况】 全县区域面积10386平方公里，辖4个区、2个镇、15个乡，156个行政村，2个社区，1个管理局。年末总人口5.48万人，人口出生率9.95‰，人口自然增长率4.1‰。2014年，全县农业总产值3.8亿元，比上年增长10.3%。实现工业增加值5.72亿元，比上年增长14.4%。呷村矿处理原矿58万吨，实现销售收入5亿元。甘孜—白玉“电力天路”110千伏输变电工程，圆满完成建设任务，结束孤网运行的历史。实施无电地区电力建设工程115个项目，惠及95个村5544户，缓解了全县干部群众用电难问题。完成奶产量7168吨、肉产量4178吨，各类牲畜存栏30.2万头（只、匹），牲畜总增率、出栏率、商品率分别达到24%、20%、16%；农牧民实用技术、新型农民和农机培训1.54万人次，兑现各类补贴4248万元。实现邮政业务收入157万元，比上年增长4.7%。电信固定电话用户2400户，比上年增长6.9%。投入1200万元，新建光缆1200公里，通信基站2个，通信网络覆盖率达68%，互联网用户2404户，比上年增长35.1%。投入援建资金2619万元，援建项目15个，竣工7个。参加深圳文博会、“圣洁甘孜·走进北京”等各类旅游推介活动，全年完成旅游接待12.07万人次，比上年增长39.4%，实现旅游收入1.16亿元，比上年增长10.2%。

【基础设施不断完善】 2014年，投入7100万元的金御花园2号楼、吉祥花园、盛德花园三个项目已完成主体工程；投入6300万元的园丁小区已竣工；投入5954.93万元的偶曲河综合治理工程，完成70%的工程量；投入2970万元实施河东、河西街城市道路改造，提升街道等级；投入540万元打造河东、河西两条滨河路；投入800万元实施城市亮化工程；投入527万元建成富有特色的白玉步行桥，建成地下排污管网，解决污水无序排放问题；投入2990万元完成昌台集镇道路改扩建工程；投入280万元建设阿察镇国土所、规划所；“安心工程”五期11号楼竣工并交付使用；投资786万元建成干部周转房一期2号楼及附属工程；在阿察镇建成干部周转房68套；新建美丽乡村示范村2个，改造C级危房210户。藏区新居建设完成投资4182万元，建设1341户。岗白路累计完成投资3.05亿元，已竣工投入使用；甘白公路累计完成投资12.79亿元，卓达拉山隧道掘进1280米，阿色隧道掘进898米；巴白公路累计完成投资4.69亿元，除隧道外已基本完成建设任务；投资4660.5万元，建成32公里通乡公路和57公里通乡公路路基；投资447.35万元，建成44公里通村公路；投资473.64万元，建成8个乡级客运站和30个村级招呼站；投资1030万元，建成安保工程69公里。投入230万元建设桥梁5座，解决2000余人的出行难问题；投入46万元建设联户路1.2公里、垃圾池3座，风貌改造56户；投入1215.47万元，实施牧定后续项目7个。修建道路桥涵13个、主干道硬化路1条，维修维护饮水设施6处，为9个乡配置消防设备，为53个村配置环境卫生设备，安装路灯8盏，建牲畜暖棚27个。建成农村安全饮水工程17处，解决4588人的安全饮水问题；城区第一水厂技改工程竣工投入使用；投入950万元建设沟沟村城区补充水源点，城区居民用水难的问题得到一定缓解；新建堤防2.5公里，建设堤防基础2724米、堤身2500米。

【社会事业蓬勃发展】 2014年，投入1365.78万元重点打造县幼儿园、绒盖中心小学等4所学校校园文化建设；投资7498.4万元，新建校舍、食堂、厕所28202.05平方米。选派365名骨干教师参加能力提升培训；中考升学151人，升学率达93%。完成县文化中心主体工程建设；完成12个村级体育场、4个乡镇农牧民健身广场建设；开展送文化下乡48场次，免费放映农村公益电影1872场次。完成1个“非遗”项目和4个“非遗”传承人的推荐工作；投入90余万元，完成148首民间原始锅庄、山歌等歌舞数据库的收集录入工作。深化医药体制改革，基本公共卫生投入人均标准达35元，推行县级公立医院取消以药补医综合改革工作，取消药品加成65万元。加快推进卫生院标准化医疗服务体系建设，充分发挥县医院的“带动辐射”和片区中心卫生院的“枢纽”作用，完成两个急救站、县卫生执法监督大队业务综合楼、26个村卫生室建设；完成包虫病筛查13482人次，免费治疗628人，集中治疗20人；筛选筛查白内障182人，免费为72名患者进行复明手术；农村住院分娩率提升至76.2%；免费义诊15882人次，健康教育8500余人次。投资259.98万元实施中藏药材GAP种植基地喷灌改造工程；完成标准化制剂室浓缩提取设备的安装调试并投入使用；县藏医院顺利通过省州“二甲”医院评审，“元根含片”特色食品完成QS认证。投资1610万元，完成县城区一完小后山泥石流等5处地质灾害治理和矿山环境恢复治理。新增就业310人，参加城乡居民养老保险人数达1.7万人，养老基金个人缴费120.57万元，享受养老金5508人，兑现养老保险396.62万元。享受城乡居民基本医疗保险达4.72万人，征收基金436.07万元；城乡居民基本医疗保险报销18649人次，基金报销支出1483.89万元。投入224万元安装太阳能热水器1120台；发放特困群众生活补助7352户477.8万元。

2014年白玉县经济社会发展主要指标

表12

项　目	单位	实绩	比上年增长（%）
地区生产总值	亿元	9.8376	-3.7
第一产业增加值	亿元	3.0261	5.2
第二产业增加值	亿元	4.7468	-9.8
第三产业增加值	亿元	2.0647	4.7
粮食总产量	万吨	1.4	6.5
肉类总产量	万吨	0.42	9.1
社会消费品零售总额	亿元	1.7394	16
地方公共财政收入	亿元	1.1992	7.9
地方财政一般预算支出	亿元	9.3988	-12.8
年末金融机构存款余额	亿元	15.89	1.6
年末金融机构贷款余额	亿元	2.44	40.8
城镇居民人均可支配收入	元	20400	8.2
农民人均纯收入	元	5929	16.3
中小学在校生数	人	4918	-7.2

（彭贵福　泽仁拉姆）

·新龙县·

【概况】　全县区域面积9182.74平方公里，辖4个区工委、19个乡（镇）。2014年，实现地区生产总值7.9亿元，比上年增长14%；农业产值达1.2亿元，畜牧业产值达2.7亿元；全社会固定资产投资14.9亿元，比上年增长28.4%；工业增加值1706万元，比上年增长22.4%；财政一般预算收入6200万元，比上年增长28%；社会消费品零售总额9330万元，比上年增长16.6%；农牧民人均纯收入5921元，比上年增长17.9%；城镇居民人均可支配收入19536元，比上年增长10.9%；

金融机构存款余额13亿元，比上年增长19.1%；金融机构贷款余额7758万元，比上年增长15.6%。实施农作物播面3693.33公顷，粮食产量1.15万吨；牲畜总增率、出栏率、商品率分别达到19.65%、19.55%、14.43%。

【社会事业协调发展】 办学条件有效改善，建成县中学学生宿舍、二完小教学综合楼等20个工程，18所学校城域网投入使用。全面落实农村教师生活补助政策，兑现资金191万元。开展教师能力培训，107名中学生升入高中，25名学生考入“3+3”定向培养学校，27名学生就读“9+3”免费中职学校。全面落实“三免一补”政策，深入实施营养改善计划。出台公立医院综合改革实施方案，启动县医院、县中藏医院综合改革。全面实行国家基本药物制度，全面取消医疗机构药品加成，群众医疗费用负担同比下降30%。建成县医院远程会诊系统，通宵、洛古等5所乡镇卫生院标准化建设有序推进，和平、雄龙西等7所建设提前启动，新建21所卫生室。孕产妇住院分娩率达76.4%，人口自然增长率控制在7‰以内。城乡居民医疗保险参保43206人、养老保险覆盖17592人、最低生活保障惠及13579人、供养特殊困难群体786人，发放社会保障资金4740万元，落实社会救助资金1405万元，兑现移民安置补偿资金1423万元。开展农牧民劳动技能培训1.5万人次，转移农村劳动力就业3215人，城镇新增就业322人。实施藏区新居建设509户、棚户区改造125户、避险搬迁50户、易地搬迁112户，合理分配保障性住房211套，兑现“安心工程”补贴161万元，发放住房贷款2296万元。实施完成《新龙县旅游总体规划》修编和《吴西新区民居接待规划》编制。完成改造布鲁曼文化主题酒店，各景点完善了旅游交通标识牌。全年接待游客14.55万人次，旅游综合收入突破1亿元。被评选为“中国民间文化艺术锅庄之乡”。

【基础设施不断完善】 加强与省司法厅、宜宾市、杭州市上城区的对口衔接，争取援建资金2897万元，实施援藏项目14个。全年实施政府投资项目114个，建成项目63个。文化馆、图书馆、信用联社综合楼相继投入使用，拉日马撤乡建镇已获省政府批复，“三区一乡”基础政权建设项目竣工投入使用，雄龙西堤坝、通宵足然等5个整村推进项目全面建成。S217线甘君段改建工程主体完工。麻日通乡油路投入使用，友谊、银多、子拖西通乡油路正在建设。建成甲拉西曲格通村油路，硬化绕鲁基洛、大盖汤孔等4条通村公路，新建色威俄色、甲拉西也鲁通村公路，安装波形防护栏56公里。建成麻日、地龙跨雅砻江大桥，新建支流水泥桥8座。县内公路总里程达1542公里，以S217线为骨架、县乡道为支撑、村道为脉络的交通网络基本形成。投资2.8亿元的“电力天路”工程建设提前竣工，外接省网的电力通道全面搭建；投资8000万元的一、二批无电地区电力建设工程已经完成，加快了乡村的电力通道覆盖。新建移动基站6个、C网基站1个，架设通信光缆90公里，开通县城全光网及4G网络；安装广播电视“村村通”500套；开展乡镇邮政所建设。城市取水点水源延伸及配水管网改造工程全面完成。实施农村安全饮水工程27处5156名群众的饮水安全问题得到解决。

【环境保护成效显著】 编制完成国家主体功能区建设试点方案，建成空气质量自动监测站和甲拉西沟饮用水源地保护工程，争取国家生态功能区转移支付补助资金3093万元。出台集体公益林管护考核办法，有效管护22万公顷天然林，兑现集体公益林生态补偿资金3854万元；巩固3400公顷退耕还林建设成果，实施人工造林66.66公顷、封山育林133.33公顷，兑现补助资金1325万元，依法查处涉林违法案件51起。全面落实草补政策，建设人工草地2226.66公顷，兑现奖补资金1684万元；深入实施退牧还草工程，围栏草地6666.67公顷、补播草场2000公顷。建成子拖西所差防洪堤二期工程，治理银多阿色三村、拉日马扎宗沟泥石流，恢复麦科矿山地质环境，实施雄龙西温都滑坡、洛古沟小流域治理，及大盖竹青沟泥石流治理工程。

（蒋秀芳）

·雅江县·

【概况】 全县区域面积7854.5平方公里，辖江东、江西、江南、江北4个片区工委，1镇16乡，1个居民委员会，113个行政村，128个村民小组，总人口50687人，人口出生率10.95‰，死亡率3.76‰；人口自然增长率7.18‰。实现地区生产总值8.96亿元，比上年增长14.2%。其中：第一产业2.34亿元，比上年增长4.1%。第二产业3.50亿元，比上年增长27.6%，其中：工业增加值1817万元，比上年增长19.2%；建筑业3.32亿元，比上年增长28.9%，第三产业3.12亿元，比上年增长7.1%。人均地区生产总值1.68万元，比上年增长11.66%，三次产业增加值占地区生产总值的比重分别为26.12%、39.02%、34.86%；实现公共财政收入1.74亿元，比上年增长32.9%；财政一般预算支出10.82亿元，比上年增长19.6%。各项存款额达18.38亿元，各项贷款余额达7.19亿元，比上年增长31.2%；城乡居民储蓄存款余额达5.35亿元。实现农业总产值2.96亿元，比上年增长6.9%，实现农牧民人均纯收入6240元，比上年增长16.1%。粮食总产量9700吨；各类牲畜年末存栏14.77万头，牲畜总增率23.09%，出栏率24.16%，商品率15.94%。实现工业总产值4085万元，比上年增长11.09%；实现社会消费品零售额1.86亿元，比上年增长10.2%。全县年末固定电话用户数达3056户；移动电话用户数达33256户；互联网宽带接入用户达4023户。

【社会事业全面发展】 深入推进民族教育十年行动计划。大力改善办学条件，年度完成投资8390万元，实施教育项目建设46个，竣工24个。全面落实教育惠民政策，兑现“三免一补”、幼儿免费学前教育、学生营养改善计划等各类保障性资金1204万元，发放教育质量奖和高考录取学生奖励金89.2万元。突出远程、双语特色办学，强化“三支”队伍建设，提升教育教学质量，全县适龄儿童入学率达99.61%，中、高考录取率分别达100%、97.87%。大力实施卫生发展十年行动计划和“健康甘孜2020”行动。加快卫生基础设施建设，年度完成投资2195.20万元，实施县中藏医院、木绒乡卫生院等22个项目建设，竣工18个。巩固基本药物制度，继续推行基层医疗机构药品零差价销售，采购基本药物112.70万元；全面取消县医院药品加成。强化医技卫技人员培训，提高医疗服务质量，狠抓地方病、传染病等防控，深入开展“送卫生下乡”和“柔性流动服务”，义诊患者1.15万人次，完成居民基本健康档案建档4.68万份，建档率为90%。严格执行计划生育三项制度，兑现扶助资金86.15万元。

新增城镇就业、失业人员再就业、就业困难对象再就业460人，城镇登记失业率控制在4.20%以内。大力实施全民保障行动，城乡医疗保险参保4.34万人，参保率达99.05%，全年报销参保人员医疗费用1947.61万元；城乡养老保险参保2.05万人，参保率达85%；兑现1.56万名城乡低保对象的低保资金1942万元。社会救助不断扩大，兑现农村“五保户”、城镇“三无”人员、残疾人、孤儿等人员扶助金360万元，发放救灾救助资金376万元，支付医疗救助资金399万元。妥善处理拖欠农民工工资问题28起，涉及金额251.68万元。福利慈善事业加快发展，完成县级儿童福利指导中心及2个日间照料中心建设，启动西俄洛敬老院项目建设，募集爱心慈善基金240万元。大力实施百姓安居工程，完成353户藏区新居、67户地灾避险搬迁房建设，改造农村危房33户、棚户区531

户，建设公租房317套，发放廉租租赁补贴50余万元。着力改善边远地区群众的生产生活条件。年度完成投资2870万元，实施了5个整村推进、96户易地扶贫搬迁、4座桥梁、1条通村公路、2个村水利灌溉工程等项目建设；深入推进精准扶贫，完成9140名贫困人口精准扶贫建档立卡工作；通过实施扶贫攻坚，全县贫困人口同比减少1245人。加大对口帮扶力度，投入对口帮扶资金3257万元，实施浙江省帮扶项目2个、省委宣传部帮扶项目2个、宜宾市对口援建项目7个，竣工2个。全县17个乡镇综合文化站建成并投入使用；开展送文化、送电影下乡等活动1550场次，群众文化生活日益丰富。广播、电视综合覆盖率分别达89.80%和94.50%。加快县档案馆项目建设。

【成功举办“雅江·首届中国松茸节”】 8月3日，有着“中国松茸之乡”称号的雅江县举办首届中国松茸节。以“走进松茸之乡，体验康巴文化”为活动主题，致力于体验康巴文化，推动甘孜州全域旅游，进一步丰富“中国松茸之乡”的文化内涵，扩大雅江以松茸为主的野生食用菌产业的影响力，从而达到产业带动，助农增收的目的。活动期间还举行了“圣洁甘孜·雅江松茸”商标授权、授牌仪式，并举办了招商引资推介会，现场招商5个项目签约资金6亿元。

【两河口电站开工】 10月6日，雅砻江两河口水电站开工仪式在雅江县举行。两河口水电站是雅砻江中下游的龙头水库电站，也是目前中国藏区最大的水电站工程，工程将建设世界第二高的295米土心墙堆石坝，建成库容达100亿立方米，面积超过100平方公里的高原平湖。两河口水电站建成后，将对下游电站产生巨大的补偿调节效益，极大改善川渝电网汛期电量富裕、枯水期电量不足的不合理电源结构；进一步改善长江上游生态环境，增强长江下游防洪能力。两河口水电站总装机规模300万千瓦，总投资达664亿元，计划2021年底首台机组发电，2023年年底工程竣工。

（周晋康　聂　剑）

·理塘县·

【概况】 全县区域面积14182平方公里。辖5个片区工委、24个乡（镇），常住人口71013人，人口自然增长率为12.8‰。全年实现地区生产总值89579万元。其中，第一产业增加值34311万元；第二产业增加值18592万元；第三产业增加值36676万元。三次产业结构为38.3∶20.7∶41。工业增加值5021万元，全社会固定资产投资累计完成150754万元，全县实现消费品零售总额35214万元，地方公共财政收入6915万元，地方一般预算支出133452万元，金融机构各项存款余额197522万元，各项贷款余额29654万元。完成农作物播种4213.33公顷；粮食作物产量13203吨；蔬菜产量1014吨，油菜产量435吨，药材产量194吨。建立现代农业产业基地3000公顷，建立青稞高产高效示范基地666.67公顷，青稞良种繁育基地333.33公顷。总投资7650万元的“圣地农庄”以“公司+基地+农户”的开发模式，通过租赁承包方式流转土地，种植无公害蔬菜、青稞、中藏药材、优质牧草等170.4公顷，产量1900吨，实现产值650万元。各类牲畜存栏31.2万头（只、匹），牲畜总增、出栏、商品“三率”分别为21.9%、21.2%、19.4%。肉产量完成4629吨，奶产量完成9110吨。投资1600万元，完成奔戈乡牧区饲草料基地建设项目。全年共兑现各项惠农惠民资金1.12亿元。

【社会事业协调发展】 全县有各类各级学校40所，其中：县中学1所，城区小学3所，九年一贯制学校1所，乡中心校23所，村小9所，幼儿园3所。全县教职员工758人，中小学专任教师661人，幼儿专任教师66名。全县有在校中小学生8764人，在园幼儿1532

名。寄宿制教育覆盖24个乡（镇），享受寄宿制生活补助学生6411人，寄宿制学校基本实现标准化管理。为278名贫困学生兑现资助金28余万元；为235名学生开展生源地贷款141万元。稳步推进基本公共卫生服务均等化建设。建立城乡居民健康电子档案59926份，建档率达85.49%。启动艾滋病、梅毒、乙肝母婴阻断项目工作，免费筛查8250名孕产妇；落实农村孕产妇住院分娩补助项目，住院分娩率达65.14%。全面取消药品加成，县级公立医院取消药品加成覆盖率达100%。与温州医科大学协作，为231名白内障患者施行免费手术。卫生系统续建项目16个，完成投资1235.4万元；新建项目61个，完成投资3054.4万元。以深入推进社会保障制度改革为切入点，不断完善社会保障体系。城乡居民养老保险参保人数达14429人，领取待遇人数5338人，共发放养老金388万元。城乡居民医疗保险参保人数为57759人，兑现医保费1464万元。城乡低保17221人，发放低保金1992.45万元，发放“五保”供养金201.24万元，爱心慈善救助金67万元。新增就业人数366人，城镇登记失业率为4.13%。兑现退耕还林政策补助899.6万元、森林生态效益补偿金2434万元，补发2013年森林生态效益补偿基金810.3万元；完成总投资413万元的更登亚批水土流失治理工程。累计投资1108万元，完成君坝乡政府驻地山体滑坡治理工程、君坝片区工委驻地防洪堤应急治理工程、君坝乡江久寺边坡应急治理工程。

【基础设施建设大力推进】 农村公路建设完成投资10043万元，完成上、中、下木拉三乡通乡通畅油路45.1公里的路面工程和觉吾、拉波两乡132公里通乡通畅路基工程建设；完成濯桑、禾尼、奔戈、村戈4个乡共42公里通村通畅工程建设；完成觉吾乡卡达村等7个行政村、喇嘛垭乡然日卡至章纳乡乃干多、章纳乡则巴村至巴塘县波密乡格木村45公里的通村通达工程建设；开工建设禾尼等4个乡客运站，完成15个行政村的招呼站建设任务；完成章纳、拉波、亚火等12个乡共76.5公里的农村公路安全护栏。投资600余万元，完成村戈乡卡灰村、德巫乡上卡村等8座通村桥梁建设。总投资1.54亿元的理塘110千伏输变电工程、总投资3979万元的理塘禾尼35千伏输变电工程、总投资1200万元的理塘卧龙溪至城关35千伏输变电工程投入运行。投资5618万元，完成1578户10千伏及0.4千伏供电线路改造工程。完成2200套“村村通”安装发放；县级数字影院建成投入使用。放映公益性电影2305场次，观众人数达102300余人次。12个乡（镇）实现C网信号覆盖。开通G网基站21个，LTE（4G）基站11个。启动《理塘县城控制性详细规划》编制工作。投资300余万元，完成主城区“一纵两横”市政道路改造工程的设计等前期工作。对县城主要路面、人行道和排水沟进行维护。启动高城镇及县城新318沿线民居风貌改造工程。投资200余万元，规范团结路、格聂路和幸福路等街道的店招店牌。投资1890.5万元完成乐山路建设。投资1380万元完成干部周转房一期工程。完成总投资2816万元的县城供水工程扩建项目取水枢纽夺曲河水库工程。开工建设县城供水工程扩建项目，完成投资2495万元。新建饮水工程19处，解决了3300余人的安全饮水问题。

（黄诗正　孙建平）

·巴塘县·

【概况】 全县区域面积7852平方公里，辖5个片区、19乡（镇），123个行政村，207个自然村，总人口53511人，人口出生率8.44‰，人口自然增长率4.78‰。全年实现地区生产总值10.9亿元，比上年增长13%；全社会固定资产投资34.28亿元，比上年增长81%；社会消费品零售总额3.06亿元，比上年增长16%；财政一般预算收入完成0.94亿元，比上年增长46.9%。全年完成农业总产值3.42亿元，比上年增长11.1%。全年粮食作物播种面积3907.73公顷，比上年增长0.6%。全年粮食产量1.48万吨，比上年增长10.5%。全年各类牲畜存栏16.18万头（只、匹），比上年增长0.4%，牲畜总增、出栏、商品三率为24.75、27.95%、17.98%。全年肉类产量2393吨，比上年增长7.4%。完成推广各类作物良种3760.26公顷，良种覆盖率达95.5%。农牧民年人均纯收入5999元，比上年增长16.30%，城镇居民年人均可支配收入2.06万元，比上年增长8.3%。社会消费品零售总额2.98亿元。比上年增长13 %。依托丰富的水电资源和区位优势，以“工业强县”为主战略，致力于打造“现代巴塘”。实施500万元以上的州级重点项目14个、完成投资30亿元；投资25亿元的川藏联网巴塘段工程竣工投运；投资10亿元、装机9.6万千瓦的拉拉山电站全面建成投产；天然气招商引资项目落户巴塘。全县共有工业企业49家，其中规模以上工业企业4家，规模以下工业企业45家。全县工业总产值完成3.6亿元，比上年增长20%，工业强县产业格局初步形成。

【民生不断改善】 实施藏区六大民生工程、省委、省政府19件民生实事和“七大千万惠民工程”“十大幸福工程”，各项民生支出达5.24亿元，比上年增长20.73%。投入1000余万元实施“富农惠农千万工程”，加大资金、技术扶持力度，玛咖、酸石榴、蔬菜等特色基地带动群众增收。整合资金5100余万元实施“阳光惠民千万工程”，着力解决覆盖19个乡镇122个行政村农牧民群众最关心、最直接、最现实的180个困难问题。深入实施“牵手暖心千万工程”，为17座寺庙配齐消防设施，解决突出消防隐患；有效改善寺庙“五通”基础设施。投入1000余万元实施“防灾减灾千万工程”，培养了一批防灾减灾队伍，整合使用防灾减灾机具，妥善处置“4·21”中咱森林火灾次生灾害和12个乡镇28起地质灾害。扎实推进藏区新居建设和农村危房改造工程，按政策逐步完成“安心工程”。为全县农牧民补贴购买医疗保险。投入1084万元建成藏区新居和保障性住房1042套，妥善安置43户地质灾害避险搬迁。劳务增收行动，实现新增就业、再就业、转移就业5893人，城镇失业率控制在4.1%以内。新农合、新农保让全民医疗、保险制度实现全覆盖；农村“五保”集中供养率达到19%。教育振兴行动，投入8439万元加大教育园区、莫多中心校、党巴幼儿园等基础设施建设。投入295万元建成38处人口饮水工程，解决3942人的安全饮水问题。投入5300万余元建成城区巴楚河、中咱防洪堤共7.6公里。远村点亮行动，波密、苏哇龙35千伏输变电线路加快建设，解决14个村770户2285人的用电问题。投入4400万余元建成总长79公里的9条村通畅道路、62公里安保工程和4座桥梁；建成39个农村客运招呼站和9个乡镇客运站。扶贫解困行动，投入3356万元完成5个扶贫整村推进、113户易地扶贫搬迁和竹巴龙自林贡水渠等一批制约当地发展的基础设施项目，实现扶贫解困1400人。

【社会各项事业蓬勃发展】 全县共有各级学校44所，在校学生10205人，学龄儿童入学率为99.67%。拨付寄宿制生活补助829.2万元；全县7369名中小学生发放预算内公用经费540.35万元；各幼儿园拨付幼儿保教费61.92万元和幼儿免费午餐补助73.66万元；巴塘县第一、第三完小综合教学楼、行政办公楼、男女生宿舍、巴塘县中学女生宿舍、教学及辅助功能用房、综合教学楼主体等项目完工并进入内部装饰阶段。“9+3”免费招生46人。全县共有医院、卫生院25所，拥有床位数360张，卫生专业技术人员318人。双流县、武胜县、江油市、崇州市等对口支援医院共派出23名医师到县级各医院进行技术支援。全面落实国家基本药物制度，取消药品加成；完成9100人包虫病筛查和107名患者免费药物治疗，将筛查出的102名白内障患者送到州医院手术治疗。建成党巴、中心绒2个乡镇标准化卫生院，加快茶洛等10个乡镇标准化卫生院前期工作，建成31个村级卫生室。全县有线电视用户达3900余户。年内，共接待国内外游客20多万人次，实现旅游总收入1.50亿元。启动措普沟旅游详规修编和格聂自然生态旅游区、夏邛老街旅游详规编制，积极推进滨河路文化消费娱乐区、中山广场文化休闲区、龙王塘“非遗”文化展示区等重要节点规划编制。招商引资到位资金1.85亿元。液化天然气城市气化工程招商引资项目实现成功签约，实现协议引资5000万元。

（唐定太　欧建蓉）

·乡城县·

【概况】　全县区域面积5016平方公里，辖3个片区工委、12个乡（镇）、89个行政村。总人口30518人，人口出生率7.1‰，自然增长率1.66‰。2014年，地区生产总值7.08亿元，比上年增长0.6%；工业增加值6597万元，比上年增长5.4%；全社会固定资产投资12.90亿元，比上年减少35.6%；地方公共财政收入5266万元，比上年减少7.7%；社会消费品零售总额1.74亿元，比上年增长28.4%；城镇居民人均可支配收入2.05万元，比上年增长8.4%；农牧民人均纯收入0.61万元，比上年增长16.2%。全年农作物播面3246.66公顷，粮食播面2600公顷，粮食总产量1万吨，比上年增长12.3%。年末牲畜存栏11万余头（只、匹），总增率、出栏率、商品率分别达20.58%、26.06%、18%。肉蛋奶产量6463吨。全年实现招商引资5.70亿元，外贸出口110万美元。年内城乡建设重点项目60个。其中，热打、尼斯、青德3乡60套干部周转房二期工程完成；香巴拉镇硕曲河防洪治理工程、退牧还草工程、幸福美丽新村建设等一批民生工程竣工。投资2300万元，用于城市光彩一期、增绿添花、店招店牌改造、垃圾清运车和移动式垃圾箱配置等城市建设工程。打捆涉农资金3481万元，有序推进克麦村、则鲁、仲德、卡心、热打、达根、松通、巴吾8个幸福美丽新村建设。投入2594万元，完成104个农村“四小工程”项目建设任务，新增通村公路里程60公里，新建九鲁等8座桥梁和31个村级客运招呼站，解决16处4489人安全饮水问题，290户藏区新居改造和207户棚户区改造任务完成。投资1729万元，用于万绒、曲批岭寺、巴姆山泥石流治理工程建设，年内竣工。

【社会事业全面发展】　社会事业转型提质，义务教育均衡发展，教育管理进一步规范。年内投入630万元，用于然乌、热打、青麦、城区校园文化建设。各级学校配备音体美器材及桌椅等设备投入406万元。城乡教育城域网覆盖率100%，宽带网络实现校校通、电子白板实现班班通，网络学习空间人人通试点成功。新建白依、定波、正斗幼儿园及色坝小学投入使用。学生关爱政策落实，4170名学生享受“三免一补”、营养餐及取暖补助。师资培训强队伍，全年教师县外培训287名。52套干部周转房优先落实一线教师。10月中旬，义务教育基本均衡通过省级评估验收。“9+3”免费中职教育继续。卫生事业快速发展，抓住“健康乡城2020”跨越发展机遇，充实完善医疗卫生条件。年内5个标准化乡镇卫生院、10个标准化村级卫生室建成投用，康南中心藏医院主体工程竣工。8月上旬，县藏医院通过二级甲等综合医院评审。11项基本公共卫生服务全面推进，居民健康电子档免费建案率、常规免疫接种率分别达90%、97%。截至年末，农村孕产妇住院分娩连续7年零费用、零死亡。实施文化惠民工程，免费开放图书馆、红军纪念馆、乡镇综合文化站；219条词库、曲库等数据库录入及县舞编排完成；12个乡镇综合文化站设施设备安装任务完成，14个固定电影放映点建成；县内非物质文化遗产和农民体育健身场所普查完成。第三次经济普查工作全面完成。

【社会保障成效显著】 社会保障待遇水平继续提高，及时兑现各类惠民资金。全年兑现城乡低保资金1096万元、城乡医疗救助资金213万元、计生各类扶助资金43万元、绝对贫困生活补助资金493.7万元、“五保三无”资金151万元、孤儿生活保障资金229万元、优抚资金145万元、残疾人各类补助资金52.1万元。募集爱心捐款236万元。“圆梦香巴拉”助学活动、困难工人救助活动、母亲邮包资助活动兑现资金和物资折资165万元。全年发放救灾款及调拨救灾物资折资113万元。保障农民工合法权益，依法追讨农民工工资860余万元。80套乡镇教师周转房和43套乡镇卫生职工宿舍建设任务基本完成，兑现高海拔补贴1100万元，基层干部待遇进一步提高。全年新增城镇就业265人，城镇登记失业率控制在4.2%以内。城乡居民医疗保险和养老保险参保率分别达100%、62%。

【现代服务业亮点纷呈】 围绕全域旅游统筹经济社会发展思路，以“游亚丁住乡城”旅游战略为指导，推动农旅互动、文旅互动进程，启动“一村一寺一馆”建设，提升仲德民族风情村落服务功能。统筹推进新型城镇化发展，完成香巴拉国际旅游小镇规划编制，《桑披岭寺控制性详规》完成编制。支持民营企业参与旅游产业开发，扎西林卡别墅群、温泉酒店、藏乡田园生态农庄进入设计阶段。24家乡村酒店、民居接待示范户启动规划，旅游观景点开始设计中。年末首部外宣形象片、广告片和微电影制作完成，“香巴拉乡城”微博、微信平台开通。年内7批次16家企业参与西博会等各类商贸活动，乡城产品的影响力增强。10月上旬首届农特产品展销会在县城举办，销售收入83万元。全年接待游客22.7万人次，旅游收入22700万元。

2014年乡城县经济社会发展主要指标

表13

项　目	单位	实绩	比2013年增长（%）
地区生产总值	亿元	7.0808	0.6%
第一产业增加值	亿元	1.9676	2.9%
第二产业增加值	亿元	2.3967	-8.4%
规模以上工业增加值	亿元	0.1667	-60.5%
第三产业增加值	亿元	2.7165	9.5%
民营经济增加值	亿元	2.6120	3.9%
粮食总产量	万吨	1	12.3%
肉类总产量	万吨	0.2062	4.9%
社会消费品零售总额	亿元	1.7391	28.4%
全社会固定资产完成投资	亿元	12.9038	-35.6%
地方公共财政收入	亿元	0.5266	-7.7%
地方公共财政支出	亿元	6.4045	11%
年末金融机构存款余额	亿元	11.5172	0.2%
年末金融机构贷款余额	亿元	10.2936	0.05%
城镇居民人均可支配收入	元	20528	8.4%
农牧民人均纯收入	元	6084	16.2%
城市垃圾处理率	%	95	20%
中小学在校生数	人	4170	—
广播综合覆盖率	%	97	11.4%
电视综合覆盖率	%	100	—
新型农村合作医疗制度参合率	%	100	—

（谢红军　倾　中）

·稻城县·

【概况】 全县辖区面积7323平方公里，辖3个片区工委、11个乡、3个镇，121个村民委员会，138个村民小组。总人口32175人，出生率为15.4‰，人口自然增长率3.8‰。全年实现地区生产总值5.54亿元，比上年增长7.4%；其中，第一产业增加值1.77亿元，比上年增长5.9%；第二产增加值1.43亿元，比上年增长0.6%；第三产业增加值2.34亿元，比上年增长11.9%。三次产业对经济增长的贡献率分别为20.2%、2.2%、77.6%；第一、二、三产业的结构比例调整为32∶25∶43；完成固定资产投资24.93亿元，比上年减少6.5%；实现地方公共财政收入0.72亿元，比上年增长51.4%；社会消费品零售总额1.58亿元，比上年增长25%；城镇居民人均可支配收入和农牧民人均纯收入分别达2.40万元、0.64万元，比上年增长8.3%、15.8%；兑现粮食直补、综合直补及农机购置补贴316万元；粮食播面3078.66公顷，蔬菜播面178.33公顷，油菜播面273.33公顷，实现粮食产量1.16万吨、蔬菜3923吨、油菜753吨。各类牲畜存栏达12.51万头（只、匹），牲畜总增、出栏、商品三率分别为24.4%、22.3%、13.3%；农牧业总产值2.27亿元，比上年增长6.1%。实现工业增加值0.18亿元，比上年增长13.6%。全年接待游客50万人次，实现旅游综合收入3.80亿元。全年新签约招商引资项目7个，协议引资9.86亿元，续建和新开工招商项目投资超过5亿元。累计到位泸州援建资金6204万元，建成援助项目4个，新开工项目3个；完成浙江帮扶傍河乡仲堆村和桑堆一村项目建设。选派9人到对口支援省、市挂职学习，对口交流培训100余人次。荣获中国城市竞争力研究会评选的2014中国最美丽县城第六名。

【基础设施不断完善】 投入1.12亿元，完成香格里拉镇赤土河南段、金珠镇贡巴路改造和市政路网改造项目主体工程建设，新建和改造市政道路10.3公里，新建和配套管网近27公里，安装城市路灯410余盏。投资2300万元，建成广场标志性建筑。投资3420万元实施旧城改造，亚丁天街等市政招商项目。投入1700万元，建设乡镇干部周转房100套，完成城市棚户区和危旧房改造任务。开展城镇综合治理，已拆除和规范违规建筑750余户，追缴土地出让金1100万元。投入480万元，配套和完善环卫设施设备，保障环卫经费，深化城乡环境综合整治，通过创建“省级卫生县城”技术评估验收。完成桑堆乡撤乡建镇。整合各类资金4194万元，集中打造仁村、桑堆幸福美丽新村，建成省级示范县聚居点16个。投入2547万元，完成C级危房改造及抗震加固5085户、藏区新居333户。实施整村推进项目6个。投入180万元，实施通村路桥等“四小”项目7个。投入200万元，完成易地扶贫搬迁66户、地质灾害避险搬迁40户。投入328万元，完成赤土乡仲堆村自来水厂建设；安装自来水引水管道85.7公里，解决480户2560人的安全饮水问题。亚丁机场航线增至4条，全年进出港旅客超过14万人次，进出港货物逾百吨。全县通车里程达到1543.4公里。投资400余万元，建成8个农村客运站和30个村级招呼站。安装乡村道路安保设施50公里，养护乡村公路600公里。推进“电力天路”工程建设，投资4亿元，实施乡城至稻城至香格里拉镇110千伏和县城至邓坡、香格里拉镇至各卡至吉呷35千伏输电线路工程，架设110千伏线路156公里、35千伏线路154公里。完成县城、香格里拉镇110千伏，邓坡和各卡35千伏变电站建设，稻城电网并入国网运行。投资4963万元，实施10千伏及以下输变电线路工程建设，架设线路310.5公里，新建和改造变电台区97个，结束邓坡乡无电历史。

【社会事业协调发展】 投入100万元设立教

育发展基金，助推教育事业优先发展。投资4400余万元，完成牧区重点寄宿制学校学生宿舍等13个项目建设。投入710万元，实施7所精品学校创建工程，完成3所学校风貌改造，购置安装县中学太阳能取暖设备，采购电子白板62台，实现电子白板班级全覆盖。减免农村义务教育“三免一补”经费861.9万元，解决学前教育保幼经费和学生取暖补助117万元。投入240万元，实施营养餐改善计划，覆盖学生3998名。助学政策覆盖83人，发放助学贷款60.2万元；兑现学费奖补15万元。中小学学生入学率、巩固率均为95%以上。投资2500万元，完成区域医疗中心、疾控中心和东义、巨龙卫生院项目建设；完成投资1023万元，启动县医院创二甲、中藏医院创二乙工作。建立居民健康档案31025份，开展卫生下乡和柔性流动服务，全年诊治患者26651人次；兑现少生快富和奖励扶助对象生活补助85万元。全面取消县级公立医院药品加成，减免药费30余万元；县医院业务收入突破700万元，较上年增长近2.5倍；在县医院和9个乡镇卫生院开设中藏医科，采集并制作野生中藏药材标本326种。投入近200万元，新建村级文化站点2个，为14个乡镇配备音响设备并组建群众演艺队伍；投入100万元，完成歌舞数据库建设。开展文化执法检查70余次，免费放映农村电影1411场次，新建茹布查卡村和仁村广播电视光纤网络覆盖工程。完成非物质文化遗产项目代表性传承人申报，开展“四下乡”活动176场次，建成22个村级体育场地。新开设《时评稻城》《基层党建》等7个栏目。全县广播、电视综合覆盖率分别为84.5%、78.8%。新建基站68个，全县移动电话用户15075户，宽带用户2074户，固定电话用户2390户。落实困难群体帮扶救助政策，开展关系保、人情保和权力保问题清理，清退不符合政策的城乡低保及“五保”对象797人；兑现城乡低保、“五保”供养等保障金1553万元；投入60万元，完善县敬老院基础设施；投入668万元的香格里拉镇敬老院开工建设。完善医疗救助体系，基本医疗保险参保25945人，兑现医疗救助金296万元；落实城乡低保和“五保”住院临时生活补助17.4万元。新型农村和城镇居民社会养老保险参保12425人，发放保险金212.8万元。推进就业工作，完成就业培训758人次，实现城镇新增就业320人，城镇登记失业率控制在4.2%以内。兑现退耕还林补助884万元、集体公益林补偿321.1万元；兑现草原生态补偿等补助金1628.9万元；兑现畜禽养殖圈舍改造补助近500万元。

（李华竹）

·得荣县·

【概况】 全县辖区面积2916平方公里，辖1个镇、11个乡，127个行政村，2个居委会，245个自然村。总人口2.5万人，人口出生率10.74‰，人口死亡率4.9‰。全县地区生产总值5.9亿元，比上年增长12.5%；全社会固定资产投资完成12.5亿元，比上年增长47.5%；实现工业增加值1995万元，比上年增长3.8%；县级公共财政收入完成3118万元，比上年增长26.4%；社会消费品零售总额完成8130万元，比上年增长9.8%；城镇居民人均可支配收入达2.37万元，比上年增长8.4%；第一产业实现增加值1.85亿元，比上年增长5.7%；完成农作物播面3186.66公顷，粮食总产量达1.16万吨，各类牲畜年末存栏7.12万头（只、匹），牲畜总增、出栏、商品率分别达43%、44%、27%，肉类总产量达1993吨，奶产量达1123吨，实现牧业产值1亿元。农牧民人均纯收入达5950元，比上年增长16.8%。不断巩固特色农业，兑现葡萄种植补助资金210万元，开展5轮葡萄统防统治工作，发放各类药品器械折资33.48万元，防治成效显著。全县酿酒葡萄挂果84.2公顷，产量达812吨，产值648万元，促进种植户人均增收521元。

【社会各项事业蓬勃发展】 投入资金4800万元开工建设茨巫、古学2所双语幼儿园、茨巫乡中心校学生食堂和白松集中办学点11幢教学生活用房，办学条件不断提升。全年兑现各类资金395万元，全面落实“三免一补”、非义务教育资助、大学生无息贷款等惠民政策。免除340名在园幼儿保教费、全部义务教育阶段学生和38名贫困高中学生学杂费，兑现非义务教育资助金37.6万元，为146名生源地大学生提供助学贷款96.5万元。着力提高教师待遇，按条件艰苦程度为农村教师兑现每人每月400元至600元的生活补助。全县参加高考61人，考取本科7人、藏区“1+2”7人、其他各类专科46人。制定《“健康得荣2020”卫生事业跨越发展实施方案》，建立农牧民健康档案2.5万份。投资900万元，大力改善医疗卫生条件，茨巫乡、徐龙乡卫生院竣工并投入使用，卫生计生综合大楼完成主体工程建设，曲雅贡乡、古学乡卫生院正加快建设。实施国家免疫规划接种6145人次，免费接诊结核病疑似病人53例，药物治疗包虫病2例，白内障筛查94人，完成白内障摘除手术87例。免费婚前孕前检查141例，农村孕产妇住院分娩率达到80.1%，无孕产妇死亡情况，新生儿死亡率低至9.8‰。全面落实人口计生惠民政策，帮扶计生三结合159户、兑现计生三项制度奖励资金88.4万元。坚持旅游统揽经济社会发展，立足大香格里拉旅游经济圈及亚丁旅游经济圈叠加的区位优势，出台《得荣县加快推进全域旅游发展的实施意见》，启动《得荣县全域旅游总体规划》修编工作。编制完成《下拥景区生态旅游总体规划》，争取到下拥景区旅游基础设施建设资金1305万元。成功申报瓦卡镇休闲农业与乡村旅游州级示范乡村。全年，累计接待游客34万人次，实现旅游收入2.66亿元。狠抓交通基础设施，新开工项目32个，总投资3.5亿元，总里程达329公里。着力打通“川滇通道”，切实提高交通保障能力。实施安全饮水工程，解决农村2470人饮水安全问题。完成全县64个村5091人贫困人口精准扶贫建档立卡工作，组建64个驻村工作组。争取扶贫、两资、以工代赈资金1601万元。大力弘扬民族文化，出版发行“情舞太阳谷”光碟，被省文化厅命名为“情舞之乡”。积极开展翁甲寺、红军桥、贺龙桥等省级文物的保护工作，成功申报藏族民间土陶烧制、酿酒、接骨、编织等4项技艺为州级非物质文化遗产，完成民间歌舞数据库基础数据收集。成功举办地震一周年文艺会演，系列报道《灾后这一年》在省州媒体播出，取得了良好社会效益。城乡居民养老保险覆盖9966人，支付保险待遇216万元；城乡居民基本医疗保险覆盖2.14万人，新农合参合率达99%，支出保险待遇697.6万元。城乡医疗救助1264人，支付救助资金138万元。城乡低保惠及8287人，发放最低生活保障金1009万元。

【灾后重建成效显著】 按照“科学重建、民生优先、安全第一、保护生态”的原则，制定《得荣县灾后恢复重建实施方案》并得到州政府批复，确定农房建设、基础设施、产业发展和生态修复等4大类39个重建项目，总投资达8.2亿元，快速推进农房重建。坚持把农房重建作为保障群众切身利益的大事，全面落实各类惠民政策，兑现住房维修和重建补助资金2050万元，县级财政落实资金30.87万元，为3087户重建户和维修加固户购买了人身意外保险。实施贷款贴息和利率优惠叠加政策，发放贷款2165万元，极大地激发了广大群众支持重建的热情。2507户民房维修加固全面完成，农房重建开工519户，开工率达99%，其中240户主体完工。

（刘文霞）

·海螺沟景区管理局·

【概况】 辖区面积906.13平方公里，辖2个乡镇、21个行政村，总人口1.5万人。大海螺沟景区由海螺沟、磨子沟、燕子沟、南门关沟、红石公园（包括雅家情海景区）、鹏程山景区和磨西—新兴台地七大区块组成。2014 年，实现地区生产总值 4.70 亿元，比上年增长 19%；固定资产投资完成 3.47 亿元，比上年增长 47.66%；地方公共财政收入完成 0.28 亿元，比上年增长 15.4%；农民人均纯收入 4885 元，比上年增长 31.12%；接待游客 92.5 万人次，比上年增长 45.69%，实现旅游综合收入 5.4 亿元，比上年增长 30.75%。

【全力推进国家 AAAAA 级旅游景区创建】 全面启动国家 AAAAA 级旅游景区创建工作，制定完善《2014 年海螺沟景区创建 AAAAA 级景区工作方案》，确定创建咨询机构，启动并完成《海螺沟创建国家 AAAAA 级旅游景区提升规划》和景观评定相关资料编制；完成国家级生态旅游示范区创建资料编制；完成海螺沟森林公园IUCN最佳保护地绿色名录资料收集、整理及申报工作；完成海螺沟省级旅游度假区创建相关资料收集、整理。投入营销宣传经费达 760 余万元。景区荣获央视新闻频道、中国旅游研究院评选的“中国最美冬季旅游地”称号；荣获人民网、中华网、国际旅游协会“2014 最佳生态旅游度假目的地”和首届四川十大最美杜鹃花观赏地荣誉称号。

【景区春节黄金周旅游创新高】 2014 年春节黄金周期间，海螺沟景区共接待游客 6.98 万人次，比上年增长 50.42%，实现门票收入 222.78 万元，比上年增长 46.08%。其中海螺沟接待游客 59704 人次，红石公园接待游客 7932 人次，燕子沟接待游客 1560 人次，贡嘎神汤接待游客 620 人次。

ཤི་སྣ་མཚན་སྙན།

人物·荣誉

·州、县组织机构和领导名录·

（2014 年内在任）

一、中共甘孜州委

中国共产党甘孜州第十届委员会

书　记　胡昌升

副书记　益西达瓦
　　　　刘坪（—2014. 10）
　　　　汪洋（2014. 10—）
　　　　向秋

常　委　汪洋（—2014. 10）
　　　　段毅君（—2014. 02）
　　　　杨凯　陈忠义　相洛　段内开
　　　　徐芝文（—2014. 10）
　　　　杨晓东（—2014. 01，挂职）
　　　　吕芙蓉（—2014. 10）
　　　　张昊（2014. 01—，挂职）
　　　　许春秀（2014. 03—）
　　　　王春（—2014. 09）
　　　　陈爱皖（2014. 09—）
　　　　张平森（2014. 10—）
　　　　唐强（2014. 10—）
　　　　赵波（2014. 10—）
　　　　于涵（2014. 10—，挂职）

秘书长　徐芝文（—2014. 10）
　　　　张平森（2014. 10—）

副秘书长　刘宗建　东风　陈泽明
　　　　　邓薇　夏永志

州委办公室

主　任　刘宗建

副主任　李灿　李德强　尼马

保密办（州保密局）

主　任（局长）　郭秀英（女）

副主任（局长）　舒大有

机要局

局　长　木得古合

副局长　张森林

总工程师　谢培诚

州纪律检查委员会

书　记　刘坪（—2014. 10）
　　　　汪洋（2014. 10—）

副书记　王强　卢登　袁明光　宁凯

常　委　谢平　黄建国　王昌荣
　　　　张全康　段含国

州委组织部

部　长　陈忠义（—2014. 10）

赵波（2014.10—）
副部长　扎西翁加　倪全安　仁青（女）
何文才（6月止）　祝邦文
李林华　王爱军

州委宣传部
部　长　相洛
副部长　拥措（女）　王光达　陈明凯
王丹（女）

州委统战部
部　长　段内开
副部长　昌嘎次称　肖志洪　张建泉
高尔布　敖武晋美　蒙兴普
赵霞（女）
部务委员　熊军

州政法委
书　记　向秋
副书记　尹天飞　董邓康　戴斯林
徐贵强
付宝（2014.08—，挂职）
政治部主任　向国恩

州委州政府目标督查办
主　任　兰芝
副主任　杨慧（女）　杨兴　谢雨农

机关事务管理局
局　长　泽仁翁姆（女）
副局长　王平　方一舟

州委政研室
主　任　杨俊（—2014.09）
副主任　张林

州委农办
主　任　张家志
副主任　李鹏　吴运凌

州直属机关工委
书　记　徐芝文（—2014.10）
张平森（2014.11—）
常务副书记　王兴丽（女）
副书记　赵静（女）　黄晓梅（女）

州委群众工作局
局　长　高才宏
副局长　刘小凤（女）　张建国

州委编办
主　任　谢培勇
副主任　肖志明（—2014.11）　王松
谷云（2014.11—）

州委老干部局
局　长　裴嘉（女）
副局长　伍建忠　王斌斌

二、州人大常委会

甘孜州第十一届人大常委会
主　任　李康
副主任　李致民　香根·巴登多吉
胡德明　廖才坤　杨国元
陈德贵　白苏英（女）
杨煜康
秘书长　郑显峰

办公室
主　任　田龙
副秘书长　付林（女）
副主任　泽里拥忠（女）　张运旻

法制委员会
主任委员　叶萌
副主任委员　李友才　陈昊

财政经济委员会
主任委员　林志伟

副主任委员　殴春萍（女）　刘锦

人事代表工作委员会
主　任　赵玉玲（女）
副主任　朱亚军　李靖

民族宗教外事工作委员会
主　任　鲁建康
副主任　邱文兰

教育科技文化卫生工作委员会
主　任　杨贵平
副主任　黄树军

农业与农村工作委员会
副主任　杨锐

城乡建设环境资源保护工作委员会
主　任　蒋晓蓉（女）
副主任　张祯平

预算工作委员会
主　任　黄建军
副主任　柏云

常委会办公室纪检组长　李建林
常委会信访办主任　袁剑
机关党委专职副书记　奔巴措

三、州人民政府

甘孜州十一届人民政府
州　长　益西达瓦
常务副州长　汪洋（—2014.10）
　　陈忠义（2014.10—）
副州长　杨晓东（—2014.01，挂职）
　　张昊（2014.01—，挂职）
　　许春秀（—2014.03）
　　张平森（—2014.11）
　　于涵（2014.10—，挂职）
　　舒大春　葛宁
　　唐强（—2014.11）
　　舒文　张永德（2014.04—）
　　何飚（2014.11—）
　　杜德清（2014.12—）
秘书长　王方霖
副秘书长　程永红　刘俊明（兼）
　　周雪峰（兼）　陈荣（兼）
　　张世旭　王　虎　叶绍军
　　高见　李言明（—2014.09）
　　易武（兼）　查心刚（兼）
　　牛麦青云（兼）
　　陈文（—2014.10，挂职）

办公室
主　任　程永红
副主任　友珍（女）　马传勇　陈应轩

研究室
主　任　陈荣
副主任　郭静

金融办
主　任　周雪峰

人防办
主　任　易武
副主任　谭伟

法制办
主　任　刘俊明
副主任　胥晓莉（女）

州发展和改革委员会
主　任　王成康
副主任　廖命福　苏久泽古　四郎翁吉
　　罗本彬　陈志勇　李樱（女）
　　李学余（挂职）
纪检组长　翟光远
信息中心主任　刘屹

州教育局
局　长　嘎绒拥忠
副局长　杨思微（女）　刘康飞
　　　　廖伟（挂职）　尹创　李玉刚
纪检组长　谢永华
党工委副书记　何利（女）
总督学　尔恩木沙

州科技局
局　长　邱发国
副局长　泽朗格西　汪洋
纪检组长　陈咏红
州科情所所长　岳宇

州经济和信息化委员会
主　任　何康军
副主任　唐林　张涛　蒋飚　倪纲
总经济师　张建波
纪检组长　赵志刚

州民委
主　任　扎西
副主任　乌尼合儿　陈中华　高绒布鲁
纪检组长　向锋

州公安局
局　长　舒文
副书记　王建　太学军
副局长　多军　敬阳　扎巴　杨勇隆
　　　　向学马（兼）
纪委书记　罗德双
政治部主任　刘堰
交警支队长　骆勇
特警支队长　向学马
国保支队长　阿成
刑侦支队长　成伟
警务督查支队长　唐永孝
禁毒缉毒支队长　王建平
经侦支队长　袁伟
治安支队长　所呷
反恐处处长　朗加

州监察局
局　长　王强
副局长　王昌荣　晓蓉（女）

州民政局
局　长　刘小康
副局长　柏鹏　黄九利　徐平静
纪检组长　窦零
党总支书记　张健康

州司法局
局　长　李春兰（女）
副局长　黄俊勇　格桑居勉　扎西彭错
　　　　丹达瓦
纪委书记　王有兰（女）
政治部主任　杜明亮

州财政局
局　长　格绒（女）
副局长　李晓蓉（女）　成岗　周宇
纪检组长　朱旗
总会计师　方荣
监督检查局局长　夏益军
国库支付中心主任　刘树安

州人力资源和社会保障局
局　长　郑天强（—2014. 11）
　　　　仁青（2014. 11—）
副局长　杨成君　苏久拉铁
　　　　仁真拥措（女）　杨永华（女）
　　　　陈勇　陈代康（兼）
纪检组长　蹇明燊
社保局局长　陈代康
就业局局长　何海
医保局局长　李云峰

州国土资源局
局　长　昂波

副局长　胡忠平　王忠靖　张洪生
　　　　李玉琼（—2014.07 挂职）
　　　　王充（—2014.07 挂职）
纪委书记　罗布
总工程师　胡修林

州环境保护局

局　长　袁亮
副局长　罗雪英（女）　徐建国
　　　　李富华（—2014.07，挂职）
　　　　谢礼
纪检组长　毛雪梅（女，12 月始）
总工程师　周旋

州住房和城乡规划建设局

局　长　扎西彭措
副局长　刘竑　王健　宋清洪
　　　　王淑健（—2014.06，挂职）
　　　　李茂贵（2014.06—，挂职）
总工程师　张刃
纪检组长　吴勋良

州交通运输局

局　长　冉义
副局长　丁虹　夏晓敏　闻琼（女）
　　　　李王斌　吴在新
政治部主任　康秀英（女）
纪检组长　唐劲松
总工程师　刘军儒
安全总监　高宝寿
运管处处长　刘进军
路政支队队长　曲美降措

州水务局

局　长　杨正勇（2014.07—）
副局长　唐静（女）毛进明　马丽涛
总工程师　刘宁

州农业局

局　长　杨志贵
副局长　罗永红　刘忠　叶兆鸿　甲措
　　　　王波（—2014.07，挂职）
总农艺师　达瓦
纪检组调研员　罗文明

州畜牧局

局　长　松呷
副局长　杨树农　刘志辉　何阿富
　　　　方绍华（挂职）
纪检组长　李康华
州畜科所所长　蒋忠荣
总畜牧师　王大成

州林业局

局　长　杨庆华
副局长　洛绒泽仁　潘华　付达荣
　　　　陈学军（挂职）
政治部主任　曾在明
森林防火指挥部专职副指挥长　刘森林
总工程师　代学冬
林科所所长　刘大建

州商务局

局　长　李凡
副局长　孙雪毓　王能宏（女）
　　　　张良勇　拥塔拉姆（女）
纪委派驻调研员　徐明全

州文体广局

局　长　龚建忠
副局长　向国华　蒋敦安　许志东
　　　　苏少华　刘力夫（兼）
　　　　向巴启绕
纪检组长　杨苏斌
歌舞团团长　刘力夫
电视台台长　肖勇

州卫生局

局　长　桑郎泽仁
党工委专职副书记　杨庆东

副局长　卫林（女）　李伟　何云华
　　　　聂全江（挂职，—2014.06）
　　　　刘刚（挂职，—2014.09）
纪检组长　许惠明（女）
州人民医院院长　多吉
州卫校校长　杨建军
州藏医院院长　白玛卓嘎
州皮防院院长　王康平

州人口计生委
主　任　童波
副主任　唐冬梅（女）　黄荣斌
纪检组长　曲珠（女）

州审计局
局　长　辛勤（女）
副局长　陈军　吴建刚
　　　　汪孝竹（挂职，2014.07—）
纪检组长　梁红（女）
总审计师　何琼英（女）

州国资委
主　任　马国忠
副主任　余涌　龙野　刘启殿
纪委书记　李晓涛
政治部主任　陆文光

州安全生产监督管理局
局　长　徐杰
副局长　彭措　肖志超　贡嘎绒波
安全专员　赤乃贡布

州统计局
局　长　杨正勇（—2014.07）
　　　　洛绒土登（2014.07—）
副局长　甄康新　杨慧青（女）
总统计师　陈林
纪检组长　邓明勇（—2014.05）
　　　　巴松（2014.05—）

州旅游局
局　长　肖锋
副局长　王秋蓉（女）　刘洪　彭建军
　　　　任啸（女，挂职）
纪检组长　鄢琴章

州宗教事务局
局　长　肖志洪
副局长　降拥赤来　洛绒泽仁
　　　　汪秋平德　苏圆明
纪检组长　何康富

州扶贫和移民工作局
局　长　周道君
副局长　黄建国　穆撼　曹阳　安真
纪检组长　丁晓华
总工程师　扎西彭措

州防灾减灾局
局　长　李德
副局长　李小林
纪检组长　陈冬

州外事办
主　任　张平林（女）
副主任　泽尔加　杨康华
纪检组长　卫东

州食品药品监督管理局
局　长　曲梅（女）
副局长　邹治平　尼勒木卡　周泽安
　　　　康勇
纪检组负责人　刘季敏

驻蓉办
主　任　伍秀英

驻京联络处
主　任　高国强

四、州政协

政协甘孜州第十二届委员会

主　席　易　凡

副主席　刘昌泽　范文华
　　甲登·洛绒向巴　周冬秀（女）
　　多吉扎西　洛绒曲批
　　蒋秀英（女）　赵斌　孙飞
　　杨学康

秘书长　刘勇

副秘书长、办公室主任　冯柏清

副秘书长　戈教·云登嘉措　谢民
　　熊维权

经济科技委员会主任　王笑迟

提案法制委员会主任　陈英（女）

民族宗教委员会主任　周扎巴

文教医卫和群团委员会主任　徐海波

文史资料和学习委员会主任　其美多吉

人口资源环境委员会主任　小卓玛

农业委员会副主任　刘文进

研究室主任　杨雄

五、驻军及武警部队

甘孜军分区

司令员　樊亮才

政　委　陈爱皖

武警甘孜州支队

支队长　陈孟才

政　委　舒文（兼）　彭涛

武警四川总队第二支队

支队长　田晓东

政　委　石汉循（—2014.01）
　　古林（2014.01—）

武警甘孜州森林警察支队

支队长　候正余（—2014.01）
　　张世光（2014.01—）

政　委　杨浩

甘孜州公安消防支队

支队长　张涛

政　委　刘中树

六、法检机关

州中级人民法院

院　长　邓庆国（—2014.01）
　　吴良军（2014.01—）

副院长　彭涛　刘国建　易兵
　　张犁（2014.01—）
　　王明奎（挂职，—2014.07）

纪检组长　卢有康

政治部主任　杨洪波

州检察院

检察长　吴长福（—2014.02）
　　李鹏飞（2014.02—）

副检察长　张文光　董平　桂荣
　　杨小莉（女）　黎军

纪检组长　乌尼乌沙

政治部主任　王华（女）

反贪污贿赂局局长　严渝康（2014.01—）

七、群团机关

州总工会

主　席　许春秀（女，2014.09—）

副主席　丹珍志玛（女）　岳国荣
　　罗德强

团州委

书　记　洛绒拉珍（女）

副书记　陈琳娜（女）
　　袁雅逊（—2014.11）

州妇联

主　席　穆黎（女）
副主席　充芬（女）　王惠（女）

州文联

常务副主席　格绒追美
副主席　李琴英（女）

州科协

主　席　罗振远
副主席　章全　胡德友

州工商联

常务副会长　张建泉
副会长　王永生

州残联

理事长　戴旭
副理事长　李明其　阿六古合

佛教协会

会　长　甲登·洛绒向巴
副会长　多吉扎西　洛绒曲批
　　格达·扎西绒布
　　戈教·云登嘉措
　　旦增·龙多尼玛　巴迦　洛呷
　　俄色·洛绒登巴　泽旺吉美
　　夏坝·降央克珠
　　图布丹确吉坚赞　尼玛降真
秘书长　仁孜
副秘书长　公确旺加　白登勒席
　　洛桑降史降措
　　土登·登增尼玛

州红十字会

常务副会长　王旭初

州社科联

常务副主席　代刚
副主席　王韩玉

八、州委直属事业单位

州委党校

校　长　陈忠义（—2014.11）
　　赵波（2014.11—）
常务副校长　肖福荣
副校长　易诚　代文辉

州委党史研究室

主　任　张敏
副主任　王佐

甘孜日报社

社　长　阿莲
副书记　黄良福
副总编　田杰　周华

州藏学研究所（州编译中心）

所长（主任）　柏萍（女）
副所长（副主任）　落比罗布

九、州政府直属事业单位

州公路局

局　长　刘江
副局长　更登格西　肖星义
总工程师　罗成和
纪委书记　冯艳（女，2014.05—）
政治处主任　廖虎
工会主席　学英

甘孜州行政学院（州民族干部学校　州社会主义学院）

常务副院（校）长　蒋耀原
副院（校）长　周素平　孙强　龙跃海
纪委书记、党委副书记　陈明有

州档案局

局　长　黄仁钰

副局长　熊剑

州地方志办公室

主　任　刘启蓉（女）

副主任　韩广富

州住房公积金中心

主　任　安世辉

副主任　谢宏

州政务中心

主　任　查心刚

副主任　张小平

十、省驻州行政机构

甘孜州国税局

局　长　罗科

副局长　白蕾（女）　何全富

　　　　李敏（女）　秦志勇

纪检组长　王林

总经济师　多吉降措

总会计师　尼杜伟哈

甘孜州地税局

局　长　文建国

副局长　向定祥（—2014.06）

　　　　徐波（—2014.06）

　　　　郑玉峰　张瑞钧

党委书记　高德明

纪检组长　王雪峰

总经济师　何国平

总会计师　高德富

甘孜州工商行政管理局

党组书记　王益西吉村

局　长　丁淑娟（女）

副局长　格桑泽仁　张昉　席小康

纪检组长　高长明

国家统计局甘孜调查队

队　长　张维（女）

副队长　蔡启军　陈华南（女）

纪检组长　张子安

州质量技术监督局

局　长　王葆春

副局长　张春钰　阿姆（女）　张大军

纪检组长　夏光全

中国人民银行甘孜州中心支行

党委副书记、副行长　何家鸿

副行长　王凡志　席建生　叶宏伟

纪委书记　杨庆环（女）

甘孜州烟草专卖局（公司）

局长、经理　陈志学

党组书记　青志勇

纪检组长　郝渠源

副局长　易海波　李贵华

副经理　吴忠于

甘孜州邮政管理局

局　长　郑雨晴

副局长　帅军

十一、省驻州事业单位

四川民族学院

党委书记　李继平

党委副书记、院长　李能武

纪委书记　刘瑛（女）

副院长　黄正刚　凌立　郭庆义

　　　　詹先友

中国银行业监督管理委员会甘孜监管分局

局　长　黄先明

副局长　姜洪波

纪委书记　魏荣

州气象局

局　长　蒲强

副局长　陈朝勇　唐磊

纪检组长　谭绍华

甘孜监狱

监狱长　陈凉（—2014.08）

　　　　李远康（2014.08—）

政　委　李远康（—2014.08）

　　　　洛绒昂旺（2014.08—）

省藏文学校

书记、校长　罗江龙（2014.01—）

副校长　高志安　降措　牛麦泽翁

工会主席　泽仁多吉

康定地震站

站长　张绪奇

十二、企业

中国农业银行股份有限公司甘孜分行

行　长　毛树德

副行长　扎西泽仁　范君　李波

中国建设银行股份有限公司甘孜分行

行　长　谷运凤

副行长　王俊熙　秦国武

中国农业发展银行甘孜州分行

行　长　周志坚（—2014.08）

　　　　罗家齐（2014.09—）

副行长　易平（—2014.09）

　　　　李闯　郑雯（2014.09—）

中国工商银行甘孜直属支行

行　长　蒋征江

副行长　古卫　郭冰

州农村信用联社股份有限公司

董事长　钟小林

主　任　王虎

副主任　易清　赵洪

监事长　昂钦

董事会秘书　李家文

四川省邮政公司甘孜州分公司

总经理　李显华

副总经理　曾华　曲桂珍

中国邮政储蓄银行甘孜州分行

党委书记、行长　李康遂

纪委书记、副行长　孟　纯

中国电信甘孜分公司

总经理　张世敏

副总经理　许康元　张韧　刘运刚

　　　　　李光荣

　　　　　李多杰（2014.07—）

中国移动甘孜分公司

总经理　陈可

副总经理　李晏林　陈俊

中国联合网络通信集团有限公司甘孜州分公司

总经理　汪剑洪（—2014.08）

　　　　米崇璟（2014.08—）

副总经理　李华　伍泽荣

中国人民财产保险股份有限公司甘孜州分公司

总经理　文祺麟

副总经理　姜芝文　李建康

中华联合财产保险股份有限公司甘孜州中心支公司

总经理　兰国柱

平安财险甘孜中心支公司

总经理　赵成勇

副总经理　　王德浩

国网四川甘孜州电力有限责任公司

董事长　明自强

党委书记　刘友志

州国资公司

总经理　易刚

副总经理　温登明

财务总监　阮少军

康定机场集团公司

董事长、总经理　谭亨

州林业工程处

处　长　肖体华

力邱河林业局

局　长　朱国明

康定新川藏运业有限责任公司

董事长、总经理　尹麒

四川里伍铜业股份有限公司

董事长　陈道前

总经理　祝军

十三、各县（局）党政主要领导名录

康定县

县委书记　段毅君（—2014.03）

　　　　　唐强（2014.03—）

人大常委会主任　马昌华

政府县长　甲么

政协主席　张定贵

泸定县

县委书记　陈廷全

人大常委会主任　胡林

政府县长　蒲永峰

政协主席　杨晓刚

丹巴县

县委书记　杜德清

人大常委会主任　温绍安

政府县长　刘宾（—2014.03）

　　　　　何文才（2014.07—）

政协主席　阿根

九龙县

县委书记　赵景强

人大常委会主任　罗凡

政府县长　尹江涛

政协主席　王琦

雅江县

县委书记　阿基布珠

人大常委会主任　刘进顺

政府县长　旦灯

政协主席　杨双寿

道孚县

县委书记　徐芝文（—2014.10）

　　　　　蒲永峰（2014.12—）

人大常委会主任　高林中

政府县长　洛绒土登（—2014.07）

　　　　　杨国清（2014.07—）

政协主席　蔡景荣

炉霍县

县委书记　汪堆

人大常委会主任　康玲（女）

政府县长　巴登

政协主席　吴小平

甘孜县

县委书记　张永德（—2014.06）
　　　　　何康林（2014.06—）
人大常委会主任　仁孜
政府县长　龙明阿真
政协主席　阿日

新龙县

县委书记　公纠
人大常委会主任　徐康玉（女）
政府县长　董德洪
政协主席　泽翁

色达县

县委书记　王永康
人大常委会主任　秋他
政府县长　巴登
政协主席　所波

德格县

县委书记　何晓春
人大常委会主任　吴忠贵
政府县长　黄杰
政协主席　四郎益西

白玉县

县委书记　康光友
人大常委会主任　喻建强
政府县长　陈天康
政协主席　周玉红（女）

石渠县

县委书记　伍强
人大常委会主任　文晓军
政府县长　仁青降措
政协主席　伍强（—2014.11）
　　　　　刘泽（2014.06—）

理塘县

县委书记　雷建平
人大常委会主任　曲批
政府县长　格勒多吉

巴塘县

县委书记　刘志东（—2014.10）
人大常委会主任　代龙
政府县长　汪玉琼（女）
政协主席　格绒

乡城县

县委书记　何康林（—2014.05）
　　　　　郑天强（2014.05—）
人大常委会主任　杨建
政府县长　黄进
政协主席　丁淑群（女）

稻城县

县委书记　邓立军
人大常委会主任　唐晓庆
政府县长　曾关和
政协主席　龙农

得荣县

县委书记　陈洪暴
人大常委会主任　阿郎
政府县长　普呷
政协主席　阿当扎西

海螺沟景区管理局

局　长　谭智泉
副书记　洼西彭措
副局长　王光志　高茂平
　　　　张丹（挂职）
政治部主任　龚自毅
纪委书记　李绍霖

稻城亚丁景区管理局

局　长　葛宁（兼）
副局长　孙亮　肖电珠

·先进个人·

一、全国先进个人

【第五届“我最喜爱的人民警察”】

朱晓军　德格县公安局白垭派出所副所长（二级英模）

【全国优秀共产党员】

毕世祥　生前系甘孜州委常委、宣传部部长

【全国五一劳动奖章】

张洪波　甘孜藏族自治州畜牧站站长

【全国教育系统先进工作者】

嘎绒拥忠　甘孜州教育局局长、工委书记

【全国模范教师】

扎西曲批　得荣县徐龙乡莫灯村小教师

【全国优秀教师】

杨建勇　甘孜州职业技术学校

【全国优秀教育工作者】

健红（女）　德格县竹庆乡中心小学校长

二、省级先进个人

（排名不分先后）

【四川省优秀共产党员】

袁雅逊　生前系共青团甘孜州委副书记

【四川省优秀县委书记】

杜德清　丹巴县委书记

【四川省五一劳动奖章】

王安全　理塘县供电有限责任公司

【四川省优秀乡镇党委书记名单】

白玛次来　道孚县瓦日片区工委主任兼瓦日乡党委书记

甲花多吉　色达县泥曲片区工委主任兼克果乡党委书记

英忠（女）　新龙县甲拉西乡党委书记

泽仁根布　白玉县章都乡党委书记

降呷　德格县更庆镇党委书记

昂汪罗让　雅江县江西区工委主任兼红龙乡党委书记

文君健　理塘县奔戈乡党委书记

邓成兴　九龙县乃渠乡党委书记

【2014年四川省三八红旗手】

张燕　甘孜州人民检察院计划财务装备处处长

【四川省优秀村党组织书记】

刘定德　康定县炉城街道水井子社区党支部书记

刘显虎　泸定县兴隆镇和平村党支部书记

西尔甲参　丹巴县中路乡纵宁村党支部书记

吴福寿　炉霍县宜木乡虾拉沱村党支部书记

仁青泽翁　甘孜县呷拉乡呷拉村党支部书记

干它　石渠县正科乡甲松村党支部书记

格桑郎吉　巴塘县夏邛镇泽曲伙村党支部书记

同扎桑登　稻城县香格里拉镇仁村联合党支部书记

洛绒邓珠　乡城县白依乡青打村党支部书记

李华　得荣县斯闸乡卡龚村党支部书记

【四川青年五四奖章】

袁雅逊　生前系共青团甘孜州委副书记

【2014年度四川省优秀共青团员】

格绒拉姆（女）　理塘县哈衣乡人民政府文书

落绒初姆（女）　甘孜县昔色乡人民政府工作人员

张泽军　道孚县委办公室科员
宦国韦　丹巴县国土资源局科员
康沛杰　甘孜州路政执法大队工作人员
泽仁朋措　德格县委宣传部科员
刘丰　中国移动甘孜九龙县分公司网络部主任
曹雪松　甘孜藏族自治州炉霍县中学教师
沙吉丁真　康定县藏文中学高 2015 级 2 班学生
严丽　四川省泸定中学高 2016 级 1 班学生
陶丹　甘孜州海螺沟景区磨西镇幼儿园教师
石茂伶　武警四川省总队第二支队一中队干警
王树森　武警甘孜州森林支队康定中队副班长

【2014 年度四川省优秀共青团干部】

泽仁娜姆（女）　共青团甘孜州委统战联络部主任科员
蒋永菊（女）　共青团甘孜州委办公室副主任
刘涛　康定团县委副书记
张旋　丹巴团县委办公室主任
扎西邓珠　巴塘县德达乡团委书记
罗晓芸（女）　乡城县热打乡团委副书记
尹亚祺（女）　甘孜州人民政府办公室团支部书记
余光荣　甘孜州稻城亚丁景区团委书记
吕玲（女）　四川康定机场集团有限责任公司团委书记
马顺辉（女）　中国电信股份有限公司甘孜分公司团委书记
尼玛扎西　四川省甘孜军分区独立营二连团支部书记

【四川省第七次民族团结进步模范个人】

李建林　甘孜州人大常委会办公室纪检组长
胡涛　政协甘孜州委员会民宗委副主任
拥措（女）　州委宣传部常务副部长
戈教·云登嘉措　州佛协驻会常务副会长
王尼玛　九龙县司法局局长
甲玛　康定县瓦泽乡党委书记
益西次称　乡城县青麦乡党委书记
汪培　理塘县委办公室副主任
张瀚　共青团色达县委副书记
泽仁邓珠　得荣县奔都乡俄木学村支部书记
阿加珠珠　德格县龚垭乡格苏村支部书记
公秋尺里　石渠县色须镇红旗一村村委会主任
阿石约哈　白玉县河坡乡则吾村支部副书记
斯郎汪清　雅江县祝桑乡南真寺
日沙格西　丹巴县革什扎乡扎西仁青岭寺

三、州级先进个人

（排名不分先后）

【全州抗震救灾优秀共产党员】

袁雅逊　生前系共青团甘孜州委副书记

【见义勇为勇士】

泽称降措　生前系白玉县建设镇布麦村村民

【甘孜州第五届劳动模范名单】

陈俊　袁洪珍　杨成　李启全　杨旭
杨莉　欧小红　周德博　贾瑞东
肖文平　杜小贵　桂花　王保权
张惠英　廖明才　余贵松　阿加
吴新荣　热登　刘慧琼　冯青春　土布
徐全益　福强　泽仁洛加　杨志刚
罗清华　所彭　张翰　张兴玉　底周
降多吉　李英华　雍海秀　唐红莉
甲瓦布布　阿扎　干它　刘明建

公秋称里　马春芳　白马尼麦
充翁降泽　毕堂平　斯朗曲西　王安全
志马　格松翁姆　曹世森　益西拉姆
丹巴　吴冬英　阿青呷　李孟虹　彭措
四郎青忠　布秋　向红　罗绒彭错
扎西次仁　高才宏　冯柏清　王强
张燕　王军　尼苦石业　张祯平　袁飞
王宇　昂波　刘涌　肖志洪　叶萍
郑全林　格桑志玛　王华东　文建国
泽仁拉错　康亮芳　生龙多加　黄虎彪
戴旭　杨毅　尼麦　杨开俊　张洪波
何仁安　刘志斌　钱稚萍　胡蓉
高进华　钟小林　李晓松　龙波
柳孝林　王立平　罗绒尼玛　雷艳
温吉祥

【援藏干部人才先进个人名单】

王爱军　廉南　王方文　杨兆全
李富华　权全　王波　谭茂良　任啸
陈哲宇　喻兆宇　蒲宏伟　莫颜荣
蔡勇　杨旭东　蔡志军　李楠　龙荣华
刘军　尹建荣　李霄　邹兴国　王明武
李增勇　金仙勇　罗强　李泽美
张赐豪　汪颜　胡德宏　喻哲　杨帆
温佐麟　蔡世忠　林克贵　焦兴伟
余林海　冉斌　韩斌　邓菘　任仲才
王平　周文武　张剑飞　许先河　李科
张嘉叙　曹南　姜文和　郑学琴
魏清永　李晓　刘崧　刘渝　吴刚
董礼　李大斌　陈柯均　乔晓波
王耀军　张键　李学文　门杨　阳运平
陈卫东　胡晓东　郑万喜　刘晓卫
刘家平　李际伦　刘鑫　任刚　王春莉
卜发凯　李跃宏　卢毅　周安全　李志
汪华明　杨柳　罗向东　杨勇　王微
高思　黄加树　王百春　林继锋　洪波
白兰勋　张军先　罗光荣　扎西
熊凤莲　冯胜　刘昌军　谢勇　向绍勇
何敬　文波　涂声垓　庄斌　王兵
徐箭　范波　吴维核　王刚　邓国伟
杨鸿帆　黎明　肖成云　许振兵　黄健
黄远金　陈豪　杨晶　雷相远　胡南
宋晓军　李兵　易万春　彭研江
杨玉梅　陈俊林　代磊　吉春明
李林磊　徐尚成　翟云飞　徐熹　邱斌
邓文忠　吴松　贾勇　朱文友　陈通军
李革　杨耘涛　罗剑　费雪阳　张年伟
田志　张朝旭　雷安平　朱健聪
赵光荣　李明红　童彬　宋航　杨军
秦昌宏　李蔺　张彬　刘瑞　刘萍
王恩　徐勇　林晓明　张桦　吴光华
张毅

【2013—2014 年度群众工作先进个人】

（一）优秀县委书记
雷建平　理塘县委书记
（二）优秀县长
巴登　色达县委副书记、县长
（三）优秀乡（镇）党委书记（20 名）
仁青旺甲　牟俊　益西降初　王美讯
陈玉龙　黄莲芳　四郎仁青　伍须巴登
扎西让布　嘎尔龚　杜乾隆　曲批
益西志麦　杨国军　汪春康　洛绒邓珠
益西次称　杨当本　缪荣　毛玉康
（四）优秀乡（镇）长（19 名）
胡德贵　陈伟　阿加布　毛远祥　刘斌
朱小林　蔡金发　巴特尔　洛绒达瓦
章稣　扎西洛热　四郎群培　白玛
刘峰　阿基玛　杨卫东　扎西吉称
扎仁多登　春生
（五）爱民村党支部书记（59）
李铧　郑欧飞　王强　刘显虎　许忠平
何世军　周德博　杨方云　甲白纳尔布
龙他吉阿布　卢中勇　尼尔莫哈
李春坤　泽仁扎西　阿石比古
空色甲玛　石宝　志玛泽仁　巴都
李春兰　扎西　泽里拉姆　充翁郎卡
扎西华桑　生龙扎西　肯打松珠
阿席布洛　意底　长青　托麦　扎腰
贡呷向巴　桑呷多吉　德青绒布
泽仁扎西　尼玛多吉　达热　劲绒
打彭　多吉　充翁降泽　多吉　阿达

扎扎　翁堆　鲁波泽登　格桑朗吉
次多　思郎吉村　布久铁比　泽邓珠
阿娘克珠　李生　同扎桑登　宋宵
忠春　格绒洛扎　李华　张福林
（六）模范村委会主任（59名）
降央　彭友伦　降秋杜吉　谢长生
倪学斌　陆正高　王其银　冯兴富
叶洪江　仁真　叶洪成　王永贵
尼尔约古　阿措　呷他　阿郎达哇
次昌　罗让拥灯　银彭　四郎洛吾
然巴降村　洛绒青绕　尼泽　土尼
冲翁登真　卓呷　巴登伍须　约嘎
帕尔加　赤称志麦　洛绒　洛绒　习布
赤乃　泽仁　降称　觉则　木玛　日秋
赤称他休　呷绒彭措　阿布达勒
阿批亚玛　多吉　志马　尼扎泽仁
小白马　桑安　甲措　西格次称　邓朱
加措达洼　阿龙　铁里　静真
斯郎降措　邓珠次仁　格绒　王永康
（七）与党同心·与民贴心优秀共产党员（100名）
罗布扎西　陈正国　冯任华　罗茂忠
安都色　泽仁扎西　熊尚清　袁加莲
刘波　付萍　马代琼　罗贵　郭建华
蒲吉勇　余德春　秀都加沙
沙勒学加拉布　泽旺扎什　吉旺尔批
秋玛帕初　杨朋错　李仁富　邓明龙
胡正林　张尼玛　忠根　泽仁邓珠
多尼普错　曾召秀　战斗　根秋扎西
高绒贡布　热吾初姆　罗让次珠
沈晓萍　日西戈仁　尼玛扎西
尼玛泽登　学呷　修果马拉　泽仁登真
白玛伍须　曲真降措　白玛恩珠
纳布伍加　安朱　普仲　扎西尼玛
泽贡　所绕　泽郎交　甲巴多吉
布合泽仁　白加　产角泽仁　四郎邓珠
尼赤　切绒　伍金仁真　扎西彭措
扎西泽仁　普巴　普瓦甲　达瓦　泽修
称根　加龚　贡布泽仁　白玛拉姆
雄曲　翁呷　土登　仁志巴灯　格拉姆
韩绍成　多乃　洛绒扎西　降央降村
龙巴阿吉　洛绒　罗松彭措　平措
阿真　安江　格绒　六里昂翁丁真
洛绒泽仁　地白　宋日次称　卓拉
汪堆　德青汪堆　格绒丁巴　昂翁
忠拥泽仁　次珠次仁　甲玛　徐桂芳
张永洪　桂树康
（八）群众工作优秀机关工作人员（99名）
代月红　廖碧燕　陈琳　万俊蓉
周福强　余春芳　李宁　张豪　殷丽莉
牟广英　夏加　符涌诗　陈佳佳
张雪丹　曹士城　赵景红　杨波
王友友　周华康　王美金　熊永军
李作勇　覃长贵　敖春玲　杨学斌
余军　杨毅　昂洛　庞贵超　扎西邓珠
胡志强　张学良　阿尼　四朗曲珍
呷绒志玛　张霖　陆晓辉　蒋定江
刘雪峰　彭充洛布　宋雁冰　多吉拉姆
唐于峰　高小平　毕代兵　俄吉志美
杨小波　扎西吉村　冰忠　纳如丁真
罗文锦　仁青多多　王勇　李丹　荣建
彭健　扎西拉姆　吴伦军　余光荣
高才宏　兰莉莉　周英忠　姜方富
尼马　杨贵平　张亚莉　李卫星
降拥尼玛　拥措　代小波　杨芳
伍建忠　舒远平　何康军　向峰
格绒降错　柏鹏　丹达瓦　刘延富
高永芳　熊安平　余云刚　马国忠
杨正勇　罗科　刘建康　曾智　丁淑娟
谢学强　刘江　胡德权　李进良
大所甲　尼苦领前　叶绍明　李洛珍
刘军　黄英　黄亮

【民族团结进步模范个人（户）】

模范个人（93人）
甲登·洛绒向巴　付林（女）　胡涛
刘小凤（女）　葛华（女）　代勇
杨志贵　许惠明（女）　李杰　高阳
汪小胜　布拉西（女）　泽仁旺堆
朱春雨（女）　谭亨　李坤全　叶茂康
小多吉　格让志玛（女）　占堆

沙国庆　冯菊梅（女）　王丹梅（女）
苟兵　李娟（女）　四朗郎加
桑郎仁青（女）　日沙格西　陈康林
确伍泽仁　王朝清　宋廷云
甲甲莫（女）　布无约古　尼尔么哈
唐福友　王星玉（女）　俄热多吉
昂汪罗让　马银林　小热登
所郎降措　高绒翁青　多吉降措
向巴俄热　拥洛　周阿加
沈晓萍（女）　绒泽登　张伟俊
严吉洛绒巴登　罗清华（女）　绒西
严麦　张瀚　张华丽（女）　朱晓军
桑登　齐美多吉　西绕拉姆（女）
王德江　高鑫元　降巴单真
优青拉姆（女）　阿尼　热巴
公秋尺里　图布丹确吉坚　雪雪
尼麦银批　扎西翁姆（女）　尔吉降措
白玛洛布　魏正芳　格桑卓玛（女）
查打·格勒嘉措　泽仁公布　拉西（女）
西绕吉村　易辉　江南　阿布次列
阿布生呷　彭措　中则泽仁　汪堆
布多　刘旭红（女）　洛绒　登巴
降巴永林　罗开贵　次姆（女）
模范户（18户）
张布处　谌万友　吕海清　吴细生
马仲康　刘润凤　李丰明　土尼　降多
扎西措　陈通林　白玛拉姆　呷绒登孜
洛扎　阿姐　洼西格绒　魏启玲　降措

【甘孜州交通建设三年集中攻坚活动先进个人】

（一）项目指挥部先进个人（34人）
黄兵　张武先　杨建平　刘赟　羊鹏
郑自群　李健　章志高　雷德明　董超
王屹　肖智勇　杨泽清　更登格西
李坤　文飞国　谈彤　李崇明　廖琪斌
付国良　罗光辉　王虹　郁华东　徐丹
王小松　胡伟　周杰　罗成和　谢春江
邢小军　李从学　彭美成　西绕甲玛
何红英
（二）州县协调办先进个人（20人）
李睿　李自雄　降措　沙吉　马代刚
谢兵　高学明　赵勇　高绒　巴登扎西
许毅　查珠　彭措旦珠　阿科
嘎马邓珠　达拉　夏仁　张远富
洛绒同麦　汪堆
（三）州交通运输局先进个人（5人）
丁虹　闻琼　刘军儒　李友　张振云
（四）州公路局先进个人（2人）
刘江　肖兴义
（五）州交投公司先进个人（4人）
李王斌　熊德全　刘武斌　杜芹

【2013—2014年度“十佳新闻工作者”】

益西贡布　陈建兵　古志萍　张晓东
张莉萍　周宏　肖宵　丁真　陈杨
李英华

·先进集体·

一、全国先进集体

【全国文化系统先进集体】

州文化体育和广播影视局

【全国教育系统先进集体】

乡城县城关小学

【全国工人先锋号】

康定华兴有限责任公司格萨尔酒店客房部

二、省级先进集体

（排名不分先后）

【全省“4·20”芦山强烈地震抗震救灾先进

社会组织】

甘孜州慈善总会

甘孜州建设协会

甘孜州地震学会

【四川省工人先锋号】

州地方税务局第一直属分局

九龙县建兴实业开发有限公司工程部

【四川省五一劳动奖状】

四川康定机场集团有限责任公司

【2014 年度四川省五四红旗团委】

理塘团县委　德格团县委

稻城县傍河乡团委

得荣县八日乡团委

甘孜县卡攻乡团委

九龙县烟袋镇团委

康定县新都桥镇团委

乡城县定波乡团委

雅江县西俄洛乡团委

中国银行业监督管理委员会甘孜监管分局团委

甘孜州职业技术学校团委

道孚县中学团委

四川省藏文学校团委

【2014 年度四川省五四红旗团支部】

泸定县泸桥镇机关团支部

新龙县乐安乡机关团支部

康定县炉城街道办事处团支部

巴塘县公安局团支部

白玉县财政局团支部

色达县人民政府办公室团支部

道孚县就业医保联合团支部

石渠县民族寄宿制中学团支部

稻城亚丁景区旅游开发有限责任公司团支部

四川民族学院旅游系 1342 历史班团支部

甘孜军分局独立营营部团支部武警

康定县消防大队炉城路中队团支部

武警甘孜州支队十中队团支部

三、州级先进集体

（排名不分先后）

【2014 年全州重点项目建设先进县】

一等奖：康定县　雅江县

二等奖：巴塘县　九龙县　理塘县

三等奖：道孚县　石渠县　色达县

稻城县　得荣县

【2014 年全州重点项目建设先进项目业主单位】

一等奖：

四川大唐国际甘孜水电开发有限公司

雅砻江流域水电开发有限公司

二等奖：

国电大渡河猴子岩水电开发公司

四川金康电力发展有限公司　久隆公司

三等奖：

华电金上公司

得荣滇能水电开发有限公司

四川大唐国际新能源有限公司（甘孜县火古龙村光伏电站）

康定县钦诚投资有限公司（炉城康定·灌顶雪泉项目）

稻城亚丁房地产开发有限公司（香巴拉王国—稻坝古城项目）

【2013—2014 年度群众工作先进集体】

（一）先锋基层党组织（96 个）

康定县委政法委党支部

康定县三合乡机关党支部

康定县瓦泽乡机关党支部

康定县民贸公司党支部

泸定县检察院党支部

泸定县政府办公室党支部

泸定县委群工局党支部

泸定县田坝乡机关党支部

丹巴县纪委监察局党支部

丹巴县委组织部党支部

丹巴县司法局党支部

九龙县检察院党支部

九龙县乃渠乡机关党支部

九龙县乌拉溪乡机关党支部
雅江县政府办公室党支部
雅江县委宣传部党支部
道孚县司法局党支部
道孚县扶贫移民局党支部
道孚县医院党支部
炉霍县委办公室党支部
炉霍县地税局机关党支部
炉霍县卡娘乡机关党支部
甘孜县委组织部党支部
甘孜县发改局党支部
甘孜县民政局党支部
色达县纪委监察局党支部
色达县公安局党支部
色达县色柯镇机关党支部
德格县纪委监察局党支部
德格县教育局党支部
德格县所巴乡机关党支部
白玉县政府办公室党支部
白玉县一完小党支部
石渠县纪委监察局党支部
石渠县法院党支部
石渠县委办公室党支部
新龙县委办公室党支部
新龙县委组织部党支部
新龙县委统战部党支部
新龙县文旅广体局党支部
理塘县委办公室党支部
理塘县教育局党支部
理塘县政府办公室党支部
巴塘县纪委监察局党支部
巴塘县人大常委会机关党支部
巴塘县拉哇乡机关党支部
乡城县委组织部党支部
乡城县委宣传部党支部
乡城县司法局党支部
稻城县委办公室党支部
稻城县委政法委党支部
稻城县工商局党支部
得荣县委组织部党支部
得荣县委政法委党支部
得荣县人力资源社会保障局党支部
海管局机关党支部
州纪委监察局党支部
州法院第一党支部
州检察院第一党支部
州委办公室秘书二科党支部
州人大常委会机关党委一党支部
州政府办公室一党支部
州政协机关第一党支部
州委组织部机关党支部
州委宣传部党支部
州委统战部党支部
州委政法委机关党支部
州直工委机关党支部
州委党校行政党支部
州科技局机关党支部
州经济和信息化委党支部
州公安局第一党支部
州司法局机关党支部
州交通运输局机关党支部
州国土资源局机关一党支部
州住房城乡建设局机关党支部
州农业局机关党支部
州审计局机关党支部
州统计局党支部
州扶贫移民局党支部
州食品药品监管局机关党支部
国家统计局甘孜调查队党支部
人行甘孜州中心支行党支部
四川民院经济管理系党支部
州公路局机关党支部
州民干校行政党支部
州妇联党支部
州科协机关党支部
康定中学直属行政党支部
州医院外科党支部
州疾控中心党支部
州草原站党支部
州体校党支部

康定县烟草专卖局党支部
康定机场集团公司运行保障部成都分公司机关党支部
新川藏运业公司机关党支部
（二）红旗示范村党组织（99个）
康定县捧塔乡和平村党支部
康定县时济乡若吉村党支部
康定县姑咱镇日地村党支部
康定县雅拉乡中古村党支部
康定县吉居乡吉居村党支部
泸定县烹坝乡黄草坪村党支部
泸定县冷碛镇梅子坪村党支部
泸定县加郡乡房背后村党支部
泸定县德威乡下奎武村党支部
泸定县得妥乡松林坪村党支部
丹巴县半扇门乡阿娘沟一村党支部
丹巴县梭坡乡莫洛村党支部
丹巴县岳扎乡班古桥村党支部
丹巴县东谷乡国如村党支部
丹巴县边耳乡各尔沟村党支部
九龙县八窝龙乡烂泥巴村党支部
九龙县子耳乡庙子坪村党支部
九龙县洪坝乡羊圈门村党支部
九龙县三垭乡郎呷村党支部
九龙县小金乡洋桥村党支部
雅江县八角楼乡卡仁布村党支部
雅江县牙衣河乡木恩村党支部
雅江县八衣绒乡鲁日村党支部
雅江县恶古乡马益西村党支部
雅江县瓦多乡中古村党支部
道孚县八美镇少乌村党支部
道孚县协德乡街村党支部
道孚县瓦日乡列瓦村党支部
道孚县各卡乡各卡村党支部
道孚县鲜水镇前进一村党支部
道孚县龙灯乡拉日村党支部
炉霍县下罗科马乡马庆瓦村党支部
炉霍县洛秋乡然玛贡村党支部
炉霍县仁达乡扒里村党支部
炉霍县斯木乡吉绒村党支部
炉霍县卡娘乡杜瓦村党支部
炉霍县上罗科马乡七村党支部
甘孜县甘孜镇居委会党支部
甘孜县呷拉乡夺拖村党支部
甘孜县茶扎乡木通一村党支部
甘孜县生康乡生康一村党支部
甘孜县仁果乡一村党支部
甘孜县查龙乡吉庆一村党支部
色达县康勒乡阿交一村党支部
色达县塔子乡蚌珠村党支部
色达县歌乐沱乡切科村党支部
色达县年龙乡日撒玛村党支部
色达县旭日乡修灯龙村党支部
色达县霍西乡瓦尔村党支部
德格县白垭乡窝色村党支部
德格县普马乡甲根村党支部
德格县更庆镇戈姑村党支部
德格县浪多乡生巴村党支部
德格县阿须乡真隆村党支部
德格县达马乡绒麦隆村党支部
白玉县纳塔乡措拉村党支部
白玉县沙马乡瓦岗村党支部
白玉县灯龙乡定戈村党支部
白玉县绒盖乡仲学村党支部
白玉县河坡乡村多村党支部
石渠县新荣乡蒙沙二村党支部
石渠县长须干玛乡三村党支部
石渠县长沙干玛乡五村党支部
石渠县长沙贡玛乡挺进二村党支部
石渠县虾扎镇阿色二村党支部
石渠县呷依乡呷依五村党支部
新龙县雄龙西乡腰古村党支部
新龙县乐安乡切衣村党支部
新龙县银多乡阿色一村党支部
新龙县友谊乡古鲁村党支部
新龙县洛古乡日古村党支部
新龙县雄龙西乡古鲁村党支部
理塘县禾尼乡安哇村党支部
理塘县章纳乡乃干多村党支部
理塘县濯桑乡汉戈村党支部

理塘县拉波乡中扎村党支部
理塘县上木拉乡奔戈村党支部
巴塘县夏邛镇孔打伙一村党支部
巴塘县竹巴龙乡纳扎西村党支部
巴塘县党巴乡鱼卡通村党支部
巴塘县地巫乡坝伙村党支部
巴塘县措拉镇措拉村党支部
乡城县尼斯乡则鲁村党支部
乡城县水洼乡俄扎村党支部
乡城县沙贡乡章吉村党支部
乡城县青德乡木郎宫村党支部
乡城县青麦乡巴斗村党支部
稻城县吉呷乡尼公村党支部
稻城县各卡乡尼龙村党支部
稻城县赤土乡贯沙村党支部
稻城县傍河乡俄洛村党支部
稻城县巨龙乡卫中村党支部
得荣县曲雅贡乡龚古村党支部
得荣县白松乡日堆村党支部
得荣县奔都乡沙中村党支部
得荣县茨巫乡日拥村党支部
得荣县日龙乡日堆村党支部
海管局新兴乡新龙门子村党支部
海管局磨西镇柏秧坪村党支部

【2014年度全州安全生产工作先进县和先进单位】

巴塘县人民政府　乡城县人民政府
甘孜县人民政府　九龙县人民政府
白玉县人民政府　石渠县人民政府
州教育局　州财政局　州旅发委
州卫计委　州工商局　州气象局
州公路管理局　州交通运输局
州国土资源局　州安全监管局

【民族团结进步模范集体】

州委办公室　州政府办公室
州政协办公室　州委统战部
州委政法委　　州发改委
州教育局　州交通运输局
州宗教局
州人大常委会民宗外事工委
州工商局　州武警支队第三大队
里伍铜业公司
四川鑫源矿业有限责任公司
康定县委统战部
康定县民族中学
康定县金汤乡先锋三村
康定县安觉寺
康定县金鑫矿业旅游有限责任公司
泸定县委统战部　泸定县中学
泸定县得妥乡发旺村
泸定县岚安乡昂州村
泸定县磨西镇人民政府
泸定县新兴乡跃进坪村
泸定县泸定桥宾馆
海螺沟贡嘎神汤温泉酒店
丹巴县民宗局
丹巴县东谷乡牦牛村
丹巴县城区小学　丹巴县达吉岭寺
丹巴县甲居藏寨食品有限公司
九龙县委办公室
九龙县呷尔镇居委会
九龙县踏卡乡耳朵村
九龙县乃渠乡中心小学
九龙县建兴惠民超市
雅江县委统战部
雅江县河口镇居委会
雅江县本达宗小学　雅江县南真寺
雅江县金通水电开发有限公司
道孚县委统战部　道孚县龙灯乡小学
道孚县鲜水镇前进一村
道孚县甲拔寺　道孚县何氏诊所
炉霍县雪域俄色有限责任公司
炉霍县寿灵寺管委会
炉霍县新都镇望果社区
炉霍县民宗局
炉霍县民族寄宿制小学（县二完小）
甘孜县民宗局　康北高中
甘孜县昔色乡呷达村
甘孜县那仓觉姆寺
甘孜县川西摩托有限责任公司

色达县城区小学　色达县年龙寺
色达县信用联社　色达县杨各乡支巴村
色达县医院　德格县委统战部
德格县中学　德格县茶马居委会
德格县龚垭寺
德格县雀儿山实业发展有限公司
白玉县中学　白玉县河西社区
白玉县亚青寺管理局　白玉县扎呷寺
石渠县民宗局　石渠县农村信用联社
石渠县扎麦片区寄宿制小学
国网成都供电公司
石渠县俄若寺　新龙县委统战部
新龙县中学
新龙县茹龙镇下街村委会
新龙县佳佳乐超市　新龙县伟依寺
理塘县公安局　理塘县幼儿园
理塘县拉波乡容古村
理塘县长青春科尔寺
理塘县圣地实业有限公司
巴塘县委统战部
巴塘县武装部　巴塘县人民小学
巴塘县夏邛镇孔打伙二村
巴塘县哈然寺
川藏联网工程建设指挥部
乡城县教育体育局　乡城县城关小学
乡城县青德乡仲德村
乡城县扎西集团有限公司
乡城县桑披岭寺　稻城县林业局
稻城县城区小学　国网稻城县供电公司
稻城县赤土乡仲堆村　稻城县雄登寺
得荣县人力资源社会保障局
得荣县城管片区寄宿制学校
得荣县宾巴寺　得荣县日龙乡如贡村
得荣县达旺绿色食品有限公司

【交通建设三年集中攻坚活动先进集体】

（一）先进州级部门（10个）
州纪委监察局　州政府办公室
州发改委　州经济和信息化委
州公安局　州财政局
州交通运输局　州审计局
州文化体育广播局　州公路局
（二）先进县（6个）
九龙县委、县人民政府
炉霍县委、县人民政府
白玉县委、县人民政府
石渠县委、县人民政府
理塘县委、县人民政府
稻城县委、县人民政府
（三）先进指挥部（8个）
雅康高速公路指挥部
国道318线东海路指挥部
国道317线俄岗路（包含雀儿山隧道）指挥部
泸石路指挥部
省道216/217线理亚路指挥部
省道303线小八路指挥部
省道215线九江路指挥部
甘白路指挥部
（四）先进项目设计单位（1个）
省道216/217线理亚路设计单位（四川省交通运输厅交通勘察设计研究院）
（五）先进项目监理单位（1个）
四川省交通工程监理事务所国道317线俄岗路GJ2GJ3监理部

【甘孜州政府质量管理奖】

炉霍雪域俄色有限责任公司
四川康定金珠制药有限责任公司

·逝世人物·

刘宾

（1971—2014）

男，藏族，研究生学历，四川甘孜人，1993年4月加入中国共产党，1993年7月至1996年9月在雅江县工作；1996年9月起历任团州委青少部副部长、部长、办公室主任，乡城县副县长，乡城县组织部部长，丹巴县常委副县长，丹巴县委副书记、县政府县长等职务。2014年3月25日因心脏病抢救无效去世。

袁雅逊

（1981—2014）

男，藏族，四川丹巴人，1981年4月出生，2000年11月参加工作，2004年11月入党，大学学历。历任共青团康定县委副书记、书记，中共康定县委宣传部常务副部长，共青团甘孜州委副书记、甘孜州少工委主任，甘孜州直属团委书记。2014年11月26日，袁雅逊在前往道孚县配送救灾物资后的返程途中，发生车祸因公殉职，年仅33岁。四川省追授共青团甘孜州委副书记袁雅逊“五四青年奖章”。甘孜州委决定，追授袁雅逊为全州抗震救灾“优秀共产党员”。四川省人民政府评定袁雅逊为烈士。

张伟

（1978—2014）

男，藏族，四川新龙人，1978年6月出生，2002年从阿坝师范专科学校毕业，2008年12月加入中国共产党。2003年12月起先后在新龙县110巡警大队、派出所、刑警大队等部门工作，2012年6月调任新龙县政法委维稳办副主任。2014年5月，为防止虫草采挖期间民众发生纠纷，维护正常的采挖秩序，张伟率队前往与理塘县莫坝乡交界处的虫草山。6月14日下午，因虫草采挖结束，张伟带队从皮擦乡宾多柯牛场返回县城，在途经皮察乡塔布村扎拉山时，遭到不明身份人员用枪支袭击，不幸牺牲。

དཀར་ཆག
索　引

一、本索引采用内容分析索引法，按索引条目汉语拼音字母顺序排序。

二、年鉴中的“特载”“专文”“大事记”“州情概貌”“县·公园管理局”“人物·荣誉”均未作索引。

三、索引标目后的数字表示内容所在的页码，数字后的拉丁字母 a、b 分别代表正文中第一栏、第二栏。

0 ~ 9

A

B

C

D

F

G

H

J

K

L

M

N

P

Q

R

S

T

W

X

Y